KB041775

신용협동조합법

이상복

박영사

머리말

이 책은 신용협동조합법이 규율하는 신용협동조합에 관하여 다루었다. 이 책은 다음과 같이 구성되어 있다. 제1편에서는 신용협동조합법의 목적과 성격, 신용협동조합법 관련 법규, 신용협동조합 예탁금에 대한 과세특례 등을 다루었다. 제2편 조합에서는 설립, 신용사업 등 주요업무, 영업구역, 진입규제, 조합원, 출자금, 지배구조, 사업, 건전성 규제 등을 다루었다. 제3편 중앙회에서는 주요업무, 회원, 출자금, 지배구조, 사업 등을 다루었다. 제4편에서는 감독, 검사 및 제재 등을 다루었다.

이 책의 특징을 몇 가지 들면 다음과 같다.

첫째, 이해의 편의를 위해 법조문 순서에 구애받지 않고 법률뿐만 아니라, 시행령, 시행규칙, 상호금융업감독규정, 상호금융업감독업무시행세칙상의 주요 내용을 반영하였다.

둘째, 이론을 생동감 있게 하는 것이 법원의 판례임을 고려하여 대법원 판례뿐만 아니라 하급심 판례도 반영하였다.

셋째, 실무에서 많이 이용되는 신용협동조합 표준정관과 신용협동조합표준업무방법서, 신용협동조합중앙회정관, 수신업무방법서와 여신업무방법서, 신용협동조합 검사 및 제재에 관한 규정과 동 규정 시행규칙 등의 주요 내용을 반영하였다. 또한 검사 및 제재와 관련해서는 금융위원회 고시인 금융기관 검사 및 제재에 관한 규정도 반영하였다.

이 책을 출간하면서 감사드릴 분들이 많다. 금융감독원 한홍규 국장님과 신협중앙회 이태영 변호사님에게 감사드린다. 한홍규 국장님은 신용협동조합법 등 상호금융업법 실무를 오랫동안 다룬 분으로 바쁜 일정 중에도 초고를 읽고 조언과 논평을 해주었고 교정작업도 도와주었다. 이태영 변호사님은 신협중앙회 사내변호사로 근무하면서 익힌 실무를 반영할 수 있도록 조언을 해주었고 교정작업도 도와주었다. 박영사의 김선민 이사가 제작 일정을 잡아 적시에 출간이 되도록 해주어 감사드린다. 출판계의 어려움에도 출판을 맡아 준 박영사 안종만 회장님과 안상준 대표님께 감사의 말씀을 드리며, 기획과 마케팅에 애쓰는 최동인 대리의 노고에 감사드린다.

2023년 3월

이 상 복

차 례

제1편 서 론

제1장 신용협동조합법의 목적과 성격

제 2 편 조 합

제1장 설   립

제2장 조합원

제3장 출자금

제4장 지배구조

제5장 사 업

제7장 구조조정 관련 제도

제 3 편 중앙회

제1장 설립 등

제2장 회 원

제5장 사　업

제6장 회 계

제 3 편 감독, 검사 및 제재

제1장 금융감독체계

제2장 감독 및 처분 등

제3장 검　사

제4장 제재(검사결과의 조치)

제5장 신용협동조합 검사 및 제재에 관한 규정

제 1 편

서 론

신용협동조합법의 목적과 성격

제1절 신용협동조합법의 목적

신용협동조합법("법" 또는 "신협법")은 공동유대를 바탕으로 하는 신용협동조직의 건전한 육성을 통하여 그 구성원의 경제적·사회적 지위를 향상시키고, 지역주민에게 금융편의를 제공함으로써 지역경제의 발전에 이바지함을 목적으로 한다(법1).

신용협동조합("신협" 또는 "조합")은 지역·직장·단체 등 공동유대를 가진 개인이나 단체간의 협동조직을 기반으로 하여 자금의 조성과 이용을 도모하는 비영리 금융기관을 말한다. 신용협동조합법에 의하면 신용협동조합은 비영리법인으로서(법2(1)) 조합을 설립하려면 일정한 요건을 갖추어 금융위원회의 인가를 받아야 한다(법7, 법8). 신용협동조합의 업무를 지도·감독하며 그 공동이익의 증진과 건전한 발전을 도모하기 위하여 조합을 구성원으로 하는 신용협동조합중앙회("중앙회")를 두고 있다(법61).

신용협동조합은 농·어민을 공동유대로 하는 농업협동조합, 수산업협동조합 등 다른 협동조합들과 달리 특정 직업군의 지위 향상이나 산업의 경쟁력 강화를 도모하지 않고 지역주민에게 금융편의를 제공함으로써 지역경제의 발전에 이바지함을 목적으로 하고, 주된 사업이 신용사업과 공제사업으로서, 신용사업과 함께 운영한다 하더라도 특정 사업에 대한 교육·지원 사업, 경제사업 등을 주로 수행하는 다른 협동조합들과 구별되며, 일정한 직업군에 속하지 않는다 하더라도 조합원이 될 수 있다는 점에서 다른 조합들과 차이가 있고, 다른 조합들에 비해 다수의 일반 국민들을 대상으로 금융업을 하는 금융기관 유사의 지위에 있다는 특성이 강하게 나타난다.[1]

제2절 신용협동조합법의 성격

신용협동조합법은 민법에 대하여 특별법적 성격을 갖는다. 또한 신용협동조합법은 행정법적 성격을 갖는다. 즉 조합 및 중앙회에 대한 감독 및 처분에 관한 규정, 행정제재인 과태료에 관한 규정을 두고 있다. 그리고 신용협동조합법은 형사법적 성격을 갖는다. 조합 및 중앙회에 대하여 여러 가지 준수사항과 금지사항을 정해 놓고, 이에 위반한 경우 형벌인 징역형과 벌금형의 제재를 가하는 규정을 두고 있다.

제3절 신용협동조합법과 다른 법률과의 관계 등

Ⅰ. 다른 법률과의 관계

1. 공제사업과 보험업법 적용 배제

조합과 중앙회의 공제사업에 관하여는 보험업법을 적용하지 아니한다(법6①).

---

1) 헌법재판소 2018. 7. 26. 선고 2017헌마452 결정.

2. 합병과 조세의 감면

조합 간의 합병 등에 관하여는 금융산업구조개선법 제5조(합병·전환에 관한 절차의 간소화 등) 제9항을 적용한다(법6②). 따라서 조세특례제한법과 그 밖에 조세 감면에 관한 법령에서 정하는 바에 따라 ⅰ) 부동산 등의 취득에 따른 취득세(제1호), ⅱ) 법인·부동산 등의 등기에 따른 등록세(제2호), ⅲ) 합병으로 소멸되는 금융기관의 청산소득에 대한 법인세(제3호), ⅳ) 합병으로 소멸되는 금융기관의 주주의 의제배당에 대한 소득세 또는 법인세(제4호), ⅴ) 그 밖의 조세(제5호)를 감면할 수 있다(금융산업구조개선법5⑨).

3. 중앙회 신용사업 부문과 은행 의제

(1) 의의

조합 및 조합원을 위한 내국환 업무와 국가·공공단체 또는 금융기관의 업무 대리(법78①(5) 다목 및 라목)에 따른 중앙회의 신용사업 부문은 은행법 제2조에 따른 은행[2] 및 한국은행법 제11조[3]에 따른 하나의 금융기관으로 본다(법6③).

(2) 제도적 취지

조합의 신용사업 부문은 은행법상 금융기관으로 간주되지 않지만, 중앙회의 신용사업 부문은 일정한 업무를 수행하는 경우 은행법상 금융기관으로 간주된다. 이와 같은 규정을 둔 이유는 개별 조합이 독자적으로 취급하기 어려운 지급결제 기능을 중앙기구인 중앙회를 통하여 수행할 수 있도록 함으로써 전체 신용협동조합의 경쟁력을 제공하기 위한 것이다. 즉 은행법상 금융기관의 자격을 부여하여 중앙회가 다른 기관과 직접 어음교환 등 지급결제업무를 수행하고, 조합은 중앙회와 연계하여 간접적으로 금융기관과 지급결제업무를 수행할 수 있게 함으로써, 조합이 지역금융에 특화되면서 은행과 유사한 역할을 수행할 수 있도록 하기

---

2) "은행"이란 은행업을 규칙적·조직적으로 경영하는 한국은행 외의 모든 법인을 말한다.
3) 제11조(금융기관의 범위) ① 한국은행법에서 "금융기관"이란 은행법 제2조에 따른 은행과 금융지주회사법에 따른 은행지주회사를 말한다.
　② 삭제[2016.5.29 제14242호(수산업협동조합법)][시행일 2016.12.1]
　③ 보험회사와 상호저축은행업무 또는 신탁업무만을 하는 회사는 금융기관으로 보지 아니한다.

위한 것이다.[4)]

중앙회는 일정한 경우 금융기관으로 간주되므로 한국은행에 당좌예금계정을 개설할 수 있고, 금융결제원의 어음교환에 참가할 수 있으며, 결제자금이 부족한 경우 한국은행으로부터 긴급여신을 받을 수 있다. 또한 조합이 중앙회에 예치한 자금의 범위내에서 중앙회 명의로 자기앞수표를 발행하거나, 지로업무를 취급하면, 이는 어음교환소에 제시되어 한국은행에 개설된 중앙회 당좌예금계정을 통하여 결제될 수 있는 제도적 장치가 마련되었음을 의미한다.

Ⅱ. 다른 협동조합과의 협력

중앙회는 조합의 발전을 위하여 다른 법률에 따른 협동조합 간의 상호협력, 이익증진, 공동사업개발 등을 위하여 노력하여야 한다(법5①). 중앙회는 앞의 목적을 달성하기 위하여 필요하면 다른 법률에 따른 협동조합과 협의회를 구성·운영할 수 있다(법5②).

Ⅲ. 정부의 협력 등

1. 정부의 지원과 시설 제공

정부는 조합을 육성하기 위하여 조합과 중앙회의 사업에 필요한 지원을 하여야 하며, 국가 또는 공공단체의 시설을 조합과 중앙회가 우선적으로 이용할 수 있도록 제공하여야 한다(법92①).[5)]

2. 정부 또는 지방자치단체의 보조금 지급

정부 또는 지방자치단체는 예산의 범위에서 조합과 중앙회의 사업에 필요한 보조금을 지급할 수 있다(법92②).

---

4) 신협중앙연수원(2021), "2021 연수교재 신협법", 19-20쪽.
5) 신협운동의 3대 정신인 자조, 자립, 협동은 1970년대 시작된 새마을운동 정신인 자조, 근면, 협동과 크게 다르지 않아서, 신협은 새마을운동의 실천수단으로 부각되었다. 당시 신협의 감독기구인 재무부는 정부조직, 학교, 은행 등에 직장신협이 조직되도록 공문을 보내는 등 적극적으로 지원하였고 신협이 전국적으로 확대되고 안정적으로 정착하는데 큰 역할을 하였다(구정옥(2021), "한국 신협의 비즈니스모델과 경영전략 변화 연구", 한국협동조합연구 제39권 제2호(2021. 8), 149쪽).

Ⅳ. 정치 관여의 금지

1. 금지행위

조합과 중앙회는 정치에 관여하는 어떠한 행위도 해서는 아니 된다(법93).

2. 위반시 제재

법 제93조를 위반한 자는 1년 이하의 징역 또는 1천만원 이하의 벌금에 처한다(법99③).

Ⅴ. 외국 기관과의 협약

중앙회는 자금을 안전하게 관리하기 위하여 사업과 관련된 국제기구와 보험계약 등을 체결할 수 있다(법94).

제4절 신용협동조합법 및 관련 법규

Ⅰ. 신용협동조합법

신용협동조합법은 "공동유대를 바탕으로 하는 신용협동조직의 건전한 육성을 통하여 그 구성원의 경제적·사회적 지위를 향상시키고, 지역주민에게 금융편의를 제공함으로써 지역경제의 발전에 이바지함"(법1)을 목적으로 하는 신용협동조합에 관한 기본법률이다. 신용협동조합법의 구조는 그 목적과 신용협동조합과 신용협동조합중앙회 등에 대한 정의를 규정하고, 조합 및 중앙회에 관한 규정, 감독에 관한 규정, 보칙, 벌칙에 관한 규정을 두고 있다.

Ⅱ. 관련 법규 및 판례

1. 법령 및 규정

(1) 법령

신용협동조합법 이외에 신용협동조합과 관련된 법률로는 금융소비자보호법, 금융위원회법, 금융회사지배구조법, 금융실명법, 한국주택금융공사법, 협동조합 기본법 등이 있다. 또한 법률 이외에 시행령과 시행규칙이 있다.

(가) 금융소비자보호법

신용협동조합은 금융소비자보호법의 적용을 받는 금융회사에 해당하여 영 업행위와 금융소비자 보호 관련 규제를 받는다(금융소비자보호법2(6) 바목, 동법 시 행령2⑥(6), 금융소비자 보호에 관한 감독규정2① 마목).

(나) 금융위원회법

신용협동조합 및 그 중앙회는 금융위원회법에 따라 금융감독원의 검사를 받 는 기관에 해당한다(금융위원회법38(5)).

(다) 금융회사지배구조법

신용협동조합은 금융회사지배구조법상 금융회사가 아니므로 동법의 적용을 받지 않는다(금융사지배구조법2(1) 참조).

신용협동조합법(금융회사지배구조법2(7), 동법 시행령5(28))은 금융회사지배구 조법상 "금융관계법령"에 해당하므로, 개별법에 따라 "벌금 이상의 형을 선고받 고 그 집행이 끝나거나(집행이 끝난 것으로 보는 경우를 포함) 집행이 면제된 날부 터 5년이 지나지 아니한 사람"은 다른 금융회사의 임원이 될 수 없다(금융회사지 배구조법5①(1)). 또한 금융위원회, 금융감독원장 및 개별법에 의한 조치권한을 가 진 중앙회로부터 문책경고 또는 감봉요구 이상에 해당하는 조치를 받은 사실이 있는 경우에는 5년간 금융회사의 준법감시인이나 위험관리책임자가 될 수 없다 (금융회사지배구조법26①(1)), 동법28③(1)).

(라) 금융실명법

신용협동조합 및 신용협동조합중앙회는 금융실명법상의 금융회사에 해당(금 융실명법2(1) 차목)하기 때문에 실지명의(實地名義)에 의한 금융거래를 실시하고 그 비밀을 보장하여 금융거래의 정상화를 꾀함으로써 경제정의를 실현하고 국민

경제의 건전한 발전을 도모함을 목적으로 하는 금융실명법의 적용을 받는다.

(마) 한국주택금융공사법

신용협동조합중앙회는 대출채권 유동화 등의 원활화를 위하여 주택저당채권 양수기준에 맞는 경우(대통령령으로 정하는 경우만 해당)에는 주택저당대출을 할 수 있다(한국주택금융공사법66).

(바) 협동조합기본법

협동조합기본법은 "다른 법률에 따라 설립되었거나 설립되는 협동조합에 대하여는 협동조합기본법을 적용하지 아니한다"고 규정하고 있다(협동조합기본법13①). 따라서 신용협동조합법은 협동조합기본법의 적용을 받지 않는다. 다만, 협동조합의 설립 및 육성과 관련되는 다른 법령을 제정하거나 개정하는 경우에는 협동조합기본법의 목적과 원칙에 맞도록 하여야 한다(협동조합기본법13②).

(2) 규정

법령 이외에 구체적이고 기술적인 사항을 신속하게 규율하기 위하여 금융위원회 등이 제정한 규정이 적용된다.

(가) 상호금융업감독규정

상호금융업감독규정(금융위원회 고시 제2022-27호)은 신용협동조합 규제의 핵심이 되는 규범이다.

이 규정은 신용협동조합법 및 동법 시행령·시행규칙과 금융위원회법 및 동법 시행령, 기타 관계법령에서 정하는 상호금융의 감독에 관련되는 사항 중 금융위원회 소관사항의 시행에 필요한 사항을 정함을 목적으로 한다(동규정1).

상호금융이라 함은 조합이 신용사업과 공제사업을 영위하는 것을 말한다(동규정2(1)). 상호금융의 감독에 관하여 법령이나 금융위원회가 따로 정한 경우를 제외하고는 이 규정이 정하는 바에 따른다(동규정3①).

(나) 금융기관 검사 및 제재에 관한 규정

금융기관 검사 및 제재에 관한 규정(금융위원회고시 제2022-8호)은 금융감독원장이 검사를 실시하는 금융기관에 적용되며, 필요한 범위 내에서 금융위원회법 및 금융업관련법에 따라 금융위원회가 검사를 실시하는 금융기관에 준용한다. 또한 관계법령 등에 의하여 금융감독원장이 검사를 위탁받은 기관에 대한 검사 및 그 검사결과 등에 따른 제재조치에 대하여는 관계법령 및 검사를 위탁한 기관이 별도로 정하는 경우를 제외하고는 이 규정을 적용한다(동규정2).

신용협동조합법은 금융업관련법에 해당하므로(동규정3(1) 하목) 금융기관 검사 및 제재에 관한 규정이 준용된다.

(다) 자치법규

1) 의의

신용협동조합은 조합원들이 자신들의 이익을 옹호하기 위하여 자주적으로 결성한 임의단체로서 그 내부 운영에 있어서 조합 정관 및 다수결에 의한 자치가 보장된다.[6]

조합의 자치법규는 정관, 규약, 규정, 세칙, 예규의 순으로 적용된다.

2) 정관

정관은 법인의 조직과 활동에 관하여 단체 내부에서 자율적으로 정한 자치규범으로서, 대내적으로만 효력을 가질 뿐 대외적으로 제3자를 구속하지는 않는 것이 원칙이고, 그 생성과정 및 효력발생요건에 있어 법규명령과 성질상 차이가 크다.[7]

3) 정관례

정관례는 주무부처의 장관이 협동조합 관련법에 근거하여 작성·고시한 모범 정관안을 말한다. 정관례는 행정법규이며, 정관은 아니다. 협동조합은 정관례를 참고하여 조합의 정관(안)을 작성한 후 총회에서 의결하여 정관을 제개정하게 된다.

4) 표준정관과 표준규정

표준정관이란 조합의 설립 및 운영에 필요한 사항을 규정하여 모든 조합에 공통적으로 적용하기 위하여 중앙회가 정하는 정관을 말한다(법2(6)). 표준규정이란 조합의 운영에 필요한 세부적인 사항을 규정하여 모든 조합에 공통적으로 적용하기 위하여 중앙회가 정하는 규정을 말한다(법2(7)).

정관의 변경은 총회의 결의사항이며(법24①(1)), 정관을 변경하였을 때에는 중앙회장의 승인을 받은 후 이를 등기하여야 한다(법24② 본문). 다만, 제75조(이사회 결의사항) 제1항 제1호에 따른 중앙회 이사회 결의에 의해 표준정관을 변경하는 경우에는 중앙회장의 승인이 필요하지 아니하다(법24② 단서).

---

6) 대법원 2015. 12. 23. 선고 2014다14320 판결.
7) 헌법재판소 2010. 7. 29. 선고 2008헌바106 전원재판부.

2. 판례

판례는 미국과 같은 판례법주의 국가의 경우에는 중요한 법원이지만, 우리 나라와 같은 대륙법계 국가에서는 사실상의 구속력만 인정되고 있을 뿐 법원은 아니다.

농업협동조합 등에 대한 특례 등

제1절 농업협동조합 등에 대한 특례

I. 신용사업과 신용협동조합 의제

다음의 법인, 즉 ⅰ) 지역농업협동조합과 지역축산업협동조합(신용사업을 하는 품목조합을 포함)(제1호), ⅱ) 지구별 수산업협동조합(법률 제4820호 수산업협동조합법중개정법률 부칙 제5조에 따라 신용사업을 하는 조합을 포함)(제2호), ⅲ) 산림조합(제3호)이 신용사업(법39①(1)) 및 국가 또는 공공단체가 위탁하거나 다른 법령에서 조합의 사업으로 정하는 사업(법39①(6))을 하는 경우에는 신용협동조합법에 따른 신용협동조합으로 본다(법95①).

이 경우 중앙회의 사업(농업협동조합중앙회의 경우에는 조합 및 조합원을 위한 공제사업은 제외)은 농업협동조합중앙회, 수산업협동조합중앙회, 산림조합중앙회가 각각 수행한다(법95②).

** 관련 판례: 대법원 2017. 6. 29. 선고 2015다203622 판결

구 수산업협동조합법(2000. 1. 28. 법률 제6256호로 개정되기 전의 것) 제65조 (현행 제60조)는 지구별수협이 행할 수 있는 사업의 범위에 조합원에 대한 상호금융업무와 함께 은행법에 의한 은행업무도 포함되어 있었으나, 개정 수산업협동조합법(2004. 12. 31. 법률 제7311호로 전부 개정되기 전의 것) 제65조(현행 제60조)는 지구별수협이 행할 수 있는 사업범위에서 은행법에 의한 은행업무를 제외하였다. 이에 따라 지구별수협의 신용사업부문은 수산업협동조합법 개정 전에는 구 한국은행법(1999. 9. 7. 법률 제6018호로 개정되기 전의 것) 제11조 제2항에 따라 금융기관으로 간주하였으나 그 개정 후에는 신용협동조합법 제95조 제1항 제2호에 따라 신용협동조합으로 간주하게 되었으므로, 한국은행법상의 금융기관을 적용대상으로 하는 금융기관여신운용세칙("운용세칙")은 더 이상 지구별수협이 조합원에 대하여 시설자금을 대출하는 신용사업에 관하여 적용되지 아니한다. 그럼에도 원심이 지구별수협인 원고가 금융기관임을 전제로 하여, 이 사건 대출 실행에 관하여 "시설자금 취급 시에는 관계 증빙서류 및 현물 또는 시설을 확인하는 등의 방법을 통하여 계획된 용도 및 시기에 맞추어 대출을 취급함으로써 시설자금 지원에 적정을 기하여야 한다"는 운용세칙 제4조 제2항이 원고에게 적용된다고 보고 이를 원고가 준수하지 아니하였다고 인정한 것은 잘못이다.

Ⅱ. 사업의 구분

지역농업협동조합과 지역축산업협동조합(신용사업을 하는 품목조합을 포함) 및 농업협동조합중앙회, 지구별 수산업협동조합(법률 제4820호 수산업협동조합법중개정법률 부칙 제5조에 따라 신용사업을 하는 조합을 포함) 및 수산업협동조합중앙회, 산림조합 및 산림조합중앙회가 신용협동조합 사업을 하는 경우에는 다른 사업과 구분하여야 한다(법95③).

Ⅲ. 조합 및 중앙회의 사업과 신용협동조합법 적용 규정

지역농업협동조합과 지역축산업협동조합(신용사업을 하는 품목조합을 포함) 및 농업협동조합중앙회, 지구별 수산업협동조합(법률 제4820호 수산업협동조합법중개

정법률 부칙 제5조에 따라 신용사업을 하는 조합을 포함) 및 수산업협동조합중앙회, 산림조합 및 산림조합중앙회의 사업에 관하여는 제6조(다른 법률과의 관계) 제3항·제4항, 제39조(사업의 종류 등) 제1항 제1호(신용사업)·제6호(국가 또는 공공단체가 위탁하거나 다른 법령에서 조합의 사업으로 정하는 사업), 제42조(동일인에 대한 대출등의 한도), 제43조(상환준비금), 제45조(부동산의 소유 제한), 제45조의3(금리인하 요구), 제78조(사업의 종류 등) 제1항 제3호(조합의 신용사업에 대한 검사·감독만 해당)·제5호(신용사업), 제78조(사업의 종류 등) 제6항, 제79조의2(금리인하 요구의 준용), 제83조(금융위원회의 감독 등), 제83조의2(경영공시), 제83조의3(경영건전성 기준), 제84조(임직원에 대한 행정처분), 제89조(중앙회의 지도·감독) 제3항,[1] 제96조(권한의 위탁), 제101조(과태료) 제1항 제1호의3[2] 및 같은 조 제3항[3]을 제외하고는 신용협동조합법을 적용하지 아니한다(법95④).

제2절 권한의 위탁

Ⅰ. 금융위원회의 금융감독원장 또는 중앙회장 위탁

신용협동조합법에 따른 금융위원회의 권한은 그 전부 또는 일부를 금융감독원장 또는 중앙회장에게 위탁할 수 있다(법96①).

1. 금융감독원장 위탁 사항

금융위원회는 ⅰ) 인가 요건(법8) 심사(제1호), ⅱ) 감사의뢰(법47⑤)(제2호), ⅲ) 시정요구(법75②)(제3호), ⅳ) 결산보고서 및 감사보고서의 접수(법81④)(제4호), ⅴ) 조합과 중앙회의 업무 감독을 위한 경영실태 분석 및 평가(법83①)(제4호

---

1) ③ 중앙회장은 제1항에 따라 조합으로부터 제출받은 자료를 금융위원회가 정하는 바에 따라 분석·평가하여 그 결과를 조합으로 하여금 공시하도록 할 수 있다.
2) 1의3. 제45조의3 제2항(제79조의2에 따라 준용되는 경우를 포함)을 위반하여 금리인하를 요구할 수 있음을 알리지 아니한 경우
3) ③ 제1항 및 제2항에 따른 과태료는 대통령령으로 정하는 바에 따라 금융위원회가 부과·징수한다.

의2), vi) 경영상황에 관한 주요정보 및 자료의 공시에 관한 사항(법83의2)(제5호), vii) 임직원에 대한 조치요구(법84①(2)(3))(제6호), viii) 임시임원의 선임 및 등기촉탁(법84③④)(제7호), ix) 조합 또는 중앙회에 대한 주의·경고(법85①(1))(제8호), x) 경영관리 및 관리인의 선임(법86①)(제9호), xi) 채무의 지급정지, 임원의 직무정지 및 재산실사(법86②)(제10호), xii) 자료요청(법86④)(제11호), xiii) 채무의 지급정지 또는 임원의 직무정지의 철회(법86⑤)(제12호), xiv) 관리인의 해임 및 관리인의 대리인 선임 등에 관한 권한(법86의2④⑤)(제13호), xv) 경영관리의 통지 및 등기촉탁(법86의3)(제14호), xvi) 기금관리위원회 의견 요청 및 접수(법86의4①)(제15호), xvii) 인수조합의 지정(법86의4②)(제16호), xviii) 관리인의 선임(법86의4⑤)(제17호), xix) 통지 및 등기 촉탁(법86의4⑥)(제18호), xx) 파산신청(법88)(제19호), xxi) 공제규정 인가(법97①③)(제20호), xxii) 지역조합 공동유대 범위의 승인(영12①(1))(제21호), xxiii) 내부통제기준의 변경권고(영19의3③)(제22호), xxiv) 준법감시인 임면통보의 수리(영19의4①)(제23호)에 관한 권한을 금융감독원장에게 위탁한다(영24①).

2. 중앙회장 위탁 사항

금융위원회는 업무방법의 고시에 관한 권한을 중앙회장에게 위탁한다(영24②).

II. 금융감독원장의 중앙회장 위탁

금융감독원장은 필요하다고 인정할 때에는 신용협동조합법에 따른 권한 또는 금융위원회로부터 위탁받은 권한 중 일부를 중앙회장에게 위탁할 수 있다(법96②). 금융감독원장이 중앙회장에게 위탁할 수 있는 권한은 i) 조합의 업무와 재산에 관한 검사(법83②)(제1호), ii) 조합의 업무 또는 재산에 관한 보고, 자료의 제출, 관계자의 출석 및 의견의 진술요구(법83③)(제2호), iii) 조합의 임·직원에 대한 조치요구(법84①(2)(3))(제3호), iv) 임시임원의 선임 및 등기촉탁(법84③④)(제4호)의 권한이다(영24③).

Ⅲ. 금융감독원장의 금융위원회 보고

금융감독원장은 영 제24조 제1항 제3호, 제9호, 제10호, 제12호, 제13호, 제 15부터 제17호까지, 제19호 및 제20호에 따른 권한을 행사한 때에는 그 사실을 금융위원회에 보고하여야 한다(영24④). 따라서 시정요구(법75②), 경영관리 및 관리인의 선임(법86①), 채무의 지급정지, 임원의 직무정지 및 재산실사(법86②), 채무의 지급정지 또는 임원의 직무정지의 철회(법86⑤), 관리인의 해임 및 관리인의 대리인 선임 등에 관한 권한(법86의2④⑤), 기금관리위원회 의견 요청 및 접수(법 86의4①), 인수조합의 지정(법86의4②), 관리인의 선임(법86의4⑤), 파산신청(법88), 공제규정 인가(법97①③) 권한을 행사한 때에는 그 사실을 금융위원회에 보고하여야 한다(영24④).

제3절 민감정보 및 고유식별정보의 처리

Ⅰ. 금융위원회 또는 금융감독원장의 민감정보 및 고유식별정보의 처리

금융위원회(금융위원회의 권한을 위탁받은 자를 포함) 또는 금융감독원장(금융감독원장의 권한을 위탁받은 자를 포함)은 ⅰ) 인가에 관한 사무(법7 및 법8, 법55① 후단 및 법61②)(제1호), ⅱ) 감독·보고·검사 등 및 이에 따른 사후 조치에 관한 사무(법83)(제2호), ⅲ) 업무보고서 제출에 관한 사무(법83의4)(제3호), ⅳ) 제재 및 행정처분에 관한 사무(법84①②③)(제4호), ⅴ) 등기 및 등기촉탁에 관한 사무(법84④, 법86의3, 법86의4⑥)(제5호), ⅵ) 퇴임한 임원 등에 대한 조치 내용의 통보에 관한 사무(법84의2①)(제5의2호), ⅶ) 경영관리 등에 관한 사무(법86, 법86의2)(제6호), ⅷ) 관리인 선임에 관한 사무(법86의4⑤)(제7호), ⅸ) 청문(법98)에 관한 사무(제8호)를 수행하기 위하여 불가피한 경우 범죄경력자료에 해당하는 정보(개인정보 보호법 시행령18(2)), 주민등록번호(개인정보 보호법 시행령19(1)), 여권번호(개인정보 보호법 시행령19(2)), 또는 외국인등록번호(개인정보 보호법 시행령19(4))가 포함된 자료를 처리할 수 있다(영24의2①).

Ⅱ. 중앙회 또는 중앙회장의 민감정보 및 고유식별정보의 처리

중앙회 또는 중앙회장은 ⅰ) 임원의 자격제한 확인에 관한 사무(법71의2⑥)(제1호), ⅱ) 예탁금 등 변제 및 채권의 취득 등에 관한 사무(법80의2④ 및 법80의4)(제1의2호), ⅲ) 손해배상 및 손해배상 청구에 관한 사무(법80의5)(제2호), ⅳ) 업무보고서의 제출에 관한 사무(법83의4)(제3호), ⅴ) 파산관재인 추천에 관한 사무(법88의2)(제3의2호), ⅵ) 검사·조치·보고에 관한 사무 및 이에 따른 사후 조치(법89⑥⑦⑧)(제4호)의 사무를 수행하기 위하여 불가피한 경우 범죄경력자료에 해당하는 정보(개인정보 보호법 시행령18(2)), 주민등록번호(개인정보 보호법 시행령19(1)), 여권번호(개인정보 보호법 시행령19(2)), 또는 외국인등록번호(개인정보 보호법 시행령19(4))가 포함된 자료를 처리할 수 있다(영24의2②).

Ⅲ. 조합 또는 이사장의 민감정보 및 고유식별정보의 처리

조합(제2호 및 제3호의 경우 법 제95조 제1항에 따른 조합을 포함) 또는 이사장은 ⅰ) 임원 등의 자격제한 확인에 관한 사무(법28)(제1호), ⅱ) 업무 대리 중 수납 및 지급대행에 관한 사무(법39①(1) 라목)(제2호), ⅲ) 보호예수에 관한 사무(법39①(1) 마목)(제3호)의 사무를 수행하기 위하여 불가피한 경우 범죄경력자료에 해당하는 정보(개인정보 보호법 시행령18(2)), 주민등록번호(개인정보 보호법 시행령19(1)), 여권번호(개인정보 보호법 시행령19(2)), 또는 외국인등록번호(개인정보 보호법 시행령19(4))가 포함된 자료를 처리할 수 있다(영24의2③).

Ⅳ. 조합 또는 중앙회의 민감정보 및 고유식별정보의 처리

조합 또는 중앙회는 ⅰ) 공제사업(법39①(3) 또는 법78①(6))을 위한 공제계약의 체결, 유지·관리 및 공제금의 지급에 관한 사무: 공제계약자 또는 피공제자에 관한 건강정보 또는 주민등록번호등(제1호), ⅱ) 타인을 위한 공제계약(상법639 및 상법664)의 체결, 유지·관리, 공제금의 지급 등에 관한 사무: 피공제자에 관한 건

강정보 또는 주민등록번호등(제2호), ⅲ) 제3자에게 배상할 책임[상법664 및 상법
719(상법 제726에서 준용되는 재보험계약 포함) 및 상법726의2]을 이행하기 위한 사
무: 제3자에 관한 건강정보 또는 주민등록번호등(제3호), ⅳ) 공제수익자 지정 또
는 변경(상법664 및 상법733)에 관한 사무: 공제수익자에 관한 주민등록번호등(제4
호), ⅴ) 단체공제계약(상법664 및 상법735의3)의 체결, 유지·관리, 공제금의 지급
등에 관한 사무: 피공제자에 관한 건강정보 또는 주민등록번호등(제5호)의 사무
를 수행하기 위하여 불가피한 경우 「개인정보 보호법」 제23조에 따른 민감정보
중 건강에 관한 정보("건강정보")나 같은 법 시행령 제19조에 따른 주민등록번호,
여권번호, 운전면허의 면허번호 또는 외국인등록번호("주민등록번호등")가 포함된
자료를 처리할 수 있다(영24의2④).

제
3
장
/

과세특례

제1절 서설

우리나라의 협동조합은 특별법으로 설립된 협동조합[1]과 협동조합기본법에 의한 협동조합 두 가지로 나눌 수 있다. 이 중 협동조합기본법으로 설립된 협동조합은 조세특례의 적용 범위가 일반법인과 크게 다르지 않다. 하지만 우리나라는 특별법에 의해 설립된 협동조합에 대해서 각종 비과세·감면 등의 과세 혜택을 부여하여 그 설립목적을 달성하도록 지원하고 있다.[2]

조세 감면 규정의 취지는 신용협동조합법에 따라 설립된 비영리법인인 신용협동조합이 수행하는 업무에 대하여 취득세 등 감면 특혜를 통한 재정적 지원을 하여 신용협동조합 설립목적 달성을 용이하게 하고자 하는 것이다.[3]

---

1) 우리나라는 9개의 특별법으로 각 협동조합의 설립 및 지원 근거를 규정하고 있다. 구체적으로 중소기업협동조합법, 신용협동조합법, 농업협동조합법, 수산업협동조합법, 산림조합법, 새마을금고법, 엽연초생산협동조합법, 소비자생활협동조합법, 염업조합법이 있다.
2) 박경환·정래용(2020), "협동조합 과세제도에 관한 연구: 과세특례 규정을 중심으로", 홍익법학 제21권 제2호(2020. 6), 516쪽.
3) 서울고등법원 2010. 10. 13. 선고 2010누13861 판결.

신용협동조합은 특별법에 의해 설립된 조합으로서 그 고유목적사업(법39)의 원활한 수행을 지원하고 조합원의 안정적인 활동을 지원하기 위하여 세제상 비과세·감면 혜택이 주어지고 있다. 이러한 비과세·감면 혜택은 국세의 감면 등 조세특례에 관한 사항을 규정한 조세특례제한법과 지방세의 감면 또는 중과 등 지방세특례에 관한 사항을 규정한 지방세특례제한법에서 규정하고 있으며, 각각의 조문은 일몰조항을 두어 일정 기간마다 특례조항의 유지 여부를 놓고 입법적 검토를 하고 있다.[4]

제2절 조합법인 등에 대한 법인세 과세특례

Ⅰ. 관련 규정

신용협동조합의 사업연도의 소득에 대한 법인세는 2025년 12월 31일 이전에 끝나는 사업연도까지 해당 법인의 결산재무제표상 당기순이익(법인세 등을 공제하지 아니한 당기순이익)에 기부금(해당 법인의 수익사업과 관련된 것만 해당)의 손금불산입액과 업무추진비(해당 법인의 수익사업과 관련된 것만 해당)의 손금불산입액 등 "대통령령으로 정하는 손금의 계산에 관한 규정을 적용하여 계산한 금액"을 합한 금액에 9%[해당금액이 20억원(2016년 12월 31일 이전에 조합법인간 합병하는 경우로서 합병에 따라 설립되거나 합병 후 존속하는 조합법인의 합병등기일이 속하는 사업연도와 그 다음 사업연도에 대하여는 40억원)을 초과하는 경우 그 초과분에 대해서는 12%]의 세율을 적용하여 과세("당기순이익과세")한다(조세특례제한법72①(1)).

이것은 경제 및 사회가 발전함에 따라 정부의 재정지출만으로는 공익사업의 수요를 충당하는 것이 매우 어렵기 때문에 공익사업을 수행하는 공익법인에 대해서는 낮은 세율로 과세하는 조세 유인책을 사용하고 있는 것이다.[5]

---

4) 백주현(2021), "수산업협동조합 및 어업인 관련 조세특례 제도개선에 관한 연구", 건국대학교 행정대학원 석사학위논문(2021. 8), 1쪽.
5) 백주현(2021), 19-22쪽.

Ⅱ. 당기순이익과세

조세특례제한법 기본통칙 72-0…1에 의하면 결산재무제표상 당기순이익이라 함은 기업회계기준 또는 관행에 의하여 작성한 결산재무제표상 법인세비용차감전순이익을 말하며, 이 경우 당해 법인이 수익사업과 비수익사업을 구분경리한 경우에는 각 사업의 당기순손익을 합산한 금액을 과세표준으로 하고, 3년 이상 고유목적사업에 직접 사용하던 고정자산 처분익을 과세표준에 포함하도록 한다. 또한 당해 조합법인 등이 법인세추가납부세액을 영업외비용으로 계상한 경우 이를 결산재무제표상 법인세비용차감전순이익에 가산하도록 하고 있다.

Ⅲ. 조합법인의 세무조정사항

조세제한특례법 제72조 제1항 각 호 외의 부분 본문에서 "대통령령으로 정하는 손금의 계산에 관한 규정을 적용하여 계산한 금액"이란 법인세법 제19조의2 제2항, 제24조부터 제28조까지, 제33조 및 제34조 제2항에 따른 손금불산입액(해당 법인의 수익사업과 관련된 것만 해당)을 말한다(조세제한특례법 시행령69①).

따라서 당기순이익과세를 적용하는 조합법인은 결산재무제표상의 당기순이익에 해당 조합법인의 수익사업과 관련하여 발생된 ⅰ) 대손금의 손금불산입(법인세법19의2), ⅱ) 기부금의 손금불산입(법인세법24), ⅲ) 업무추진비의 손금불산입(법인세법25), ⅳ) 과다경비 등의 손금불산입(법인세법26), ⅴ) 업무와 관련없는 비용의 손금불산입(법인세법27), ⅵ) 업무용승용차 관련 비용의 손금불산입(법인세법27의2), ⅶ) 지급이자의 손금불산입(법인세법28), ⅷ) 퇴직급여충당금의 손금산입(법인세법33), ⅸ) 대손충당금의 손금산입(법인세법34②)을 가산한 금액을 합산한 금액을 과세표준으로 한다(조세제한특례법 시행령69①⑤).

Ⅳ. 당기순이익과세의 포기

해당 법인이 당기순이익과세를 포기한 경우에는 그 이후의 사업연도에 대하여 당기순이익과세를 하지 아니한다(조세특례제한법72① 단서). 이에 따라 당기순이익과세를 포기하고자 하는 조합법인은 당기순이익과세를 적용받지 않으려는 사업연도의 직전 사업연도 종료일(신설법인의 경우에는 사업자등록증 교부신청일)까지 당기순이익과세 포기신청서(별지 제53호 서식)를 납세지 관할세무서장에게 제출(국세정보통신망에 의한 제출을 포함)하여야 한다(조세제한특례법 시행령69② 및 조세특례제한법 시행규칙61①(54)).

서면인터넷방문상담2팀-274(2006. 2. 3)에 의하면 조합법인이 당기순이익과세 포기 등의 사유로 당기순이익과세법인에서 제외된 경우 당기순이익과세법인에서 제외된 사업연도 이후에 발생한 결손금에 대하여만 각 사업연도의 소득에서 공제할 수 있다.

제3절 조합 등 출자금 등에 대한 과세특례

Ⅰ. 관련 규정

농민·어민 및 그 밖에 상호 유대를 가진 거주자를 조합원·회원 등으로 하는 금융기관에 대한 "대통령령으로 정하는 출자금"으로서 1명당 1천만원 이하의 출자금에 대한 배당소득과 그 조합원·회원 등이 그 금융기관으로부터 받는 사업이용 실적에 따른 배당소득("배당소득등") 중 2025년 12월 31일까지 받는 배당소득등에 대해서는 소득세를 부과하지 아니하며, 이후 받는 배당소득등에 대한 원천징수세율은 ⅰ) 2026년 1월 1일부터 2026년 12월 31일까지 받는 배당소득등: 5%(제1호), ⅱ) 2027년 1월 1일 이후 받는 배당소득등: 9%(제2호)의 구분에 따른 세율을 적용하고, 그 배당소득등은 종합소득과세표준에 합산하지 아니한다(조세제한특례법88의5).

이것은 조합원으로 하여금 신용협동조합에 대한 출자를 장려함과 동시에 출자배당소득을 비과세함으로써 조합원에 대한 소득보전에 기여하기 위함이다.[6]

---

6) 백주현(2021), 22-25쪽.

Ⅱ. 조합등 출자금의 비과세 요건 등

조세제한특례법 제88조의5에서 "대통령령으로 정하는 출자금"이란 신용협동조합의 조합원의 출자금으로서 조합에 출자한 금액의 1인당 합계액이 1천만원 이하인 출자금을 말한다(조세제한특례법 시행령82의5(4)).

따라서 출자배당의 비과세 요건은 조합원 1인당 1천만원 이하의 출자금에서 발생하는 배당소득을 말하며, 이는 신용협동조합에 국한되는 것이 아닌 농협, 수협, 산림조합, 새마을금고의 상호금융기관 전체를 포괄하는 개념이다. 예를 들어 농협, 수협, 산림조합, 새마을금고에 각각 1천만원씩 총 5천만원의 출자를 하였다 하더라도 각각의 상호금융기관으로부터 비과세를 받는 것은 아니다.

Ⅲ. 출자배당 비과세 적용례

조합 등 출자금에 대한 과세특례 적용시 조합 등에 출자한 금액이 1천만원을 초과하는 경우 1천만원 이하의 출자금 배당소득에 대하여는 소득세가 과세되지 아니하며(기획재정부 소득세제과-138, 2015. 3. 13), 1천만원 초과분에 대한 배당소득에 대하여만 소득세가 과세된다. 또한 지방세에 있어서도 1천만원 이하의 비과세 되는 출자배당에 대해서는 소득세가 면제되므로 개인지방소득세가 면제되나, 1천만원 초과분에 대해서는 소득세의 10% 만큼은 개인지방소득세가 과세된다.

제4절 조합등 예탁금에 대한 저율과세 등

Ⅰ. 관련 규정

농민·어민 및 그 밖에 상호유대를 가진 거주자를 조합원·회원 등으로 하는 조합 등에 대한 예탁금으로서 가입 당시 19세 이상인 거주자가 가입한 "대통령령으로 정하는 예탁금"(1명당 3천만원 이하의 예탁금만 해당하며, 이하 "조합등 예탁금")에서 2007년 1월 1일부터 2025년 12월 31일까지 발생하는 이자소득에 대해

서는 비과세하고, 2026년 1월 1일부터 2026년 12월 31일까지 발생하는 이자소득
에 대해서는 5%의 세율을 적용하며, 그 이자소득은 소득세법에 따른 종합소득과
세표준에 합산하지 아니하며, 지방세법에 따른 개인지방소득세를 부과하지 아니
한다(조세특례제한법89의3①).

　　2027년 1월 1일 이후 조합등 예탁금에서 발생하는 이자소득에 대해서는 9%
의 세율을 적용하고, 종합소득과세표준에 합산하지 아니하며, 개인지방소득세를
부과하지 아니한다(조세특례제한법89의3②).

　　이것은 신용협동조합을 비롯한 농업협동조합, 수산업협동조합, 산림조합,
새마을금고에 예탁한 예탁금에 대하여 이자소득를 비과세함으로써 농어민과 서
민의 재산형성을 지원하기 위한 것이다.[7]

Ⅱ. 조합등 예탁금의 요건 등(예탁금 이자소득의 비과세 요건)

　　조세특례제한법 제89조의3 제1항에서 "대통령령으로 정하는 예탁금"이란
농업협동조합, 수산업협동조합, 산림조합, 신용협동조합, 새마을금고 중 어느 하
나에 해당하는 조합 등의 조합원·준조합원·계원·준계원 또는 회원의 예탁금으
로서 농업협동조합, 수산업협동조합, 산림조합, 신용협동조합, 새마을금고에 예
탁한 금액의 합계액이 1인당 3천만원 이하인 예탁금을 말한다(조세특례제한법 시
행령83의3①).

Ⅲ. 이자소득 비과세 적용례

　　조합원 등이 3천만원 이하의 비과세 예탁금에 가입한 후 저축계약기간 중
그 자격을 상실한 경우 당해 예탁금의 저축계약기간 만료일까지는 비과세가 적
용될 수 있다.

　　또한 예탁금 이자소득 비과세의 적용시점은 가입당시 전기간에 걸쳐 비과세
가 가능한 것이 아니며, 각 연도별로 발생한 이자소득에 대해서만 적용받는다.
예를 들어 2024년에 5년만기 예탁금을 가입하였다 하더라도 비과세 종료가 2025

---

7) 백주현(2021), 22-25쪽.

년이기 때문에 2025년까지 발생한 이자소득에 대해서만 비과세되고 2026년 발생분은 5%로, 2027년 이후 발생분 이자는 9%로 과세하게 된다. 다만, 2021년부터는 가입연령이 20세에서 19세로 낮아지게 되어 가입대상이 확대되는 반면, 조세특례제한법 제129조의2가 신설되어 금융소득종합과세대상자에 해당될 경우에는 가입이 제한되도록 개정되었다.

제5절 부동산 취득세와 재산세 감면

Ⅰ. 관련 규정

신용협동조합에 대해서는 다음에서 정하는 바에 따라 지방세를 각각 감면한다(지방세특례제한법87①). 즉 ⅰ) 신용협동조합이 신용협동조합법 제39조 제1항 제1호(신용사업)의 업무에 직접 사용하기 위하여 취득하는 부동산에 대해서는 취득세를, 과세기준일 현재 그 업무에 직접 사용하는 부동산에 대해서는 재산세를 각각 2023년 12월 31일까지 면제하고(제1호), ⅱ) 신용협동조합이 신용협동조합법 제39조 제1항 제2호(복지사업) 및 제4호(조합원의 경제적·사회적 지위 향상을 위한 교육)의 업무에 직접 사용하기 위하여 취득하는 부동산에 대해서는 취득세를, 과세기준일 현재 그 업무에 직접 사용하는 부동산에 대해서는 재산세를 각각 2023년 12월 31일까지 면제하며(제2호). ⅲ) 신용협동조합중앙회가 신용협동조합법 제78조 제1항 제1호(조합의 사업에 관한 지도·조정·조사연구 및 홍보) 및 제2호(조합원 및 조합의 임직원을 위한 교육사업)의 업무에 직접 사용하기 위하여 취득하는 부동산에 대해서는 취득세의 25%를, 과세기준일 현재 그 사업에 직접 사용하는 부동산에 대해서는 재산세의 25%를 각각 2017년 12월 31일까지 경감한다(제3호).

Ⅱ. 관련 판례

① 수원지방법원 2010. 4. 15. 선고 2009구합4921 판결

신용협동조합법 제39조 제1항 제1호, 제2호 및 제4호의 규정에 의한 업무에

직접 사용하기 위하여 취득하는 부동산에 대하여 취득세와 등록세를 면제하도록 규정한 취지는 신용협동조합이 수행하는 본래의 업무가 그 성격상 공공성을 강하게 띠고 있으므로 신용협동조합으로 하여금 그 업무를 원활히 수행할 수 있도록 세제상으로 지원하려는 정책적 고려에 의한 것으로 보아야 할 것이다. 따라서 이러한 입법 취지 및 조세법규의 해석에 관한 위 원칙 등을 종합하여 보면, 면세의 대상이 되는 신용협동조합의 업무는 지역주민에 대한 금융편의 제공이라는 신용업무와 조합원의 경제적, 사회적 지위향상을 위한 교육, 복지업무 등 공공적 성격의 업무에 한한다고 보아야 할 것이고, 명목상으로는 신용협동조합법 제39조 제1항 제2호, 같은 법 시행령 제16조 제1항에 규정된 복지사업이라고 하더라도 실질적으로는 신용협동조합이 그 영리를 도모하기 위하여 행하는 사업은 포함되지 않는 것으로 보아야 할 것이다.

　② 대법원 2013. 5. 9. 선고 2010두23668 판결
　[1] 신용협동조합법에 의하여 설립된 신용협동조합이 "예식장 등의 생활편의시설을 설치·운영하는 사업"에 사용하기 위하여 취득하는 부동산이 구 지방세법 제272조 제3항(현행 지방세특례제한법 제87조 제1항 참조)이 규정하는 취득세 등의 면제 대상에 해당하기 위한 요건 및 위 요건을 충족하는지 판단하는 기준: 구 지방세법(2007. 5. 25. 법률 제8485호로 개정되기 전의 것, 이하 같다) 제272조 제3항(현행 지방세특례제한법 제87조 제1항 제2호), 신용협동조합법 제1조, 제2조 제1호, 제39조 제1항 제2호, 제2항, 구 신용협동조합법 시행령(2011. 12. 8. 대통령령 제23356호로 개정되기 전의 것) 제16조 제1항 제2호 (다)목 규정의 문언 내용 및 취지에 비추어 보면, 신용협동조합법에 의하여 설립된 신용협동조합이 "예식장 등의 생활편의시설을 설치·운영하는 사업"에 사용하기 위하여 취득하는 부동산이 구 지방세법 제272조 제3항(현행 지방세특례제한법 제87조 제1항 제2호)이 규정하는 취득세 등의 면제 대상에 해당하기 위해서는 그 사업의 주된 목적이 조합원의 경제적·사회적 지위를 향상시키는 데 있어야 하고, 위 요건을 충족하는지는 이용대상자 중 조합원이 차지하는 비율, 조합원과 비조합원 사이의 이용요금이나 이용조건의 차이 유무, 이용요금의 수준, 당해 생활편의시설의 설치 및 운영의 필요성 등을 종합적으로 고려하여 객관적으로 판단하여야 한다.
　[2] 관할 행정청이 갑 신용협동조합이 예식장 사업을 위해 취득한 부동산에

관하여 취득세 등 부과처분을 한 사안에서, 위 부동산은 구 지방세법 제272조 제3항(현행 지방세특례제한법 제87조 제1항 제2호)에서 정한 신용협동조합법 제39조 제1항 제2호의 복지사업에 직접 사용하기 위하여 취득하는 부동산에 해당한다고 보기 어렵다는 이유로, 이와 달리 본 원심판결에 법리오해의 위법이 있다고 한 사례: 관할 행정청이 신용협동조합법에 의하여 설립된 갑 신용협동조합이 예식장 사업 운영을 위해 취득한 부동산에 관하여 취득세 등 부과처분을 한 사안에서, 갑 조합이 운영하는 예식장은 사실상 불특정 다수를 대상으로 하여 운영되고 있고 실제 이용자 중 상당수는 예식장의 이용만을 목적으로 조합원 자격을 취득한 것으로 보이며, 조합원과 비조합원 사이의 이용요금이나 이용조건의 차이도 미미하고, 이용요금도 인근 예식장과 비슷하며, 주변에 이미 다수의 다른 예식장들이 있어 특별히 조합원들을 위하여 예식장을 설치·운영할 필요성이 크다고 할 수도 없으므로, 결국 갑 조합이 예식장을 설치·운영하는 사업은 주된 목적이 조합원의 경제적·사회적 지위를 향상시키는 데 있다고 볼 수 없어, 위 부동산은 구 지방세법(2007. 5. 25. 법률 제8485호로 개정되기 전의 것) 제272조 제3항(현행 지방세특례제한법 제87조 제1항 제2호)에서 말하는 신용협동조합법 제39조 제1항 제2호의 복지사업에 직접 사용하기 위하여 취득하는 부동산에 해당한다고 보기 어렵다는 이유로, 이와 달리 본 원심판결에 법리오해의 위법이 있다고 한 사례.

③ 대법원 1994. 8. 23. 선고 94누5649 판결

신용협동조합이 부동산을 취득한 후 1년 이내에 고유업무에 사용하지 못한 데에 정당한 사유가 있다고 인정한 사례: 신용협동조합이 부동산을 취득한 후 1년이 지나도록 고유업무에 사용하지 아니하였으나 신용협동조합법에 의하여 설립된 비영리법인인 조합의 성격, 부동산의 취득목적, 부동산을 고유업무에 사용하지 못한 이유 및 고유업무에 사용하기 위해 기울인 조합의 노력정도에 비추어 고유업무에 사용하지 못한 데에 정당한 사유가 있다고 보아 면제된 취득세 및 등록세의 추징이 위법하다고 한 사례.

④ 대법원 1994. 5. 13. 선고 93누23978 판결

신용협동조합이 조합원의 주거용 사택을 건립·운영하는 것이 지역사회개발 사업으로서 조합의 고유업무에 포함된다고 한 사례: 원고 조합이 건립한 다세대

주택은 간호사 등 병원 직원들의 생업 내지 일상생활에 필요한 공동이용시설에
해당한다고 봄이 상당하고 비록 그 시설을 조합원들에게 유료로 이용케 하였다
고 하더라도 부동산임대업을 영위하기 위한 것이 아니라 그 이용에 따르는 실비
를 징수한 정도에 불과한 것뿐이니 원고 조합이 공동시설이용사업을 영위한 것
으로 못 볼 바 아니다. 따라서 원고 조합이 조합원을 위한 주거용 사택을 건립하
여 운영한 것은 그 고유업무인 지역사회개발사업에 해당하고 위 사택의 부지인
이 사건 토지를 법인의 비업무용 토지라 하여 취득세를 중과세할 것은 아니다.

제
2
편

조 합

제
1
장
／

설　립

제1절　설립목적

신용협동조합은 공동유대를 바탕으로 하는 신용협동조직의 건전한 육성을 통하여 그 구성원의 경제적·사회적 지위를 향상시키고, 지역주민에게 금융편의를 제공함으로써 지역경제의 발전에 이바지하기 위한 목적을 달성하기 위하여 신용협동조합법에 따라 설립된 비영리법인을 말한다(법2(1)).

조합은 그 명칭에 "신용협동조합" 또는 "신협"이라는 문자를 사용하여야 한다(법3①). 조합이 아닌 자는 그 명칭에 "신용협동조합"이나 이와 유사한 문자를 사용해서는 아니 된다(법3②). 조합은 주된 사무소의 소재지에서 설립등기를 함으로써 성립한다(법4①). 조합은 명칭 중에 조합이라는 용어를 사용하지만, 법적 성격은 법인이다. 따라서 민법상 계약의 일종인 조합(민법703 이하)과 구별된다.

신용협동조합은 일정한 사업을 협동으로 영위함으로써 조합원의 권익을 향상하고 지역사회에 공헌하고자 하는 사업조직인 협동조합[1])(협동조합기본법2(1))

---

1) 1. "협동조합"이란 재화 또는 용역의 구매·생산·판매·제공 등을 협동으로 영위함으로써 조합원의 권익을 향상하고 지역 사회에 공헌하고자 하는 사업조직을 말한다.

에 속하고, 농업협동조합, 수산업협동조합, 산림조합, 새마을금고와 마찬가지로 신용사업과 공제사업을 운영하는 상호금융기관에 속한다.

신협은 현재 한국의 여러 협동조합법에 의해 조직 운영되는 다양한 협동조합들 중 정부주도가 아닌 자발적 민간주도 협동조합운동으로 시작하여 뿌리내린 협동조합이라는 점에서 주목할 만하다. 한국이 전형적인 저개발 농업국이던 시기에 도입된 신협은 곧 이은 정부주도 경제 개발기에 정부정책 수단으로 조직된 농협, 수협 등과 달리, 자발적인 민간협동조직으로서 전국으로 확산되며 경제개발의 밑거름이 되었다. 법적 보호를 받기 위한 10여 년에 걸친 노력 끝에 1972년 통과된 신협법에는 농협, 수협, 마을금고의 신용사업 영위를 위한 법 규정이 포함됨으로써 한국에서 상호금융업 발전의 기초가 마련되는 계기가 되기도 하였다. 현재 농협, 수협, 산림조합은 신협법 조항에 근거하여 신용사업을 한다(신협법95 ①). 새마을금고는 1963년 원래 신협으로 조직되었으며 신협에서 마을금고로 명칭이 바뀐 이후에도 1983년 새마을금고법이 제정되기 이전까지 신협법에 의해 조직 운영되었다.[2]

1972년 신협법 제정 당시 694개 조합이었으나 성장과 구조조정 과정 등을 거치면서 2022년 말 현재는 조합 수는 870개이고 총자산은 143.4조원이다.

제2절 연혁

신용협동조합은 동일 공동유대에 속한 사람들이 모여 자금 조성 및 대출을 통해 경제적 어려움을 해결하기 위한 목적으로 자발적으로 설립된 조직이다. 신협운동은 1849년 독일에서 슐체데리치와 라이파이젠을 중심으로 시작하여 1866년 이탈리아, 1909년 미국 등 전 세계로 확산되었으며, 미국에 본부를 둔 세계신협협의회(WOCCU: World Council Credit of Unions)에 총 97개국의 회원이 참여하여 전지구적인 네트워크를 형성하고 있는 세계 최대의 민간협동조합으로 발전하고 있다.

---

2) 구정옥(2020), "정부주도 경제개발기(1960~1981) 한국신협모델의 형성과 정착", 한국협동 조합연구 제38권 제2호(2020. 8), 83쪽.

신용협동조합은 1960년 서민들의 오랜 빈곤을 극복하기 위한 대안으로 태동한 신협운동에서 출발하여, 1960년 5월 1일 미국 메리 가브리엘라 수녀가 메리놀 수녀회 병원에서 성가신용협동조합을 조직하면서 시작되었다. 같은 해 6월 서울에서는 장대익 신부가 주도한 가톨릭중앙신용협동조합이 설립되었다. 1962년 부산에서 결성된 협동조합교도봉사회를 중심으로 지도자 교육이 활성화되면서 신협 창립이 더욱 활발해졌고, 1963년 협동조합교도봉사회가 "협동교육연구원"으로 개칭하여 정식 발족하고 1964년 50여 개의 신용협동조합을 회원으로 하는 "한국신용협동조합 연합회(지금의 신협중앙회)"가 만들어지면서 일원화되었다.3)

1972년에 신용협동조합의 설립과 운영, 사업의 근거 법률인 신용협동조합법이 제정되었고, 이를 근거로 1973년 277개 신용협동조합을 회원으로 하는 신용협동조합 연합회가 발족하였다. 신용협동조합법 제정 이후 신용협동조합은 높은 사회적 관심을 받으며 지속적으로 성장하였고, 1981년 말에는 조합 수가 1,000여 개에 육박하였다. 그러나 1980년대 금융사고 및 1990년대 IMF 외환위기의 영향으로 신용협동조합의 부실 문제가 드러났으며, 1997년 말 1,666개 조합에 경영위기가 발생하였고, 그 결과 433개 조합이 해산 또는 청산하게 되었다. 같은 기간 조합원도 10%가 줄어들고, 신뢰의 위기가 발생하자 조합원의 출자도 줄어들어 출자금도 22%나 감소하였다. 결국 1998년 조합의 경영안정과 조합원 보호 등을 위해 예금보험공사의 부보금융기관으로 편입되어 예금보험공사로부터 4조 8천여억 원의 공적자금을 받게 되고 감독기관의 관리 감독을 받게 되었다. 그 후 금융환경이 변화함에 따라 2004년부터 신용협동조합이 예금보험공사의 부보금융기관에서 제외되고 그에 따라 중앙회 내에 예금자보호기금을 두고 예금자보호기능을 수행한다.

---

3) 이태영(2021), "금융협동조합 규제체계 개편과 법·제도 개선방안 연구", 연세대학교 대학원 박사학위논문(2021. 6), 11–12쪽.

제3절 주요업무(사업의 종류)

Ⅰ. 서설

신용협동조합법은 공동유대를 바탕으로 하는 신용협동조직의 건전한 육성을 통하여 그 구성원의 경제적·사회적 지위를 향상시키고, 지역주민에 대한 금융편의를 제공함으로써 지역경제 발전에 기여하고자 하는 신용협동조합의 설립목적을 달성하기 위해 신용사업 등의 각종 사업을 규정하고 있다.

신용협동조합법은 조합이 목적 달성을 위해 수행할 수 있는 사업의 종류를 제한적으로 열거하고 있다(법39). 대표적으로 신용사업과 공제사업이 규정되어 있으며, 조합이 영위할 수 있는 신용사업의 범위에 대해서도 구체적으로 열거하고 있다(법39①(1)).

신용협동조합법에 따른 예탁금, 대출 및 공제는 금융소비자보호법상 금융상품에 해당한다(금융소비자보호법 시행령2①(2)). 신용협동조합이 계약에 따라 금융소비자로부터 금전을 받고 장래에 그 금전과 그에 따른 이자 등의 대가를 지급하기로 하는 계약도 금융상품이다(금융소비자 보호에 관한 감독규정2②(1) 본문). 신용협동조합중앙회가 금융소비자에 어음 할인·매출채권 매입(각각 금융소비자에 금전의 상환을 청구할 수 있는 계약으로 한정)·대출·지급보증 또는 이와 유사한 것으로서 금전 또는 그 밖의 재산적 가치가 있는 것("금전등")을 제공하고 장래에 금전등 및 그에 따른 이자 등의 대가를 받기로 하는 계약은 금융상품이다(금융소비자 보호에 관한 감독규정2②(2) 본문).

조합은 법 제39조 제1항 각 호의 업무를 수행하기 위하여 필요한 경우 전자정부법 제36조 제2항에 따른 행정정보의 공동이용을 통해 [별표 1]에 따른 행정정보를 확인할 수 있다(영15의2 전단). 이 경우 개인정보 보호법 제2조 제3호4)의 정보주체로부터 사전동의를 받아야 한다(영15의2 후단).

조합은 그 목적을 달성하기 위하여 다음의 사업을 한다(법39①).

---

4) 3. "정보주체"란 처리되는 정보에 의하여 알아볼 수 있는 사람으로서 그 정보의 주체가 되는 사람을 말한다.

Ⅱ. 신용사업

1. 의의

신용사업은 수신과 여신을 수단으로 하여 조합원간 자금의 유통을 꾀하는 상호금융의 성격을 가진 업무이다.[5] 조합원의 자금을 예탁받아 이를 조합원에게 융자하여 조합원끼리 원활한 자금 흐름을 꾀하는 것이 상호금융의 중요한 역할 이다.

2. 신용사업의 내용

조합은 그 목적을 달성하기 위하여 신용사업을 한다(법39①(1)). 신용사업에 는 ⅰ) 조합원으로부터의 예탁금·적금의 수납(가목), ⅱ) 조합원에 대한 대출(나 목), ⅲ) 내국환(다목), ⅳ) 국가·공공단체·중앙회 및 금융기관의 업무 대리(라 목), ⅴ) 조합원을 위한 유가증권·귀금속 및 중요 물품의 보관 등 보호예수 업무 (마목), ⅵ) 어음할인(바목), ⅶ) 전자금융거래법에서 정하는 직불전자지급수단의 발행·관리 및 대금의 결제(중앙회의 업무를 공동으로 수행하는 경우로 한정)(사목) ⅷ) 전자금융거래법에서 정하는 선불전자지급수단의 발행·관리·판매 및 대금의 결제(중앙회의 업무를 공동으로 수행하는 경우로 한정)(아목)가 포함된다.

3. 여수신업무방법

금융위원회는 조합의 신용사업과 관련하여 예탁금·적금 또는 대출등에 관 한 업무방법을 고시할 수 있다(법39③). 이에 따라 금융위원회는 「상호금융업감 독규정」("감독규정")에서 여수신업무방법에 필요한 사항을 정하고 세부사항은 중 앙회장이 정하도록 하였다.

따라서 신협법 제39조 제3항에 따른 업무방법에 관한 고시 권한은 신협법 제96조 제1항, 시행령 제24조 제2항에 따라 중앙회장에게 위탁되어 있다. 또한 신협법 제89조 제1항에 따라 조합의 사업에 관한 지침 등을 작성하여 보급할 수 있는 규정을 두고 있다. 이에 따라 중앙회는 조합 여수신업무방법서를 제정하여 운영하고 있다.

---

5) 신협중앙연수원(2021), 201쪽.

(1) 중앙회장의 제정

조합의 신용사업과 관련한 예탁금·적금 또는 대출등의 업무방법("여수신업무방법")에 관한 사항은 신용협동조합중앙회의 중앙회장이 이를 정한다(감독규정4①).

(2) 여수신업무방법의 필요적 포함사항

여수신업무방법에는 ⅰ) 예탁금·적금 및 대출등의 종류에 관한 사항(제1호), ⅱ) 예탁금·적금 및 대출등의 이율, 결산방법 및 기간에 관한 사항(제2호), ⅲ) 예탁금·적금 및 대출등의 원리금의 지급 및 회수방법에 관한 사항(제3호), ⅳ) 기타 여수신업무에 관한 중요사항(제4호)이 포함되어야 한다(감독규정4②).

(3) 여수신업무방법 제정 또는 변경의 금융감독원 신고

중앙회장이 여수신업무방법을 제정 또는 변경하고자 하는 경우에는 미리 금융감독원장에게 신고하여야 한다(감독규정4③).

(4) 여수신업무방법 변경 요구와 수용 의무

금융감독원장은 신고받은 여수신업무방법의 내용을 심사하고 조합 이용자 보호, 건전한 금융거래질서의 유지를 위하여 여수신업무방법 내용의 변경이 필요하다고 인정하는 경우 중앙회장에 대하여 당해 여수신업무방법의 변경을 요구할 수 있다(감독규정4④ 전단). 이 경우 중앙회장은 이에 응하여야 한다(감독규정4④ 후단).

4. 신용사업의 종류

(1) 예탁금 및 적금

신용사업에는 조합원으로부터의 예탁금·적금의 수납이 포함된다(법39①(1) 가목).

신용협동조합법에 따른 예탁금, 신용협동조합이 계약에 따라 금융소비자로부터 금전을 받고 장래에 그 금전과 그에 따른 이자 등의 대가를 지급하기로 하는 계약은 금융소비자보호법상 예금성 상품에 해당된다(금융소비자보호법3(1), 동법 시행령①, 금융소비자 보호에 관한 감독규정3(1)). 예금성 상품은 은행 예금과 같이 이자수익이 발생하는 금융상품으로서 원금보장이 되는 상품(예: 예·적금 등)을 말한다.

(가) 예금의 의의

예탁금 및 적금("예금")은 조합의 자금형성 수단이며, 조합원 및 조합원이 아닌 자("조합원등")의 여유자금에 대한 일시적인 보관, 출납, 재산증식 수단으로 예치받는 자금을 말한다.[6] 예금은 "예금자가 은행 기타 수신을 업으로 하는 금융기관에게 금전의 보관을 위탁하되 금융기관에게 그 금전의 소유권을 이전하기로 하고, 금융기관은 예금자에게 같은 통화와 금액의 금전을 반환할 것을 약정하는 계약"이다. 신용협동조합은 예탁금 등의 명칭으로 수신업무를 하고 있다.

(나) 예금의 종류

1) 자유입출금식 예금

자유입출금식 예금의 분류는 다음과 같다.[7]

가) 별단예탁금

별단예탁금은 조합 업무수행을 위하여 발생하는 미결제, 미정리자금, 다른 예탁금 및 적금("예금")에 속하지 않는 일시 예수금을 조합 사무처리의 편의상 일시적으로 처리하기 위한 예금이다.

별단예탁금은 고객의 예금을 대상으로 설치하는 것이 아니라 조합의 업무처리상 필요로 설치되는 과목이며, 이 자금은 예금주에게 환급되어야 하므로 가수금 과목과는 달리 상환준비금이 대상이 된다.

별단예탁금을 수입할 수 있는 대상은 국가·공공단체와의 계약에 의한 수입금, 기한부예탁금의 타점권 수입금, 기타 일시 예수금 등이다.

나) 보통예탁금

보통예탁금은 거래대상자, 금액의 규모 및 시기에 제한없이 통장 등에 의하여 언제나 입출금이 가능한 예탁금이다. 건당 입출금 금액은 1원 이상으로 한다.

다) 자립예탁금

자립예탁금은 금액의 규모 및 시기에 제한없이 통장 등에 의하여 언제나 입출금이 가능한 예금으로서 개인의 자금을 우대하기 위한 예탁금이다. 거래대상자는 실명의 개인에 한한다.

---

6) 신협중앙회(2021a), 「2021 수신업무방법서」(2021. 1), 11쪽.
7) 신협중앙회(2021a), 89-100쪽 참조.

라) 자유저축예탁금

자유저축예탁금은 금액의 규모 및 시기에 제한없이 입출금이 자유로우나 선입선출법(먼저 입금한 금액부터 먼저 출금)에 의거 예치기간에 따라 이자가 계산되는 예탁금이다. 거래대상자는 실명의 개인에 한한다.

마) 기업자유예탁금

기업자유예탁금은 법인 및 사업자를 대상으로 하는 입출금이 자유로운 예탁금이다. 거래대상자는 법인 및 사업자등록증을 소지한 개인에 한한다.

바) 알찬자유예탁금

알찬자유예탁금은 금액의 규모 및 시기에 제한없이 입출금이 자유로우며, 금액별 및 개인별 차등 이율을 적용하여 이자를 지급하는 예탁금이다. 거래대상자는 실명의 개인, 법인 및 사업자등록증을 소지한 개인에 한한다.

사) 플러스직장인예탁금

플러스직장인예탁금 금액의 규모 및 시기에 제한없이 입출금이 자유로우나 선입선출법(먼저 입금한 금액부터 먼저 출금)에 의거 예치기간에 따라 이자가 계산되는 예탁금으로서 급여생활자를 대상으로 우대조건이 충족될 경우 수수료 면제 등 우대 혜택을 부여하는 예탁금이다. 거래대상자는 실명의 개인에 한한다.

아) 불어나예탁금

불어나예탁금은 자동이체 실적이 있는 계좌를 대상으로 일정요건을 충족할 경우 우대이율, 캐쉬백, 수수료 면제 혜택을 부여하는 입출금이 자유로운 예탁금이다. 가입대상자는 제한이 없다.

자) 사장님더드림예탁금

사장님더드림예탁금은 자영업자를 대상으로 일정한 요건을 충족할 경우에 평잔의 일정 비율에 정기예탁금(3개월) 이율을 적용하고 수수료 면제 혜택을 제공하는 자유입출금식 예금상품이다.

2) 거치식 예금

거치식 예금의 분류는 다음과 같다.[8]

가) 정기예탁금

정기예탁금은 일정한 예탁기간을 미리 정하여 만기일이 경과한 후에 맡긴

---

8) 신협중앙회(2021a), 101-120쪽 참조.

예금을 지급하는 예탁금이다. 최소 예탁금액은 1건당 10,000원 이상으로 한다.

나) 한아름 정기예탁금

한아름 정기예탁금은 일정한 예탁기간을 정하여 기간별·금액별 차등 이율로 이자를 계산하고 만기일이 경과한 후에 맡긴 예금을 지급하는 예탁금이다.

다) OK회전예탁금

OK회전예탁금은 계약기간 내에서 다양한 회전주기 단위로 이율을 적용하는 금리변동부 회전식 예탁금이다. 예탁금액은 100만원 이상 1만원 단위로 한다.

라) 파워정기예탁금(Ⅰ형, Ⅱ형)

파워정기예탁금(Ⅰ형)은 예금계좌 개설시 만기 자동재예치를 신청한 계좌에 한하여 조합에 통장과 인감을 지참하지 않고 자동으로 재예치를 할 수 있는 예탁금이다. 가입대상자는 제한이 없다.

파워정기예탁금(Ⅱ형)은 세금우대 또는 비과세조합저축의 만기연장 효과를 최대한 누리기 위하여 만기가 10년이고 매 1년마다 계약응당일에 실세금리가 적용되며, 최초 계약 후 1년이 지나서 해지할 경우 중도해지 금리를 적용하지 않고 만기후(해지) 이율을 적용하는 예탁금이다. 예탁금액은 100만원 이상 1만원 단위로 가입한다.

마) 선드림정기예탁금

선드림정기예탁금은 예금 가입과 동시에 계약금액에서 예금 이율에 해당하는 원금("선이자")을 예금거래 조합의 본인 명의 신협체크카드 결제계좌로 선지급하고, 예금 만기시 계약금액을 지급하는 예탁금이다.

바) 신협 사회적예탁금

신협 사회적예탁금은 사회적 경제 활성화 취지에 공감하는 개인, 개인사업자, 법인 또는 단체 등이 예탁금에 가입하고, 조합은 동 예탁금 가입 건당 일정율의 금액을 사회적 경제 조직을 위한 재원으로 사용하는 거치식 예금상품을 말한다. 최소 예탁금은 1건당 10,000원 이상으로 한다.

사) 어부바효예탁금

어부바효예탁금은 신협이 사회적 역할을 강화하기 위하여 기초연금 수급자에게 신협상해사망 공제 공제료를 지원하고 헬스케어 서비스와 전화안부 서비스 등 사회공헌적 부가서비스를 제공하는 예탁금을 말한다.

가입대상자는 기초연금 수급자 또는 기초연금 수급자의 자녀로 한다.

아) 유니온정기예탁금

유니온정기예탁금은 온뱅크를 이용하여 가입할 수 있으며 만기일 변경이 가능한 예탁금을 말한다. 가입대상자는 온뱅크에 가입되어 있는 실명의 개인으로 한다.

3) 적립식 예금

적립식 예금의 분류는 다음과 같다.[9]

가) 정기적금

정기적금은 일정기간을 정하여 그 기간 중 매월 일정한 날에 일정한 금액을 정기적으로 납입하였다가 만기일에 약정금액을 지급다는 적금을 말한다. 월납입액의 최소 금액은 1건당 1,000원 이상으로 한다.

나) 하나더 적금

하나더 적금은 일정한 기간을 정하여 그 기간 중 매월 일정한 날에 일정한 금액을 정기적으로 납입하였다가 중도 또는 만료시에 일정금액을 지급하고, 하나더 적금 대출 자격을 부여하는 적금을 말한다.

적금 대출시 총불입한 월저축금은 중도해지 또는 만기해지 하여 대출금을 상환하여야 한다.

다) 자유적립적금

자유적립적금은 일정한 기간을 정하여 불특정 금액을 수시로 납입하였다가 만기일에 목돈을 지급받는 적금을 말한다. 가입대상에는 제한이 없다.

라) 장학적금

장학적금은 미취학 아동 및 학생들의 저축심을 고취시키고 학부형들에게는 자녀들의 학자금을 간편하게 마련할 수 있도록 하는 적금이다. 가입대상자는 미취학 아동 및 초·중·고등학생에 한정한다.

마) 매일적금

매일적금은 일정한 기간을 정하여 매일 일정금액을 예치하고 예금 잔액에 대하여 예치 기간별 약정이율을 적용하여 이자를 지급하는 적금이다. 가입대상자는 개인에 한한다.

---

9) 신협중앙회(2021a), 123–181쪽 참조.

바) 평생행복적금

평생행복적금은 일정기간을 정하여 불특정 금액을 수시로 납입하였다가 계약기간 중 만기일에 목돈을 지급하는 적금이다, 가입대상자는 국민이 거주자로서 실명의 개인에 한한다.

사) 직장인행복적금

직장인행복적금은 납입금액, 납입횟수 등 저축 방법이 자유로우며 매년 이자를 지급하는 자유적립식 예금으로 직장조합에 한하여 취급할 수 있다. 가입대상자는 공동유대가 직장조합으로서 해당 직장에 소속된 자로 실명의 개인에 한한다. 직장에는 해당 직장의 지점, 자회사, 계열회사, 산하기관이 포함된다.

아) 행복자유적금

행복자유적금은 신협과 신협사회공헌재단("재단")이 함께 하는 사회공헌형 예금상품으로, 저축한도 범위 내에서 자유로이 납입하고 만기까지 유지할 경우, 만기 이자 이외에 추가로 재단에서 자립 축하금을 지원하는 적금 상품을 말한다.

자) e-파란적금

e-파란적금은 신협 스마트폰 뱅킹을 이용하여 가입할 수 있는 적금으로 우대조건 항목 충족시 만기에 우대이율을 적용받는 적금을 말한다. 가입대상자는 신협 전자금융에 가입되어 있는 실명의 개인으로 한다.

차) 테트리스적금

테트리스적금은 미성년자의 저축심을 고취시킬 수 있도록 수시로 입금이 가능하고 우대조건 항목 충족시 만기에 우대이율을 적용받는 자유적립식 예금상품을 말한다.

카) 레이디4U적금

레이디4U적금은 스마트폰을 이용하여 쉽게 가입할 수 있는 적금으로 수시로 입금이 가능하고, 우대조건 항목 충족시 만기에 우대이율을 적용받는 자유적립식 적금 상품을 말한다. 가입대상은 만 20세 이상 만 39세 이하의 여성이며, 1인 1계좌에 한한다.

타) 유니온정기적금

유니온정기적금은 온뱅크를 이용하여 가입할 수 있으며 만기일 변경이 가능한 정액 적립식 적금을 말한다.

파) 유니온자유적립적금

유니온자유적립적금은 온뱅크를 이용하여 가입할 수 있으며 만기일 변경이 가능한 자유적립식 적금을 말한다.

4) 연계형 예금

연계형 예금의 분류는 다음과 같다.[10)]

가) 플러스 정기적금

플러스 정기적금은 온·오프라인 취급이 가능한 상품으로 중앙회와 연계기관과의 약정에 따른 우대조건 및 조합 조건 충족시 만기에 우대이율을 적용받는 복합 연계상품을 말한다.

나) 플러스 정기적금(현대카드연계형) 상품

플러스 정기적금(현대카드연계형) 상품은 중앙회와 제휴된 현대카드사와의 약정에 따라 우대조건을 충족할 경우 만기시 우대이율을 적용하는 상품을 말한다. 이 적금의 취급한도는 중앙회와 현대카드사와의 약정에 따른다.

5) 혼합형 예금

혼합형 예금에는 비과세종합저축이 있다.[11)] 비과세종합저축은 생활보호대상자와 노인 등 소외, 취약계층의 생계안정을 위하여 목돈을 일정기간 동안 예치하는 거치식과 일정기간을 정하여 매월 일정금액 또는 자유불입 방식에 의하여 저축금을 납입 후 목돈을 지급받는 적립식으로 저축하는 예금 등 거래대상자가 비과세종합저축으로 신청하여 거래하는 비과세 예금을 말한다.

비과세종합저축을 거래할 수 있는 가입대상, 비과세한도와 취급기한은 조세특례제한법 제88조의2 및 동법 시행령 제82조의2에서 정한 바에 따른다.

(다) 관련 판례

① 광주고등법원 2020. 9. 2. 선고 2020나21137 판결

[1] 예금반환 청구: 예금채권자로서 금융기관에 대하여 예금채권의 반환을 구하는 경우, 채권자는 예금 사실만 주장·증명하면 된다. 채무자인 금융기관이 그 지급을 면하기 위해서는, 예금채권이 정당하게 인출되어 소멸하였음을 증명하여야 한다. 제3자나 금융기관의 임직원 등 권한 없는 사람에 의해 예금계좌가 해지되거나 그 계좌의 예금이 인출되어 형식상 예금계좌가 해지되거나 잔고가

---

10) 신협중앙회(2021a), 184-186쪽 참조.
11) 신협중앙회(2021a), 188-192쪽 참조.

없는 것으로 처리되었더라도, 그와 같은 사유만으로 예금채권자의 예금채권은 소멸하지 않고 그대로 존속한다. 예금채권자는 여전히 금융기관에 대하여 예금채권의 반환을 구할 수 있다(대법원 2010. 5. 27. 선고 2010다613 판결 참조).

[2] 예금채권 취득: 예금거래기본약관에 따라 송금의뢰인이 수취인의 예금계좌에 자금이체를 하여 예금원장에 입금의 기록이 된 때에는, 특별한 사정이 없는 한 송금의뢰인과 수취인 사이에 자금이체의 원인인 법률관계가 존재하는지 여부에 관계없이, 수취인과 수취은행 사이에는 위 입금액 상당의 예금계약이 성립하고, 수취인이 수취은행에 대하여 위 입금액 상당의 예금채권을 취득한다. 이때 송금의뢰인과 수취인 사이에 계좌이체의 원인이 되는 법률관계가 존재하지 않음에도 불구하고, 계좌이체에 의해 수취인이 계좌이체 금액 상당의 예금채권을 취득한 경우에는, 송금의뢰인은 수취인에 대하여 위 금액 상당의 부당이득반환청구권을 가지게 된다(대법원 2010. 10. 11. 선고 2010다41263, 41270 판결 등 참조).

② 대구고등법원 2004. 8. 27. 선고 2003나2407 판결

[1] 예금계약의 성립: 예금계약은 예금자가 예금의 의사를 표시하면서 금융기관에 돈을 제공하고 금융기관이 그 의사에 따라서 그 돈을 받아서 확인하면 그로써 예금계약이 성립되며, 금융기관의 직원이 그 받은 돈을 금융기관에 입금하지 아니하고 횡령하였다고 하더라도 예금계약의 성립에는 아무런 영향이 없고, 예금계약사실을 증명하는 증표에 어떠한 하자가 있다고 하더라도 이로써 이미 성립된 예금계약이 소급하여 무효로 되는 것은 아니다.

[2] 비진의 의사표시: 다만 예금거래의 방식, 내용 등이 정상적이 아닐 경우 적법한 예금계약의 성부는 결국 거래 당사자의 진의에 의하여 좌우되는바, 진의 아닌 의사표시가 대리인에 의하여 이루어지고 그 대리인의 진의가 본인의 이익이나 의사에 반하여 자기 또는 제3자의 이익을 위한 배임적인 것임을 그 상대방이 알았거나 알 수 있었을 경우에는 민법 제107조 제1항 단서의 유추해석상 그 대리인의 행위에 대하여 본인은 책임을 지지 아니하므로 금융기관의 임직원이 예금 명목으로 돈을 교부받을 때의 진의가 예금주와 예금계약을 맺으려는 것이 아니라 그 돈을 사적인 용도로 사용하거나 비정상적인 방법으로 운용하는데 있었던 경우에 예금주가 그 임직원의 예금에 관한 비진의 내지 배임적 의사를 알았거나 알 수 있었다면 금융기관은 그러한 예금에 대하여 예금계약에 기한 반환

책임을 지지 아니한다(대법원 2003. 6. 10. 선고 2003다9063 판결 참조).

(2) 조합원에 대한 대출

신용사업에는 조합원에 대한 대출이 포함된다(법39①(1) 나목). 신용협동조합법에 따른 대출은 금융소비자보호법상 금융상품에 해당하고(금융소비자보호법 시행령2①(2)), 금융소비자보호법상 대출성 상품에 해당된다(금융소비자보호법3(2), 동법 시행령②).

(가) 대출의 의의

대출(loan)은 신협이 이자 수취를 목적으로 원리금의 반환을 약정하고 고객(＝차주, 채무자)에게 자금을 대여하는 행위를 말한다. 대출은 신협의 여신(＝신용공여)의 한 종류이다. 신협 이외에도 은행(은행법27), 보험회사(보험업법106), 여신전문금융회사(여신전문금융업법46), 상호저축은행(상호저축은행법11), 새마을금고(새마을금고법28), 대부업자(대부업법2(1)) 등도 각 관련 법률이 정한 범위 내에서 여신·대출 업무를 수행한다.

신용협동조합법에 따른 대출, 신용협동조합, 신용협동조합중앙회가 금융소비자에 어음 할인·매출채권 매입(각각 금융소비자에 금전의 상환을 청구할 수 있는 계약으로 한정)·대출·지급보증 또는 이와 유사한 것으로서 금전 또는 그 밖의 재산적 가치가 있는 것("금전등")을 제공하고 장래에 금전등 및 그에 따른 이자 등의 대가를 받기로 하는 계약은 금융소비자보호법상 대출성 상품에 해당된다(금융소비자보호법3(2), 동법 시행령3②, 금융소비자 보호에 관한 감독규정3(2)). 대출성 상품은 은행 대출과 같이 금전을 빌려 사용한 후 원금과 이자를 상환하는 금융상품(예: 대출상품, 신용카드 등)을 말한다.

(나) 대출의 구분

대출은 다음과 같이 구분된다.[12]

1) 거래 상대방에 따른 분류

대출은 거래의 상대방에 따라 다음과 같이 구분하여 취급한다.

가) 가계대출

개인이 주택구입자금·신축자금 등 순수하게 가계자금의 용도로 취급되는

---

12) 신협중앙회(2021b), 「2021 여신업무방법서」(2021. 1), 15-16쪽 참조.

대출을 말한다. 다만, 사업자등록증이 없는 개인이라 하더라도 그 자금용도가 사업자금이 확실한 경우에는 사업자등록을 신청하도록 하여 개인사업자대출로 취급한다.

나) 개인사업자대출

사업자등록증을 소지한 개인사업자에 대한 영리목적으로 취급하는 대출을 말하며, 기업신용평가시스템 평가대상 개인사업자에 대한 대출은 기업대출과 동일하게 취급한다.

다) 법인대출

다음의 법인(권리능력없는 사단·재단, 단체를 포함)의 영업 및 기업 활동에 소요되는 자금대출을 말한다. 즉 기업대출은 주식회사 등의 영리법인에 대한 대출을 말하고, 기타법인대출은 영리법인을 제외한 공공법인, 비영리법인, 권리능력 없는 사단·재단 등의 법인에 대한 대출을 말한다.

2) 자금의 사용목적에 따른 분류

대출은 자금의 사용목적에 따라 다음과 같이 구분하여 취급한다.

가) 일반자금대출

조합원으로부터 조성된 예·적금을 재원으로 특별한 제한없이 취급하는 대출(가계대출, 기업대출, 운전자금대출 등)을 말한다.

나) 정책자금대출

국가 및 지방자체단체 등 각종 정부기관으로부터 특정한 목적에 의하여 취급되는 대출(소상공인지원대출, 햇살론, 재산담보부생계비지원대출 등)을 말한다.

3) 담보종류에 따른 분류

대출은 담보종류에 따라 다음과 같이 구분하여 취급한다.

가) 신용대출

담보대출 이외의 대출로서 채무관계자의 신용을 담보로 하는 대출을 말한다.

나) 담보대출

채무관계자로부터 물적담보 또는 보증기관 등으로부터 신용보증서 등을 제공 받아 취급하는 대출을 말한다.

4) 법인 및 개인사업자대출의 분류

법인 및 개인사업자대출은 자금의 사용용도에 따라 다음과 같이 구분하여 취급한다.

가) 시설자금대출

특정 재화나 서비스를 생산하기 위한 정상적인 영업활동에 사용할 목적으로 기업의 유형자산인 시설의 확장, 개·보수, 신·증설, 구입에 소요되는 자금과 부대시설에 소요되는 자금 및 무형자산의 취득·개량·가치 증대 등을 위한 자금을 대출하는 것을 말한다.

나) 운전자금대출

운전자금대출이란 생산·판매활동 등에 소요되는 자금을 지원하는 대출을 말한다.

(다) 대출상품별 분류

1) 대출의 종류

대출금의 종류는 일반대출금, 정책자금대출금, 한아름연계대출금, 한도거래대출, 적금관계대출금, 범위내대출금, 직원대출금, 비대면대출금 등이 있다.[13] 여신업무방법서의 주요 대출상품을 살펴본다.

2) 일반대출금

가) 보통대출금

일반대출은 정책자금대출, 한아름연계대출, 한도거래대출과 적금관계대출, 범위내대출금, 직원대출을 제외한 대출을 말한다. 보통대출금은 특별한 제한없이 조합의 출자금, 예·적금 등의 금융거래실적과 공제가입실적, 여신거래실적 등을 고려하여 여신거래처에 취급되는 대출을 말한다.

나) 개인주택자금대출금

개인주택자금대출은 개인이 개별적으로 신청하여 취급하는 주택자금대출을 말한다. 개인주택자금대출의 취급대상은 주택(아파트, 연립, 다세대, 단독, 다가구)을 구입, 신축, 개량하고자 하는 자를 대상으로 한다. 개인주택자금대출은 자금용도에 따라 주택구입자금, 주택신축자금, 주택개량자금으로 구분 운용한다.

다) 집단대출금

"집단대출"은 업무협약에 의한 일괄보증에 의거하여 주택 및 비주택의 입주 (예정)자 중 일정 자격요건을 갖춘 복수의 자를 대상으로 일반 수분양자에게는

---

13) 신협중앙회(2021b), 681~682쪽 참조.

중도금 및 분양잔금을, 재개발·재건축 등 조합원에게는 이주비, 부담금(정비사업 조합원의 신축 수분양주택 분양가에서 기존주택 감정평가액을 차감한 금액으로 조합원이 부담해야 할 금액) 및 이에 따른 분양잔금을 일괄승인에 의해 집단적으로 취급하는 대출을 말한다.

"공동집단대출"은 2개 이상의 조합이 공동으로 대출하는 것을 말하며, "개별집단대출"은 1개의 조합이 단독으로 대출하는 것을 말한다.

집단대출은 집단주택자금대출과 집단비주택중도금대출로 구분한다. 집단주택자금대출금("집단대출금")은 공동주택(아파트, 연립, 다세대 등)의 입주(예정)자 중 일정 자격요건을 갖춘 복수의 자를 대상으로 일괄승인에 의해 집단적으로 취급하는 대출을 말하며, 자금용도에 따라 중도금 등 대출, 이주비대출, 잔금대출 등으로 구분한다.

집단비주택중도금대출은 업무협약에 의한 일괄보증에 의거하여 신규로 분양되는 비주거용 집합건물("비주택")의 입주(예정)자 중 일정 자격요건을 갖춘 복수의 자를 대상으로 분양계약서 상의 중도금을 일괄승인에 의해 취급하는 대출을 말한다.

라) 임차보증금 담보대출금

임차보증금(전세보증금을 포함) 담보대출이라 함은 임차인인 채무자가 임대인에 대하여 가지고 있는 "임차보증금반환청구권" 또는 "전세권·저당권"을 담보로 제공받아 실행하는 대출을 말한다.

마) 신협전세론(보험증권 담보)

신협전세론이란 임차인인 채무자가 임대인에 대하여 가지는 임차보증금반환채권을 양도받고 신용위험은 서울보증보험㈜의 "개인금융신용보험"이 부담하고, 담보의 위조, 사기 등에 의한 임대차계약 리스크는 KB손해보험㈜의 "전세자금대출용 권리보험"으로 보완한 신규 임차자금 또는 임차인 생활안정자금 용도의 대출을 말한다.

바) 공제대출금

공제대출은 중앙회의 저축성공제, 손해공제 등에 가입한 자의 공제해약환급금을 담보로 빌려주는 대출을 말한다. 공제상품 중 보장성공제 또는 보장성과 혼합형공제상품은 담보로 취득할 수 없다.

사) 삶의 희망자금대출

"삶의 희망자금대출"은 신협사회공헌재단("재단")과 조합이 협약을 맺고 공동으로 진행하는 신협자활지원금융프로그램 중 취약계층 대상의 소액 신용대출 상품으로, "채무자는 원금분할상환"을 부담하고, "조합은 대출금 지급 및 상환관리"를 부담하고, "재단은 대출이자"를 부담하는 사회공헌 대출상품을 말한다.

3) 정책자금대출금

가) 소상공인지원대출금

소상공인의 창업과 경영안정 지원을 통해 신규 고용창출, 고용유지 및 국가경제의 균형발전을 지원하는 정부지원 대출을 말한다.

나) 지자체협약대출금

지자체협약대출이란 지방자치단체 정책의 일환으로 업무협약에 의하여 중소기업, 중소상공인, 개인사업자 등의 활성화를 위하여 취급되는 서민금융지원대출을 말한다.

다) 협동조합 특례보증대출금

지역신용보증재단의 보증서를 발급받은 협동조합기본법 제2조 제1호의 일반협동조합과 제2조 제3호의 사회적협동조합(단, 고용노동부의 사회적기업 인증을 받은 경우에 한함)을 대상으로 한다.

4) 한아름연계대출금

한아름연계대출은 조합이 동일인 한도까지 대출을 취급(법인의 경우 동일인 한도의 50%까지 취급)하고 추가적인 대출이 필요한 경우, 조합과 중앙회가 대출조건을 협의한 후 공동으로 실행하는 대출을 말한다.

(라) 관련 판례

① 대법원 2017. 5. 30. 선고 2016다254658 판결

상법 제46조에서 정한 기본적 상행위에 해당하기 위한 요건 및 신용협동조합이 회원에게 자금을 대출하는 행위가 상행위인지 여부(원칙적 소극) / 신용협동조합의 대출을 받은 회원이 상인으로서 영업을 위하여 대출을 받은 경우, 대출금채권이 상사채권인지 여부(적극): 어느 행위가 상법 제46조에서 정한 기본적 상행위에 해당하기 위해서는 영업으로 같은 조 각호에서 정한 행위를 하는 경우이어야 하고, 여기서 영업으로 한다고 함은 영리를 목적으로 동종의 행위를 계속 반복적으로 하는 것을 의미한다. 그런데 신용협동조합법의 제반 규정에 의하여

인정되는 신용협동조합의 설립목적, 법적 성격, 업무 내용에 비추어 보면 신용협동조합이 조합의 회원에게 자금을 대출하는 행위는 일반적으로는 영리를 목적으로 하는 행위라고 보기 어렵다고 할 것이다. 다만 당사자 쌍방에 대하여 모두 상행위가 되는 행위로 인한 채권뿐만 아니라 당사자 일방에 대하여만 상행위가 되는 행위로 인한 채권도 상법 제64조에서 정한 5년의 소멸시효기간이 적용되는 상사채권에 해당하는 것이고, 그 상행위에는 상법 제46조 각호에 해당하는 기본적 상행위뿐만 아니라 상인이 영업을 위하여 하는 보조적 상행위도 포함되므로, 신용협동조합의 대출을 받은 회원이 상인으로서 그 영업을 위하여 대출을 받았다면 그 대출금채권은 상사채권이라고 보아야 한다.

② 대법원 2007. 3. 15. 선고 2006다37328 판결

현실적인 자금의 수수 없이 형식적으로만 신규 대출을 하여 기존 채무를 변제하는 이른바 대환은 특별한 사정이 없는 한 형식적으로는 별도의 대출에 해당하나, 실질적으로는 기존 채무의 변제기 연장에 불과하므로, 그 법률적 성질은 기존 채무가 여전히 동일성을 유지한 채 존속하는 준소비대차로 보아야 한다(대법원 1998. 2. 27. 선고 97다16077 판결; 대법원 2002. 10. 11. 선고 2001다7445 판결 등 참조).

원심은, J에 대한 2억 5,000만 원의 대출과 C, L에 대한 각 2억 2,000만 원의 대출은 주채무자가 다르고 그 대출 경위에 비추어 보아도 단순히 변제기만 연장된 대환이라고 보기 어렵다고 판단하였는바, 이는 위 법리에 따른 것으로 정당하고 거기에 상고이유로 드는 대환대출에 관한 법리오해의 위법이 없다.

③ 대법원 2004. 5. 14. 선고 2004다3291 판결

신용협동조합의 대출에 관한 대표자의 대표권이 제한되는 경우 그 요건을 갖추지 못한 채 무권대표행위에 의하여 조합원에 대한 대출이 이루어졌다고 하더라도 나중에 그 요건이 갖추어진 뒤 신용협동조합이 대출계약을 추인하면 그 계약은 유효하게 되는 것이고, 한편 신용협동조합이 파산한 경우 파산재단의 존속·귀속·내용에 관하여 변경을 야기하는 일체의 행위를 할 수 있는 관리·처분권은 파산관재인에게 전속하고, 반면 파산한 신용협동조합의 기관은 파산재단의 관리·처분권 자체를 상실하게 되므로, 이러한 경우에는 무권대표행위의 추인권도 역시 특별한 사정이 없는 한 파산관재인이 행사할 수 있다고 볼 것이고(대법

원 2004. 1. 15. 선고 2003다56625 판결 참조), 파산관재인이 대출계약이 유효함을 전제로 대출계약상의 채무자들을 상대로 대출계약에 따른 이행을 촉구하였다면 특별한 사정이 없는 한 이로써 추인권을 행사하였다고 볼 수 있을 것이다.

④ 대구지법 1991. 6. 14. 선고 90나9085 제3민사부판결

신용협동조합의 대출금채권의 소멸시효기간: 피고는 원고의 위 채권에는 상사시효가 적용되어 원고가 위 채권을 행사할 수 있는 날인 1983.9.1.부터(또는 1984.9.6.부터) 5년이 경과한 날 소멸시효가 완성되었다고 항변한다. 그러므로 살펴건대, 원고는 신용협동조합법에 의해 설립된 신용협동조합인바 위 법 제1조, 제2조 제1호에 의하면 신용협동조합은 상호유대를 가진 자 사이의 협동조직을 통하여 자금의 조성 및 이용과 구성원의 자질 향상을 도모할 목적으로 설립된 비영리법인이라고 규정하고 있으므로 영리를 목적으로 하는 상인이라고는 볼 수 없어 그 활동 및 거래관계에 대하여도 위 법이 특별히 규정하고 있는 것 이외에는 상법이 적용되는 것이 아니라 민법이 적용되어야 할 것이다. 다만, 신용협동조합과의 거래 상대방이 상인인 경우에는 상법 제3조에 의하여 그 거래 전체에 관하여 상법이 적용될 수 있지만 이 사건의 경우 피고가 상인이 아님은 변론의 전취지에 의하여 명백하고 달리 피고가 상인임을 인정할 만한 자료도 없다. 따라서 위 채권의 소멸시효기간은 민법의 일반채권의 소멸시효기간인 10년이라 할 것이어서 피고의 위 항변은 이유 없다 할 것이다.

⑤ 의정부지방법원 2011. 9. 2. 선고 2011고합34, 57, 61, 62, 100, 101, 206, 254(각병합) 판결

금융기관의 직원들이 대출을 함에 있어 대출채권의 회수를 확실하게 하기 위하여 충분한 담보를 제공받는 등 상당하고도 합리적인 조치를 강구함이 없이 만연히 대출을 해 주었다면 업무위배행위로 제3자로 하여금 재산상 이득을 취득하게 하고 금융기관에 손해를 가한다는 인식이 없었다고 볼 수 없고(대법원 2003. 2. 11. 선고 2002도5679 판결 등 참조), 부실대출에 의한 업무상배임죄가 성립하는 경우에는 담보물의 가치를 초과하여 대출한 금액이나 실제로 회수가 불가능하게 된 금액만을 손해액으로 볼 것은 아니고, 재산상 권리의 실행이 불가능하게 될 염려가 있거나 손해발생의 위험이 있는 대출금 전액을 손해액으로 보아야 한다

(대법원 2000. 3. 24. 선고 2000도28 판결 등 참조).

(3) 내국환

신용사업에는 내국환 업무가 포함된다(법39①(1) 다목). 내국환 업무는 금융기관이 중개자가 되어 국내의 격지자 사이의 채권채무를 현금 수수에 의하지 아니하고 결제하는 업무를 말한다. 일반적으로 환업무란 송금, 대금추심, 타행환 공동망업무, CD공동망 이용업무 등을 말한다.[14]

(4) 국가 · 공공단체 · 중앙회 및 금융기관의 업무 대리

신용사업에는 국가 · 공공단체 · 중앙회 및 금융기관의 업무 대리 업무가 포함된다(법39①(1) 라목).

국가 · 공공단체 · 중앙회 및 금융기관으로부터 위임을 받아 그들의 업무를 대리할 수 있다. 여기서 업무라 함은 명문 규정은 없으나 신용사업을 주로 수행하는 신용협동조합의 성격상 국세 · 지방세의 수납, 전기요금, 전화요금 등의 수납업무가 포함될 것이다.

(5) 보호예수 업무

신용사업에는 조합원을 위한 유가증권 · 귀금속 및 중요 물품의 보관 등 보호예수 업무가 포함된다(법39①(1) 마목).

(6) 어음할인

신용사업에는 어음할인이 포함된다(법39①(1) 바목). 어음할인은 아직 만기가 도래하지 아니한 어음의 소지인이 상대방에게 어음을 양도하고 상대방이 어음의 액면금액에서 만기까지의 이자 기타 비용을 공제한 금액을 할인의뢰자에게 교부하는 거래를 말한다.

(7) 직불전자지급수단의 발행 · 관리 및 대금의 결제

신용사업에는 전자금융거래법에서 정하는 직불전자지급수단의 발행 · 관리 및 대금의 결제(중앙회의 업무를 공동으로 수행하는 경우로 한정)가 포함된다(법39①

---

14) 신협중앙연수원(2021), 202쪽.

(1) 사목).

직불카드·선불카드가 여신전문금융업법상의 신용카드회사만이 발행할 수 있는 데 반하여, 직불전자지급수단·선불전자지급수단은 전자금융거래법에 따라 금융위원회에 허가를 받거나 등록한 전자금융업자15)가 발행하는 지급수단이다 (전자금융거래법28②(2)(3)).

"직불전자지급수단"이라 함은 이용자와 가맹점 간에 전자적 방법에 따라 금융회사의 계좌에서 자금을 이체하는 등의 방법으로 재화 또는 용역의 제공과 그 대가의 지급을 동시에 이행할 수 있도록 금융회사 또는 전자금융업자가 발행한 증표 또는 그 증표에 관한 정보를 말한다(전자금융거래법2(13)). 이는 이용자가 가맹점에서 재화 또는 용역을 제공받고 직불카드단말기에서 직불전자지급수단을 이용하여 그 대가를 동시에 지급하는 전자지급거래라고 할 수 있다. 직불전자지급수단은 전자식 카드(증표) 형태 이외에도 네트워크(온라인)상에서 사용되는 "그 증표에 관한 정보"까지 확대 적용하고 있다. 직불전자지급수단에는 자금을 융통받을 수 있는 증표가 제외된다(전자금융거래법2(13)). 이에는 현금인출카드, 현금서비스카드, 대출카드 등이 해당한다.

(8) 선불전자지급수단의 발행·관리·판매 및 대금의 결제

신용사업에는 전자금융거래법에서 정하는 선불전자지급수단의 발행·관리·판매 및 대금의 결제(중앙회의 업무를 공동으로 수행하는 경우로 한정)가 포함된다(법 39①(1) 아목).

선불전자지급수단은 이전 가능한 금전적 가치를 전자적 방법으로 저장하여 발행된 증표(카드형) 또는 그 증표에 관한 정보(네트워크형)로서 발행인 외의 제3자로부터 2개 업종 이상의 재화 또는 용역의 구입 대가를 지급하는데 사용16)되는 전자지급수단이다(전자금융거래법2(14) 본문). 다만, 전자화폐를 제외한다(전자금융거래법2(14) 단서). 전자금융거래법은 전자화폐와 선불전자지급수단을 이원화

---

15) "전자금융업자"라 함은 전자금융거래법 제28조(전자금융업의 허가와 등록)의 규정에 따라 허가를 받거나 등록을 한 자(금융회사는 제외)를 말한다(전자금융거래법2(4)).

16) 선불전자지급수단은 구입할 수 있는 재화 또는 용역의 범위가 2개 업종 이상의 범용성을 가져야 한다(전자금융거래법2(14) 나목). 따라서 단일한 특정 재화와 용역만 구입할 수 있는 것은 선불전자지급수단이 아닌 상품권에 해당한다. 재화 또는 용역을 구입할 수 있는 업종의 기준은 통계청장이 고시하는 한국표준산업분류의 중분류상의 업종을 적용한다.

해서 별도 구성하고 있다. 따라서 동일한 선불형 전자지급수단이지만, 선불전자지급수단 개념에서 전자화폐는 제외하고 있다.

여신전문금융업법상 선불카드와 전자금융거래법상 선불전자지급수단의 한도는 기명식과 무기명식의 한도가 다르다. 선불카드(기프트카드)의 경우 기명식은 500만원, 무기명식은 50만원(재난지원금 등은 300만원)(영7의2①)이고, 선불전자지급수단 기명식은 200만원, 무기명식은 50만원(전자금융감독규정 별표 3 참조)이다.

(9) 외국환업무취급기관 등록요건

외국환업무를 업으로 하려는 자는 대통령령으로 정하는 바에 따라 외국환업무를 하는 데에 충분한 자본·시설 및 전문인력을 갖추어 미리 기획재정부장관에게 등록하여야 한다(외국환거래법8①). 등록을 하려는 자는 일정한 요건을 갖추어야 한다(외국환거래법 시행령13②).

(가) 재무건전성

기준외국환업무 등록요건 중 하나인 "해당 금융회사등에 대하여 금융위원회가 정하는 재무건전성 기준에 비추어 자본 규모와 재무구조가 적정할 것"(외국환거래법 시행령13②(1))에서 "금융위원회가 정하는 당해 금융기관에 적용되는 재무건전성 기준"이라 함은 ⅰ) 해당 상호금융기관 설립에 관한 법령에서 정한 최저출자금 기준, ⅱ) 상호금융업감독규정 제12조(건전성 비율)에서 정하는 총자산 대비 순자본비율 기준을 말한다(상호금융업감독규정16의5①).

(나) 금융감독원장의 확인

금융감독원장은 기획재정부장관으로부터 등록요건 충족 여부의 확인요청이 있을 때에는 재무건전성 기준에 따라 이를 확인한다(상호금융업감독규정16의5②).

Ⅲ. 복지사업

조합은 그 목적을 달성하기 위하여 복지사업을 한다(법39①(2)).

1. 복지사업의 범위

복지사업의 범위는 사회복지사업, 문화후생사업, 지역사회개발사업이다(법39②, 영16①).

(1) 사회복지사업

사회복지사업은 어린이집, 노인 및 장애인 복지시설을 설치·운영하는 사업 기타 이에 준하는 사업을 말한다(영16①(1)).

(2) 문화후생사업

문화후생사업은 ⅰ) 주부대학 및 취미교실 등 사회교육시설을 설치·운영하는 사업(가목), ⅱ) 탁구장·테니스장 및 체력단련장 등 생활체육시설을 설치·운영하는 사업(나목), ⅲ) 예식장·독서실·식당 및 목욕탕 등 생활편의시설을 설치·운영하는 사업(다목), ⅳ) 장학사업(라목)과 기타 이에 준하는 사업을 말한다(영16①(2)).

(3) 지역사회개발사업

지역사회개발사업은 공동구매·판매사업, 창고업 및 장의업 기타 이에 준하는 사업을 말한다(영16①(3)).

지역사회개발사업은 조합원의 일상생활이나 생업에 관련된 조합원이 필요한 물자의 구매, 운반, 보관, 가공 등을 내용으로 하는 공동구매사업, 조합원이 생산한 물자의 운반, 보관, 가공 및 판매를 내용으로 하는 공동판매사업 등을 말한다.

2. 복지사업의 운영 재원

(1) 원칙

복지사업의 운영을 위한 재원은 자기자본[17](다만, 결손금 발생 등으로 자기자본이 출자금 합계액의 최저한도 미만으로 감소된 때에는 출자금 합계액의 최저한도)과 직전 사업연도 종료일 현재 자산의 10% 중 적은 금액을 한도로 한다(법39②, 영16③ 전단). 이 경우 국가·지방자치단체·공공단체 등이 무상으로 지원하는 자금은 그 한도에 포함되지 아니하는 것으로 한다(법39②, 영16③ 후단).

(2) 예외

직장조합 및 단체조합(국가로부터 공인된 자격 또는 면허 등을 취득한 자로 구성된 같은 직종단체로서 법령에 의하여 인가를 받은 단체)은 중앙회장의 승인을 얻어 자

---

17) "자기자본"이란 자본금·적립금 기타 잉여금 등의 합계액에 결산상의 오류에 의한 금액을 가감한 금액을 말한다(법2(9), 영1의2).

기자본의 2배에 해당하는 금액까지 복지사업의 운영을 위한 재원으로 할 수 있다(법39②, 영16④).

3. 이용자에 대한 비용 부담

조합이 복지사업을 실시하는 경우에는 이용자에게 비용을 부담시킬 수 있다(법39②, 영16⑤).

Ⅳ. 공제사업

1. 의의

조합은 그 목적을 달성하기 위하여 조합원을 위한 공제사업을 한다(법39①(3)). 공제사업은 조합원으로부터 공제료를 모아 공동준비재산을 마련해 놓고, 일정한 공제사고가 발생하였을 경우에 조합원이나 유가족에게 공제금을 지급하는 사업으로서 조합원간의 상부상조를 목적으로 하는 사업이다.

신용협동조합법에 따른 공제는 금융소비자보호법상 금융상품에 해당하고(금융소비자보호법 시행령2①(2)), 금융소비자보호법상 보장성 상품에 해당된다(금융소비자보호법3(4), 동법 시행령3④). 보장성 상품은 보험상품과 같이 장기간 보험료를 납입한 후 장래 보험사고 발생 시 보험금을 지급받는 금융상품(예: 보험상품 등)을 말한다.

2. 공제규정 인가

조합과 중앙회가 공제사업을 하는 경우에는 공제규정을 정하여 금융위원회의 인가를 받아야 한다(법97①). 공제규정을 변경하거나 폐지하려면 금융위원회의 인가를 받아야 한다(법97③ 본문). 다만, 변경하려는 내용이 금융위원회가 정하여 고시하는 기준에 해당하는 경우에는 금융위원회에 신고하여야 한다(법97③ 단서).

(1) 인가신청서 제출

조합 또는 중앙회가 공제규정을 제정, 변경 또는 폐지하고자 하는 때에는

인가신청서를 금융감독원장에게 제출하여야 한다(감독규정21①). 인가신청서류의
서식 등 구체적인 사항은 금융감독원장이 정한다(감독규정21②).

(2) 인가 의제와 신고

조합 또는 중앙회가 보험업감독규정에 부합되게 공제규정을 개정한 때에는
인가를 받은 것으로 본다(감독규정21③ 전단). 이 경우 금융감독원장이 정하는 바
에 따라 그 내용을 신고하여야 한다(감독규정21③ 후단).

(3) 시정 및 보완요구 등

금융감독원장은 신고받은 공제규정의 심사결과 부적정하다고 판단되는 경
우에는 시정 및 보완요구 등 필요한 조치를 취할 수 있다(감독규정21④).

(4) 신고수리 의제

신고받은 공제규정의 경우 신고일로부터 20일 이내에 금융감독원장으로부
터 수리 거부 등의 통지가 없으면 그 다음 날에 신고가 수리된 것으로 본다(감독
규정21⑤).

3. 공제규정의 내용

공제규정에는 공제사업의 실시 방법, 공제계약, 공제료 등을 정하여야 한다
(법97②).

(1) 공제규정의 필요적 포함사항

공제규정에는 다음의 사항이 포함되어야 한다(감독규정21의2①).

(가) 공제사업의 실시에 관한 사항

공제규정에는 공제사업의 실시에 관한 사항인 ⅰ) 공제사업의 종류 및 범위
(가목), ⅱ) 공제계약의 체결절차에 관한 사항(나목), ⅲ) 공제사업자 및 공제가입
자 등 공제계약관계자에 관한 사항(다목), ⅳ) 공제료의 수납, 공제금의 지급 및
공제료 등의 환급에 관한 사항(라목)이 포함되어야 한다(감독규정21의2①(1)).

(나) 공제계약에 관한 사항

공제규정에는 공제계약에 관한 사항인 ⅰ) 공제계약의 성립 및 효력에 관한
사항(가목), ⅱ) 공제금의 지급사유(나목), ⅲ) 공제계약의 철회·취소 및 무효에

관한 사항(다목), ⅳ) 공제사업자의 면책사유(라목), ⅴ) 공제약관에 관한 사항(마목)이 포함되어야 한다(감독규정21의2①(2)).

(다) 공제료에 관한 사항

공제규정에는 공제료에 관한 사항인 ⅰ) 공제료의 계산에 관한 사항(가목), ⅱ) 미수공제료의 계상범위(나목), ⅲ) 해약환급금의 계산에 관한 사항(다목)이 포함되어야 한다(감독규정21의2①(3)).

(라) 책임준비금 기타 준비금에 관한 사항

공제규정에는 책임준비금 기타 준비금에 관한 사항인 ⅰ) 공제료적립금·지급준비금 및 배당준비금 등에 관한 사항(가목), ⅱ) 특별위험준비금에 관한 사항(나목)이 포함되어야 한다(감독규정21의2①(4)).

(마) 공제복지기금에 관한 사항

공제규정에는 공제복지기금에 관한 사항이 포함되어야 한다(감독규정21의2①(5)).

(바) 잉여금처리에 관한 사항

공제규정에는 잉여금처리에 관한 사항인 ⅰ) 책임준비금 적립 후 잔여액 산출에 관한 사항(가목), ⅱ) 유·무배당공제 및 자본운용계정손익 구분에 관한 사항(나목), ⅲ) 경영성과지분과 계약자지분의 구분에 관한 사항(다목)이 포함되어야 한다(감독규정21의2①(6)).

(사) 모집제도에 관한 사항

공제규정에는 모집제도에 관한 사항인 ⅰ) 판매자격에 관한 사항(가목), ⅱ) 모집 관련 준수 사항(나목)이 포함되어야 한다(감독규정21의2①(7)).

(아) 자산운용에 관한 사항

공제규정에는 자산운용에 관한 사항이 포함되어야 한다(감독규정21의2①(8).

(자) 후순위차입에 관한 사항

공제규정에는 후순위차입에 관한 사항이 포함되어야 한다(감독규정21의2①(9)).

(2) 경영성과지분(감독규정 제21조의2 제1항 제6호 다목)

경영성과지분은 무배당공제손익 및 자본계정운용손익과 유배당공제이익의 10% 이내로 하며 세부기준은 공제규정에서 정한다(감독규정21의2②). 경영성과지분은 법인세비용, 공제복지기금, 결손보전에 한하여 사용할 수 있다(감독규정21의2③).

4. 신고수리 여부의 통지

금융위원회는 공제규정 변경 신고를 받은 날부터 20일 이내에 금융위원회가 정하여 고시하는 기간 내에 신고수리 여부를 신고인에게 통지하여야 한다(법 97④, 감독규정21⑤).

5. 신고수리 간주

금융위원회가 신고일로부터 20일 이내에 신고수리 여부 또는 민원 처리 관련 법령에 따른 처리기간의 연장을 신고인에게 통지하지 아니하면 그 기간(민원 처리 관련 법령에 따라 처리기간이 연장 또는 재연장된 경우에는 해당 처리기간)이 끝난 날의 다음 날에 신고를 수리한 것으로 본다(법97⑤, 감독규정21⑤).

6. 기초서류의 작성 및 신고

(1) 기초서류 작성 및 기재사항 준수의무

조합 또는 중앙회는 공제상품에 관한 사업방법서, 공제약관, 공제료 및 책임준비금산출방법서("기초서류")를 작성하여야 하며, 기초서류에 기재된 사항을 준수하여야 한다(감독규정21의3①).

(2) 기초서류 작성 및 변경의 신고의무 사항과 신고기한

조합 또는 중앙회는 기초서류를 작성하거나 변경하려는 경우 그 내용이 ⅰ) 법령의 제정·개정에 따라 새로운 공제상품이 도입되거나 공제상품 가입이 의무가 되는 경우(제1호), ⅱ) 보험계약자 보호 등을 위하여 공제규정으로 정하는 경우(제2호)에는 시행예정일 30일 전까지 금융감독원장에게 신고하여야 한다(감독규정21의3②).

(3) 분기별 공제상품 판매 목록 및 기초서류 제출

금융감독원장은 공제계약자 보호 등에 필요하다고 인정되면 조합 또는 중앙회로 하여금 매분기 종료일의 다음 달 10일까지 공제규정에서 정하는 바에 따라 분기별 공제상품 판매 목록 및 기초서류를 제출하게 할 수 있다(감독규정21의3③).

(4) 기초서류의 시정 및 보완요구 등

금융감독원장은 신고받은 기초서류 및 제출받은 기초서류가 부적정하다고 판단되는 경우에는 신고 접수일 또는 제출 접수일부터 15일 이내에 시정 및 보완요구 등 필요한 조치를 취할 수 있다(감독규정21의3④).

(5) 기초서류의 신고기준 및 필수기재사항 등의 제정

조합 또는 중앙회가 작성한 기초서류의 신고기준 및 필수기재사항, 작성 및 변경원칙 등 기초서류 관리에 관하여 필요한 사항은 공제규정에서 정한다(감독규정21의3⑤).

Ⅴ. 조합원의 경제적 · 사회적 지위 향상을 위한 교육

조합은 그 목적을 달성하기 위하여 조합원의 경제적 · 사회적 지위 향상을 위한 교육사업을 한다(법39①(4)).

Ⅵ. 중앙회가 위탁하는 사업

조합은 그 목적을 달성하기 위하여 중앙회가 위탁하는 사업을 한다(법39①(5)).

Ⅶ. 기타 위탁사업 등

조합은 그 목적을 달성하기 위하여 국가 또는 공공단체가 위탁하거나 다른 법령에서 조합의 사업으로 정하는 사업을 한다(법39①(6)).

Ⅷ. 부대사업

조합은 그 목적을 달성하기 위하여 앞의 신용사업 등 제1호부터 제6호까지의 사업에 부대하는 사업을 한다(법39①(7)).

** 관련 판례: 대법원 1988. 11. 22. 선고 87다카734 판결

신용협동조합이 설립인가를 받지 못하여 법인격이 없는 상태에서 업무를 개시한 경우 고객에 대한 의무: S신용협동조합이 신용협동조합법에 의한 재무부장관(현행 금융위원회)의 인가를 받지 못하고 그 설립등기를 못한 채 법인격이 없는 상태에서 신용협동조합의 업무를 취급하였다 하더라도 장차 그 인가와 등기를 경유할 대비단계에서 신용협동조합이란 명칭을 사용하여 업무를 개시한 것이라면 위 조합은 고객에 대한 관계에서 신용협동조합법이 규정한 업무에 관한 기본적인 운용방침을 지켜야 할 의무가 있다고 하여야 할 것이다.

제4절 종류와 신용사업 영위 여부

I. 종류

신용협동조합의 공동유대의 종류에는 지역조합, 직장조합, 단체조합이 있다. 신협법은 종류별 공동유대의 특성을 고려하여 출자금 합계액의 최저한도, 선거권의 대리행사 여부 등과 같이 운영상의 합리적 차이를 인정하고 있다.[18]

1. 공동유대의 의의

"공동유대"란 조합의 설립과 구성원의 자격을 결정하는 단위를 말한다(법2(3)). 조합에서 공동유대는 조합의 설립과 구성원의 자격을 정하는 단위로서 정관의 절대적 기재사항이다(법10(4)). 공동유대는 조합원을 모집할 수 있는 범위를 뜻하여 조합의 업무영역을 한정 짓는다.

조합의 공동유대는 행정구역·경제권·생활권 또는 직장·단체 등을 중심으로 하여 정관에서 정한다(법9① 전단). 이 경우 공동유대의 범위, 종류 및 변경에 관한 사항은 대통령령으로 정하는 바에 따른다(법9① 후단).

마을 중심으로 공동체 생활이 가능했던 과거에는 공동유대의 기능이 가능하

---

18) 신협중앙연수원(2021), 40쪽.

였으나 도시화 등으로 발전되면서 공동체의 의미가 퇴색되었다. 조합의 영업구
역이라 할 수 있는 공동유대는 행정구역이 다르면 인근 조합에 가입이 어려운
상황을 유도하였고, 해당 행정구역의 주민 수, 면적을 고려하지 않아 조합마다
조합원의 인원수에 차이가 발생하였다.[19]

신용협동조합은 조합의 성장기반 마련을 위해서 공동유대 규제를 완화하여
이를 확대해야 한다고 주장하나, 금융당국에서는 공동유대를 확대하게 되면 소
규모 지역금융기관이라는 협동조합의 정체성을 상실할 수 있다고 한다.[20]

2. 공동유대의 범위

조합의 종류별 공동유대의 범위는 다음과 같다(법9①, 영12①). 조합은 공동
유대에 따라 지역조합, 직장조합, 단체조합으로 구분한다.

(1) 지역조합
(가) 원칙

"지역조합"이란 동일한 행정구역·경제권 또는 생활권을 공동유대로 하는
조합을 말한다(법2(8)). 여기서 지역조합의 공동유대는 같은 시·군 또는 구에 속
하는 읍·면·동이다(영12①(1) 본문).

(나) 예외: 금융위원회 승인(금융감독원장 위탁)

생활권 또는 경제권이 밀접하고 행정구역이 인접하고 있어 공동유대의 범위
안에 있다고 인정되는 경우로서 공동유대의 범위별로 재무건전성 등의 요건을
충족하여 금융위원회(금융감독원장)가 승인한 경우에는 같은 시·군 또는 구에 속
하지 아니하는 읍·면·동을 포함할 수 있다(영12①(1) 단서). 이에 따른 공동유대
의 범위별로 정하는 재무건전성 등 승인 요건 및 승인 절차 등에 관하여 필요한
사항은 금융위원회가 정하여 고시한다(영12⑥).[21]

---

19) 은봉희(2015), "서민금융기관으로서 신용협동조합의 문제점과 발전방안", 전남대학교 행
정대학교 석사학위논문(2015. 8), 23쪽.

20) 이태영(2022), "금융협동조합의 업무 범위에 관한 법적 연구", 서강법률논총 제11권 제2호
(2022. 6. 15), 191쪽.

21) 상호금융업감독규정 제4조의3(공동유대 변경의 승인범위 등) ① 시행령 제12조 제1항 제1
호 단서에 따른 승인의 범위는 다음과 같다. 이 경우 조합이 공동유대에 포함하고자 하는
전체 읍·면·동의 외부 경계는 현재의 공동유대에 접하여야 한다.
1. 주사무소가 소재하는 시·군 또는 구에 인접하는 시·군 또는 구에 속하는 3개 이내의

(다) 행정구역 변경과 공동유대 의제

지역조합이 행정구역의 변경으로 인하여 공동유대가 변경된 경우에는 종전의 공동유대를 당해 지역조합의 공동유대로 본다(영12⑤).

(2) 직장조합

직장조합의 공동유대는 같은 직장이다(영12①(2) 본문). 이 경우 당해 직장의 지점·자회사·계열회사 및 산하기관을 포함할 수 있다(영12①(2) 단서). 직장조합의 경우 당해 직장의 상호가 변경된 때에는 등기부에 기재된 조합의 명칭은 변경된 것으로 본다(영7①). 상호의 변경이 있는 때에는 조합은 지체없이 이를 등기소에 통지하여야 하고, 통지를 받은 등기소는 등기부의 기재내용을 변경하여야 한다(영7②).

동 또는 2개 이내의 읍·면. 다만, 공동유대로 포함하고자 하는 읍·면·동에 타 조합의 공동유대가 아닌 읍·면·동이 포함되어 있는 경우에는 5개 이내의 동 또는 3개 이내의 읍·면으로 한다.
2. 주사무소가 소재하는 시·군 또는 구에 인접하는 하나의 시·군 또는 구에 속하는 모든 읍·면·동
② 제1항 각 호에 따른 승인의 요건은 다음과 같다.
1. 제1항 제1호의 경우
   가. 조합이 최근 3년간 법 제100조(양벌규정)에서 정하는 벌금형에 과(科)해지지 아니하였을 것
   나. 조합이 최근 1년간 법 제85조(조합 등에 대한 행정처분) 제1항 및 제2항 각 호의 행정처분 중 주의를 제외한 조치를 받지 아니하였을 것
   다. 제12조(건전성 비율) 제3항에서 정하는 재무상태개선조치 조합 또는 재무상태개선조치가 종료된 후 1년이 경과하지 않은 조합이 아닐 것
   라. 총자산 대비 순자본비율: 최근 2년 사업연도말 기준 2% 이상
   마. 여신총액대비 제11조의 자산건전성 분류기준에 의한 "고정" 이하 분류 여신비율: 최근 2년 사업연도말 기준 1000분의 25 이하
2. 제1항 제2호의 경우
   가. 제1호 가목부터 다목까지의 요건
   나. 〈삭제〉
   다. 총자산 대비 순자본비율: 최근 2년 사업연도말 기준 4% 이상
   라. 여신총액대비 제11조의 자산건전성 분류기준에 의한 "고정" 이하 분류 여신비율: 최근 2년 사업연도말 기준 2% 이하
   마. 제12조(건전성 비율) 제1항 제5호에 따른 예대율: "최근 2년 사업연도의 제4분기 기준" 60% 이상
   바. 다음 중 어느 하나 이상에 해당할 것
      1) 대출총액대비 조합원에 대한 대출비율: 최근 2년 사업연도말 기준 80% 이상
      2) 대출총액대비 신용대출비율: 최근 2년 사업연도말 기준 7% 이상

(3) 단체조합

단체조합의 공동유대는 ⅰ) 교회·사찰 등의 종교단체(가목), ⅱ) 시장상인단체(나목), ⅲ) 구성원간에 상호 밀접한 협력관계가 있는 사단법인(다목), ⅳ) 국가로부터 공인된 자격 또는 면허 등을 취득한 자로 구성된 같은 직종단체로서 법령에 의하여 인가를 받은 단체(라목)이다(영12①(3)).

그러나 위 ⅰ)의 교회·사찰 등의 종교단체는 동일한 시·군 또는 구에 소재하는 다른 종교단체와 공동유대를 구성할 수 있다(영12②).

3. 공동유대의 종류 전환

조합이 설정한 공동유대의 종류는 변경할 수 있다. 시행령 제12조에서 정하는 공동유대 중 직장과 단체를 공동유대로 하는 조합은 지역조합으로 전환할 수 있다. 공동유대를 전환하고자 하는 조합은 일정한 요건을 갖추고, 조합 이사회 결의를 거쳐 공동유대 전환의 타당성에 대한 심사를 받아야 한다. 조합은 타당성 심사결과에 따라 총회에서 정관변경 결의를 받은 후 중앙회장의 정관변경 승인 절차를 거쳐 공동유대의 종류가 전환된다.

공동유대 종류 전환에 대해서는 신협중앙회가 제정한 "정관변경및공동유대사무소승인등에관한지침" 제21조부터 제23조까지 세부사항이 규정되어 있다.

Ⅱ. 신용사업 영위 여부

지역조합, 직장조합, 단체조합은 모두 신용사업뿐만 아니라 법 제39조 제1항에 따른 다른 사업도 모두 영위할 수 있다(법39①).

제5절 영업구역

조합의 영업구역은 공동유대를 기본으로 하나, 조합은 공동유대 범위 외에도 아래 제5장에서 검토하는 바와 같이 비조합원 등에 대한 대출 등의 영업을 할 수 있다. 따라서 영업구역은 공동유대보다 넓게 사용될 수 있다.

Ⅰ. 지역조합

지역조합은 같은 시·군 또는 구에 속하는 읍·면·동을 영업구역으로 한다 (법9① 전단, 영12①(1) 전단). 지역조합은 동일구역 내 중복 설립이 가능하며, 금융 위원회(금융감독원장) 승인으로 같은 시·군 또는 구에 속하지 아니하는 읍·면· 동을 포함할 수 있다(법9① 후단, 영12①(1) 후단).

Ⅱ. 직장조합

직장조합은 같은 직장을 영업구역으로 한다(영12①(2) 전단). 이 경우 당해 직장의 지점·자회사·계열회사 및 산하기관을 포함할 수 있다(영12①(2) 후단).

Ⅲ. 단체조합

단체조합은 단체 또는 법인을 영업구역으로 한다(영12①(3)).

제6절 진입규제

Ⅰ. 인가요건

조합 설립의 인가를 받으려는 자는 일정한 요건을 갖추어야 한다(법8①). 신 용협동조합법의 규정에 의한 인가업무 수행에 필요한 사항을 정함을 목적으로 신용협동조합인가지침(금융위원회 고시 제2019-46호)이 시행되고 있다. 이 지침은 조합의 설립 및 조합의 합병과 분할에 적용된다.

1. 조합원의 수

1조합의 조합원의 수는 100인 이상이어야 한다(법11③).

2. 최저출자금 요건

(1) 의의

출자금 합계액의 최저한도는 다음과 같다(법8①(1), 법14④). 지역조합, 직장조합, 단체조합에 따라 최저출자금을 차등 적용하고 있다.

최저출자금 요건을 규정하고 있는 이유는 조합의 자본적 기반이 취약하면 금융의 변화에 흔들리기 쉬워 신용기관으로서의 지위를 지키기 어렵다는 점, 조합의 자본금 성격은 주식회사의 자본금과 달리 본원적인 자금조달수단이라기보다는 외부 부채인 예금과 적금 등에 대한 최종적인 담보로서의 성격을 유지한다는 점에 있다.[22]

(2) 지역조합

지역조합의 경우에는 주된 사무소의 소재지에 따라 특별시·광역시는 3억원, 특별자치시·시(제주특별자치도 설치 및 국제자유도시 조성을 위한 특별법 제15조 제2항에 따른 행정시를 포함)는 2억원, 군(광역시·특별자치시 또는 시에 속하는 읍·면을 포함)은 5천만원으로 한다(법8①(1), 법14④(1)).

(3) 직장조합

직장조합의 경우에는 4천만원으로 한다(법8①(1), 법14④(2)).

(4) 단체조합

단체조합의 경우에는 주된 사무소의 소재지에 따라 특별시·광역시는 1억원, 특별자치시·시는 8천만원, 군은 5천만원으로 한다(법8①(1), 법14④(3)).

3. 인적 · 물적 시설 요건

조합원의 보호가 가능하고 조합의 사업을 수행하기에 충분한 전문인력과 전산설비 등 물적 시설을 갖추어야 한다(법8①(2)).

---

22) 신협중앙연수원(2021), 50쪽.

(1) 전문인력 요건

인력은 ⅰ) 발기인(발기인이 개인인 경우에 한함) 및 임원이 임원의 결격사유(법28)에 해당되지 아니하고(가목), ⅱ) 임직원은 중앙회장이 실시하는 조합설립에 필요한 교육과정을 이수하며(나목), ⅲ) 금융위원회가 사업수행의 전문성을 고려하여 정하는 요건을 갖춘 인력을 확보(다목)하여야 한다(영11①(1)).

앞의 ⅲ)에 따라 조합설립의 인가를 받고자 하는 자는 다음의 어느 하나에 해당하는 자, 즉 ⅰ) 영위하고자 하는 업무수행에 필요한 전문교육과정이나 연수과정을 이수하여 상당한 전문지식을 구비한 자, ⅱ) 영위하고자 하는 업무에 5년 이상 근무한 경력이 있는 자, ⅲ) 전문자격증 보유 등 영위하고자 하는 업무수행에 필요한 전문성이 있다고 볼 수 있는 자 중 어느 하나에 해당하는 자를 임직원으로 확보하여야 한다(감독규정4의2).

(2) 물적 시설 요건

물적 시설은 ⅰ) 업무수행에 필요한 공간을 충분히 확보하여야 하고(가목), ⅱ) 중앙회 전산조직과 호환이 가능한 전산조직을 갖추어야(나목) 한다(영11①(2)).

4. 사업계획의 타당성과 건전성 요건

사업계획이 타당하고 건전하여야 한다(법8①(3)). 즉 ⅰ) 사업계획이 지속적으로 사업을 시행하기에 적합하고 사업개시 후 3년간의 추정재무제표 및 수익전망이 타당성이 있어야 하며(가목), ⅱ) 사업계획의 추진에 소요되는 자본 등 자금의 조달방법이 적정(나목)하여야 한다(영11①(3)).

5. 발기인 요건

발기인이 충분한 출자능력, 건전한 재무상태 및 사회적 신용을 갖추어야 한다(법8①(4)).

Ⅱ. 인가절차

1. 금융위원회의 인가

조합을 설립하려면 조합의 공동유대에 소속된 30인 이상의 발기인이 정관을 작성하여 창립총회의 결의를 받아 중앙회의 회장을 거쳐 금융위원회의 인가를 받아야 한다(법7①).

조합의 정관에는 ⅰ) 목적(제1호), ⅱ) 명칭(제2호), ⅲ) 주된 사무소의 소재지(제3호), ⅳ) 공동유대에 관한 사항(제4호), ⅴ) 조합원의 자격과 가입·탈퇴 및 제명에 관한 사항(제5호), ⅵ) 출자 1좌의 금액과 그 납입 방법 및 시기(제6호), ⅶ) 조합원의 권리와 의무에 관한 사항(제7호), ⅷ) 사업의 범위 및 회계에 관한 사항(제8호), ⅸ) 기관 및 임원에 관한 사항(제9호), ⅹ) 해산에 관한 사항(제10호), ⅺ) 공고의 방법(제11호), ⅻ) 출자금의 양도에 관한 사항(제12호), ⅹⅲ) 그 밖에 총회의 운영 등에 필요한 사항(제13호)이 포함되어야 한다(법10).

창립총회의 의사(議事)는 발기인 대표에게 조합 설립동의서를 회의 개최일 전날까지 제출한 자 과반수의 출석과 출석한 자 3분의 2 이상의 찬성으로 결의한다(법7②).

2. 인가신청서 제출

(1) 인가신청서 기재사항

조합의 설립인가 신청을 하고자 하는 자는 금융위원회가 정하는 설립인가신청서에 ⅰ) 정관(제1호), ⅱ) 창립총회 의사록(제2호), ⅲ) 사업계획서(제3호), ⅳ) 발기인 대표 및 임원의 이력서(제4호), ⅴ) 설립동의서를 제출한 자의 명부(제5호), ⅵ) 사무소 소재지의 약도(제6호), ⅶ) 발기인회 의사록(제7호), ⅷ) 기타 조합설립에 관련된 사항을 기재한 서류(제8호)를 첨부하여 중앙회장을 거쳐 금융위원회에 제출하여야 한다(법7③, 영10①).

(2) 조합설립이 분할로 인한 경우

조합의 설립이 분할(법55①)로 인한 것인 때에는 창립총회 의사록은 분할을 결의한 총회의 의사록으로 갈음할 수 있다(영10② 전단). 이 경우 분할을 결의한 총회의 의사록에는 설립되는 조합이 승계하는 권리·의무에 관한 결의사항을 기재하여야 한다(영10② 후단).

(3) 중앙회장의 의견 첨부와 금융위원회 제출

중앙회장은 설립인가신청서를 접수한 때에는 의견을 붙여 30일 이내에 금융위원회에 제출하여야 한다(영10③).

3. 인가신청서 심사

(1) 심사기간, 인가여부 결정 및 통지

금융위원회는 조합 설립에 관한 신청을 받으면 중앙회장으로부터 인가신청서류를 제출받은 경우에는 그 내용을 심사하여 접수한 날부터 60일 이내에 조합의 설립인가 여부를 결정하고, 그 결과와 이유를 지체 없이 신청인에게 알려야 한다(법8② 전단, 영10④). 이 경우 인가하지 아니할 때에는 그 이유를 분명히 밝혀야 한다(법8② 후단).

(2) 심사기간 제외

심사기간을 산정할 때 ⅰ) 인가요건을 충족하는지를 확인하기 위하여 다른 기관 등으로부터 필요한 자료를 제공받는 데에 걸리는 기간(제1호), ⅱ) 설립인가신청서 또는 첨부서류의 흠결에 대하여 보완을 요구한 경우에는 그 보완기간(제2호), ⅲ) 조합의 설립인가를 받으려는 자의 발기인 및 임원(창립총회에서 선출된 임원)을 상대로 형사소송 절차가 진행되고 있거나 금융위원회, 공정거래위원회, 국세청, 검찰청 또는 금융감독원 등에 의한 조사·검사 등의 절차가 진행되고 있고, 그 소송이나 조사·검사 등의 내용이 인가심사에 중대한 영향을 미칠 수 있다고 인정되는 경우에는 그 소송이나 조사·검사 등의 절차가 끝날 때까지의 기간(제3호)은 심사기간에 산입하지 아니한다(영10⑤).

(3) 인가 의제

금융위원회가 60일 이내에 인가 여부 또는 민원 처리 관련 법령에 따른 처리기간의 연장을 신청인에게 알리지 아니하면 그 기간(민원 처리 관련 법령에 따라 처리기간이 연장 또는 재연장된 경우에는 해당 처리기간)이 끝난 날의 다음 날에 인가를 한 것으로 본다(법8③).

4. 인가 조건의 부기

금융위원회는 인가에 조건을 붙일 수 있다(법7④).

5. 인가의 공고

금융위원회는 인가를 하였을 때에는 지체 없이 그 내용을 관보에 공고하고 컴퓨터 통신 등을 이용하여 일반인에게 알려야 한다(법8의2).

6. 설립등기

조합은 주된 사무소의 소재지에서 설립등기를 함으로써 성립한다(법4①). 조합은 설립인가서가 도달한 날부터 3주일 이내에 등기사항을 등기하여야 한다(영2①).

Ⅲ. 인가취소

1. 취소사유

금융위원회는 조합이 ⅰ) 거짓이나 그 밖의 부정한 방법으로 설립인가를 받은 경우(제1호), ⅱ) 인가내용 또는 인가조건을 위반한 경우(제2호), ⅲ) 업무의 정지기간에 그 업무를 한 경우(제3호), ⅳ) 해당 위반행위의 시정명령을 이행하지 아니한 경우(제4호), ⅴ) 조합원이 1년 이상 계속하여 100인 미만인 경우(제5호), ⅵ) 조합의 출자금 합계액이 1년 이상 계속하여 출자금 합계액의 최저한도(법14④ 각호)의 구분에 따른 금액에 미달한 경우(제6호), ⅶ) 정당한 사유 없이 1년 이상 계속하여 사업을 하지 아니한 경우(제7호), ⅷ) 설립인가를 받은 날부터 6개월 이내에 등기를 하지 아니한 경우(제8호), ⅸ) 금융소비자보호법 제51조 제1항 제4호[23] 또는 제5호[24]에 해당하는 경우(제9호), ⅹ) 금융소비자보호법 제51조 제2항

---

23) 4. 금융위원회의 시정명령 또는 중지명령을 받고 금융위원회가 정한 기간 내에 시정하거나 중지하지 아니한 경우(금융소비자보호법51①(4)).
24) 5. 그 밖에 금융소비자의 이익을 현저히 해칠 우려가 있거나 해당 금융상품판매업등을 영위하기 곤란하다고 인정되는 경우로서 ⅰ) 판매제한·금지명령(금융소비자보호법49②)에 따르지 않은 경우, ⅱ) 1년 이상 계속하여 정당한 사유 없이 영업을 하지 않는 경우, ⅲ)

각 호 외의 부분 중 대통령령으로 정하는 경우25)(업무의 전부정지를 명하는 경우로 한정)(제10호)의 어느 하나에 해당하는 경우에는 6개월 이내의 기간을 정하여 조합의 설립인가를 취소할 수 있다(법85②).

2. 금융감독원장 및 중앙회장의 취소사유 보고

금융감독원장 및 중앙회장은 조합에 대한 지도·검사·감독과정에서 설립인가 취소사유가 있음을 알게 된 때에는 즉시 금융위원회에 관련자료를 첨부하여 보고하여야 한다(영21).

3. 중앙회장의 의견 청취

금융위원회가 설립인가를 취소하려면 중앙회장의 의견을 들어야 한다(법85③).

4. 인가취소와 청문

금융위원회는 설립인가를 취소하려면 청문을 하여야 한다(법98).

5. 인가취소의 공고 및 통지

금융위원회는 인가를 취소하였을 때에는 지체 없이 그 내용을 관보에 공고하고 컴퓨터 통신 등을 이용하여 일반인에게 알려야 한다(법8의2).

6. 인가취소와 해산

조합은 설립인가의 취소 사유가 있을 때에는 해산한다(법54①(4)). 조합은 해산하였을 때에는 14일 이내에 해산등기를 하여야 한다(법54③).

업무와 관련하여 제3자로부터 부정한 방법으로 금전등을 받거나 금융소비자에게 지급해야 할 금전등을 받는 경우, iv) 6개월 이내의 업무의 전부 또는 일부의 정지, 위법행위에 대한 시정명령, 위법행위에 대한 중지명령, 위법행위로 인하여 조치를 받았다는 사실의 공표명령 또는 게시명령, 기관경고, 기관주의, 영업소의 전부 또는 일부 폐쇄, 수사기관에의 통보, 다른 행정기관에의 행정처분 요구, 경영이나 업무에 대한 개선요구의 조치를 받은 날부터 3년 이내에 3회(금융소비자 보호에 관한 감독규정34②) 이상 동일한 위반행위를 반복한 경우(금융소비자보호법51①(5) 및 영41②).

25) "대통령령으로 정하는 경우"란 [별표 1] 각 호의 경우를 말한다(금융소비자보호법51② 및 같은법 시행령41③). [별표 1]은 금융상품판매업자등 및 그 임직원에 대한 조치 또는 조치요구 기준을 규정하고 있다.

Ⅳ. 위반시 제재

조합 또는 중앙회의 임직원 또는 청산인이 법 제7조(설립)를 위반하여 설립인가를 받은 경우에는 3년 이하의 징역 또는 3천만원 이하의 벌금에 처한다(법99①(2)).

제
2
장
/

조합원

제1절 서설

조합원은 법률적 개념으로는 조합의 구성원이며, 경제적 개념으로는 사업과 경영의 주체로서 소유자이고 이용자인 동시에 운영자이다. 즉 조합원은 조합의 소유자·이용자·운영자의 지위를 동시에 가진다. 이는 신협이 주식회사와 구별되는 가장 큰 특징이다.[1]

신협은 조합원의 인적 결합체로서 조합원에 의해 소유되고 운영된다. 조합원은 소유자이며 운영자로서 신협 소유지배구조에 있어서 가장 기본적인 구성요소이다. 조합원은 소유자로서 조합의 자본조달에 대한 책임을 진다. 또한 임원선거에서 조합의 경영자와 감독자를 선임하는 중요한 역할을 한다.[2]

---

1) 김규호(2016), "신용협동조합 지배구조의 문제점과 개선방안", 한밭대학교 창업경영대학원 석사학위논문(2016. 2), 28쪽.
2) 김규호(2016), 52쪽.

제2절 자격 등

Ⅰ. 자격

1. 원칙: 공동유대에 소속한 자

조합원은 조합의 공동유대에 소속된 자로서 제1회 출자금을 납입한 자로 한다(법11①). 조합원의 출자행위는 조합원 자격을 취득하는 필수조건이다.

조합원의 자격은 다음과 같다(영13①).

(1) 지역조합

정관이 정하는 공동유대안에 주소나 거소가 있는 자(단체 및 법인 포함) 및 공동유대안에서 생업에 종사하는 자이다(영13①(1)). 2 이상의 지역조합 가입이 가능하다.

(2) 직장조합

정관이 정하는 직장에 소속된 자(단체 및 법인 포함)이다(영13①(2)). 직장조합은 직장의 지점·자회사·계열회사 및 산하기관을 포함할 수 있다(영12①(2)).

(3) 단체조합

정관이 정하는 단체에 소속된 자(단체 및 법인 포함)이다(영13①(2)). 여기서 단체는 ⅰ) 교회·사찰 등의 종교단체, ⅱ) 시장상인단체, ⅲ) 구성원간에 상호 밀접한 협력관계가 있는 사단법인, ⅳ) 국가로부터 공인된 자격 또는 면허 등을 취득한 자로 구성된 같은 직종단체로서 법령에 의하여 인가를 받은 단체를 말한다(영12①(3)).

2. 예외: 공동유대에 소속되지 아니한 자

조합은 조합의 설립목적 및 효율적인 운영을 저해하지 아니하는 범위에서 해당 공동유대에 소속되지 아니한 자 중 ⅰ) 조합원의 가족(배우자 및 세대를 같이

하는 직계존·비속)(제1호), ⅱ) 조합의 합병 또는 분할, 계약이전, 조합의 공동유대의 범위조정 또는 종류전환으로 인하여 조합의 공동유대에 해당하지 아니하게 된 자(제1의2호), ⅲ) 단체 사무소의 직원 및 그 가족(제2호), ⅳ) 조합의 직원 및 그 가족(제3호), ⅴ) 조합이 소속한 당해 직장(당해 직장안의 단체 포함)(제4호), ⅵ) 같은 직종단체를 공동유대로 하는 조합의 경우에는 조합원이 그 직종과 관련하여 운영하는 사업체의 종업원(제5호)을 조합원에 포함시킬 수 있다(법11②, 영13②).

Ⅱ. 가입

1. 가입신청서 제출 및 승인

신용협동조합 표준정관에 의하면 조합원으로 가입하고자 하는 자는 ⅰ) 성명, 주소 또는 거소(법인 또는 단체인 경우에는 사무소 소재지 및 법인·단체명)(제1호), ⅱ) 출자하고자 하는 출자좌수(제2호), ⅲ) 다른 조합에 가입하고 있는 경우에는 그 조합의 명칭(제3호)을 기재한 가입신청서를 서면 또는 전자문서법에 따른 전자문서로 이사장에게 제출하고 가입승인을 얻어야 한다(표준정관9①).

2. 자격 유무 확인 및 가입 여부 고지

조합은 가입신청자에 대하여 조합원으로서의 자격유무를 확인하고, 지체없이 가입 여부를 가입신청자에게 고지하여야 한다(표준정관9②).

3. 1좌 금액 이상의 출자금 납입

가입신청자는 정관이 정하는 바에 따라 1좌 금액 이상의 출자금을 납입함으로써 조합원의 자격을 갖는다(표준정관9③).

Ⅲ. 탈퇴

1. 임의탈퇴

조합원은 정관에서 정하는 바에 따라 조합에 탈퇴의 뜻을 미리 알리고 탈퇴

할 수 있다(법16①). 조합원은 서면 또는 전자문서로 조합에 탈퇴의 뜻을 예고하고 탈퇴할 수 있다(표준정관15① 전단). 이 경우 탈퇴의 방법 및 절차에 관한 세부사항은 중앙회장이 정하는 출자금업무방법서에 따른다(표준정관15① 후단).

2. 당연탈퇴

조합원이 ⅰ) 조합원으로서의 자격이 상실된 경우(제1호), ⅱ) 사망한 경우(제2호), ⅲ) 파산한 경우(제3호), ⅳ) 피성년후견인이 된 경우(제4호), ⅴ) 조합원인 법인이 해산한 경우(제5호)의 어느 하나에 해당하게 된 경우에는 탈퇴한 것으로 본다(법16②).

표준정관에 의하면 조합원이 ⅰ) 조합원의 자격상실(제1호), ⅱ) 사망(제2호), ⅲ) 파산(제3호), ⅳ) 피성년후견인(제4호), ⅴ) 조합원인 법인의 해산(제5호), ⅵ) 제명(제6호)에 해당하게 된 때에는 탈퇴한 것으로 본다(표준정관15②).

3. 자격상실

당연탈퇴 사유 중 조합원의 자격상실에 관한 사항은 정관에서 정한다(법16③). 자격상실은 ⅰ) 공동유대에 속하지 아니한 때(제1호), ⅱ) 3년 이상 조합원으로부터의 예탁금 및 적금의 수납, 조합원에 대한 대출, 또는 어음할인의 신용사업을 이용하지 아니한 때(제2호)로 하며, 이사회 결의에 의하여 자격상실의 효력이 발생한다(표준정관15③ 전단). 이 경우 자격상실 사실을 통지하여야 한다(표준정관15③ 후단).

4. 계약관계 종료시까지 조합원 의제

당연탈퇴 사유가 발생한 자가 조합과 다음의 계약관계에 있는 경우, 즉 ⅰ) 조합으로부터 대출금이 있는 때(제1호), ⅱ) 조합에 기한이 도래하지 않은 예탁금 또는 적금이 있는 때(제2호)의 계약관계에 있는 경우에는 당연탈퇴 사유 및 자격상실 사유가 있음에도 불구하고 당해 계약관계를 종료할 때까지 조합원으로 본다(표준정관15④).

Ⅳ. 제명

1. 제명 사유

조합원이 ⅰ) 출자금의 납입이나 그 밖에 조합에 대한 의무를 이행하지 아니한 경우(제1호), ⅱ) 신용협동조합법 및 신용협동조합법에 따른 명령이나 정관을 위반한 경우(제2호), ⅲ) 2년 이상 조합원으로부터의 예탁금·적금의 수납, 조합원에 대한 대출, 또는 어음할인의 신용사업을 이용하지 아니한 경우(제3호), ⅳ) 출자가 1좌 미만이 된 후 6개월이 지난 경우(제4호)에 해당하는 경우에는 총회의 결의로 제명할 수 있다(법18①).

2. 제명 사유 통지 및 의견진술 기회 부여

조합은 조합원을 제명하려면 총회 개회일 10일 전에 그 조합원에게 제명의 사유를 알리고, 총회에서 의견을 진술할 기회를 주어야 한다(법18②).

3. 의견진술 기회와 대항력

의견진술의 기회를 주지 아니하고 한 총회의 제명에 관한 결의는 해당 조합원에게 대항할 수 없다(법18③).

Ⅴ. 결의취소 등의 청구

1. 결의 또는 당선의 취소 청구

총회 의결 또는 임원선거의 효력에 관하여 이의가 있는 조합원은 의결일 또는 선거일부터 1개월 이내에 조합원 10% 이상의 동의를 받아 그 결의 또는 당선의 취소를 중앙회장에게 청구할 수 있다(법22①).

2. 청구서의 제출

총회결의 취소 등을 청구하고자 하는 조합원은 ⅰ) 신청인의 성명, 주소 및 조합원 번호(제1호), ⅱ) 신청인이 소속된 조합명(제2호), ⅲ) 총회결의일 또는 선거일(제3호), ⅳ) 취소를 요청한 결의내용 및 취소요청 사유(제4호)를 기재한 청구서를 중앙회장에게 제출하여야 한다(표준업무방법서4①).

청구서에는 ⅰ) 조합원 10% 이상의 동의서(제1호), ⅱ) 총회결의 취소에 필요한 입증자료(제2호)를 첨부하여야 한다(표준업무방법서4②).

3. 중앙회장의 처리 결과 통지

중앙회장은 청구를 받으면 3개월 이내에 이에 대한 처리 결과를 청구인에게 알려야 한다(법22②).

제3절 책임

조합원의 책임은 그 출자액을 한도로 한다(법20).

제4절 의결권과 선거권

Ⅰ. 의결권과 선거권 보유

조합원은 출자좌수에 관계없이 평등한 의결권과 선거권을 가진다(법19① 본문). 즉 1인 1표제이다.

조합원이 조합 경영에 참여하는 방법은 의결권과 선거권이다. 조합원은 정관 변경이나 사업계획 및 예산 결정 등 총회의 의결에 참여하여 조합의 의사를 결정하고, 임원의 선임과 해임을 통해 조합의 조직을 구성한다.

Ⅱ. 의결권과 선거권 제한

정관에서 정하는 바에 따라 미성년자 또는 조합원 자격을 유지한 기간이 3개월 미만인 조합원의 의결권과 선거권은 제한할 수 있다(법19① 단서).

신용협동조합 표준정관에 따르면 다음에 해당하는 자, 즉 ⅰ) 민법상 미성 년자(제1호), ⅱ) 출자 1좌 미만이 된 조합원(제2호), ⅲ) 계약관계 종료시까지 조 합원으로 의제되는 자(제3호), ⅳ) 조합원 자격을 유지한 기간이 3월 미만인 조합 원(제4호)은 총회의 성원에 계산하지 않고 의결권과 선거권을 가지지 아니한다 (표준정관14① 단서).

Ⅲ. 의결권과 선거권의 대리

조합원은 대리인으로 하여금 의결권과 선거권을 행사하게 할 수 있다(법19 ② 본문). 다만, 지역 또는 단체를 공동유대로 하는 조합의 조합원은 대리인으로 하여금 선거권을 행사하게 할 수 없다(법19② 단서). 그러나 직장신협의 경우는 선거권을 대리 행사할 수 있다.

Ⅳ. 대리인의 자격

조합원 1인이 대리할 수 있는 조합원의 수는 정관에서 정한다(법19③). 대리 인은 의결권과 선거권을 가진 자로 한다(표준정관38②). 총회에 참석하여 의결권 및 선거권을 행사할 수 있는 조합원은 조합에 가입된 조합원으로서 총회 개최 공고일 전일을 기준으로 의결권과 선거권의 제한 사유에 해당하지 아니한 자로 한다(표준정관14②).

Ⅴ. 대리권의 증명

대리인은 대리권을 증명하는 서면을 조합에 제출하여야 한다(법19④).

제
3
장
／

출자금

제1절 내용

Ⅰ. 출자금

조합원은 조합의 자본충실을 위하여 출자금을 납입하며, 조합의 사업을 이용하여야 한다. 조합원은 신협의 구성원으로서 신협의 사업을 이용할 권리와 의무를 동시에 지게 된다.[1]

1. 출자 1좌 이상 보유

조합원은 출자 1좌 이상을 가져야 한다(법14①).

2. 출자 1좌의 금액

출자 1좌의 금액은 정관에서 정한다(법14②). 신용협동조합 표준정관에 따르면 "출자 1좌의 금액은 ( )원으로 한다"고 규정(표준정관20①)하여 최소 출자금액

---

1) 김규호(2016), 29쪽.

을 정관을 통해 정할 수 있도록 하고 있다.

3. 조합원 1인당 출자한도

조합원 1인의 출자좌수는 총 출자좌수의 10%를 초과할 수 없다(법14③).

조합원 1인당 출자한도는 신협, 농협(정관례), 산림조합(정관례)의 경우 총 출자좌수의 10%이며, 수협은 정관으로 정하며, 새마을금고는 총 출자좌수의 15%이다.

4. 현금납입과 상계 금지

조합에 납입할 출자금은 현금으로 납입하여야 하며, 조합에 대한 채권과 상계할 수 없다(법14⑤).

최초의 출자금은 1좌 금액 이상을 일시에 현금으로 납입한다(표준정관21①). 제2회 이후의 출자금은 분납할 수 있으며 배당금은 출자의 납입에 충당할 수 있다(표준정관21②).

5. 질권 설정 금지

조합원의 출자금은 질권의 목적이 될 수 없다(법14⑥).

6. 출자증서 또는 출자금통장의 교부

조합의 이사장은 조합원이 출자금을 납입한 때에는 ⅰ) 조합의 명칭(제1호), ⅱ) 조합원의 성명 또는 명칭(제2호), ⅲ) 조합가입연월일(제3호), ⅳ) 출자금의 납입연월일과 금액(제4호), ⅴ) 발행연월일(제5호)을 기재한 출자증서 또는 출자금통장에 기명날인하여 이를 조합원에게 교부하여야 한다(시행규칙3①).

Ⅱ. 회전출자 제도 부존재

회전출자는 조합 이용실적에 따라 발생하는 이용고배당을 조합원에게 배당하지 않고 다음 회차 사업을 위해서 출자금으로 전환하는 것을 말하며, 신용협동조합과 새마을금고는 회전출자제도가 없고 농협, 수협, 산림조합은 회전출자 제도가 있다.

Ⅲ. 우선출자 제도 부존재

우선출자란 주식회사의 우선주 개념을 조합에 도입한 것으로 의결권을 부여하지 않는 대신 잉여금 배당에서 우선적 지위를 가지는 것으로 신용협동조합은 우선출자 제도가 없고 농협, 수협, 산림조합, 새마을금고는 우선출자 제도가 있다.

제2절 출자금의 환급

Ⅰ. 환급 사유

조합은 조합원이 탈퇴하거나 제명되었을 때에는 지체없이 그의 대출금등 채권을 회수하고 출자금·예탁금·적금을 환급하여야 한다(법17① 전단, 표준정관16①).

Ⅱ. 출자금에 배당금 지급 시기

출자금에 대한 배당금은 다른 조합원에 대하여 배당금을 지급할 때 지급할 수 있다(법17① 후단).

탈퇴하거나 제명된 조합원의 배당금은 사업연도 경과 후에 지급하며, 결산확정 후 조합원에게 배당금 지급의 뜻을 통지하여야 한다(표준정관16②). 배당금 지급을 통지한 때로부터 5년 내에 배당금 청구가 없는 경우에 탈퇴하거나 제명된 조합원의 배당금은 기타영업외수익으로 전입한다(표준정관16③).

Ⅲ. 손실액 제외 후 환급

조합은 조합의 재산으로 그 채무를 다 갚을 수 없는 경우에는 출자금을 환급할 때 정관에서 정하는 바에 따라 탈퇴하거나 제명된 조합원이 부담하여야 할 손실액을 빼고 환급할 수 있다(법17②).

따라서 탈퇴하거나 제명된 조합원의 출자금을 환급할 때 조합은 조합의 재산으로 그 채무를 다 갚을 수 없는 경우에는 규정으로 정하는 바에 따라 탈퇴하거나 제명된 조합원이 부담하여야 할 손실액을 빼고 환급한다(표준정관16④).

제3절 출자금의 양도

Ⅰ. 이사장의 승인

조합원의 출자금은 정관에서 정하는 바에 따라 다른 조합원에게 양도할 수 있다(법15①). 이에 따라 조합원의 출자금은 이사장의 승인을 얻어 다른 조합원에게 양도할 수 있다(표준정관22①).

Ⅱ. 권리의무의 승계

출자금의 양수인은 양도인의 권리와 의무를 승계한다(법15②). 이에 따라 출자금의 양수인은 양도인의 재산상의 권리와 의무를 승계한다(표준정관22②).

Ⅲ. 출자금의 공유 금지

조합원은 출자금을 공유할 수 없다(법15③).

제
4
장
/

지배구조

제1절 서설

Ⅰ. 신용협동조합 지배구조의 특수성

협동조합의 운영원리는 기본적으로 소유와 경영이 일치함에 있다. 따라서 협동조합에서는 기업의 지배구조 논의와 같이 소유와 경영의 불일치함에 따른 문제가 일어나지 않으므로 제반 지배구조의 문제가 발생하지 않아야 한다. 그러나 협동조합도 상법상 주식회사의 기관분화와 권한분산을 준용하고 있으므로 조합원으로부터 독립적인 기관을 조직하여 소유와 경영을 분리하면서 지배구조 문제가 발생하게 되었다. 소유와 경영을 분리하게 된 배경은 조합원의 유한책임(법 20)에서 비롯된다. 출자액을 넘어서는 조합의 채무는 조합원에게 책임을 물을 수 없으므로 결과적으로 조합경영의 위험을 채권자에게 전가시키게 된다. 결국 채권자의 보호를 위해 조합의 재정적 건전성을 보호할 필요가 있으며, 이를 위해서는 협동조합이 조합원의 개인적 이윤추구에 종속되지 않도록 조합경영의 독립적 지위를 확보할 필요가 있으며, 이를 통해 조합경영의 객관성과 투명성을 높여 채권자의 신뢰에 긍정적 효과를 줄 수 있고, 조합 역시 채무부담의 비용을 줄일 수 있다. 이외에도 조합원의 유한책임은 경영참여보다는 이윤배당을 위한 것이므로 조합원은 제한된 위험부담으로 높은 소득을 기대하게 되고, 이와 같은 욕구를 충족시킬 대안을 선택하기 마련이다. 따라서 조합원은 조합의 경영을 전문경영인에게 맡기고자 하는 사항은 당연한 수순으로 볼 수 있다.[1)]

Ⅱ. 협동조합과 주식회사의 지배구조 비교

협동조합의 지배구조는 주식회사의 지배구조와 형식적인 측면에서 유사한 구조를 보인다. 주식회사 주주총회와 이사회, 이사회 의장, 전문경영인은 협동조합의 총회와 이사회, 이사장(조합장), 전문경영인(상임이사 또는 전무)으로 대체될 수 있다.[2)]

그러나 내용면에서는 차이가 존재한다. ⅰ) 주식회사에는 지배대주주가 존재하나 협동조합에서는 소유권이 폭넓게 분산되어 있으며, 협동조합은 특정 조합원에 의한 조합지배를 방지하기 위해 출자상한제를 실시하고 있어(법14③) 소유권의 집중이 불가능하다. ⅱ) 주식회사는 1주 1표제로 운영되나 협동조합은 출자액이나 이용고에 관계없이 1인 1표제로 운영되고 있다(법19①). 민주적 의결방식인 1인 1표제는 인적결합체로서의 협동조합 특징이며 주식회사와 구별되는 협동조합 지배구조의 큰 특징으로서 ICA의 원칙에도 제시되어 있다. 이로써 조합원이 협동조합 경영을 감시하는데 따르는 잠재적 이익을 감소시켜 결국 경영효율성 제고와 책임경영체제 구축에 저해요인으로 작용한다. ⅲ) 협동조합은 일반적으로 주식시장에 상장하지 않으므로 자본시장의 객관적 평가를 받지 않는다.

---

1) 조은혜(2016), "신용협동조합중앙회 지배구조의 변천과 적정성에 관한 연구", 고려대학교 법무대학원 석사학위논문(2016. 12), 35쪽.
2) 조은혜(2016), 35-36쪽.

제2절 총회

Ⅰ. 정기총회와 임시총회

조합은 조합원으로 구성하는 정기총회와 임시총회를 두며 이사장이 의장이 된다(법23①②③).

1. 정기총회 소집

정기총회는 매사업연도 종료후 2월 이내에 1회 개최하며 이사장이 이를 소집한다(법23②, 표준정관30).

2. 임시총회 소집

임시총회는 ⅰ) 이사장이 필요하다고 인정한 때, ⅱ) 이사회의 결의로 소집을 요구한 때, ⅲ) 조합원이 조합원 5분의 1 이상의 동의를 얻어 소집을 요구한 때, ⅳ) 중앙회장이 법 제89조(중앙회의 지도·감독)의 규정에 의한 감독상 필요하여 소집을 요구한 때, ⅴ) 감사가 소집을 요구한 때에 이사장이 이를 소집한다(법 23②, 표준정관31①).

위의 ⅲ) 및 ⅴ)의 규정에 의한 임시총회 소집은 법 제26조(총회의 소집 청구)에 규정한 절차와 방법에 의한다(표준정관31②).

이사장이 위 ⅳ)에 의한 중앙회장의 소집요구를 받고 지체없이 총회를 개최하지 아니한 때에는 중앙회장이 총회를 소집할 자를 지정할 수 있다(표준정관31③ 전단). 이 경우 중앙회장이 지정한 자가 의장의 직무를 대행한다(표준정관31③ 후단).

Ⅱ. 총회의 결의사항 등

1. 총회의 결의사항

다음의 사항, 즉 ⅰ) 정관의 변경, ⅱ) 사업계획 및 예산의 결정, ⅲ) 임원의 선출 및 해임, iv) 결산보고서(사업보고서·대차대조표·손익계산서 및 잉여금처분안 또는 손실금처리안 포함)의 승인, ⅴ) 감사보고서의 승인, ⅵ) 조합의 해산·합병· 분할 또는 휴업, ⅶ) 조합원의 제명, ⅷ) 규약의 제정·변경 또는 폐지, ⅸ) 이사장이 아닌 상임임원 및 상임이사장의 보수, ⅹ) 자본금의 감소, ⅺ) 기타 이사장 또는 이사회가 필요하다고 인정하는 사항은 총회의 결의를 얻어야 한다(법24①, 표준정관33①).

2. 정관변경과 중앙회장 승인 여부

정관을 변경하였을 때에는 중앙회장의 승인을 받은 후 이를 등기하여야 한다(법24② 본문). 다만, 표준정관에 따라 변경하는 경우에는 중앙회장의 승인이 필요하지 아니하다(법24② 단서).

3. 총회 결의의 특례

(1) 조합원의 투표로 총회 결의 갈음

다음의 사항, 즉 ⅰ) 조합의 해산·합병 또는 분할(제1호), ⅱ) 임원(제27조 제3항에 따른 임원: 이사장과 부이사장, 이사장 및 부이사장을 제외한 임원 중 조합원이어야 하는 임원으로 한정)의 선임(제2호)에 대해서는 조합원의 투표로 총회의 결의를 갈음할 수 있다(법26의2① 전단). 이 경우 조합원 투표의 통지·방법, 그 밖에 투표에 필요한 사항은 정관에서 정한다(법26의2① 후단).

조합원수가 많은 조합의 조합원이 의사결정에 참여하는 것을 편리하게 하고 많은 수의 조합원이 참여할 수 있도록 하기 위하여 조합의 해산·합병·분할과 이사장·부이사장·조합원인 이사 및 감사의 선임에 대하여는 조합원의 투표로 총회의 결의를 갈음할 수 있도록 총회 결의의 특례 조항을 두고 있다.

(2) 조합원 투표와 결의 정족수

조합원의 투표는 다음의 구분에 따른다(법26의2②). 즉 ⅰ) 조합의 해산·합병 또는 분할(법26의2①(1)): 재적조합원 과반수(재적조합원이 500인을 초과하는 경우에는 251인 이상)의 투표와 투표한 조합원 3분의 2 이상의 찬성으로 결의(제1호), ⅱ) 임원(제27조 제3항에 따른 임원: 이사장과 부이사장, 이사장 및 부이사장을 제외한 임원 중 조합원이어야 하는 임원으로 한정)의 선임(법26의2①(2)): 이사장과 부이사장은 선거인(정관으로 정하는 바에 따라 선거권을 가진 자) 과반수의 투표로써 다수 득표자를 당선인으로 결정하고, 이사장 및 부이사장을 제외한 임원 중 조합원이어야 하는 임원은 선거인 과반수의 투표로써 다수 득표자순으로 당선인을 결정. 이 경우 재적조합원이 500인을 초과하는 경우에는 251인 이상의 출석으로 개의하고 출석조합원 과반수의 찬성으로 결의할 수 있다(제2호).

Ⅲ. 총회의 개의와 결의

1. 보통결의

총회는 신용협동조합법에 다른 규정이 있는 경우를 제외하고는 재적조합원 과반수의 출석으로 개의하고 출석조합원 과반수의 찬성으로 결의한다(법25① 본문). 다만, 재적조합원이 500인을 초과하는 경우에는 251인 이상의 출석으로 개의하고 출석조합원 과반수의 찬성으로 결의할 수 있다(법25① 단서).

2. 특별결의

다음의 사항, 즉 ⅰ) 정관의 변경, ⅱ) 해산·합병·분할 또는 휴업, ⅲ) 자본금의 감소는 재적조합원 과반수의 출석으로 개의하고 출석조합원 3분의 2 이상의 찬성으로 결의한다(법25②, 표준정관35).

3. 이해상충과 결의 배제

조합과 조합원의 이해가 상충되는 의사에 관하여 해당 조합원은 그 결의에 참여할 수 없다(법25③).

4. 의결권의 제한

총회(속행의 경우를 포함)는 미리 공고 또는 통지한 사항에 대해서만 의결할 수 있다(표준정관37①).

5. 의결권 대리행사

조합원은 의결권을 대리행사 할 수 있으며 이 경우 당해 조합원은 출석한 것으로 본다(표준정관34② 본문). 다만, 재적조합원이 500인을 초과하는 경우에는 251인 이상의 출석으로 개의하고 출석조합원 과반수의 찬성으로 결의하는 경우에는 그러하지 아니한다(표준정관34② 단서).

Ⅳ. 총회의 소집

1. 조합원의 소집 청구

조합원은 조합원 5분의 1 이상의 동의를 받아 회의의 목적과 소집 이유를 적은 서면을 제출하여 총회의 소집을 이사장에게 청구할 수 있다(법26①).

이사장은 조합원의 총회 소집 청구를 받으면 15일 이내에 총회를 개최하여야 한다(법26③).

2. 감사의 소집 청구

감사는 감사결과 부정한 사실이 발견되어 그 내용을 총회에 신속히 보고할 필요가 있을 때에는 회의의 목적과 소집 이유를 적은 서면을 제출하여 총회의 소집을 이사장에게 청구할 수 있다(법26②).

이사장은 감사의 총회 소집 청구를 받으면 15일 이내에 총회를 개최하여야 한다(법26③).

3. 감사의 총회소집

총회를 소집할 자가 없거나 이사장의 총회 개최 기간인 15일 이내(법26③)에 정당한 이유 없이 이사장이 총회를 개최하지 아니한 경우에는 감사가 지체 없이 총회를 소집하여야 한다(법26④ 전단). 이 경우 감사가 의장의 직무를 대행한다(법26④ 후단).

감사의 총회 소집에 따라 총회를 소집하는 경우에는 미리 중앙회장에게 보고하여야 한다(법26⑥).

4. 조합원 대표의 총회소집

조합원이 총회의 소집을 청구한 경우로서 감사가 총회를 소집하지 아니한 경우에는 총회의 소집을 청구한 조합원의 대표가 총회를 소집한다(법26⑤ 전단). 이 경우 그 조합원의 대표가 의장의 직무를 대행한다(법26⑤ 후단).

조합원 대표의 총회 소집에 따라 총회를 소집하는 경우에는 미리 중앙회장에게 보고하여야 한다(법26⑥).

총회소집승인을 신청하고자 하는 자는 ⅰ) 신청인 직·성명, 회의의 목적사항 및 소집이유 등을 기재한 서면(제1호), ⅱ) 조합원 20% 이상의 동의서(제2호), ⅲ) 소집청구서 사본(제3호)을 중앙회장에게 제출하여야 한다(표준업무방법서5①).

Ⅴ. 총회소집의 통지

1. 소집 공고 및 통지 기간

총회의 소집은 총회일 10일전까지 그 회의의 목적, 일시, 장소를 기재하여 제6조[3])에 정한 방법에 따라 공고 한다(표준정관32① 본문). 다만, ⅰ) 조합의 해산·합병·분할, ⅱ) 임원의 선출과 해임, ⅲ) 자본금의 감소, ⅳ) 정관의 변경, ⅴ) 기타 이사회에서 통지가 필요하다고 인정하는 사항의 결정을 위하여 소집하는 경우에는 제6조 및 제7조[4])에 정한 방법에 따라 공고 및 통지하여야 하며, 직장신협의 경우에는 직장 내 전자통신망에 게시하고 전자우편으로 통지할 수 있다(표준정관32① 단서).

2. 소집 공고 및 통지 기간의 예외

임원의 선출(상임임원만 선출하는 경우는 제외)을 위하여 총회를 소집함에는 총회 15일전까지 공고 및 통지하여야 한다(표준정관32②).

3. 의결권 및 선거권이 없는 자 제외

위의 (1) 및 (2)는 의결권 및 선거권이 없는 자에 대하여는 이를 적용하지

---

3) 표준정관 제6조(공고방법) 조합의 공고는 조합의 게시판에 10일 이상 게시한다. 다만, 필요한 경우에는 ( )에서 발행하는 일간신문에 게재하거나 서면으로 조합원에게 통지한다.
4) 표준정관 제7조(통지 또는 최고방법) ① 조합원에 대한 통지 또는 최고는 조합원 명부에 기재된 주소 또는 거소로 한다. 다만, 조합원이 따로 연락처를 고지하였을 경우에는 이에 의한다.
② 제1항의 통지 또는 최고는 보통 도착할 수 있었던 시기에 도달한 것으로 본다.

아니한다(표준정관32③).

Ⅵ. 총회 의사록

1. 총회 의사록 작성

총회의 의사에는 의사록을 작성하여야 한다(표준정관40①).

2. 총회 의사록 기재사항과 기명날인 또는 서명

의사록에는 의사의 경과 및 결과를 기재하고 의장과 총회에서 선출한 3인 이상의 조합원이 기명날인 또는 서명한다(표준정관40②).

제3절 이사회

Ⅰ. 서설

신협법과 정관은 이사회의 경영자 지원과 경영자 통제에 대하여 함께 규정하고 있다. 이사회는 총회의 권한으로 규정된 사항 이외의 모든 업무집행에 관한 의사결정권을 가지고 있고, 이사회에서 결정된 업무집행 사항은 이사장, 상임이사, 간부직원이 행하게 된다. 반면 이사회는 이사회에서 결의된 사항에 대하여 이사장, 상임이사, 간부직원의 업무집행을 감독하고, 필요한 사항을 보고하도록 요구할 수 있다. 즉 이사회는 경영진의 업무집행에 대한 적법성, 타당성, 효율성 여부에 대한 포괄적인 감독권한을 가진다.[5]

---

5) 김규호(2016), 56쪽.

Ⅱ. 이사회의 설치 등

1. 이사회의 설치

조합에 이사로 구성되는 이사회를 둔다(법34①). 이사장은 이사회의 의장이 된다(법34②).

2. 이해 상충 이사의 의사 관여 금지

이사의 이익과 조합의 이익이 상반되는 사항이나 신분에 관련되는 사항에 관하여는 당해 이사는 이사회의 그 의사에 관여할 수 없다(법34③, 표준정관43③).

3. 이사회의 권한

이사회는 이사회 결의사항에 대하여 이사장(상임이사가 전담하여 처리하는 사업의 경우에는 상임이사) 및 간부직원의 업무집행을 감독하고, 필요한 사항을 이사회에 보고하도록 요구할 수 있다(법34④).

Ⅲ. 이사회의 소집 등

1. 이사회의 소집

이사회는 필요한 때에 정관에서 정하는 바에 따라 이사장이 소집한다(법35①).

(1) 정기이사회의 소집
정기이사회는 2월마다 1회 이사장이 이를 소집한다(법35①, 표준정관42①).

(2) 임시이사회의 소집
임시이사회는 ⅰ) 이사장이 필요하다고 인정한 때, ⅱ) 이사 2인 또는 감사의 요구가 있는 때에 소집한다(법35②, 표준정관42②).

2. 이사대표 또는 감사의 이사회 소집

이사장이 이사 2인 또는 감사의 소집요구를 받은 날로부터 정당한 사유없이 7일 이내에 이사회를 개최하지 않는 경우에는 소집을 요구한 이사대표 또는 감사가 이사회를 소집할 수 있다(표준정관42③ 전단). 이 경우 소집한 이사 또는 감사가 의장의 직무를 대행한다(표준정관42③ 후단).

3. 이사회 소집 통지 기간

이사회를 소집할 때에는 개최 5일 전까지 각 이사 및 감사에게 통지하여야 한다(표준정관42⑤ 본문). 다만, 긴급을 요할 경우에는 개최전일까지 통지할 수 있다(표준정관42⑤ 단서).

Ⅳ. 이사회의 결의사항 등

1. 이사회의 결의사항

다음의 사항, 즉 ⅰ) 규정의 제정·변경 또는 폐지(제1호), ⅱ) 기본재산의 취득과 처분(제2호), ⅲ) 사업집행에 대한 기본방침의 결정(제3호), ⅳ) 소요자금의 차입(중앙회로부터 차입하는 경우에는 최고한도)(제4호), ⅴ) 제적립금의 처분(제5호), ⅵ) 조합원 자격상실(제6호), ⅶ) 임원의 업무집행정지(제7호), ⅷ) 총회에 부의할 사항 및 총회에서 위임한 사항(제8호), ⅸ) 상임임원후보자의 결정(제9호), ⅹ) 전문임원 정수의 결정(제10호), ⅺ) 총회의 권한에 속하지 아니하는 중요사항(제11호)은 이사회의 결의를 얻어야 한다(법36①, 표준정관44①).

위 제4호의 소요자금의 차입은 반드시 이사회의 결의를 거쳐야 하므로 이사회의 결의없이 한 자금차입은 무효라 할 것이며, 그 자금차입이라 함은 자금의 차입을 위한 법률행위까지를 포함해서 일컫는 것이다.6)

2. 이사회의 개의와 결의

이사회는 이사 과반수의 출석으로 개의하고, 출석이사 과반수의 찬성으로

---

6) 대법원 1987. 7. 7. 선고 86다카2220 판결.

결의한다(법36②). 이사장은 의결에 참가한다(표준정관43②).

3. 관련 판례

① 대법원 2005. 6. 9. 선고 2005다2554 판결

[1] 이사회의 결의방법에 관하여 아무런 규정을 두고 있지 않은 구 신용협동조합법이 서면결의 방식에 의한 이사회결의를 금지하는 것으로 볼 수 있는지 여부(소극): 구 신용협동조합법(1998. 1. 13. 법률 제5506호로 전문 개정되기 전의 것)은 이사회의 결의를 요하는 사항만을 규정하고 있을 뿐 이사회의 결의 방법에 관하여 아무런 규정을 두고 있지 아니하므로, 이사회결의를 요하는 사항에 관하여 이사들에게 개별적으로 결의사항의 내용을 설명하고 동의를 받은 후 미리 작성한 이사회회의록에 날인받는 방식으로 의결을 하는 이른바 서면결의 방식에 의한 이사회결의를 금지하고 있는 것으로 볼 수는 없다.

[2] "이사회는 재적이사 과반수의 출석으로 개최하고 출석이사 과반수의 찬성으로 의결한다."는 신용협동조합의 정관 규정만으로 서면결의 방식에 의한 이사회결의가 무효라고 할 수 없다고 한 사례: "이사회는 재적이사 과반수의 출석으로 개최하고 출석이사 과반수의 찬성으로 의결한다."는 신용협동조합의 정관 규정은 의사정족수 및 의결정족수에 관한 일반 규정이어서 이른바 서면결의 방식에 의한 이사회결의를 금하는 규정이라고 단정하기 어렵고, 만일 위 규정을 서면결의를 금하는 규정으로 본다고 하더라도 민법 제60조에 의하여 대표권의 제한은 등기를 하지 아니한 이상 제3자에 대항할 수 없으므로 위 정관 규정만으로 서면결의 방식에 의한 이사회결의가 무효라고 할 수 없다.

② 대법원 1996. 12. 23. 선고 96다42956 판결

신용협동조합법 제29조 제2호(현행 제36조 제1항 제4호), 원고 조합의 정관 제46조 제1항 제2호는 신용협동조합은 이사회의 결의 없이는 자금 차입행위를 할 수 없도록 규정하고 있으므로, 김용남이 이사회의 결의 없이 원고 조합 명의로 한 위 금원 차용행위는 무효라고 할 것이고, 따라서 김용남이 원고 조합을 대리하여 한 위 기업금전신탁 해지의 의사표시가 유효하다고 하더라도 피고로서는 위 예탁원리금에서 김용남이 실제로 수령한 금 245,206,875원을 공제한 나머지 금원을 원고 조합에게 지급할 의무가 있다.

③ 대구고등법원 2004. 11. 25. 선고 2003나9187 판결

[1] 소요자금 차입에 관하여 이사회의 결의를 거치도록 규정한 것은 비영리법인인 신용협동조합의 특수성을 고려하여 그 재산의 원활한 관리 및 유지 보호와 재정의 적정을 기함으로써 조합의 건전한 발달을 도모하고 조합으로 하여금 본래의 목적사업에 충실하도록 하기 위하여 그 대표자의 대표권을 제한한 것으로서, 이와 같이 대표자의 대표권이 제한된 경우 그 요건, 즉 이사회의 결의 없이 이루어진 행위는 무권대표행위로서 무효라고 할 것이다(대법원 2004. 1. 15. 선고 2003다56625 판결; 대법원 1987. 7. 7. 선고 86다카2220 판결 참조).

그런데 갑 제2호증, 을 제3호증의 각 기재 및 제1심 증인 A, 당심 증인 B의 각 증언, 제1심 증인 C의 일부 증언에 변론 전체의 취지를 종합하면, S신협은 이사회를 제대로 한 적이 거의 없고, 이사들이 업무에 관여하거나 의사결정을 실질적으로 한 적도 없이 서류 작성이 필요할 때마다 실무자들로 하여금 미리 이사들이 조합에 맡겨둔 도장을 사용하게 하거나, 이사들에게 찾아가 개별적으로 도장을 받아온 사실, 이 사건 한도거래약정 체결시에도 이사회를 개최하지 아니한 채 실무책임자가 형식상 이사회회의록을 작성한 후 피고들을 찾아가 도장을 받은 사실을 인정할 수 있고, 이에 반하는 제1심 증인 C의 일부 증언은 믿지 아니하며 달리 반증이 없으므로, S신협이 대구연합회로부터 이 사건 한도거래약정을 체결하고 자금을 차입한 행위는 이사회의 결의 없이 이루어진 것이어서 무효라고 할 것이다.

[2] 이에 대하여 원고(신용협동조합중앙회)는, 실제 S신협에서 이사들이 한자리에 모여서 개최한 이사회의 결의는 없었다고 하더라도 이사장 C와 실무책임자가 이사들인 피고들 개개인에게 일일이 이사회 결의사항(차입한도 거래약정 및 차입결의의 건)에 대하여 충분히 설명을 하여 동의를 받은 후 미리 작성한 이사회회의록에 그들로부터 직접 도장을 날인받아 작성한 것으로서, 신용협동조합법과 S신협의 정관에 이사회의 결의에 관하여 서면결의를 금지하는 명문 규정도 없으므로 이는 서면결의에 의한 적법한 이사회의 결의를 거쳤다고 보아야 한다고 주장한다.

그러므로 살피건대, 갑 제10호증의 기재에 의하면, S신협의 정관에는 "이사회는 재적이사 과반수의 출석으로 개최하고 출석이사 과반수의 찬성으로 의결한다"고 규정하고 있고(제45조), 신용협동조합법에서는 그 전에는 이사회의 결의요

건에 관하여 규정을 두고 있지는 않았지만 1998. 1. 13. 법률 제5506호로 개정되어 1998. 4. 1.부터 시행된 신용협동조합법 제36조에서 "이사회는 이사 과반수의 출석으로 개의하고 출석이사 과반수의 찬성으로 결의한다(제2항), 이사회의 운영 및 소집방법 등은 정관으로 정한다(제3항)"라는 규정을 신설하였는바, 위 정관 등의 규정은 이사회는 실제 회의를 열어야 결의할 수 있음을 전제로 하는 규정으로 보일 뿐만 아니라, 신용협동조합의 이사회처럼 법률에 의하여 그 설립이 강제되는 회의체에 있어서는 특별한 사정이 없는 한 서면결의는 허용되지 않는다고 보아야 할 것인데, S신협 이사회의 경우 서면결의를 허용하는 근거규정이 있었다고 인정할 자료가 없으므로 원고의 위 주장은 이유 없다.

[3] 원고는 또, 위와 같이 실제 이사회의 결의가 없었다 하더라도, 대구연합회는 S신협이 제출한 이사들의 인장이 날인된 이사회 회의록을 보고 그 기재와 같은 이사회 결의가 있었던 것으로 믿었으므로, 표현대리 내지 표현대표의 법리에 따라 이 사건 한도거래약정은 유효하다고 주장한다.

살피건대, 위와 같이 이사회의 결의 없이 이루어진 행위를 무권대표행위로서 무효라고 보는 이상 그 행위와 관련하여 적법한 이사회 결의가 있었다고 믿을 만한 정당한 이유가 있는 경우라면 표현대리 규정의 준용에 의하여(민법 제59조 제2항 참조) 표현대표 책임을 인정할 여지가 있을 것이다.

그런데, 갑 제1호증의 1, 2, 갑 제2호증, 갑 제18 내지 20호증(각 가지번호 포함), 을 제3호증의 각 기재와 당심 증인 B의 증언에 변론 전체의 취지를 종합하면, S신협이 대구연합회에 제출한 이사회 회의록은 별도로 공증을 받은 것도 아닐 뿐만 아니라, 거기에 날인된 일부 이사들의 인영은 그 무렵 제출된 한도거래약정 차용금증서에 날인된 연대보증인인 이사들의 인감도장과 다른 모양의 도장으로 날인되어 있는 사실, S신협은 대구연합회로부터 먼저 자금을 차입한 이후 사후에 이사회 회의록 등 대출관련서류를 보완하기도 한 사실, 그 무렵 S신협을 포함한 대구 시내 대부분의 신용협동조합에 있어서는 제대로 이사회 회의를 개최하지 아니하고 있었는데, 신용협동조합의 업무를 지도감독하고 있던 대구연합회로서는 그러한 사정을 어느 정도 짐작하고 있었던 사실을 인정할 수 있고 달리 반증이 없는바, 위와 같은 사실에 비추어 보면 대구연합회가 이 사건 한도거래약정과 관련하여 서부신협의 이사회 결의가 있었다고 믿었다고 하더라도 거기에 정당한 이유가 있다고 볼 수는 없으므로, 원고의 위 주장도 이유 없다.

제4절 임원

I. 임원의 정수 및 선출

1. 임원의 정수

조합에 임원으로 이사장 1명, 부이사장 1명을 포함하여 5명 이상 9명 이하의 이사와 감사 2명 또는 3명을 둔다(법27①).

2. 임원의 선출

임원은 정관에서 정하는 바에 따라 총회에서 선출(임원의 결원으로 인한 보궐선거의 경우에는 정관에서 따로 정하는 바에 따른다)한다(법27② 전단).

(1) 이사장과 부이사장의 선출

이사장과 부이사장의 선출은 선거인 과반수의 투표로써 다수 득표자를 당선인으로 결정한다(법27③ 전단). 이 경우 재적조합원이 500인을 초과하는 경우에는 251인 이상의 출석으로 개의하고 출석조합원 과반수의 찬성으로 결의할 수 있다(법27③ 후단, 법25① 단서).

(2) 이사장 및 부이사장을 제외한 임원 중 조합원이어야 하는 임원의 선출

이사장 및 부이사장을 제외한 임원 중 조합원이어야 하는 임원의 선출은 선거인 과반수의 투표로써 다수 득표자순으로 당선인을 결정한다(법27③ 전단). 이 경우 재적조합원이 500인을 초과하는 경우에는 251인 이상의 출석으로 개의하고 출석조합원 과반수의 찬성으로 결의할 수 있다(법27③ 후단, 법25① 단서).

(3) 상임이사 및 상임감사(상임임원)의 선출

상임이사 및 상임감사("상임임원")는 조합 업무에 대한 전문지식과 경험이 풍부한 사람으로서 이사회의 결의를 거쳐 총회에서 선출한다(법27⑨).

(4) 전문임원의 선출

전문임원은 총회에서 총회의 결의방법에 의하여 선출한다(표준정관50②).

(5) 관련 판례

① 대법원 2015. 12. 23. 선고 2014다14320 판결

신용협동조합은 조합원들이 자신들의 이익을 옹호하기 위하여 자주적으로 결성한 임의단체로서 그 내부 운영에 있어서 조합 정관 및 다수결에 의한 자치가 보장되므로, 신용협동조합이 자체적으로 마련한 임원선거규약은 일종의 자치적 법규범으로서 신용협동조합법 및 조합 정관과 더불어 국가 법질서 내에서 법적 효력을 가진다(대법원 1999. 10. 22. 선고 99다35225 판결 등 참조).

원심판결 이유 및 기록에 의하면, ① 피고의 정관부속서임원선거규약("임원선거규약") 제20조 제2항은 "후보자가 되고자 하는 자는 후보자등록마감시각까지 별표의 구비서류를 갖추어 본인이 등록하여야 한다"고 규정하고 있고, 그 구비서류로 별지 〈제4호서식〉 임원입후보추천서("추천서")를 두고 있는 사실, ② 임원선거규약 제19조 제1항 제1호는 "이사장후보자로 입후보하고자 하는 자는 30인 이상 50인 이하 선거인의 추천을 받아야 한다"고 규정하고 있고, 위 추천서 양식에는 추천인으로 하여금 "인(서명)"을 하도록 되어 있는 사실, ③ 원고는 피고의 선거관리위원회로부터 위 추천서 양식을 교부받은 다음, 그 추천서에 일부 추천인들로부터 날인 또는 서명을 직접 받거나 원고 또는 제3자가 일부 추천인들의 조합원번호, 성명, 추천 연월일을 대필하고 그 서명까지 대행한 후 이를 다른 구비서류와 함께 피고의 선거관리위원회에 접수하여 원고가 피고의 이사장 후보자로 등록된 사실, ④ 원고가 제출한 추천서의 추천인 총 45명 중 2명(소외 1, 소외 2)은 추천인 자격이 없고, 적어도 19명(소외 3 등)은 위 추천인들이 직접 서명한 것이 아니라 원고 또는 제3자가 그 서명을 대행한 사실을 알 수 있다.

위와 같이 임원선거규약의 별지 추천서 양식에서는 추천인으로 하여금 "인(서명)", 즉 날인 또는 서명을 하도록 정하고 있는데, 이러한 추천서 양식의 내용은 피고의 자치적 법규범인 임원선거규약의 일부에 포함된다 할 것이고, 임원선거규약이 추천서에 추천인의 날인 또는 서명을 요구하는 것은 부정한 방법에 의한 추천서 작성을 방지하여 추천의 진정성과 투명성을 확보하고 궁극적으로 선거의 신뢰성과 공정성을 도모하기 위한 것인 점을 고려하면, 피고의 임원선거규

약이 추천인의 자필을 요구하거나 추천인 본인임을 확인할 수 있는 서류를 첨부하여야 한다는 등 별도의 규정을 두고 있지 않다 하더라도, 추천인은 원칙적으로 추천서 양식에서 정한 바와 같이 추천서에 직접 날인 또는 무인을 하거나 서명을 하여야 하고, 다만 추천인의 인장을 날인하는 경우에는 추천인의 허락 아래 후보자 또는 제3자가 그 날인을 대행할 수 있다 할 것이나, 서명은 본인 고유의 필체로 자신의 이름을 직접 기재하는 것을 뜻하므로 추천인의 서명을 후보자 또는 제3자가 대행하는 것까지 허용되는 것은 아니라고 봄이 타당하다.

그렇다면 앞서 본 바와 같이 원고 또는 제3자가 서명을 대행한 최소 19인의 추천서는 적법한 추천서라 할 수 없고, 2인은 추천인 자격이 없어, 이들을 제외한 나머지 추천인은 최대 24명에 불과하므로, 원고의 후보등록은 피고의 임원선거규약 제19조 제1항 제1호에서 정한 추천인의 정족수에 미달한다 할 것이다.

② 대법원 2005. 3. 25. 선고 2004도8257 판결

신용협동조합의 이사장 또는 전무가 그 직을 사임하고 신용협동조합의 운영권을 양도·양수하는 대가로 돈을 받았다고 하여도 그것이 금융기관 임·직원으로서의 직무와 관련이 있다고 보기는 어렵다고 한 사례: 신용협동조합법 제27조 제2항, 제3항에 의하면, 신협의 이사장이나 이사 등 임원은 정관이 정하는 바에 따라 총회에서 선출하도록 되어 있으므로, 신협의 이사장 등 임원의 지위 자체를 법률상 타인에게 양도할 수 없다. 신용협동조합법상 신협 이사장의 직무는 신협의 업무를 통할하고 조합을 대표하는 것이고(신용협동조합법 제27조 제4항), 신협은 그 목적 달성을 위하여 신용사업, 복지사업, 조합원을 위한 공제사업, 조합원의 경제적 지위 향상을 위한 교육, 중앙회가 위탁하는 사업, 국가 또는 공공단체가 위탁하거나 다른 법령이 조합의 사업으로 정하는 사업과 위 각 사업에 부대하는 사업을 행하도록 되어 있는바(신용협동조합법 제39조 제1항), 피고인 3과 원심 공동피고인 2가 피고인 1측으로부터 M신협 또는 N신협의 이사장 또는 전무 직을 사임하고 그 신협의 운영권을 양도양수하는 대가로 판시와 같은 돈을 받았다고 하여도 그것이 신용협동조합법상 신협의 위와 같은 사업과 관련이 있다거나 또는 신협 이사장 또는 전무의 권한에 속하는 직무 또는 그와 밀접한 관계가 있는 사무나 그와 관련하여 사실상 처리하고 있는 사무와 관련이 있다고 보기는 어렵다고 보아야 할 것이고, 단지 피고인 3과 원심 공동피고인 4가 위 각 신협에

대한 운영권을 피고인 1측에게 넘기고 자신이 위 각 신협의 설립에 투자한 자금을 개인적인 지위에서 회수하는 것에 불과한 것으로 보아야 할 것이다.

3. 임원의 자격

이사장을 포함한 임원의 3분의 2 이상은 조합원이어야 한다(법27② 후단). 임원의 3분의 2 이상은 조합원이어야 하므로 조합원이 아닌 임원은 이사의 3분의 1 이내이다. 조합원이 아닌 임원(전문임원) 제도를 도입한 이유는 임원의 전문성을 제고하기 위한 것이다.

(1) 비상임 이사장의 자격요건

지역·단체조합(교회·사찰 등의 종교단체는 제외)의 비상임이사장은 ⅰ) 조합의 임원으로 2년 이상 재임한 경력이 있는 사람(제1호), ⅱ) 금융위원회법 제38조[7]에 따른 검사대상기관에서 금융관련 업무에 상근직으로 10년 이상 근무한 경력이 있는 사람(제2호), ⅲ) 금융관련 연구기관에서 연구위원으로 5년 이상 근무한 경력이 있는 사람(제3호), ⅳ) 금융감독기관 또는 금융관련 국가직 공무원으로서 금융관련 업무에 10년 이상 근무한 경력이 있는 사람(제4호)으로 한다(표준정관45⑤).

(2) 상임 이사장의 자격요건

상임 이사장은 ⅰ) 조합의 임원으로 4년 이상 재임한 경력이 있는 사람(제1호), ⅱ) 금융위원회법 제38조에 따른 검사대상기관에서 금융관련 업무에 상근직으로 10년 이상 근무한 경력이 있는 사람(제2호), ⅲ) 금융관련 연구기관에서 연구위원으로 5년 이상 근무한 경력이 있는 사람(제3호), ⅳ) 금융감독기관 또는 금융관련 국가직 공무원으로서 금융관련 업무에 10년 이상 근무한 경력이 있는 사람(제4호)으로 한다(표준정관45⑥).

---

7) 은행, 금융투자업자, 증권금융회사, 종합금융회사 및 명의개서대행회사, 보험회사, 상호저축은행과 그 중앙회, 신용협동조합 및 그 중앙회, 여신전문금융회사 및 겸영여신업자, 농협은행, 수협은행, 다른 법령에서 금융감독원이 검사를 하도록 규정한 기관, 그 밖에 금융업 및 금융 관련 업무를 하는 자로서 대통령령으로 정하는 자를 말한다.

(3) 상임이사 또는 상임감사의 자격요건

상임이사 또는 상임감사로 선임될 수 있는 사람은 ⅰ) 조합(다른 조합 포함) 또는 중앙회에서 상근직으로 10년 이상 근무한 경력이 있는 사람(제1호), ⅱ) 금융관련 국가기관, 연구기관 또는 교육기관에 상근직으로 10년 이상 근무한 경력이 있는 사람(제2호), ⅲ) 금융감독원 또는 금융위원회법 제38조에 따른 검사대상기관에서 금융 관련 업무에 상근직으로 10년 이상 근무한 경력이 있는 사람(제3호)으로 한다(영14의3 본문, 표준정관45⑦ 본문).

다만, 상임감사는 임원선거일 현재 3년 이내에 조합의 임직원(상임감사 제외)이었던 사람이 아니어야 한다(영14의3 단서, 표준정관45⑦ 단서).

(4) 전문임원의 자격요건

다음의 어느 하나에 해당하는 사람, 즉 ⅰ) 금융·법률·세무 및 회계 관련의 국가공인 전문자격증을 소지한 사람, ⅱ) 금융위원회법 제38조에 따른 검사대상기관에서 금융관련 업무에 상근직으로 10년 이상 근무한 경력이 있는 사람, ⅲ) 금융관련 연구기관에서 연구위원으로 5년 이상 근무한 경력이 있는 사람, ⅳ) 금융감독기관 또는 금융관련 국가직 공무원으로서 금융관련 업무에 10년 이상 근무한 경력이 있는 사람을 전문임원으로 선출할 수 있다(표준정관45⑧ 전단).

이 경우 상임임원을 포함하여 임원정수의 3분의 1을 초과할 수 없다(표준정관45⑧ 후단).

Ⅱ. 임원의 직무 등

1. 이사장의 직무와 직무대행

(1) 업무총괄 및 조합 대표

이사장은 조합의 업무를 총괄하고 조합을 대표한다(법27④, 표준정관46① 전단).

이사장은 대내적으로 조합의 업무를 총괄하고 대외적으로 조합을 대표한다. 업무를 총괄한다는 것은 이사장이 직접 업무를 집행하는 것이 아니라 업무집행자(하위자)의 행위를 일반적으로 지휘·조정하여 업무집행을 최종적으로 결정하는 관계를 말한다. 이사장은 업무집행권을 가지는 것이 아니라 업무총괄권을 가지는 것으로 업무를 단독으로 직접 집행할 수는 없고 반드시 간부직원을 경유하여 업무를 처리하여야 한다.[8]

(2) 직무대행 순서

이사장이 부득이한 사유로 직무를 수행할 수 없을 때에는 부이사장, 정관에서 정하는 이사의 순서로 그 직무를 대행한다(법27⑤).

표준정관에 따르면 이사장의 사고시에는 부이사장, 미리 이사회가 정한 이사의 순으로 그 직무를 대행한다(표준정관46① 후단). 직무대행자가 없거나 기타 다른 사유로 직무대행자를 선임할 수 없는 때에는 중앙회장이 임시임원을 선임하여 이사장의 직무를 대행하게 할 수 있다(표준정관46의2②).

(3) 관련 판례

① 대법원 2007. 5. 31. 선고 2007다248 판결

[1] 신용협동조합의 이사장이 업무를 수행함에 있어서 조합에 대하여 손해배상책임을 지는 경우 및 조합 임원으로서의 지위가 비상근, 무보수, 명예직이라는 등의 사유로 임원으로서의 주의의무를 면제할 수 있는지 여부(소극): 이사장은 조합의 모든 업무를 수행함에 있어 당해 업무가 불법·부당함을 알았거나 조금만 주의를 기울였다면 조합의 장부나 대출 관련서류 등에 의하여 불법·부당한 업무임을 알 수 있었을 것임에도 그러한 주의를 현저히 게을리 함으로써 이사장의 임무를 해태한 데에 중대한 과실이 있는 경우에는 조합에 대하여 손해배상책임을 진다고 할 것이고(대법원 2006. 1. 12. 선고 2005다23445 판결 등 참조), 조합 임원으로서의 지위가 비상근, 무보수, 명예직으로 전문가가 아니고, 그 사무처리방식이 형식적이었다고 하더라도 그러한 사유만으로는 법령이나 정관에서 정하고 있는 임원으로서의 주의의무를 면할 수는 없다고 할 것이다(대법원 2005. 3. 25. 선고 2003다40293 판결 참조).

위와 같은 법리와 기록에 비추어 알 수 있는 다음과 같은 사정, 즉 동일인 대출한도를 초과한 H신협의 대출이 비교적 장기간에 걸쳐 지속적으로 이루어진 점, 실제 채무자들이 다른 사람의 명의를 빌려 대출을 신청하면서 반복적으로 연

---

8) 김규호(2016), 31쪽.

대보증을 선 경우가 많을 뿐만 아니라 대출신청인과 연대보증인의 주소가 동일한 장소로 기재되어 있는 경우도 적지 아니한 점 등을 종합하여 보면, 피고 1은 비록 비전문가인 비상근, 명예직의 이사장이라 할지라도 조금만 주의를 기울여 대출 관련서류를 검토하였다면 이 사건 대출이 실질적으로 동일인에 대한 대출임을 쉽게 알 수 있었음을 알 수 있으므로, 그와 같은 취지에서 피고 1에게 신용협동조합 임원으로서의 조합에 대한 채무불이행책임을 인정한 원심의 판단은 정당하다.

[2] 신용협동조합 이사장의 조합에 대한 임무해태로 인한 손해배상책임의 법적 성질(＝채무불이행책임) 및 그 소멸시효기간(＝10년): 신용협동조합 이사장의 조합에 대한 임무해태로 인한 손해배상책임은 일반 불법행위책임이 아니라 위임관계로 인한 채무불이행책임이므로 그 소멸시효기간은 일반채무의 경우와 같이 10년이라고 보아야 할 것인바(대법원 2006. 8. 25. 선고 2004다24144 판결 참조), 위 법리에 비추어 보면, 피고 1의 H신협에 대한 임무해태로 인한 손해배상책임은 채무불이행책임으로서 그 소멸시효기간은 10년이고, 따라서 이와 같은 취지의 원심의 판단은 정당하고, 거기에 상고이유에서 지적하는 바와 같은 소멸시효에 관한 법리를 오해한 위법이 없다.

② 대구지방법원 2002. 4. 16. 선고 99가합21947, 2000가합6876 판결

신용협동조합 이사장을 피보증인으로 한 신원보증계약에 관하여 책임제한을 할 수 있는지 여부(한정 적극): 신용협동조합의 이사장은 신용협동조합에 대하여 사용종속관계에 있지 않기 때문에 신용협동조합 이사장을 피보증인으로 한 신원보증계약에 관하여 신원보증법의 각 규정을 그대로 적용할 수는 없지만, 계속적 보증의 책임 제한의 법리에 따라 일정한 경우에 신원보증법 제6조의 유추적용 또는 신의칙에 따라 이사장에 대한 신원보증인의 책임을 제한할 수 있다.

2. 이사장 또는 상임이사의 설치와 자격

(1) 이사장 또는 상임이사의 설치

(가) 이사장 또는 상임이사의 설치 대상 조합

자산규모, 재무구조 등을 고려하여 대통령령으로 정하는 조합은 이사장 또는 이사장이 아닌 이사("상임이사") 중에서 1명 이상을 상임으로 한다(법27⑥ 본문).

1) 상임 이사장 또는 상임이사의 설치 대상 조합

직전 사업연도 평균잔액으로 계산한 총자산이 300억원 이상인 지역조합 또는 단체조합은 이사장 또는 상임이사 중에서 1명만을 상임으로 한다(영14① 본문). 다만, 직전 사업연도 평균잔액으로 계산한 총자산이 1,500억원 이상인 지역조합 또는 단체조합은 이사장과 상임이사 1명까지 상임으로 할 수 있다(영14① 단서).

이사장은 비상근·명예직이 원칙이지만 총자산 300억원 이상인 조합은 이사장을 상임으로 할 수 있다.

2) 비상임 이사장 또는 비상임이사의 설치 대상 조합

다음의 어느 하나에 해당하는 단체조합(직전 사업연도 평균잔액으로 계산한 총자산이 1,500억원 이상인 단체조합은 제외), 즉 ⅰ) 교회·사찰 등의 종교단체(영12① (3) 가목) 또는 구성원간에 상호 밀접한 협력관계가 있는 사단법인(영12①(3) 다목)으로서 해당 조합의 특성, 자산규모 등을 고려하여 금융위원회가 정하여 고시하는 기준9)에 따라 중앙회장의 승인을 받은 종교단체 또는 사단법인(제1호), ⅱ) 국가로부터 공인된 자격 또는 면허 등을 취득한 자로 구성된 같은 직종단체로서 법령에 의하여 인가를 받은 단체(영12①(3) 라목)(제2호)는 이사장 또는 상임이사를 상임으로 하지 아니할 수 있다(영14②).

상임이 아닌 임원은 명예직으로 하되, 정관으로 정하는 바에 따라 실비의 변상을 받을 수 있다(법27⑬).

(나) 상임이사의 설치 대상 조합

상임인 이사장을 두지 아니한 조합인 경우에는 상임이사를 두어야 한다(법 27⑥ 단서). 따라서 직전 사업연도 평균잔액으로 계산한 총자산이 300억원 이상인 지역조합 또는 단체조합으로서 재무상태 개선조치(법89④)를 요청받은 날부터 2년이 되는 날까지 그 재무상태 개선조치가 종료되지 아니한 지역조합 또는 단체조합은 상임이사 1명만을 둔다(영14③).

---

9) "금융위가 정하여 고시하는 기준"이라 함은 직전 사업연도 평균잔액으로 계산한 총자산이 300억 이상인 조합으로서 이사장 또는 이사장 아닌 임원("이사장 등")이 이사장 등으로서의 업무 외에 본래의 자신의 업(業)에 상근직으로 종사하여야 하는 등의 불가피한 사유로 이사장 등을 상임으로 두기 곤란한 조합을 말한다(감독규정4의4).

(2) 상임 이사장 등의 선임절차 등

(가) 이사장 또는 상임이사를 상임으로 선임하는 조합

이사장 또는 상임이사를 선임하는 조합은 "상임 이사장 또는 상임이사의 설치 대상 조합(영14①)" 및 "비상임 이사장 또는 비상임이사의 설치 대상 조합(영14②)"의 요건에 해당하게 된 후 최초로 소집되는 임원 선임을 위한 총회에서 이사장 또는 상임이사를 선임하여야 한다(영14의2①).

(나) 상임이사만을 선임하는 조합

상임이사만을 선임하는 조합은 "상임이사의 설치 대상 조합(영14③)"에서 정하는 지역조합 또는 단체조합에 해당하게 된 날부터 60일 이내에 상임이사를 선임하여야 한다(영14의2②).

(다) 임기만료시까지 재임

이사장 또는 상임이사를 선임하는 조합에서 선임된 이사장 또는 상임이사나 상임이사만을 선임하는 조합에서 선임된 상임이사는 임기 중에 해당 조합이 총자산이 300억원 이상 또는 총자산이 1,500억원 이상 및 총자산이 1,500억원 이상의 총자산 기준에 미달하거나 해당 조합에 대한 재무상태 개선조치(법89④)가 종료되더라도 그 임기가 만료될 때까지는 이사장 또는 상임이사로 재임한다(영14의2③).

(라) 상임 이사장의 비상임 이사장 재임

이사장 또는 상임이사를 선임하는 조합에서 선임된 상임인 이사장은 임기 중에 해당 조합이 상임이사의 설치 대상 조합(영14③)에서 정하는 지역조합 또는 단체조합에 해당하게 된 경우에는 ⅰ) 해당 조합이 총자산 300억원(영14① 본문)의 요건에 해당하는 경우: 상임이사(영14②)가 선임된 때(제1호), ⅱ) 해당 조합이 총자산 1,500억원(영14① 단서)의 요건에 해당하는 경우로서 상임이사를 선임하지 아니하는 경우: 상임이사(영14②)가 선임된 때(제2호), ⅲ) 해당 조합이 총자산 1,500억원(영14① 단서)의 요건에 해당하는 경우로서 상임이사를 선임한 경우: 총자산이 300억원 이상인 지역조합 또는 단체조합으로서 재무상태 개선조치(법89④)를 요청받은 날부터 2년이 되는 날까지 그 재무상태 개선조치가 종료되지 아니한 지역조합 또는 단체조합에 해당하게 된 때(제3호)부터 비상임 이사장으로 재임한다(영14의2④).

3. 상임이사의 직무와 직무대행

(1) 상임이사의 직무

상임이사는 신용사업·조합원을 위한 공제사업 및 이에 부대하는 사업을 전담하여 처리한다(법27⑦ 전단). 이 경우 이사장은 해당 상임이사가 소관 사업을 독립하여 수행할 수 있도록 권한의 위임 등 적절한 조치를 하여야 한다(법27⑦ 후단).

(2) 상임이사의 직무대행

상임이사가 궐위·구금되거나 의료법에 따른 의료기관에 입원한 경우 등 부득이한 사유로 직무를 수행할 수 없는 때에는 이사회가 정한 순서에 따른 간부직원이 직무를 대행한다(법27⑪, 표준정관46의2②).

4. 감사의 설치와 자격

감사는 조합의 업무집행 상황 및 재산상태 등을 감독하기 위해 필요한 상설기관이다.

(1) 상임감사의 기준 등
(가) 감사의 상임 기준: 감사를 상임으로 선임하여야 하는 조합의 범위

직전 사업연도 평균잔액으로 계산한 총자산이 2,000억원 이상인 지역조합 또는 단체조합은 감사 중 1명을 상임으로 한다(법27⑧ 전단, 영14⑤ 본문).

(나) 상임감사의 자격

상임감사는 조합원이 아닌 자로 한다(법27⑧ 후단).

(다) 감사를 상임으로 하는 조합의 상임감사의 재임

감사를 상임으로 하는 조합은 "감사를 상임으로 선임하여야 하는 조합(영14⑤)"의 요건에 해당하게 된 후 최초로 소집되는 감사 선임을 위한 총회에서 감사를 선임하여야 하며, 선임된 상임감사는 임기 중에 해당 조합이 총자산이 2,000억원(영14⑤)의 총자산 기준에 미달하더라도 그 임기가 만료될 때까지는 상임감사로 재임한다(영14의2⑤).

(2) 감사의 비상임 기준: 감사를 비상임으로 선임하여야 하는 조합의 범위

교회·사찰 등의 종교단체(영12①(3) 가목), 구성원간에 상호 밀접한 협력관계가 있는 사단법인(영12①(3) 다목) 또는 국가로부터 공인된 자격 또는 면허 등을 취득한 자로 구성된 같은 직종단체로서 법령에 의하여 인가를 받은 단체(영12①(3) 라목)에 단체조합으로서 해당 조합의 특성, 자산규모 등을 고려하여 "금융위원회가 정하여 고시하는 기준"에 따라 중앙회장의 승인을 받은 조합은 상임감사를 두지 아니할 수 있다(법28⑤, 영14⑤ 단서).

여기서 "금융위가 정하여 고시하는 기준"이라 함은 ⅰ) 최근 3년간 법 제100조(양벌규정)에서 정하는 벌금형에 과해지지 아니한 조합(제1호), ⅱ) 최근 1년간 법 제85조(조합 등에 대한 행정처분) 제1항 및 제2항 각 호의 행정처분 중 주의를 제외한 조치를 받지 아니한 조합(제2호), ⅲ) 감독규정 제12조(건전성 비율) 제3항에서 정하는 재무상태개선조치 조합 또는 재무상태개선조치가 종료된 후 1년이 경과하지 않은 조합이 아닌 조합(제3호)에 해당하는 조합으로서 조합 임직원의 인력구조, 조합원의 구성 및 운영현황 등을 고려하여 감사를 상임으로 두기 적당하지 않은 조합을 말한다(감독규정4의5).

상임이 아닌 임원은 명예직으로 하되, 정관으로 정하는 바에 따라 실비의 변상을 받을 수 있다(법27⑬).

5. 감사의 직무와 대표권

(1) 감사의 직무

(가) 재산상태 등 감사와 감사보고서 및 연차보고서 정기총회 제출

감사는 분기마다 1회 이상 조합의 업무집행상황, 재산상태, 장부 및 서류 등을 감사하여야 하며, 분기별 감사보고서는 이사회에 분기별 감사보고서를 종합한 연차보고서는 정기총회에 각각 제출하여야 한다(법37①, 표준정관47①).

감사는 재산상황을 포함하여 업무집행 전반을 감사할 권한을 갖는다. 감사는 분기마다 1회 이상 감사를 실시할 수 있지만, 필요하다고 인정할 경우에는 언제든지 감사권을 행사할 수 있다. 감사는 회의체를 구성하는 것이 아니고 원칙적으로 각자가 독립하여 업무를 수행한다.[10]

---

10) 김규호(2016), 33쪽.

신용협동조합의 존립은 회계의 투명성에 달려 있다고 하여도 과언이 아니고, 회계의 투명성 확보는 정당한 결산을 통해서만 가능하기 때문에, 결산안 및 잉여금처분안을 심사함에 있어서 미지급이자의 전액 보정 여부 및 대손충당금의 전액 적립 여부는 감사가 확인하여야 할 가장 기본적인 업무에 속하는 것이다.[11]

(나) 감사실시 통보 및 감사의견 제출

감사실시 통보 및 감사보고서 제출은 2명 이상의 감사가 공동으로 하여야 한다(법37③ 본문). 다만, 감사보고서를 제출할 때 감사의 의견이 일치하지 아니할 경우에는 각각 그 의견을 제출할 수 있다(법37③ 단서).

(다) 조합원의 예탁금통장 등 대조 확인 의무

감사는 반기(半期)마다 1회 이상 예고 없이 상당수 조합원의 예탁금 통장이나 그 밖의 증서와 조합의 장부나 기록을 대조하고 확인하여야 한다(법37②).

(라) 이사회에 대한 시정요구의무

감사는 이사회가 법령·정관 또는 총회의 결의에 위반하여 업무를 집행한 때에는 이사회에 그 시정을 요구하여야 한다(표준정관47④).

(마) 중앙회장에 대한 보고의무

감사는 감사결과 중대한 부정사실 또는 조합에 현저하게 손해를 미칠 염려가 있는 사실을 발견한 때에는 즉시 이를 중앙회장에게 보고하여야 한다(표준정관47⑤).

(바) 대표감사와 감사의 호선

감사 중 1인은 대표감사로 하며, 대표감사는 감사가 호선한다(표준정관47⑥).

(사) 준용규정

감사의 직무에 관하여는 상법 제391조의2, 제402조, 제412조의2, 제413조 및 제413조의2를 준용한다(법37④). 여기서는 준용되는 상법의 규정을 살펴본다.

1) 감사의 이사회출석·의견진술권 등

감사는 이사회에 출석하여 의견을 진술할 수 있다(상법391의2①). 이 규정을 둔 취지는 감사업무의 수행을 위해서 감사가 이사회의 결의사항를 숙지할 필요가 있으며, 감사의견을 이사회에 표시할 필요가 있기 때문이다.

감사는 이사가 법령 또는 정관에 위반한 행위를 하거나 그 행위를 할 염려

---

11) 부산고등법원 2006. 7. 13. 선고 2005나14434 판결.

가 있다고 인정한 때에는 이사회에 이를 보고하여야 한다(상법391의2②). 이 규정은 감사의 출석을 보장하고 의사록 작성의 공정성과 정확성을 확보하기 위한 것이다.

2) 유지청구권

이사가 법령 또는 정관에 위반한 행위를 하여 이로 인하여 회사에 회복할 수 없는 손해가 생길 염려가 있는 경우에는 감사 또는 출자좌수 총수의 1% 이상에 해당하는 좌수를 가진 조합원은 회사를 위하여 이사에 대하여 그 행위를 유지할 것을 청구할 수 있다(상법402).

감사 또는 조합원의 이러한 권리는 유지청구권이라 부른다. 조합원의 유지청구권은 조합을 위하여 행사되는 것이므로 조합원의 공익권이다.

3) 감사의 보고수령권

이사는 회사에 현저하게 손해를 미칠 염려가 있는 사실을 발견한 때에는 즉시 감사에게 이를 보고하여야 한다(상법412의2). 이 규정은 감사의 실효적인 감사활동을 보장하기 위하여 일상적인 회사의 현황에 관한 정보를 공급하기 위하여 둔 것이다.

4) 조합원 총회에서의 의견진술

감사는 이사가 조합원 총회에 제출할 의안 및 서류를 조사하여 법령 또는 정관에 위반하거나 현저하게 부당한 사항이 있는지의 여부에 관하여 조합원 총회에 그 의견을 진술하여야 한다(상법413).

이사에 대한 최종적인 견제는 조합원 총회에서 이루어지므로 감사의 이사에 대한 견제도 조합원 총회의 결의에 도움을 받을 수밖에 없다. 따라서 감사의 의견진술은 감사 기능의 실효성을 확보하기 위한 규정이다.

5) 감사록의 작성

감사는 감사에 관하여 감사록을 작성하여야 한다(상법413의2①). 감사록에는 감사의 실시요령과 그 결과를 기재하고 감사를 실시한 감사가 기명날인 또는 서명하여야 한다(상법413의2②).

(2) 상임감사의 직무대행

상임감사가 부득이한 사유로 직무를 수행할 수 없을 때에는 이사회가 정하는 순서에 따라 간부직원이 그 직무를 대행한다(법27⑪).

(3) 감사의 대표권

조합이 이사장과의 소송, 계약 등의 법률행위를 하는 경우에는 감사가 조합을 대표한다(법38).

(4) 관련 판례

① 대법원 2007. 3. 15. 선고 2006다37328 판결

불법·부당대출에 관하여: 신용협동조합의 감사가 불법·부당대출 등과 관련하여 조합에 대하여 책임을 지는 경우란 당해 대출 등의 행위가 불법·부당한 것임을 알았거나 조합의 장부 또는 대출관련 서류상으로 불법·부당한 대출임이 명백하여 조금만 주의를 기울였다면 이를 알 수 있었을 것임에도 그러한 주의를 현저히 게을리함으로써 감사로서의 임무를 해태한 데에 중대한 과실이 있는 경우라 할 것이다(대법원 2004. 3. 25. 선고 2003다18838 판결; 대법원 2004. 4. 9. 선고 2003다5252 판결 등 참조).

원심판결과 그가 인용한 제1심판결에 의하면, 원심은, 그 판시와 같은 사정에 비추어, A, B와 C에 대한 대출이 대출관련규정을 위반한 불법·부당대출이고, 그에 대하여 피고 D, E, F가 감사로서의 직무를 해태한 중대한 과실이 있다고 판단하였는바, 위 법리와 기록에 비추어 살펴보면, 그러한 판단은 정당하다.

② 대법원 2006. 12. 7. 선고 2005다34766, 2005다34773(병합) 판결

[1] 손해배상책임의 존부에 관하여: 구 신용협동조합법(1998. 1. 13. 법률 제5506호로 전문 개정되기 전의 것) 제30조(현행 제37조)와 파산 전 B중앙신용협동조합("B신협")의 정관 제54조 등의 규정에 비추어 보면, B신협의 이사장, 이사 및 감사 등 임원들이 불법·부당대출, 분식결산 등과 관련하여 조합에 대한 손해배상책임을 지는 경우란 당해 대출이나 결산 및 그에 따른 배당 등의 행위가 불법·부당한 것임을 알았거나 조합의 장부나 대출·회계 관련서류 등에 의하여 불법·부당한 것임이 명백하여 조금만 주의를 기울였다면 이를 알 수 있었을 것임에도 그러한 주의를 현저히 게을리 함으로써 임원의 임무를 해태한 데에 중대한 과실이 있는 경우라 할 것이고, 조합 임원으로서의 지위가 비상근, 무보수, 명예직으로 전문가가 아니고, 그 사무처리방식이 형식적이었다고 하더라도 그러한 사유만으로는 법령이나 정관에서 정하고 있는 임원으로서의 주의의무를 면할 수는 없다

고 할 것이다(대법원 2002. 6. 14. 선고 2001다52407 판결; 대법원 2004. 4. 9. 선고 2003다5252 판결; 대법원 2006. 9. 14. 선고 2005다22879 판결 등 참조).

[2] 손해배상책임의 범위에 관하여: 신용협동조합의 임원이 법령 또는 정관에 위반한 행위를 하거나 그 임무를 해태함으로써 조합에 대하여 손해를 배상할 책임이 있는 경우에 그 손해배상의 범위를 정함에 있어서는, 당해 사업의 내용과 성격, 당해 임원의 임무위반의 경위 및 임무위반행위의 태양, 조합의 손해의 발생 및 확대에 관여된 객관적인 사정이나 그 정도, 평소 임원의 조합에 대한 공헌도, 임무위반행위로 인한 당해 임원의 이득 유무, 조합의 조직체계의 흠결 유무나 위험관리체제의 구축 여부 등 여러 사정을 참작하여 손해분담의 공평이라는 손해배상제도의 이념에 비추어 그 손해배상액을 제한할 수 있다 할 것이고, 나아가 책임감경사유에 관한 사실인정이나 그 비율을 정하는 것은 그것이 형평의 원칙에 비추어 현저히 불합리하다고 인정되지 않는 한 사실심의 전권에 속하는 사항이라고 할 것이다(대법원 2004. 12. 10. 선고 2002다60467, 60474 판결; 대법원 2005. 6. 24. 선고 2005다13547 판결 등 참조).

③ 대법원 2006. 10. 26. 선고 2005다47847 판결

[1] 명의도용 횡령 및 예탁금이자 등 횡령으로 인한 손해에 관하여: 원심은, 그 채용 증거들을 종합하여 판시와 같은 사실을 인정한 다음, 이 사건 횡령대출에 대하여 이사장으로서의 결재가 없었던 점, 이 사건 횡령대출은 대출거래약정서 등 대출관련서류가 형식상으로는 대출요건을 모두 구비하고 있어 금융전문가들조차도 쉽게 발견하지 못할 정도로 실무자 X, Y에 의하여 계획적으로 이루어진 것이어서 사후에 이사장이나 감사인 피고 A, 피고 B, C, D, E, F, G가 조합의 장부나 기록 등 대출관련서류만을 검토하는 것으로 쉽게 이를 밝혀내는 것을 기대하기가 매우 어려워 보이는 점 등에 비추어 보면, X, Y의 횡령행위가 8년 동안 계속되었다거나, K신용협동조합("K신협")이 신용협동조합 전북연합회로부터 정기감사 또는 수시감사에서 여신취급 및 관리부적 등을 이유로 문제점을 지적받고 일부 임직원이 징계처분을 받았다거나, 예탁금범위 내 대출횡령의 경우에 예탁명의자와 대출명의자가 일부 상이한데도 대출이 이루어졌고, 예탁금이자 등 횡령의 경우에 일부 출금전표에 예금주 및 계좌번호가 기재되어 있지 않다는 등의 사정만으로는 이 사건 횡령대출로 인한 K신협의 손해가 위 피고들의 직무수

행상의 고의 또는 중대한 과실로 인한 것으로 보기 어렵다고 판단하였는바, 기록에 의하여 살펴보면, 위와 같은 원심의 판단은 옳고, 거기에 상고이유의 주장과 같은 심리미진 또는 채증법칙 위배로 인한 사실오인이나 신용협동조합법상의 임원의 책임에 관한 법리오해, 이유모순 등의 위법이 있다고 할 수 없다.

　[2] 신용불량대출로 인한 손해에 관하여: 금융기관이 거래처의 기존 대출금에 대한 원리금 및 연체이자에 충당하기 위하여 위 거래처가 신규대출을 받은 것처럼 서류상 정리하였더라도 금융기관이 실제로 위 거래처에게 대출금을 새로 교부한 것이 아니라면 그로 인하여 금융기관에게 어떤 새로운 손해가 발생하는 것은 아니라고 할 것이다(대법원 2000. 6. 27. 선고 2000도1155 판결; 대법원 2006. 1. 26. 선고 2005다44916 판결 등 참조).

　원심은, 신용불량자에 대한 대출취급 명세표의 유효담보란에 "대환"이라고 기재되어 있는 대출은 기존 채무의 대출과목, 이자율, 금액 등을 변경하지 아니하고 기존 대출의 동일성을 유지하면서 그 변제기한만을 연장해 준 이른바 대환에 불과하여 K신협에 새로운 손해가 발생하였다고 볼 수 없고, "대환"이라고 기재된 부분 이외의 이 사건 신용불량대출은, 각 대출거래약정서에는 대부분 신용조사서가 첨부되어 있고 신용정보조회결과란에 정상으로 기재되어 있으며, 일부 대출신청인의 신용조사서가 첨부되지 않는 대출의 경우에는 연대보증인이 입보되어 있고 그 연대보증인에 대한 신용조사 결과가 정상으로 각 기재되어 있는 점에 비추어 보면, K신협에 신용정보조회의무가 있다는 등의 사실만으로, 피고 A, F, G가 고의 또는 중대한 과실로 관리·감독 및 감사업무를 소홀히 하여 K신협에 손해를 입게 하였다고는 볼 수 없다고 판단하였다. 앞서 본 법리와 기록에 비추어 살펴보면, 위와 같은 원심의 사실인정과 판단은 옳은 것으로 수긍이 가고, 거기에 상고이유의 주장과 같은 신용협동조합법상의 임원의 책임에 관한 법리오해 또는 이유모순 등의 위법이 있다고 할 수 없다.

　[3] 전결권위배대출 및 입보부적대출로 인한 손해에 관하여: 원심은, 피고 A, F, G가 직접 이 사건 전결권위배대출 및 입보부적대출에 관여하지 않은 점, 위 피고들 모두 회계나 전산처리 등 은행 업무에 대하여 전문적 지식이 없어 직원들에 대한 실질적인 감독 내지 감시도 어려웠던 것으로 보이는 점, 이 사건 전결권위배대출 및 입보부적대출액이 K신협의 총 대출금액과 비교하여 볼 때 그다지 크지 않은 점 등에 비추어 보면, 위 피고들이 대출관련서류 및 대출신청자 접수

부를 살펴보았다면 위 각 대출이 대출규정에 위반한 것임을 쉽게 확인할 수 있었음에도 불구하고 이를 확인하지 않은 고의 또는 중과실이 있었다고 보기 어렵다고 판단하였는바, 기록에 비추어 살펴보면, 위와 같은 원심의 판단도 옳은 것으로 수긍이 가고, 거기에 채증법칙 위배로 인한 사실오인 또는 이유모순의 위법이 있다고 할 수 없다.

④ 대법원 2006. 9. 14. 선고 2005다22879 판결

[1] 신용협동조합의 감사가 분식결산 등과 관련하여 조합에 대하여 손해배상책임을 지는 경우: 구 신용협동조합법(1998. 1. 13. 법률 제5506호로 전문 개정되기 전의 것, 이하 "구 신협법"이라 한다) 제30조(현행 제37조)와 K신협의 정관 제47조에서 감사는 분기마다 1회 이상 조합의 업무·재산상태 및 장부·서류 등을 감사하여야 하고, 분기별 감사보고서는 이사회에, 분기별 감사보고서를 종합한 연차보고서는 정기총회에 각각 제출하여야 하며, 매년 1회 이상 예고 없이 상당수의 조합원의 예탁금통장 기타 증서와 조합의 장부나 기록을 대조 확인하여야 한다고 규정하고 있고, K신협의 정관 제55조 제2항은 임원이 그 직무를 수행함에 있어서 고의 또는 중대한 과실로 조합 또는 타인에게 가한 손해에 대하여는 단독 또는 연대하여 손해배상의 책임을 진다고 규정하고 있으므로, 이 사건에서 위의 법령과 정관 규정에 의하여 신용협동조합의 감사가 분식결산 등과 관련하여 조합에 대하여 손해배상책임을 지는 경우란 당해 분식결산 등의 행위를 알았거나 조합의 장부 또는 회계관련 서류상으로 분식결산이 명백하여 조금만 주의를 기울였다면 이를 알 수 있었을 것임에도 그러한 주의를 현저히 게을리함으로써 감사로서의 임무를 해태한 데에 중대한 과실이 있는 경우라 할 것이다(대법원 2004. 3. 25. 선고 2003다18838 판결; 대법원 2004. 4. 9. 선고 2003다5252 판결 등 참조).

[2] 신용협동조합의 감사가 분식결산 등과 관련하여 임무를 해태한 데에 중대한 과실이 있는지 여부의 판단 방법: 피고들에게 중대한 과실이 있는지 여부는 그와 같은 피고들의 개인적인 사정에 의해 가릴 것이 아니라 문제된 분식회계의 내용, 분식의 정도와 방법, 그 노출 정도와 발견가능성, 감사업무의 실제 수행 여부 등을 심리하여 그에 의해 밝혀진 사정을 토대로 하여 판단하여야 할 것이다.

그럼에도 불구하고, 분식회계의 실체를 심리함이 없이 피고들의 개인적인 사정만을 들어 그들이 장부와 서류를 검토하는 등의 방법으로 실질적인 감사업

무를 수행하였다 하더라도 분식결산이 이루어졌음을 쉽게 파악할 수도 없었다는 이유로 피고들에게 분식결산에 대하여 업무수행상의 중대한 과실이 없었다고 한 원심의 판단에는 신용협동조합 감사의 책임 및 중대한 과실에 대한 법리를 오해하거나 심리를 다하지 아니하여 판결에 영향을 미친 위법이 있다고 할 것이다.

⑤ 대구지방법원 2001. 1. 18. 선고 99가합23769 판결

신용협동조합의 형식적 감사에게 부당대출로 인한 손해배상책임을 물을 수 없다고 한 사례: 신용협동조합이 이사장 및 일부 임직원을 중심으로 전횡적으로 운영됨으로써 감사가 조합의 경영에 개입하는 등 실제로 감사로서의 직무를 행한 바가 없었다면 감사에게 신용협동조합의 부당대출로 인한 손해배상책임을 물을 수 없다.

⑥ 대법원 2008. 2. 28. 선고 2006다36905 판결

신용협동조합의 감사가 분식결산 등과 관련하여 조합에 대하여 손해배상책임을 지는 경우/신용협동조합의 감사가 분식결산 등과 관련하여 임무를 해태한 데에 중대한 과실이 있는지 여부의 판단 방법: 구 신용협동조합법(1998. 1. 13. 법률 제5506호로 전문 개정되기 전의 것) 제30조(현행 제37조)와 S신협의 정관 제47조에서 감사는 분기마다 1회 이상 조합의 업무집행상황·재산상태 및 장부·서류 등을 감사하여야 하고, 분기별 감사보고서는 이사회에, 분기별 감사보고서를 종합한 연차보고서는 정기총회에 각각 제출하여야 하며, 매년 1회 이상 예고 없이 상당수의 조합원의 예탁금통장 기타 증서와 조합의 장부나 기록을 대조 확인하여야 한다고 규정하고 있고, S신협의 정관 제55조 제2항은 임원이 그 직무를 수행함에 있어서 고의 또는 중대한 과실로 조합 또는 타인에게 가한 손해에 대하여는 단독 또는 연대하여 손해배상의 책임을 진다고 규정하고 있으므로, 이 사건에서 위의 법령과 정관 규정에 의하여 신용협동조합의 감사가 분식결산 등과 관련하여 조합에 대하여 손해배상책임을 지는 경우란 당해 분식결산 등의 행위를 알았거나 조합의 장부 또는 회계관련 서류상으로 분식결산이 명백하여 조금만 주의를 기울였다면 이를 알 수 있었을 것임에도 그러한 주의를 현저히 게을리함으로써 감사로서의 임무를 해태한 데에 중대한 과실이 있는 경우라 할 것이다(대법원 2004. 3. 25. 선고 2003다18838 판결; 대법원 2004. 4. 9. 선고 2003다5252 판결 등 참조).

그런데 원심은 피고 1, 피고 2가 면책되는 근거로서, 위 피고들이 신용협동 조합 감사로서의 전문지식을 갖추지 못한 점, S신협의 회계업무를 직원들이 대부분 처리하여 대차대조표와 잉여금처분안 등의 결산자료를 작성하여 온 점, 분식 결산에 관하여도 이사장, 이사들은 이사회에서 실무책임자로부터 설명을 듣고 이를 승인한 반면, 감사였던 위 피고들은 이사회에 참석하지도 아니하고 그에 관하여 보고도 받은 적이 없다는 점 등을 들고 있으나 그러한 사유는 위 피고들의 책임을 제한할 근거는 될 수 있을지언정 법령과 정관의 규정에 의한 위 피고들의 앞서 본 주의의무를 면하게 할 사유가 될 수는 없는 것이다(대법원 2006. 9. 14. 선고 2005다22879 판결 등 참조).

위 피고들에게 중대한 과실이 있는지 여부는 그와 같은 위 피고들의 개인적인 사정에 의해 가릴 것이 아니라 문제된 분식회계의 내용, 분식의 정도와 방법, 그 노출 정도와 발견가능성, 감사업무의 실제 수행 여부 등을 심리하여 그에 의해 밝혀진 사정을 토대로 하여 판단하여야 할 것이다.

그럼에도 불구하고, 분식회계의 실체를 심리함이 없이 위 피고들의 개인적인 사정만을 들어 그들이 결산보고서류를 면밀히 검토하였더라도 분식결산이 이루어졌음을 쉽게 발견할 수 없었을 것이라는 이유로 분식결산과 관련하여 위 피고들에게 업무수행상의 중대한 과실이 없었다고 한 원심의 판단에는 신용협동조합 감사의 책임 및 중대한 과실에 관한 법리를 오해하거나 심리를 다하지 아니하여 판결에 영향을 미친 위법이 있다.

⑦ 대법원 2007. 12. 28. 선고 2006다32644 판결

[1] 신용협동조합의 이사장이나 이사 또는 감사 등이 여유자금의 운용 또는 분식결산 등과 관련하여 그 임무를 해태한 데에 중대한 과실이 있는지 여부는 여유자금 운용의 실태와 규모, 그로 인한 손익의 유무와 규모, 손해발생의 원인, 예견가능성의 유무, 분식회계의 내용, 분식의 정도와 방법, 그 노출의 정도와 발견가능성, 업무수행의 실태 등 여러 가지 사항을 고려하여 종합적으로 판단하여야 할 것이다.

이러한 법리와 기록에 의하여 살펴보면, 원심이 그 판시와 같은 사정들에 비추어 K신용협동조합("K신협")의 이사장이었던 피고 K 및 감사이었던 피고 S, L, H, C, P 등에게는 K신협의 여유자금의 부당운용과 분식결산으로 인한 손해에

관하여 중대한 과실이 있었다고 볼 수 없고, 이사장이었던 망 박준에 대하여는 1996. 5. 3. 신용협동조합 광주광역시연합회로부터 업무운용준칙에 규정된 여유 자금의 구체적인 운용방법에 관한 내용을 통보받기 이전에 이루어진 여유자금의 부당운용에 관하여 중대한 과실이 있었다고 볼 수 없다는 취지로 판단한 것은 정당한 것으로 수긍이 가고, 거기에 상고이유의 주장과 같은 채증법칙 위반이나 법리오해 또는 판례 위반 등의 위법이 있다고 할 수 없다.

[2] 기업회계기준에 의할 경우 신용협동조합의 당해 사업연도에 당기순손실 이 발생하고 배당가능한 이익이 없는데도, 당기순이익이 발생하고 배당가능한 이익이 있는 것처럼 재무제표가 분식되어 이를 기초로 조합원에 대한 이익배당 금의 지급과 법인세의 납부가 이루어진 경우에는, 특별한 사정이 없는 한 신용협 동조합은 그 분식회계로 말미암아 지출하지 않아도 될 조합원에 대한 이익배당 금과 법인세 납부액 상당을 지출하게 되는 손해를 입게 되었다고 봄이 상당하고, 그 회계관계서류에 대하여 조합원총회의 결의를 거쳤다고 하여 인과관계가 단절 되는 것이라고는 할 수 없으며, 분식회계가 이루어진 후 그 다음 회계연도에 이 를 보정하는 조치가 있었다고 하더라도 그것만으로는 신용협동조합이 분식회계 와 상당인과관계 있는 이익을 얻었다거나 이미 발생한 손해가 전보된 것으로 볼 수는 없다고 할 것이다(대법원 2007. 11. 30. 선고 2006다19603 판결 참조).

앞에서 본 법리와 기록에 의하여 살펴보면, 원심이 그 채택 증거에 의하여 위 피고들이 K신협의 분식결산 문제가 논의되었던 1994. 12. 27.부터 1997. 12. 31.까지 사이의 정기 또는 임시이사회의 전부 또는 일부에 참석한 사실을 인정하 는 한편, 그 판시와 같은 사정들에 비추어 K신협의 이사들인 위 피고들에게는 이 사건 분식결산에 관하여 중대한 과실이 있다고 보아 그로 인한 손해를 위 피 고들이 관여한 부분에 해당하는 만큼씩 배상할 책임이 있다고 판단한 조치는 정 당한 것으로 수긍이 가고, 거기에 상고이유의 주장과 같은 채증법칙 위반으로 인 한 사실오인이나 손해의 유무 및 손해액의 산정, 손해배상책임의 성립, 소멸이나 면책 또는 해제에 관한 법리오해 등의 위법이 있다고 할 수 없다.

[3] 민법 제766조 제1항에서 규정하는 불법행위의 단기시효는 형사상의 소 추와는 전혀 별도의 관점에서 설정한 민사관계에 고유한 시효제도이므로 그 시 효기간은 관련 형사사건의 소추 여부 및 그 결과에 영향을 받지 않고 오직 피해 자나 그 법정대리인이 "그 손해 및 가해자를 안 날"로부터 진행하며, 법인의 경

우 여기서 말하는 "손해 및 가해자를 안 날"이라 함은 통상 대표자가 이를 안 날을 뜻하지만, 법인의 대표자가 가해자에 가담하여 법인에 대하여 공동불법행위가 성립하는 경우에는, 법인과 그 대표자는 이익이 상반하게 되므로 현실로 그로 인한 손해배상청구권을 행사하리라고 기대하기 어려울 뿐만 아니라 일반적으로 그 대표권도 부인된다고 할 것이므로, 단지 그 대표자가 손해 및 가해자를 아는 것만으로는 부족하고, 적어도 법인의 이익을 정당하게 보전할 권한을 가진 다른 임원 또는 사원이나 직원 등이 손해배상청구권을 행사할 수 있을 정도로 이를 안 때에 비로소 위 단기시효가 진행한다고 해석함이 상당하다고 할 것이다(대법원 1998. 11. 10. 선고 98다34126 판결 등 참조).

원심이 같은 취지에서, K신협의 위 피고들에 대한 이 사건 손해배상청구권의 소멸시효가 위 피고들이 모두 퇴직한 2000. 2. 26.부터 진행된다고 할 수 없고, 금융감독원이 2000. 8. 18. K신협에 대한 종합검사를 실시하여 그 지적사항을 통보한 것만으로는 K신협이 그 손해 및 가해자를 알았다고 할 수 없다고 판단한 것은 정당하고, 거기에 상고이유로 주장하는 바와 같은 소멸시효에 관한 법리오해 등의 위법이 없다.

⑧ 대법원 2007. 10. 26. 선고 2006다60144 판결

[1] 신용협동조합의 감사가 불법·부당대출 등과 관련하여 조합에 대하여 책임을 지는 경우란 당해 대출 등의 행위가 불법·부당한 것임을 알았거나 조합의 장부 또는 대출관련 서류상으로 불법·부당한 대출임이 명백하여 조금만 주의를 기울였다면 이를 알 수 있었을 것임에도 그러한 주의를 현저히 게을리 함으로써 감사로서의 임무를 해태한 데에 중대한 과실이 있는 경우라 할 것이다(대법원 2004. 3. 25. 선고 2003다18838 판결; 대법원 2004. 4. 9. 선고 2003다5252 판결 등 참조).

원심은, 그 채용 증거들에 의하여 판시와 같은 사실을 인정한 다음, D신용협동조합("D신협")의 감사규정 등은 정기감사를 분기마다 업무 전반에 대하여 실시하도록 규정하고 있으므로, 피고 등 감사들이 분기감사를 함에 있어 무작위 추출의 방법으로 대출관련 서류를 대조·확인한 것만으로는 그 임무를 다하였다고 할 수 없을 뿐만 아니라, 피고 등 감사들이 무작위 추출에 의한 감사를 통하여 여신부당취급 등 시정사항을 발견하였다면 나머지 대출 중에도 대출관련 규정 위반 등의 잘못이 있을 것으로 추정되므로 당연히 나머지 대출관련 서류 전반에

관하여도 추가 조사를 실시할 의무가 있고, 그와 같이 추가 조사를 실시하였더라면 대출관련 서류의 대조·확인만으로도 동서울신협이 감정을 하지 않은 채 부동산담보 대출을 실시하거나 연대보증인 입보 규정을 위반한 채 신용대출을 실시하는 등 원심판결 1의 다.항 기재와 같이 부당대출을 한 사실을 쉽게 발견할 수 있었을 것임에도 그 임무를 해태하여 위 각 부당대출을 적발, 시정하지 못한 중과실이 인정된다고 판단하였는바, 기록을 검토하여 보면 원심의 판단은 위 법리에 따른 것으로 정당하여 이를 수긍할 수 있고, 거기에 상고이유로 주장하는 바와 같은 감사의 책임에 관한 법리오해 등의 위법이 있다고 할 수 없다.

　　[2] 원심판결 이유를 기록에 비추어 검토하여 보면, 피고가 감사로서 D신협이 대출규정을 위배하여 담보가치가 없는 부동산을 제공받고 C에게 8,000만 원을 대출한 사실을 적발하여 이사회나 총회 또는 감독기관인 신용협동조합중앙회에 보고하였다면, 연대보증인 입보 또는 조기 대출금 상환조치 등을 취하여 D신협의 손해를 방지할 수 있었을 것으로 추정되고, C가 위 대출시 담보로 제공한 부동산 외에 다른 부동산을 소유하고 있지 않았다는 사정만으로는 피고의 임무해태와 위 대출로 인한 D신협의 손해 사이의 인과관계를 부정할 수 없다.

　　원심이 같은 취지에서 위 대출과 관련하여 피고에게 손해배상책임이 있다고 판단한 조치는 정당한 것으로 수긍할 수 있다.

　　[3] 신용협동조합 감사의 조합에 대한 임무해태로 인한 손해배상책임은 일반불법행위책임이 아니라 위임관계로 인한 채무불이행책임이므로 그 소멸시효기간은 일반채무의 경우와 같이 10년이라고 보아야 한다(대법원 2002. 11. 8. 선고 2001다84800 판결; 대법원 2006. 8. 25. 선고 2004다24144 판결 참조). 기록에 비추어 살펴보면, 원고의 이 사건 청구는 피고가 D신협의 감사로서 중대한 과실로 그 임무를 해태하여 D신협에 입힌 손해에 대하여 계약상의 채무불이행으로 인한 손해배상을 구하는 것임이 명백하므로, 민법 제766조 제1항의 단기소멸시효가 적용될 수는 없다.

　　⑨ 대법원 2007. 1. 11. 선고 2005다14434 판결

　　[1] 명의도용 대출로 인한 손해배상청구 부분에 관하여: 원심판결 이유와 기록에 나타난 제반 사정, 특히 파산자 D신용협동조합("D신협")의 이사장인 L 등의 명의도용 대출은 예금주의 진정한 정기예탁금을 담보로 장기간에 걸쳐 이루어졌

고, 중앙회 감사에서도 명의도용 대출사실을 적발하지 못하였으며, 피고가 감사직을 떠난 2002. 3.경 상계처리 통보과정에서의 예금주의 이의로 비로소 그 사실이 밝혀진 점, 명의를 도용당한 대출명의자 대부분의 대출관련 서류에 막도장이 날인되어 있고, 일부 대출명의자의 대출서류에는 동일한 주소가 기재되어 있으나, 그것만으로 장부나 서류상으로 명의도용 대출임을 알아내기는 용이하지 않은 것으로 보이는 점 등에 비추어, 원심이 위 명의도용 대출에 관하여 피고에게 감사로서의 업무수행에 중대한 과실이 있었다고 보기 어렵다고 판단한 것은 수긍할 수 있고, 거기에 채증법칙 위반, 감사의 책임에 관한 법리오해의 위법이 없다.

[2] 분식결산으로 인한 손해배상청구 부분에 관하여: 구 신용협동조합법(1998. 1. 13. 법률 제5506호로 전문 개정되기 전의 것, 이하 "구 신협법"이라 한다) 제30조(현행 제37조)에서 감사는 분기마다 1회 이상 조합의 업무·재산상태 및 장부·서류 등을 감사하여야 하고, 분기별 감사보고서는 이사회에, 분기별 감사보고서를 종합한 연차보고서는 정기총회에 각각 제출하여야 하며, 매년 1회 이상 예고 없이 상당수의 조합원의 예탁금통장 기타 증서와 조합의 장부나 기록을 대조 확인하여야 한다고 규정하고 있고, D신협의 정관은 임원이 그 직무를 수행함에 있어서 고의 또는 중대한 과실로 조합 또는 타인에게 가한 손해에 대하여는 단독 또는 연대하여 손해배상의 책임을 진다고 규정하고 있는 점에 비추어, 신용협동조합의 감사가 분식결산 등과 관련하여 조합에 대하여 손해배상책임을 지는 경우란 당해 분식결산 등의 행위를 알았거나 조합의 장부 또는 회계관련 서류상으로 분식결산이 명백하여 조금만 주의를 기울였다면 이를 알 수 있었을 것임에도 그러한 주의를 현저히 게을리함으로써 감사로서의 임무를 해태한 데에 중대한 과실이 있는 경우라 할 것이고, 이 경우 중대한 과실이 있는지 여부는 해당 감사의 개인적인 사정에 의해 가릴 것이 아니라 문제된 분식결산의 내용, 분식의 정도와 방법, 그 노출 정도와 발견가능성, 감사업무의 실제 수행 여부 등을 심리하여 그에 의해 밝혀진 사정을 토대로 하여 판단하여야 할 것이다(대법원 2006. 9. 14. 선고 2005다22879 판결 등 참조).

⑩ 대법원 2008. 9. 11. 선고 2006다57926 판결
신용협동조합의 감사가 분식결산 등과 관련하여 임무를 해태한 데 중대한 과실이 있는지 여부의 판단 기준 및 감사의 지위가 비상근, 무보수의 명예직이거

나 혹은 전문지식을 갖추지 못하였다는 사정으로 그 주의의무를 면하는지 여부 (소극): 신용협동조합의 감사가 당해 분식결산 등의 행위를 알았거나 조합의 장부 또는 회계관련 서류상으로 분식결산임이 명백하여 조금만 주의를 기울였다면 이를 알 수 있었을 것임에도 그러한 주의를 현저히 게을리한 경우, 감사로서의 임무를 해태한 데에 중대한 과실이 있으며, 이러한 중대한 과실이 있는지 여부는 감사들의 개인적인 사정에 의해 가릴 것이 아니라 문제된 분식회계의 내용, 분식의 정도와 방법, 그 노출 정도와 발견가능성, 감사업무의 실제 수행 여부 등을 심리하여 그에 의해 밝혀진 사정을 토대로 하여 판단하여야 하고, 감사의 지위가 비상근, 무보수의 명예직으로 전문가가 아니고 형식적이었다 하더라도 그러한 사정만으로 위와 같은 주의의무를 면할 수는 없으며, 신용협동조합 감사로서의 전문지식을 갖추지 못하였다는 사정 등은 피고들의 책임을 제한할 근거는 될 수 있을지언정 법령과 정관의 규정에 의한 위 피고들의 앞서 본 주의의무를 면하게 할 사유는 될 수 없다(대법원 2004. 3. 25. 선고 2003다18838 판결; 대법원 2006. 9. 14. 선고 2005다22879 판결 등 참조).

원심판결 이유와 원심이 채택한 증거에 의하면, 피고 1은 1991. 2. 14.부터 2000. 2. 19.까지, 피고 2는 1994. 11. 12.부터 2003. 10. 1.까지, 피고 3은 1997. 8. 10.부터 2003. 10. 1.까지 각 소외 1 신용협동조합의 감사로 재직한 사실, 소외 1 신용협동조합의 회계규정은 각종 채권에 대한 대손상각을 하여 대손충당금을 적립하되, 회계연도말 기준 대출금 잔액의 1% 이상이 유지되도록 규정하고 있고, 결산시 결산일 현재의 미지급이자를 산출하여 미지급이자 전액을 비용으로 보정하도록 규정하고 있는 사실, 원심 판시 각 회계연도의 결산안 및 잉여금처분안 등 결산서류에는 미지급이자가 전액 보정되지 아니하거나 대손충당금이 전액 적립되어 있지 아니함이 그 자체로 분명한 사실, 더구나 피고들은 각 해당 감사조서를 작성함에 있어 대손충당금의 과소적립에 관한 기재까지 하였던 사실 등을 알 수 있다.

위 인정 사실에 의할 때, 피고들로서는 소외 1 신용협동조합이 미지급이자를 일부만 보정하거나 대손충당금을 규정보다 적게 적립하는 방법으로 분식결산을 하였다는 사정을 알고서도 위법한 결산에 따른 배당이 이루어지지 않도록 이사장에게 서면으로 시정 및 개선을 요구하거나 감사보고서에 기재하여 총회 또는 중앙회장에게 보고하는 등의 조치를 취하여 분식결산에 따른 위법한 배당 등을 막아야 할 임무를 다하지 못함으로써 소외 1 신용협동조합으로 하여금 손해를 입게 하였고, 가사 그렇지 않다 하더라도 조합의 장부 또는 회계관련 서류상으로 분식결산임이 명백하여 조금만 주의를 기울였다면 이를 알 수 있었던 경우에 해당한다고 보아야 한다. 그렇다면 앞서 본 법리에 의할 때, 피고들의 책임을 인정한 원심 판단은 정당하고 상고이유의 주장과 같이 신용협동조합 감사의 책임 및 중과실에 대한 법리를 오해하는 등의 위법이 없다.

6. 상임 이사장 및 상임 임원의 보수

상임인 이사장 및 상임 임원의 보수는 중앙회장이 정하는 기준에 따라 총회에서 정한다(법27⑫).

Ⅲ. 임원의 임기

1. 임원의 임기와 연임

임원의 임기는 4년으로 하며, 연임할 수 있다(법31① 본문). 다만, 이사장은 2차례만 연임할 수 있다(법31① 단서). 임원의 임기는 전임자의 임기 만료일의 다음날로부터 기산한다(표준정관51②).

2. 보궐선거로 선출된 임원의 임기

보궐선거로 선출된 임원의 임기는 전임자 임기의 남은 기간으로 한다(법31②, 표준정관51③ 전단). 이 경우 임원정수의 증원 또는 임원 전원이 보궐선거에 의하여 선출된 경우에도 이를 준용한다(표준정관51③ 후단).

3. 설립 당시의 임원의 임기

설립당시의 임원의 임기는 당선일로부터 4회차 도래하는 정기총회 종료일까지로 한다(법31③, 표준정관51⑤). 조합 설립 업무의 연속성과 설립 당시의 임원의 임기 기산과 관련하여 차기 임원의 등기시 발생하는 어려움을 해소하기 위한 것이다.[12]

---

12) 신협중앙연수원(2021), 145쪽.

4. 임원 임기의 연장

임원의 임기가 최종의 결산에 관한 정기 총회 전에 만료된 때에는 정기총회 종결일까지 그 임기는 연장된다(표준정관51④). 임기의 최종 결산에 관한 정기총회 전에 임기가 만료되는 임원에게 당해 연도 결산을 하도록 한 것은 결산업무의 계속성 유지, 총회에서 원활한 질의와 응답을 통한 효율적인 운영을 위한 것이다.13)

Ⅳ. 임원 등의 자격 제한

1. 임원과 발기인의 결격사유

다음의 어느 하나에 해당하는 사람, 즉 ⅰ) 피성년후견인, 피한정후견인 및 파산선고를 받고 복권되지 아니한 사람(제1호), ⅱ) 금고 이상의 실형을 선고받고 그 집행이 끝나거나(집행이 끝난 것으로 보는 경우 포함) 집행이 면제된 날부터 3년이 지나지 아니한 사람(제2호), ⅲ) 형의 집행유예를 선고받고 그 유예기간 중에 있는 사람(제3호), ⅳ) 금고 이상의 형의 선고유예를 받고 그 선고유예기간 중에 있는 사람(제4호), ⅴ) 신용협동조합법 또는 대통령령으로 정하는 금융 관련 법령("금융관계법령")14)을 위반하여 벌금 이상의 형을 선고받고 그 집행이 끝나거나(집행이 끝난 것으로 보는 경우 포함) 집행이 면제된 날부터 5년이 지나지 아니한 사람(제5호), ⅵ) 법원의 판결 또는 다른 법률에 따라 자격이 상실되거나 정지된 사람(제6호), ⅶ) 신용협동조합법 또는 금융관계법령에 따라 해임(임원에 대한 개선을 포함)되거나 징계면직된 사람으로서 해임되거나 징계면직된 후 5년이 지나지 아니한 사람(제7호), ⅷ) 신용협동조합법 또는 금융관계법령에 따라 영업의 허가·인가 또는 등록이 취소된 법인 또는 회사의 임직원이었던 사람(그 취소 사유의 발생에 직접적 책임이 있거나 이에 상응하는 책임이 있는 사람으로서 대통령령으로 정하는 사람15)만 해당)으로서 그 법인이나 회사에 대한 취소 처분이 있었던 날부터

---

13) 신협중앙연수원(2021), 146쪽.
14) "대통령령으로 정하는 금융 관련 법령"이란 ⅰ) 금융산업구조개선법, ⅱ) 은행법, ⅲ) 자본시장법, ⅳ) 금융소비자보호법, ⅴ) 보험업법, ⅵ) 상호저축은행법, ⅶ) 여신전문금융업법, ⅷ) 신용정보보호법, ⅸ) 농업협동조합법, ⅹ) 수산업협동조합법, ⅺ) 산림조합법, ⅻ) 새마을금고법, ⅹⅲ) 한국주택금융공사법을 말한다(영15①).

5년이 지나지 아니한 사람(제8호), ix) 신용협동조합법 또는 금융관계법령에 따라 직무의 정지, 정직 또는 업무집행정지(영15③)를 받은 사람으로서 제재조치의 종료일부터 4년(영15③)이 지나지 아니한 사람(제9호), x) 신용협동조합법 또는 금융관계법령에 따라 재임 중이었거나 재직 중이었더라면 해임요구 또는 징계면직의 조치를 받았을 것으로 통보된 퇴임한 임원 또는 퇴직한 직원으로서 그 통보가 있었던 날부터 5년(통보가 있었던 날부터 5년이 퇴임 또는 퇴직한 날부터 7년을 초과한 경우에는 퇴임 또는 퇴직한 날부터 7년으로 한다)이 지나지 아니한 사람(제10호), xi) 신용협동조합법 또는 금융관계법령에 따라 재임 중이었거나 재직 중이었더라면 직무의 정지, 정직 또는 업무집행정지(영15④)를 요구받았을 것으로 통보된 퇴임한 임원 또는 퇴직한 직원으로서 그 통보가 있었던 날부터 4년(영15④)[통보가 있었던 날부터 4년(영15④)이 퇴임 또는 퇴직한 날부터 6년을 초과한 경우에는 퇴임 또는 퇴직한 날부터 6년으로 한다]이 지나지 아니한 사람(제11호), xii) 그 밖에 정관에서 정한 자격 제한 사유에 해당하는 사람(제12호)은 조합의 임원이나 발기인이 될 수 없다(법28①).

2. 임원 결격사유의 발견과 면직

임원에게서 결격사유(제9호는 제외)가 발견되거나 발생되었을 때에는 해당 임원은 즉시 면직된다(법28②).

3. 면직 전 행위의 효력 유지

면직된 임원이 면직 전에 관여한 행위는 그 효력을 잃지 아니한다(법28③).

---

15) "대통령령으로 정하는 사람"이란 허가·인가 또는 등록취소의 원인이 되는 사유가 발생한 당시의 임·직원(금융산업구조개선법 제14조의 규정에 의하여 허가·인가 등이 취소된 법인 또는 회사의 경우에는 적기시정조치의 원인이 되는 사유 발생 당시의 임·직원)으로서 다음에 해당하는 자를 말한다(영15②).
  1. 감사 또는 감사위원회의 위원
  2. 허가·인가 또는 등록취소의 원인이 되는 사유의 발생과 관련하여 위법·부당한 행위로 신용협동조합법 또는 금융관련법령에 의하여 주의·경고·문책·직무정지·해임요구 기타의 조치를 받은 임원
  3. 허가·인가 또는 등록취소의 원인이 되는 사유의 발생과 관련하여 위법·부당한 행위로 신용협동조합법 또는 금융관련법령에 의하여 직무정지 요구 이상에 해당하는 조치를 받은 직원
  4. 제2호 또는 제3호의 규정에 의한 제재대상자로서 그 제재를 받기 전에 사임 또는 사직한 자

4. 관련 판례

① 헌법재판소 2018. 7. 26. 선고 2017헌마452 결정(신용협동조합법 제28조 위헌확인)

[1] 신용협동조합법(2015. 1. 10. 법률 제13067호로 개정된 것) 제28조 제1항 제5호 및 제2항 중 각 "신용협동조합법 제27조의2 제2항 및 제3항을 위반하여 벌금형을 선고받은 사람"에 관한 부분("심판대상조항")이 청구인의 직업선택의 자유를 침해하는지 여부(소극): 신용협동조합은 다른 협동조합에 비하여 다수의 일반 국민을 대상으로 금융업을 하는 금융기관 유사의 지위에 있다는 특성이 강하게 나타나므로, 임원에 대한 높은 수준의 윤리·준법의식을 제고하고 선거제도의 청렴성과 공정성을 확보하기 위해서는 선거와 관련된 위반행위에 대하여 엄격한 제재 규정을 둘 필요가 있다. 또한 선거범죄로 형사처벌을 받은 임원에게 어느 정도의 신분상 불이익을 가할 것인가는 입법자가 결정할 문제로 벌금형의 하한을 100만원 이상으로 정하지 않았다 하여 입법재량을 현저히 일탈하였다고 볼 수 없으며, 비록 벌금형의 하한이 규정되어 있지 아니하여 법관이 형을 선고할 때 임원직 수행의 적합성을 판단 요소로 함께 고려할 수 없다는 문제가 발생하기는 하나, 선거로 선출된 임원의 직무수행 계속 여부를 평가하는 것이 법원의 기본적인 역할이라 할 수 없으므로, 심판대상조항은 청구인의 직업선택의 자유를 침해하지 아니한다.

[2] 심판대상조항이 청구인의 평등권을 침해하는지 여부(소극): 농업협동조합, 수산업협동조합 등 다른 협동조합들의 경우 "100만 원 이상의 벌금형"을 임원의 당연퇴임사유로 규정하고 있기는 하지만, 이러한 협동조합들은 일정한 직업군에 속한 조합원들의 지위 향상 등을 목적으로 하는 반면 신용협동조합은 보다 금융기관과 유사한 지위에 있으므로 이들을 다르게 취급하는 것은 합리적인 이유가 있다. 이처럼 각 협동조합은 그 목적이나 조직, 업무 등이 전혀 달라 조합의 특성에 따라 충분히 다르게 규율될 수 있는 것이다. 따라서 심판대상조항이 벌금형의 하한을 정하지 않고 있다 하여 이를 불합리한 차별이라고 보기 어려우므로, 심판대상조항은 청구인의 평등권을 침해하지 아니한다.

② 대법원 2012. 12. 27. 선고 2012다89702 판결

원심판결 이유에 의하면, 원심은 그 채택 증거에 의하여 그 판시와 같은 사실을 인정한 다음, 원고와 피고(J 신용협동조합)의 이사들이 처음부터 피고보조참가인(신용협동조합중앙회)이 요구한 징계보다 수위가 낮은 징계처분을 하려고 한 것이 아니라 L 등이 경남지방노동위원회에 부당해고 등 구제신청을 하자 피고(J 신용협동조합)의 임시이사회를 개최하여 이에 대한 대응을 논의하면서 경남지방노동위원회 심판절차에서 화해를 통하여 사건을 해결하기로 하였던 점, 피고보조참가인(신용협동조합중앙회)은 피고(J 신용협동조합)에 대하여 종합검사를 한 후 L 등에게 문책(견책 등)에 해당하는 사안이라고 표기하면서 소명자료를 제출하라고 하였는데, 이후 피고보조참가인(신용협동조합중앙회)이 피고(J 신용협동조합)에게 L 등에 대하여 하도록 요구한 징계는 정직 1월과 감봉 1월로, 피고(J 신용협동조합)의 이사들로서는 피고보조참가인(신용협동조합중앙회)이 요구한 징계가 당초 언급한 징계보다 무거워 과중하다고 믿었던 점, 피고(J 신용협동조합)가 L 등에 대한 징계를 정직 1월과 감봉 1월에서 견책으로 변경하기로 하는 내용의 이 사건 화해를 한 후 피고보조참가인(신용협동조합중앙회)이 피고(J 신용협동조합)에게 이 사건 화해를 뒤집는 내용의 지시를 하였으나 피고(J 신용협동조합)로서는 이미 화해한 내용과 반대의 처분을 할 수 없어 피고보조참가인(신용협동조합중앙회)의 지시를 거부하였다가 결국에는 L 등에게 한 견책처분을 취소하고 다시 정직 1월과 감봉 1월의 징계처분을 한 점, 신용협동조합법 제28조(현행 제28조 제1항 제9호), 같은 법 시행령 제15조(현행 제15조 제3항)에 의하면 직무정지를 당한 사람은 그 직무집행정지 종료일로부터 4년을 경과하지 아니하면 피고(J 신용협동조합)의 임원이 될 수 없는 점 등 그 판시와 같은 사정에 비추어 보면, 피고(J 신용협동조합)가 원고에 대하여 직무정지 1월의 이 사건 징계처분을 한 것은 징계사유에 비하여 현저히 균형을 잃은 것으로 재량권을 남용한 것에 해당하여 이 사건 징계처분은 무효라고 판단하였다. 관련 법리와 기록에 비추어 보면 원심의 위와 같은 판단은 수긍할 수 있다.

V. 간부직원의 임면

1. 전무 또는 상무

조합에 간부직원으로 전무 또는 상무를 둘 수 있다(법30①).

2. 임면 기준의 중앙회장 제정

간부직원으로 전무 또는 상무를 둘 수 있는 조합의 기준과 임면에 관한 기준은 중앙회장이 정한다(법30②).

3. 조합의 재무 및 회계 업무 처리와 책임

전무 또는 상무는 이사장(상임이사가 전담하여 처리하는 사업의 경우에는 상임이사)의 명을 받아 조합의 재무 및 회계 업무를 처리하며, 재무 및 회계에 관한 증명서류의 보관, 금전의 출납 및 보관의 책임을 진다(법30③).

4. 이사회 결의로 이사장 임면

전무 또는 상무는 중앙회장이 인정하는 자격을 갖춘 사람 중에서 이사회의 결의를 거쳐 이사장이 임면한다(법30④).

5. 준용 규정

전무 또는 상무에 대해서는 상법 제11조(지배인의 대리권) 제1항·제3항, 제12조(공동지배인), 제13조 (지배인의 등기) 및 제17조(상업사용인의 의무)와 상업등기법 제23조(등기신청인) 제1항, 제50조(등기사항 등) 및 제51조(회사 등의 지배인등기)를 준용한다(법30⑤). 여기서는 준용규정을 살펴본다.

(1) 전무 또는 상무의 대리권

전무 또는 상무는 조합에 갈음하여 그 영업에 관한 재판상 또는 재판외의 모든 행위를 할 수 있다(상법11①). 전무 또는 상무의 대리권에 대한 제한은 선의의 제3자에게 대항하지 못한다(상법11③).

(2) 공동대리

조합은 수인의 전무 또는 상무에게 공동으로 대리권을 행사하게 할 수 있다(상법12①). 이 경우 전무 또는 상무 1인에 대한 의사표시는 조합에 대하여 그 효력이 있다(상법12②).

(3) 전무 또는 상무의 등기

조합은 전무 또는 상무의 선임과 그 대리권의 소멸에 관하여 그 전무 또는 상무를 둔 본점 또는 지점소재지에서 등기하여야 한다(상법13 전단). 공동 대리권에 관한 사항과 그 변경도 같다(상법13 후단).

(4) 전무 또는 상무의 의무

전무 또는 상무는 조합의 허락없이 자기 또는 제3자의 계산으로 조합의 영업부류에 속한 거래를 하거나 회사의 무한책임사원, 이사 또는 다른 조합의 전무 또는 상무가 되지 못한다(상법17①).

전무 또는 상무가 전항의 규정에 위반하여 거래를 한 경우에 그 거래가 자기의 계산으로 한 것인 때에는 조합은 이를 조합의 계산으로 한 것으로 볼 수 있고 제3자의 계산으로 한 것인 때에는 조합은 전무 또는 상무에 대하여 이로 인한 이득의 양도를 청구할 수 있다(상법17②).

전항의 규정은 조합으로부터 전무 또는 상무에 대한 계약의 해지 또는 손해배상의 청구에 영향을 미치지 아니한다(상법17③).

제2항에 규정한 권리는 조합이 그 거래를 안 날로부터 2주간을 경과하거나 그 거래가 있은 날로부터 1년을 경과하면 소멸한다(상법17④).

(5) 등기신청인

조합의 등기는 법률에 다른 규정이 없는 경우에는 그 대표자가 신청한다(상업등기법23①).

(6) 등기사항 등

전무 또는 상무의 등기를 할 때에는 ⅰ) 전무 또는 상무의 성명·주민등록번호 및 주소, ⅱ) 조합의 성명·주민등록번호 및 주소, ⅲ) 조합이 2개 이상의 상호로 2개 이상 종류의 영업을 하는 경우에는 전무 또는 상무가 대리할 영업과 그 사용할 상호, ⅳ) 전무 또는 상무를 둔 장소, ⅴ) 2명 이상의 전무 또는 상무가 공동으로 대리권을 행사할 것을 정한 경우에는 그에 관한 규정을 등기하여야 한다(상업등기법50①).

위의 등기사항에 변경이 생긴 때에는 제31조(영업소의 이전등기)와 제32조(변경등기 등)를 준용한다(상업등기법50②).

(7) 조합 등의 전무 또는 상무 등기

조합의 전무 또는 상무 등기는 조합의 등기부에 한다(상업등기법51①).

등기를 할 때에는 위의 등기사항 중 ii) 및 iii)의 사항을 등기하지 아니한다(상업등기법51②).

조합의 전무 또는 상무를 둔 본점 또는 지점이 이전·변경 또는 폐지된 경우에 본점 또는 지점의 이전·변경 또는 폐지의 등기신청과 전무 또는 상무를 둔 장소의 이전·변경 또는 폐지의 등기신청은 동시에 하여야 한다(상업등기법51③).

6. 관련 판례

① 대법원 2007. 5. 31. 선고 2007다248 판결

신용협동조합의 전무가 자신에게 업무상 불성실한 사적이 있어 신원보증인의 책임을 야기할 염려가 있음을 알았다고 하여 바로 조합이 그러한 사실을 알았다고 보아 신원보증인에게 이를 통지하지 않은 것을 신원보증책임의 면제사유로 삼을 수 있는지 여부(소극): 신용협동조합의 전무가 자신에게 업무상 불성실한 사적이 있어 그로 말미암아 신원보증인의 책임을 야기할 염려가 있음을 알았다고 하더라도 바로 조합이 그러한 사실을 알았던 것이라고 볼 수는 없고, 따라서 조합이 위 사실을 신원보증인에게 통지하지 않았다는 것을 신원보증책임의 면제사유로 삼을 수는 없다고 할 것인바(대법원 2001. 4. 24. 선고 2000다41875 판결 참조), 위와 같은 법리 및 기록에 비추어 살펴보면, 전무 소외 1이 소외 2에게 불성실한 사적이 있어 그로 말미암아 신원보증인인 피고 4에게 책임을 야기할 염려가 있음을 알았다고 하여 바로 한림신협이 그러한 사실을 알았던 것으로 볼 수 없다.

② 대법원 2007. 5. 31. 선고 2007다255 판결

[1] 손해배상책임: 구 신용협동조합법(1998. 1. 13. 법률 제5506호로 개정되기 전의 것, 이하 "법"이라 한다) 제23조(현행 제27조) 제4항(현행 제4항, 제5항)은 "이사장은 조합의 업무를 통할하고 조합을 대표하며, 이사장이 사고가 있을 때에는 부이사장이 그 직무를 대행한다.", 법 제23조의3(현행 제30조) 제3항은 "전무 또는 상무는 이사장의 명을 받아 조합의 재무 및 회계업무를 처리하며, 재무 및 회계에

관한 증빙서류를 보관, 금전의 출납 및 보관의 책임을 진다.", 법 제30조(현행 제37조) 제1항은 "감사는 분기마다 1회 이상 조합의 업무, 재산상태 및 장부서류 등을 감사하여야 하며, 분기별 감사보고서는 이사회에, 분기별 감사보고서를 종합한 연차보고서는 정기총회에 각각 제출하여야 한다.", 같은 조 제2항은 "감사는 매년 1회 이상 예고 없이 상당수의 조합원의 예탁금통장 기타 증서와 조합의 장부나 기록을 대조확인하여야 한다."고 규정하고 있고, 파산자 H신용협동조합("H신협")의 정관 제54조 제1항은 "이 조합의 임원은 법령, 법령에 의하여 발하는 명령과 정관, 규약, 규정 또는 총회와 이사회의 결의를 준수하고 조합을 위하여 성실히 그 직무를 수행하여야 한다.", 같은 조 제2항은 "임원이 그 직무를 수행함에 있어서 고의 또는 중대한 과실로 조합이나 타인에게 가한 손해에 대하여는 단독 또는 연대하여 손해배상의 책임을 진다."라고 규정하고 있으므로, 조합의 업무를 통할하는 이사장은 조합의 모든 업무를 수행함에 있어, 감사는 조합의 업무, 재산상태 및 장부서류 등을 감사함에 있어 당해 업무가 불법·부당함을 알았거나 조금만 주의를 기울였다면 조합의 장부나 회계관련서류 등에 의하여 분식결산 등 불법·부당한 업무임을 알 수 있었을 것임에도 그러한 주의를 현저히 게을리 함으로써 이사장이나 감사의 임무를 해태한 데에 중대한 과실이 있는 경우에는 조합에 대하여 손해배상책임을 진다고 할 것이고(대법원 2004. 3. 25. 선고 2003다18838 판결; 대법원 2006. 9. 14. 선고 2005다22879 판결 등 참조), 조합 임원으로서의 지위가 비상근, 무보수, 명예직으로 전문가가 아니고, 그 사무처리방식이 형식적이었다고 하더라도 그러한 사유만으로는 법령이나 정관에서 정하고 있는 임원으로서의 주의의무를 면할 수는 없다고 할 것이다(대법원 2005. 3. 25. 선고 2003다40293 판결 참조).

위와 같은 법리와 기록에 비추어 보면, H신협의 이사장인 피고 J, K와 감사인 피고 G, B, L가 조금만 주의를 기울여 관련서류를 검토하고 대조·확인하였더라면 분식결산 등 회계규정을 위반한 사실 등을 쉽게 발견할 수 있었을 것임에도, 이를 확인조차 아니하여 현저히 주의의무를 게을리 함으로써 그 임무해태에 중대한 과실이 있었음을 알 수 있으므로, 그와 같은 취지에서 원심이 위 피고들의 손해배상책임을 인정한 판단은 정당하다.

[2] 시효소멸: 신용협동조합 임원의 조합에 대한 임무해태로 인한 손해배상책임은 일반불법행위책임이 아니라 위임관계로 인한 채무불이행 책임이므로 그 소멸시효기간은 일반채무의 경우와 같이 10년이라고 보아야 할 것인바(대법원

2006. 8. 25. 선고 2004다24144 판결 참조), 위 법리에 비추어 보면, 피고 J, K 등 임원의 H신협에 대한 임무해태로 인한 손해배상책임은 채무불이행책임으로서 그 소멸시효기간은 10년이고, 따라서 이와 같은 취지의 원심의 판단은 정당하다.

③ 대법원 2001. 4. 24. 선고 2000다41875 판결.

법인 직원의 업무상 불성실한 사적이 비록 법인 대표자와 공동으로 이루어진 것이라고 하더라도 법인 대표자가 법인 직원에게 업무상 불성실한 사적이 있어 그로 말미암아 신원보증인의 책임을 야기할 염려가 있음을 알았다면 바로 법인이 그러한 사실을 안 것이라고 할 것이지만, 구 신용협동조합법(1998. 1. 13. 법률 제5506호로 전문 개정되기 전의 것) 제23조(임원)와 제23조의3(간부직원)의 각 규정에 비추어 보면 신용협동조합의 전무는 조합의 대표자나 임원이 아니라 간부직원에 불과하다고 할 것이므로, 조합의 전무가 자신에게 업무상 불성실한 사적이 있어 그로 말미암아 신원보증인의 책임을 야기할 염려가 있음을 알았다고 하더라도 바로 조합이 그러한 사실을 알았던 것이라고 볼 수는 없고, 따라서 조합이 위 사실을 신원보증인에게 통지하지 않았다는 것을 신원보증책임의 면제사유로 삼을 수 없다.

④ 부산고등법원 2006. 5. 26. 선고 2004나10152 판결

신협의 임원이 아닌 전무, 상무 등의 직원은 법에 이사나 감사 등의 임원과는 달리 그 손해배상책임에 필요한 주의의무위반의 정도를 고의 또는 중과실로 제한하는 조항이 없으므로, 민법의 고용 또는 위임계약상의 일반원칙에 따라 선량한 관리자로서의 주의의무로서 경과실로 신협에 손해를 입힌 경우에도 신협에 대하여 손해배상책임이 있다 할 것이다.

⑤ 청주지법 충주지원 1996. 5. 31. 선고 94가합1159 판결

신용협동조합법 제23조의3 제3항의 규정(현행법 제30조 제3항)은 신용협동조합의 전무 또는 상무가 조합의 재무 및 회계업무를 처리하면서 각종 증빙서류를 작성·보관함에 있어 그 증빙서류 작성상의 잘못으로 인하여 각종 장부상에 기재된 금액과 조합의 현실 잔액에 차액이 발생한 모든 경우에 무조건 그 차액에 대한 책임을 지도록 한 취지라기보다는 그로 인하여 실제로 조합에 손해를 가했을

경우에 한하여 그에 대한 책임을 지도록 한 취지라고 해석함이 상당하다.

Ⅵ. 임원의 선거운동 등

1. 임원의 선거운동 제한

(1) 금지행위

누구든지 자기 또는 특정인을 조합의 임원으로 당선되게 하거나 당선되지 못하게 할 목적으로 ⅰ) 조합원(공동유대에 소속된 자로서 선거인이 될 수 있는 자 포함)이나 그 가족(조합원의 배우자, 조합원 또는 그 배우자의 직계존속·비속과 형제자매, 조합원의 직계존속·비속 및 형제자매의 배우자) 또는 조합원이나 그 가족이 설립·운영하고 있는 기관·단체·시설에 대하여 금전·물품·향응, 그 밖의 재산상의 이익이나 공사(公私)의 직을 제공 또는 제공의 의사표시를 하거나 그 제공을 약속하는 행위(제1호), ⅱ) 후보자가 되지 못하게 하거나 후보자를 사퇴하게 할 목적으로 후보자가 되려는 사람이나 후보자에게 제1호에 규정된 행위를 하는 경우(제2호), ⅲ) 제1호 또는 제2호에 규정된 이익이나 직을 제공받거나 그 제공의 의사표시를 승낙하는 행위(제3호)를 할 수 없다(법27의2①).

(2) 선거운동의 방법

누구든지 임원 선거와 관련하여 ⅰ) 선전 벽보의 부착(제1호), ⅱ) 선거 공보의 배부(제2호), ⅲ) 합동 연설회 또는 공개 토론회의 개최(제3호), ⅳ) 전화(문자메시지 포함) 또는 컴퓨터 통신(전자우편 포함)을 이용한 지지 호소(제4호), ⅴ) 도로·시장 등 금융위원회가 정하여 고시하는 다수인이 왕래하거나 집합하는 공개된 장소16)에서의 지지 호소 및 명함 배부(제5호)의 방법 외의 선거운동을 할 수 없다(법27의2② 본문). 다만, 선거에 관한 단순한 의견개진, 의사표시, 입후보와 선거운동을 위한 준비행위 또는 통상적인 업무행위는 선거운동으로 보지 아니한다

---

16) "금융위원회가 정하여 고시하는 다수인이 왕래하거나 집합하는 공개된 장소"란 도로·도로변·광장·공터·주민회관·시장·점포·공원·운동장·주차장·경로당 등 누구나 오고갈 수 있는 공개된 장소를 말한다(감독규정4의7 본문). 다만, ⅰ) 선박·여객자동차·열차·전동차·항공기의 안과 그 터미널 구내 및 지하철역 구내(제1호), ⅱ) 병원·종교시설·극장·조합 사무소 및 사업장의 안(담장이 있는 경우에는 담장의 안을 포함)(제2호)의 어느 하나에 해당하는 장소를 제외한다(감독규정4의7 단서).

(법27의2② 단서).

선거운동 방법 등에 관한 세부적인 사항은 총리령으로 정한다(법27의2④). 이에 따른 선거운동 방법에 관한 세부사항은 [별표][17]와 같다(시행규칙4).

---

17) [별표] 선거운동 방법에 관한 세부 사항(제4조 관련)
  1. 선전 벽보의 부착
    가. 선전 벽보의 작성 및 제출
      법 제27조의2 제2항 제1호에 따라 선전 벽보의 부착을 통해 선거운동을 하려는 후보자는 다음의 기준에 따른 선전 벽보 1종을 작성하여 법 제27조의3의 조합선거관리위원회(법 제27조의3 제2항에 따라 임원 선거의 관리를 선거관리위원회법에 따른 구·시·군선거관리위원회에 위탁한 경우에는 구·시·군선거관리위원회를 말하며, 이하 "위원회")에 후보자등록마감일 후 3일까지 제출해야 한다. 이 경우 위원회는 투표구별로 제출할 매수와 장소를 정하여 그 지정 장소에 제출하게 할 수 있다.
      1) 선전 벽보의 규격
        가) 크기: 길이 53센티미터, 너비 38센티미터
        나) 무게: 제곱미터당 100그램 이내
        다) 색도: 제한 없음
      2) 선전 벽보의 게재 사항
        선전 벽보에는 후보자의 기호·사진·성명·학력·주요경력 및 선거공약만 게재한다. 이 경우 학력 게재에 관하여는 공직선거법 제64조 제1항에 따른다.
    나. 제출된 선전 벽보의 부착
      위원회는 제출된 선전 벽보를 확인한 후 선전 벽보의 제출마감일 후 2일까지 선거인의 통행이 많은 곳으로서 통행인이 보기 쉬운 건물 또는 게시판 등에 부착하되, 다음의 경우에는 부착하지 않는다.
      1) 후보자가 선전 벽보의 제출마감일까지 선전 벽보를 제출하지 않은 경우
      2) 후보자가 가목 1)에 따른 규격에 맞지 않는 선전 벽보를 제출한 경우
    다. 그 밖의 사항
      1) 후보자는 제출한 선전 벽보를 정정하거나 철회할 수 없다. 다만, 선전 벽보의 제출마감일까지는 법령 또는 정관에 위반되는 사항이 있음을 이유로 해당 사항을 정정하거나 철회할 수 있다.
      2) 위원회는 후보자가 되려는 자 또는 후보자에게 선전 벽보에 관한 사항을 사전에 검토받도록 안내할 수 있으며, 그 검토 결과 법령 또는 정관에 위반되는 사항이 있는 경우에는 관련 이유를 제시한 후 수정하여 작성·제출하게 할 수 있다.
      3) 위원회는 후보자가 제출할 선전 벽보의 수량 및 제출마감시간을 선거일을 공고할 때 함께 공고해야 한다.
      4) 선전 벽보의 작성비용은 후보자가 부담한다.
  2. 선거 공보의 배부
    가. 선거 공보의 작성 및 제출
      법 제27조의2 제2항 제2호에 따라 선거 공보의 배부를 통해 선거운동을 하려는 후보자는 다음의 기준에 따른 선거 공보 1종을 작성하여 후보자등록마감일 후 3일까지 위원회에 제출해야 한다.
      1) 선거 공보의 규격 및 매수
        가) 크기: 길이 29.7센티미터, 너비 21센티미터 이내
        나) 매수: 1매(중앙회장 선거는 3면 이내). 이 경우 양면에 모두 작성할 수 있다.

다) 무게: 제곱미터당 100그램 이내

라) 색도: 제한 없음

2) 선거 공보 게재 사항

선거 공보에는 후보자의 기호·사진·성명·학력·주요경력 및 선거공약만 게재한다. 이 경우 학력 게재에 관하여는 공직선거법 제64조 제1항에 따른다.

나. 제출된 선거 공보의 발송

위원회는 제출된 선거 공보를 확인한 후 다음의 구분에 따른 기간까지 선거인에게 발송하되, 투표안내문과 동봉하여 발송할 수 있다. 다만, 후보자가 후보자등록마감일 후 3일까지 선거 공보를 제출하지 않거나 선거 공보의 규격에 맞지 않는 선거 공보를 제출한 경우에는 발송하지 않는다.

1) 조합 임원 선거의 경우: 선거일전 5일까지

2) 중앙회 임원 선거의 경우: 선거일전 7일까지

다. 그 밖의 사항

선거 공보의 정정·철회, 수정 작성·제출, 선거 공보의 작성비용 부담 등에 관하여는 제1호 다목을 준용한다. 이 경우 "선전 벽보"는 "선거 공보"로 본다.

라. 임원(조합의 이사장 및 중앙회장은 제외) 선거에 관한 특례

가목부터 다목까지의 규정에도 불구하고 위원회는 후보자로 하여금 사진 및 선거 공보 전산원고를 후보자등록마감일 후 3일까지 제출하게 한 후 각 후보자의 기호 순으로 선거 공보를 작성하여 다음의 구분에 따른 기간까지 투표안내문과 동봉하여 선거인에게 발송할 수 있다. 이 경우 선거 공보 전산원고의 제출마감시간은 선거일을 공고할 때 함께 공고하며, 선거 공보의 작성비용은 조합(조합 임원 선거로 한정) 또는 중앙회(중앙회 임원 선거로 한정)가 부담한다.

1) 조합 임원 선거의 경우: 선거일전 5일까지

2) 중앙회 임원 선거의 경우: 선거일전 7일까지

3. 합동 연설회 또는 공개 토론회의 개최

가. 개최 일시·장소의 지정 및 공고

1) 위원회는 후보자등록마감 후 후보자와 협의하여 적당한 일시와 장소를 정한 후 법 제27조의2 제2항 제3호에 따른 합동 연설회 또는 공개 토론회를 1회 개최한다.

2) 위원회는 합동 연설회 또는 공개 토론회의 일시 및 장소 등을 개최일전 2일까지 공고하고, 후보자에게 통지한다.

나. 합동 연설회 또는 공개 토론회의 진행 방법

1) 합동 연설회에서의 연설 순서는 연설 당일 추첨에 따라 결정하고, 연설시간은 30분의 범위에서 균등하게 배정해야 한다. 이 경우 위원회의 위원장은 연설 순서 추첨 시각까지 후보자가 참석하지 않을 때에는 그 후보자를 대리하여 연설 순서를 추첨할 수 있다.

2) 공개 토론회는 후보자가 사회자의 주관 하에 조합운영에 관한 소견을 발표하거나 사회자를 통하여 참석자의 질문에 답변하는 방식으로 진행한다. 이 경우 사회자는 질문 및 답변의 횟수와 시간을 모든 후보자에게 공정하게 해야 한다.

다. 합동 연설회 또는 공개 토론회의 관리

1) 후보자가 합동 연설회의 본인 연설 순서 시각까지 또는 공개 토론회의 개시 시각까지 참석하지 않을 때에는 연설 또는 토론을 포기한 것으로 본다.

2) 위원회의 위원장, 위원회의 위원장이 미리 지명한 위원 또는 위원회가 미리 지명한 관리자는 합동 연설회 또는 공개 토론회에서 후보자가 법령 또는 정관에 위반되는 연설이나 발언을 할 때에는 이를 제지할 수 있으며, 후보자가 이에 불응할 때에는 연설이나 발언의 중지 또는 그 밖의 필요한 조치를 취할 수 있다.

3) 위원회의 위원장, 위원회의 위원장이 미리 지명한 위원 또는 위원회가 미리 지명한 관리자는 합동 연설회장 또는 공개 토론회장에서 연설이나 발언을 방해하거나 질서를 문란하게 하는 자가 있을 때에는 이를 제지할 수 있으며, 이에 불응할 때에는 합동 연설회장 또는 공개 토론회장 밖으로 퇴장시킬 수 있다.

4. 전화 또는 컴퓨터 통신을 이용한 지지 호소
  가. 전화 또는 컴퓨터 통신을 이용한 지지 호소 방법
    법 제27조의2 제2항 제4호에 따라 전화 또는 컴퓨터 통신을 이용해 선거운동을 하려는 후보자는 후보자등록마감일의 다음 날부터 선거일 전일까지 다음의 방법으로 선거운동을 할 수 있다.
    1) 전화를 이용해 직접 통화하는 방식으로 선거운동을 하는 방법. 이 경우 해당 선거운동은 오후 10시부터 다음 날 오전 7시까지는 할 수 없다.
    2) 문자메시지(문자 외의 음성·화상·동영상 등은 제외)를 이용해 선거운동정보를 전송하는 방식으로 선거운동을 하는 방법. 이 경우 해당 선거운동은 오후 10시부터 다음 날 오전 7시까지는 할 수 없다.
    3) 조합(조합의 임원선거로 한정) 또는 중앙회(중앙회장 선거로 한정)가 개설·운영하는 인터넷 홈페이지의 게시판 또는 대화방에 선거운동정보를 게시하는 방식으로 선거운동을 하는 방법
    4) 컴퓨터 통신을 이용해 전자우편 또는 사회관계망서비스(SNS)로 선거운동정보를 전송하는 방식으로 선거운동을 하는 방법
  나. 전화 또는 컴퓨터 통신을 이용한 선거운동에 대한 관리
    1) 위원회는 법령 또는 정관에 위반되는 정보가 가목 3)에 따른 조합 또는 중앙회 인터넷 홈페이지의 게시판 또는 대화방에 게시된 경우 그 관리·운영자에게 해당 정보의 삭제를 요청할 수 있으며, 그 요청을 받은 인터넷 홈페이지 관리·운영자는 지체 없이 이에 따른다.
    2) 1)에 따라 법령 또는 정관에 위반되는 정보가 삭제된 경우 해당 정보를 게시한 후보자는 그 정보가 삭제된 날부터 3일 이내에 위원회에 서면으로 이의신청을 할 수 있다.
    3) 위원회는 2)에 따른 이의신청을 받은 때에는 다음의 기준에 따라 처리한다.
      가) 이의신청기간을 경과한 이의신청에 대해서는 각하한다.
      나) 이의신청이 이유 있다고 인정할 때에는 해당 인터넷홈페이지 관리·운영자에게 1)의 요청을 철회하고, 이의신청인에게 그 처리결과를 통지한다.
      다) 이의신청이 이유 없다고 인정할 때에는 그 신청을 기각하고 이의신청인에게 그 뜻을 통지한다.
    4) 가목 2)에 따른 문자메시지 및 같은 목 4)에 따른 전자우편 또는 사회관계망서비스(SNS)의 발송에 관하여는 공직선거법 제82조의5 및 공직선거관리규칙 제45조의4에 따른다.

5. 도로·시장 등 금융위원회가 정하여 고시하는 다수인이 왕래하거나 집합하는 공개된 장소에서의 지지 호소 및 명함 배부
  가. 공개된 장소에서의 지지 호소 및 명함 배부의 기간
    법 제27조의2 제2항 제5호에 따라 다수인이 왕래하거나 집합하는 공개된 장소에서의 지지 호소 및 명함 배부를 통해 선거운동을 하려는 후보자는 후보자등록마감일의 다음 날부터 선거일 전일까지 해당 선거운동을 할 수 있다.
  나. 명함 게재사항 및 규격 등
    1) 명함에는 후보자의 성명·사진·전화번호·학력·경력 그 밖에 홍보에 필요한 사항을 게재한다. 이 경우 학력 게재에 관하여는 공직선거법 제64조 제1항에

(3) 선거운동 기간

선거운동은 후보자등록 마감일의 다음날부터 선거일 전일까지만 할 수 있다(법27의2③ 본문). 다만, 조합의 이사장을 선출하는 경우로서 후보자가 선거일에 자신의 소견을 발표하는 때에는 그러하지 아니하다(법27의2③ 단서).

(4) 위반시 제재

법 제27조의2(제72조 제8항에 따라 준용되는 경우를 포함)를 위반한 자는 1년 이하의 징역 또는 1천만원 이하의 벌금에 처한다(법99③).

(5) 관련 판례

① 헌법재판소 2020. 6. 25. 선고 2018헌바278 전원재판부

1) 이 사건의 쟁점

신용협동조합법은 선거운동 방법 및 기간 제한에 대한 위반행위를 형사처벌하면서 신용협동조합법 제27조의2 제2항 내지 제4항에서 선거운동 방법 및 기간에 관한 내용을 확정적으로 규정하지 아니하고 신용협동조합 정관에 일부 내용을 위임하고 있다. 이에 범죄와 형벌에 관한 사항은 입법부가 제정한 형식적 의미의 "법률"로써 정하여야 하며, 또 범죄와 그에 대한 형벌이 어떠한 것인지는 수범자 누구라도 "예측"할 수 있도록 명확히 규정하여야 한다는 죄형법정주의 원칙에 위반되는지 여부가 문제된다(헌재 2010. 7. 29. 2008헌바106; 헌재 2016. 11. 24. 2015헌가29; 헌재 2019. 5. 30. 2018헌가12 참조).

2) 헌법상 죄형법정주의의 원칙

"법률이 없으면 범죄도 없고 형벌도 없다"라는 말로 표현되는 죄형법정주의는 법치주의, 국민주권 및 권력분립의 원리에 입각한 것으로서, 일차적으로 무엇이 범죄이며 그에 대한 형벌이 어떠한 것인가는 반드시 국민의 대표로 구성된 입법부가 제정한 성문의 법률로써 정하여야 한다는 원칙이다. 헌법 제12조 제1항은 "법률과 적법한 절차에 의하지 아니하고는 처벌을 받지 아니한다"라고 규정하여 죄형법정주의를 천명하고 있다. 다만, 현대국가의 사회적 기능 증대와 사

따른다.

2) 명함의 규격은 길이 9센티미터, 너비 5센티미터 이내로 한다.

3) 명함의 작성비용은 후보자가 부담한다.

회현상의 복잡화에 따라 국민의 권리·의무에 관한 사항이라 하여 모두 입법부에서 제정한 법률만으로 정할 수는 없어 불가피하게 예외적으로 하위법령에 위임하는 것이 허용되는바, 위임입법의 형식은 원칙적으로 헌법 제75조, 제95조에서 예정하고 있는 대통령령, 총리령 또는 부령 등의 법규명령의 형식을 벗어나서는 아니된다(헌재 2010. 7. 29. 2008헌바106 참조).

3) 범죄구성요건의 정관위임 문제

정관은 법인의 조직과 활동에 관하여 단체 내부에서 자율적으로 정한 자치규범으로서, 대내적으로만 효력을 가질 뿐 대외적으로 제3자를 구속하지는 않는 것이 원칙이고, 그 성립 및 효력발생요건에 있어 법규명령과 성질상 차이가 크다. 국회의 의결 및 대통령의 공포절차를 거치는 법률의 제정·개정 절차와는 달리, 신용협동조합의 정관은 조합원으로 구성된 총회의 결의를 거쳐 신용협동조합중앙회 회장의 승인으로 제정 및 변경이 가능한 것이다(신용협동조합법 제7조, 제24조).

그럼에도 불구하고 형사처벌에 관련되는 주요사항을 헌법이 위임입법의 형식으로 예정하고 있지도 않은 특수법인의 정관에 위임하는 것은 사실상 그 정관 작성권자에게 처벌법규의 내용을 형성할 권한을 준 것이나 다름없다. 따라서 정관에 구성요건을 위임하는 것은 범죄와 형벌에 관하여는 입법부가 제정한 형식적 의미의 법률로써 정하여야 한다는 죄형법정주의에 비추어 허용되기 어렵다(헌재 2010. 7. 29. 2008헌바106; 헌재 2016. 11. 24. 2015헌가29; 헌재 2019. 5. 30. 2018헌가12 참조).

4) 심판대상조항의 검토

신용협동조합법 제27조의2 제2항은 허용되는 임원의 선거운동 방법으로 ① 선전 벽보의 부착, ② 선거 공보의 배부, ③ 합동 연설회 또는 공개 토론회의 개최, ④ 전화(문자메시지를 포함한다) 또는 컴퓨터 통신(전자우편을 포함한다)을 이용한 지지 호소, ⑤ 도로·시장 등 금융위원회가 정하여 고시하는 다수인이 왕래하거나 집합하는 공개된 장소에서의 지지 호소 및 명함 배부 다섯 가지를 한정적으로 열거하고 있다. 그런데 동조 제3항은 나아가 위 제2항에 따른 선거운동을 정관에서 정하는 경우를 제외하고는 후보자등록마감일의 다음날부터 선거일 전일까지만 할 수 있는 것으로 정하고, 제4항은 위 제2항에 따른 선거운동 방법 등에 필요한 사항은 정관으로 정한다고 규정한다.

가) 신용협동조합법 제27조의2 제2항과 제3항의 내용

신용협동조합법 제27조의2 제3항의 문언에 따르면, 원칙적으로 제2항에서 정하고 있는 임원 선거 관련 선거운동은 후보자 등록마감일의 다음날부터 선거일 전일까지만 할 수 있으나, 신용협동조합 정관에서 달리 정하는 경우에는 법에서 허용하고 있는 선거운동 기간 내의 선거운동도 금지될 수 있고, 반대로 법에서 금지하고 있는 기간에 선거운동이 허용될 수도 있다.

위 조항은, "정관에서 정하는 경우" 선거운동 기간에 관한 예외를 인정할 수 있다고만 규정하고 있을 뿐, 정관으로 선거운동 기간이 단축 혹은 연장되는 것인지, 이와 같은 선거운동 기간의 단축 또는 연장이 모든 선거운동 방법에 가능한 것인지 혹은 일부에 대해서만 가능한 것인지 등에 관한 정함이 없어 신용협동조합은 정관으로 정하기만 하면 아무런 제한 없이 법에 의하여 처벌되는 행위의 범위를 조정할 수 있도록 하고 있다.

실제로, 신용협동조합 정관부속서임원선거규약 제28조는, 예외적으로 후보자 또는 후보자가 되고자 하는 자가 자신이 개설한 인터넷 홈페이지를 이용하여 선거운동을 할 경우에는 선거운동 기간의 제약을 받지 않는다고 정하여 허용되는 선거운동의 방법 및 기간을 정관에서 임의로 확정하고 있다.

나) 신용협동조합법 제27조의2 제2항과 제4항의 내용

신용협동조합법 제27조의2 제4항은 단순히 "제2항에 따른 선거운동 방법 등에 필요한 사항"은 정관으로 정한다고 규정하고 있어, 제2항에서 법상 허용되는 선거운동 방법을 열거하고 있음에도 불구하고, 이러한 법정 선거운동의 구체적인 방법 등을 정관이 아무런 제한 없이 추가적으로 규제할 수 있도록 열어두고 있다.

실제로, 신용협동조합 정관부속서임원선거규약은 위 신용협동조합법 제27조의2 제4항에 근거하여, 명함배부 및 지지호소, 문자·음성·화상·동영상의 전송, 어깨띠 착용, 공개장소에서의 연설·대담 등의 선거운동 방법(제30조)과 소견발표회(제39조), 선거공보와 후보자 홍보물의 제작 및 공고 절차(제41조) 등에 관한 내용을 구체화함으로써 법률상 허용된 선거운동 방법의 범위를 더 축소하고, 더 나아가 선거운동을 할 수 없는 자(제29조), 단체의 선거운동 금지(제32조), 시설물 설치 금지(제33조), 타 연설회·야간 연설회 금지(제34조), 집회·행렬·호별방문의 제한(제35조 내지 제37조), 후보자등의 비방금지(제38조)를 정관에서 비로

소 정하고 있다.

다) 소결

신용협동조합법 제27조의2를 위반할 경우 신용협동조합법 제99조에 의하여 1년 이하의 징역 또는 1천만 원 이하의 벌금으로 처벌이 가능함에도, 위에서 살핀 바와 같이, 신용협동조합법 제27조의2 제2항 내지 제4항은 구체적으로 허용되는 선거운동의 기간 및 방법을 시행령이나 시행규칙이 아닌 정관에 맡기고 있어 정관으로 정하기만 하면 임원 선거운동의 기간 및 방법에 관한 추가적인 규제를 설정할 수 있도록 열어 두고 있다.

이는 범죄와 형벌에 관하여는 입법부가 제정한 형식적 의미의 법률로써 정하여야 한다는 죄형법정주의를 위반한 것이다(헌재 2016. 11. 24. 2015헌가29; 헌재 2019. 5. 30. 2018헌가12 참조).

② 헌법재판소 2018. 7. 26. 선고 2017헌마452 전원재판부

금융기관 임원의 경우에는 임원이 사익을 취하기 위하여 금융기관에 손해를 끼칠 경우 비단 해당 금융기관 또는 그 기관 내 회원들에게만 영향을 미치는 것이 아니라 금융기관을 신뢰하여 거래를 하려는 수많은 사람들에게 영향을 미치기 때문에 그 경영을 책임지는 임원은 고도의 윤리성 내지 준법의식을 가져야 하고, 임원에 대한 국민의 신뢰를 보호할 필요성이 크다(헌재 2014. 9. 25. 2013헌바208 참조). 신용협동조합은 기본적으로는 협동조합에 속하나 그 금융기관성을 고려하면 임원 또한 일반 금융기관 임원에 준하는 지위에 있다 할 수 있으므로, 임원에 대한 높은 수준의 윤리·준법의식을 제고하고 선거과정에서 나타나는 부정·타락행위를 방지하며, 선거제도의 청렴성과 공정성을 확보하기 위해서는 선거와 관련된 위반행위에 대한 엄격한 제재규정을 둘 필요가 있다.

해당 임원이 선거의 공정성을 침해한 것은 그 행위 자체에 대한 비난가능성이 클 뿐만 아니라 불법적인 선거운동을 통하여 당선된 이상 당선 자체의 적법성 내지 정당성을 인정하기 어렵고, 앞으로 직무를 정당하게 수행할 것이라는 것에 대한 신뢰가 이미 침해되었다고 볼 수 있으므로, 임원을 면직시키는 방식의 엄격한 제재를 하는 것은 불가피한 측면이 있다.

또한 선거범죄를 범하여 형사처벌을 받은 임원 중 어떤 종류의 형벌을 얼마만큼 선고받은 자에 대하여 어느 정도의 신분상 불이익을 가할 것인가는 신용협

동조합 자체의 고유한 설립목적 및 기능, 임원 지위의 공공성 등을 고려하여 입법자가 결정할 문제로(헌재 2005. 10. 27. 2004헌바41 참조), "벌금형"을 면직 또는 당연퇴임의 결격사유로 규정하면서 다만 그 하한을 "100만 원 이상"으로 규정하지 않았다 하여 입법재량의 범위를 현저히 일탈하였다고 할 수 없다. 벌금형의 하한을 어느 정도로 설정해야 과도한 제한이 아니라고 볼 것인지를 산술적으로 평가하는 것은 상당히 어렵기 때문이다.

비록 심판대상조항이 벌금형의 하한을 두지 아니하여 법관이 벌금형을 선고할 때 임원직 수행의 적합성을 판단 요소로 함께 고려할 수 없다는 문제가 발생하기는 하나, 사안이 경미한 경우 벌금형의 선고유예를 받을 여지도 있으므로, 벌금형의 하한이 규정되어 있지 않다는 이유만으로 구체적 사안의 개별성을 고려하는 것을 불가능하게 하여 법관의 판단을 제한하는 것은 아니다. 나아가 선거 관련 위반행위에 대하여 법률로 면직사유를 규정하는 것은 선거의 공정성과 정당성을 확보하고자 하는 입법자의 의지로서, 법원은 양형을 함에 있어 법정형과 여러 양형 요소를 참작하여 위반행위에 상응하는 형벌을 선고하는 것일 뿐 선거로 선출된 임원의 직무 수행 계속 여부를 평가하는 것이 법원의 기본적 역할이 아니라는 점 또한 고려되어야 한다.

③ 대법원 2013. 7. 26. 선고 2011도13944 판결

신용협동조합법 제27조의2 제1호(현행 제27조의2 제1항 제1호)에서 제한하고 있는 "당선되거나 당선되게 하거나 당선되지 못하게 할 목적으로 선거인에게 금전 등을 제공하거나 약속하는 등의 행위"의 범위: 신용협동조합법 제27조의2 제1호(현행 제27조의2 제1항 제1호)는 "당선되거나 당선되게 하거나 당선되지 못하게 할 목적으로 선거인에게 금전 등을 제공하거나 약속하는 등의 행위"를 제한하고 있는바, 동 조항에서 상정하고 있는 이익 제공의 목적이 단지 선거인의 투표권을 매수하는 행위, 즉 자기에게 투표하는 대가로 이익을 제공하는 행위에 국한되는 것은 아니고, 선거인의 후보자 추천이나 후보자에 대한 지원활동 등 널리 당선에 영향을 미칠 수 있는 행위와 관련하여 이익을 제공하는 행위는 모두 동 조항에 의하여 제한된다고 해석함이 상당하다. 따라서 피고인이 선거인 자격이 있는 A신협 이사 공소외 6, 공소외 7에게 자신이 후보자로 추천될 수 있도록 도와 달라고 부탁하면서 이사들이 A신협에 변상해야 할 금액을 대신 갚아주겠다고 약속하

는 행위 역시 동 조항에 의하여 "당선을 목적으로 선거인에게 이익을 제공하는 등의 행위"에 포함된다고 보아야 한다.

원심은 피고인의 위와 같은 제안은 전형위원회에서 후보자로 추천되게 해 달라는 취지에 불과할 뿐이고 이사장 선거를 전제로 한 것이 아니므로 피고인이 이사장으로 당선될 목적으로 그와 같이 말하였다고 볼 수 없다고 판단하였으나, 기록에 의하면, A신협은 종전까지 전형위원회에서 이사장 후보자를 한 명만 추천한 다음 정기총회에서 참석한 조합원들에게 찬반을 묻는 방식으로 이사장을 임명해 온 사실을 알 수 있는바, 신용협동조합법 제27조의2 제1호(현행 제27조의2 제1항 제1호)가 경쟁선거의 경우에만 적용되는 것은 아니고, 위와 같이 전형위원회의 후보자 추천 및 정기총회에서 조합원 찬반 확인을 통하여 이사장을 선출하는 경우에도 당선 등의 목적으로 선거인에 대한 이익을 제공하는 등의 행위는 동 조항에 의하여 제한된다고 봄이 상당하다. 그럼에도 불구하고 원심은 이와 달리 그 판시와 같은 이유로 이 사건 공소사실을 모두 무죄라고 판단하였는바, 이러한 원심판결은 형사재판에서 논리와 경험의 법칙에 반하여 자유심증주의의 한계를 벗어나거나 신용협동조합법 제27조의2 제1호(현행 제27조의2 제1항 제1호)에서 규정하는 임원의 선거운동 제한에 관한 법리를 오해함으로써 판단을 그르친 것이다.

2. 조합선거관리위원회의 구성·운영 등

(1) 구성

조합은 임원 선거를 공정하게 관리하기 위하여 조합선거관리위원회를 구성·운영한다(법27의3①). 이에 따라 조합선거관리위원회는 조합의 이사회가 선거관리에 관한 경험이 풍부한 조합원(임직원은 제외)과 공직선거 등의 선거관리전문가 중에서 위촉하는 5명 이상의 위원으로 구성한다(영14의4①).

(2) 위원장의 호선

조합선거관리위원회의 위원장은 위원 중에서 호선한다(영14의4②).

(3) 개의와 의결

조합선거관리위원회의 회의는 재적위원 과반수의 출석으로 개의하고, 출석위원 과반수의 찬성으로 의결한다(영14의4③).

(4) 임원선거 관리의 임의위탁

조합은 임원선거의 관리에 대하여 정관으로 정하는 바에 따라 그 주된 사무소의 소재지를 관할하는 선거관리위원회법에 따른 구·시·군선거관리위원회에 위탁할 수 있다(법27의3②).

(5) 정관 규정

조합선거관리위원회의 구성 및 운영에 필요한 사항은 정관으로 정한다(영14의4④).

3. 수뢰 등의 금지

조합의 임직원은 직무와 관련하여 직접 또는 간접을 불문하고 증여나 그 밖의 수뢰의 요구, 취득 또는 이에 관한 약속을 할 수 없다(법30의2).

4. 채무를 이행하지 아니한 임원에 대한 제재

이사회는 임원이 조합에 대한 그의 채무를 3개월 이내에 이행하지 아니한 경우에는 해당 임원에 대하여 그 업무집행을 정지시킬 수 있다(법32).

Ⅶ. 임직원의 겸직금지

1. 상호 겸직금지

조합의 이사, 감사 및 직원은 상호 겸직할 수 없다(표준정관58①).

2. 임직원 겸직 제한 기관

다음의 해당하는 기관, 즉 ⅰ) 지역농업협동조합과 지역축산업협동조합, 품목별·업종별협동조합 및 농업협동조합중앙회, ⅱ) 지구별수산업협동조합, 업종별수산업협동조합, 수산물가공수산업협동조합 및 수산업협동조합중앙회, ⅲ) 지역산림조합, 품목별·업종별산림조합 및 산림조합중앙회, ⅳ) 새마을금고와 그 중앙회, ⅴ) 금융위원회법 제38조[18])에 따른 검사대상기관(제38조 제5호는 제외), ⅵ) 보험사업자·보험모집인·보험대리인 및 보험중개인, ⅶ) 파이낸스, 투자금융, 투자개발 등의 사설금융회사, ⅷ) 대부업 종사자, ⅸ) 체신관서에 종사하는 임직원은 조합의 임직원이 될 수 없다(표준정관58② 본문). 다만, 당해 법인이 설립한 직장조합의 경우에는 그러하지 아니하다(표준정관58② 단서).

3. 상임이사장과 상임임원의 직무 제한

상임이사장과 상임임원은 다른 직무에 종사하지 못한다(표준정관58③ 본문). 다만, 중앙회장이 그 업무수행에 영향을 미치지 않는다고 인정하는 직무에 대해서는 예외로 한다(표준정관58③ 단서).

4. 임시임원의 겸직 제한 제외

중앙회장이 다른 조합의 임직원을 법 제89조(중앙회의 지도·감독)의 규정에 따라 임시임원으로 선임한 경우 겸직으로 보지 아니한다(표준정관58④).

Ⅷ. 임원의 의무와 책임

1. 성실의무

임원은 신용협동조합법, 신용협동조합법에 따른 명령, 정관·규정 및 총회와 이사회의 결의를 준수하고 조합을 위하여 성실히 그 직무를 수행하여야 한다(법 33①).

2. 직무수행: 조합 또는 타인에 대한 손해배상책임

임원이 그 직무를 수행하면서 고의 또는 중대한 과실(상임인 임원의 경우에는 고의 또는 과실)로 조합 또는 타인에게 끼친 손해에 대해서는 연대하여 손해배상

---

18) 제38조(검사대상기관) 금융감독원의 검사를 받는 기관은 다음과 같다.
　　1. 은행, 2. 금융투자업자, 증권금융회사, 종합금융회사 및 명의개서대행회사, 3. 보험회사, 4. 상호저축은행과 그 중앙회, 5. 신용협동조합 및 그 중앙회, 6. 여신전문금융회사 및 겸영여신업자, 7. 농협은행, 8. 수협은행, 9. 다른 법령에서 금융감독원이 검사를 하도록 규정한 기관, 10. 그 밖에 금융업 및 금융 관련 업무를 하는 자로서 대통령령으로 정하는 자

의 책임을 진다(법33②).

3. 거짓 결산보고 등: 조합 또는 타인에 대한 손해배상책임

임원이 거짓으로 결산보고·등기 또는 공고를 하여 조합 또는 타인에게 손해를 끼쳤을 때에도 연대하여 손해배상의 책임을 진다(법33③, 법33②).

4. 이사회 출석 임원의 손해배상책임 및 면제

이사회가 고의 또는 중대한 과실로 조합 또는 타인에게 손해를 끼쳤을 때에는 그 고의 또는 중대한 과실에 관련된 이사회에 출석한 임원은 그 손해에 대하여 연대하여 손해배상의 책임을 진다(법33④ 본문). 다만, 그 회의에서 반대 의사를 표시한 임원은 그러하지 아니하다(법33④ 단서).

5. 관련 판례

① 대법원 1990. 2. 23. 선고 89도325 판결

신용협동조합의 이사장이 비조합원으로부터 받은 예탁금을 임의인출하여 어음할인 등에 사용한 것이 배임죄에 해당한다고 본 사례: 신용협동조합의 이사장이 그 임무에 위배하여 장부와 기록을 작성 비치하지 않는 이른바 부외거래의 방법으로, 조합의 사무실에서 조합원이 아닌 사람들로부터 예탁금을 수입하면서, 조합원으로부터 예탁금을 수입하는 경우와 마찬가지로 조합의 명의로 작성된 정기 예탁금증서를 교부한 다음 그 예탁금을 조합에 일단 입금시켰다가 임의로 인출하여 가지고, 신용상 태가 나쁜 사람들이 발행하거나 배서한 어음을 교부받고 돈을 대여하는 등의 어음할인업무를 취급하였다면, 그와 같은 거래가 조합과 관계가 없는 피고인의 개인적인 거래라고는 볼 수 없으므로, 배임죄를 인정한 원심의 판단은 정당하고 타인의 사무를 처리하는 자에 관한 법리오해의 위법이 없다.

② 대법원 2014. 3. 13. 선고 2011다89606 판결

조합의 업무를 통할하는 이사장은 조합의 모든 업무를 수행함에 있어, 감사는 조합의 업무, 재산상태 및 장부서류 등을 감사함에 있어 당해 업무가 불법·부당함을 알았거나 조금만 주의를 기울였다면 조합의 장부나 대출관련 서류 등에 의하여 불법·부당한 업무임을 알 수 있었을 것임에도 그러한 주의를 현저히

게을리함으로써 이사장이나 감사의 임무를 해태한 데에 중대한 과실이 있는 경우에는 조합에 대하여 손해배상책임을 진다고 할 것이고, 조합 임원으로서의 지위가 비상근, 무보수, 명예직으로 전문가가 아니고, 그 사무처리방식이 형식적이었다고 하더라도 그러한 사유만으로는 법령이나 정관에서 정하고 있는 임원으로서의 주의의무를 면할 수는 없다고 할 것이다(대법원 2006. 1. 12. 선고 2005다23445 판결; 대법원 2008. 9. 11. 선고 2006다57926 판결 등 참조).

원심은 그 채택 증거를 종합하여 그 판시와 같은 사실을 인정한 다음, 피고 A는 대한전선신용협동조합("소외 신협")의 이사장으로서, 피고 B, C, D, E 및 F는 각 감사로서 조합통장, 대출원장, 대출신청서류 구비 여부 등만 검토하였더라도 G의 부당대출행위를 쉽게 알 수 있었고, 소외 신협의 자금현황을 확인하고 조합자금이 투자된 위탁계좌, 수익증권계좌의 입·출금 내역 등을 확인하였다면 G가 여유자금을 횡령하고 이를 부당운용한다는 사실을 쉽게 알 수 있었으며, 소외 신협의 유가증권 현황이나 잔고증명서 등을 검토하였다면 G가 유가증권평가이익을 허위 계상하여 배당금을 지급하였음을 쉽게 알 수 있었음에도 이를 게을리한 중대한 과실로 피고 G의 부당대출행위를 막지 못하고, 여유자금 횡령 및 부당운용 행위, 분식결산 행위를 발견하지 못한 중과실이 인정되므로, 위 피고들 및 F는 G의 불법행위로 인한 손해를 배상할 책임이 있다고 판단하였다. 위 법리와 기록에 비추어 살펴보면, 이러한 원심의 판단은 정당한 것으로 수긍이 간다.

③ 대법원 2008. 9. 11. 선고 2006다57926 판결

신용협동조합 이사장의 직무를 대행하는 이사가 직무정지된 임원으로 하여금 조합의 업무에 관여하지 못하도록 배제하지 못하여 결국 조합에 손해가 발생한 사안에서, 직무대행자인 이사가 그 임무를 해태한 데 고의 또는 중대한 과실이 있다고 인정하여, 직무정지된 임원과 연대하여 손해배상책임을 진다.

④ 대법원 2008. 9. 11. 선고 2006다57926 판결

여신의 부당 취급으로 인한 감사의 손해배상책임: 신용협동조합의 감사에게 불법·부당대출과 관련하여 조합에 대한 손해배상책임을 묻기 위하여는 당해 대출이 불법·부당한 것임을 알았거나 조합의 장부 또는 대출관련 서류상으로 불법·부당한 대출임이 명백하여 조금만 주의를 기울였다면 이를 알 수 있었을 것임에도

그러한 주의를 현저히 게을리함으로써 감사로서의 임무를 해태한 데에 중대한 과실이 있는 경우라야 한다(대법원 2004. 4. 9. 선고 2003다5252 판결; 대법원 2006. 1. 12. 선고 2005다23445 판결 등 참조).

⑤ 대법원 2008. 7. 10. 선고 2006다39935 판결

신용협동조합의 감사가 분식결산 등과 관련하여 임무를 해태한 데 중대한 과실이 있는지 여부의 판단 방법 및 감사의 지위가 비상근, 무보수의 명예직이라는 사유로 감사로서의 주의의무를 면할 수 있는지 여부(소극): 신용협동조합의 감사가 분식결산 등과 관련하여 그 임무를 해태한 데에 중대한 과실이 있는지 여부는 분식회계의 내용, 분식의 정도와 방법, 그 노출의 정도와 발견가능성, 업무수행의 실태 등 여러 가지 사항을 고려하여 종합적으로 판단하여야 하고, 감사가 당해 분식결산 등의 행위를 알았거나 조합의 장부 또는 회계관련 서류상으로 분식결산임이 명백하여 조금만 주의를 기울였다면 이를 알 수 있었을 것임에도 그러한 주의를 현저히 게을리 한 경우에는 감사로서의 임무를 해태한 데에 중대한 과실이 있다고 할 것이며, 감사의 지위가 비상근, 무보수의 명예직으로 전문가가 아니고 형식적이었다 하더라도 그러한 사정만으로 위와 같은 주의의무를 면할 수는 없다(대법원 2004. 3. 25. 선고 2003다18838 판결; 대법원 2006. 9. 14. 선고 2005다22879 판결 등 참조).

원심판결 이유와 원심이 채택한 증거에 의하면, 피고 10은 ○○신용협동조합의 감사로 1991. 12. 8.부터 2002. 11. 3.까지 재직한 사실, ○○신용협동조합의 회계규정은 각종 채권에 대한 대손상각을 하여 대손충당금을 적립하되, 회계연도말 기준 대출금 잔액의 1% 이상이 유지되도록 규정하고 있고, 결산시 결산일 현재의 미지급이자를 산출하여 미지급이자 전액을 비용으로 보정하도록 규정하고 있는 사실, 위 피고가 날인한 ○○신용협동조합의 1997년도 결산서류 및 1998년도 결산서류에는 각 미지급이자 보정계산서가 편철되어 있는데, 그 각 미지급이자 보정계산서에는 미지급이자를 전액 보정하지 않고 일부만 보정한 것으로 기재되어 있고 그 보정률까지 각 기재되어 있는 사실, 피고 10은 회계 담당직원으로부터 회계보고를 받은 다음 이를 그대로 이사회에 통보하는 형식으로 감사보고업무를 수행한 사실 등을 알 수 있는바, 오랜 기간 ○○신용협동조합의 감사로 재직하여 온 피고 10으로서는 ○○신용협동조합이 미지급이자를 일부만 보

정하는 방법으로 분식결산을 한 것과 관련하여 조합의 장부 또는 회계 관련 서류상으로 분식결산임이 명백하여 조금만 주의를 기울였다면 이를 알 수 있었을 것으로 보이므로, 감사업무의 수행에 있어 중대한 과실이 있다고 볼 여지가 충분하다.

그렇다면 원심으로서는 피고 10이 ○○신용협동조합의 결산서류들을 감사하는 등의 업무를 수행함에 있어서 중대한 과실이 있는지를 판단하기 위해서는, 위 피고가 분식결산과 관련하여 실제로 감사업무를 수행하였는지 여부, 미지급이자의 과소 보정과 대손충당금의 과소 적립의 노출정도와 발견가능성 등을 구체적으로 살펴본 연후에 중대한 과실 유무를 판단하였어야 할 것임에도, 이와 달리 원심은 피고 10의 개인적 사정에 불과하거나 실제 감사업무 수행 여부와는 무관한 사정 등을 들어 위 피고가 분식결산의 존재를 쉽게 파악할 수 없었다는 이유로 중대한 과실이 없다고 단정하고 말았으니, 이러한 원심의 판단에는 신용협동조합 감사의 책임 및 중과실에 대한 법리를 오해한 나머지 심리를 다하지 아니함으로써 판결에 영향을 미친 위법이 있다.

⑥ 대법원 2008. 7. 10. 선고 2006다39935 판결
금융기관의 이사가 대출 관련 임무를 수행함에 있어 인정되는 경영판단의 원칙의 내용: 금융기관의 이사가 대출 관련 임무를 수행함에 있어 필요한 정보를 충분히 수집·조사하고 검토하는 절차를 거친 다음 이를 근거로 금융기관의 최대 이익에 부합한다고 합리적으로 신뢰하고 신의성실에 따라 경영상의 판단을 내렸고, 그 내용이 현저히 불합리하지 아니하여 이사로서 통상 선택할 수 있는 범위 안에 있는 것이라면, 비록 사후에 회사가 손해를 입게 되는 결과가 발생하였다고 하더라도 그로 인하여 이사가 회사에 대하여 손해배상책임을 부담한다고 할 수 없지만, 금융기관의 이사가 이러한 과정을 거쳐 임무를 수행한 것이 아니라 단순히 회사의 영업에 이익이 될 것이라는 일반적·추상적인 기대하에 일방적으로 임무를 수행하여 회사에 손해를 입게 한 경우에는 필요한 정보를 충분히 수집·조사하고 검토하는 절차를 거친 다음 이를 근거로 회사의 최대 이익에 부합한다고 합리적으로 신뢰하고 신의성실에 따라 경영상의 판단을 내린 것이라고 볼 수 없으므로, 그와 같은 이사의 행위는 허용되는 경영판단의 재량범위 내에 있는 것이라고 할 수 없다(대법원 2007. 7. 26. 선고 2006다33609 판결; 대법원 2007. 10. 11. 선

고 2006다33333 판결 등 참조).

원심이 채택한 증거에 의하면, 이 사건 상업대출 시행세칙은 당시 시행되던 여신업무방법서와 여신규정과 달리, 금지되어 있던 주점업 종사자에 대한 대출을 허용하면서 신용대출 한도액을 파격적으로 상향 조정하여 종래 담보대출로 하여야 할 대출을 무담보 대출로 처리할 수 있도록 하고, 담보가치 평가와 사후 환가가 곤란한 영업허가권까지 담보로 하여 담보대출을 할 수 있도록 한 점, 또한 연대보증인의 자격요건을 완화하고 보증횟수 제한을 폐지하여 종업원의 상호 연대보증과 영업허가자의 연대보증만으로 대출이 가능하게 하고, 종래 거쳐야 했던 여신심사위원회의 여신심사절차를 생략한 채 대출이 이루어질 수 있도록 한 점, 그 결과 부실채권의 발생 위험을 현저히 증가시킴으로써 2005. 9. 30. 현재 총 124억 원이 넘는 회수불능의 미상환 채권을 발생시킨 점 등을 알 수 있다.

이와 같은 사정을 비롯하여, 원심판결 이유 및 원심의 채택 증거에 의하여 알 수 있는 이 사건 상업대출 시행세칙의 규정 내용 및 실제의 대출상황에 비추어 보면, 원심이, 여신 관련 규정상 주점업 종사자에 대한 상업대출이 제한되어 있던 점, 이 사건 상업대출 시행세칙의 제정 과정에서의 이사장인 피고 1, 전무인 피고 12, 이사인 소외 망인 6, 7 , 8의 관여 정도와 역할 및 위법성의 인식 가능성 등 그 판시와 같은 여러 사정을 이유로 들어, 피고 1, 피고 12의 과실 및 나머지 위 피고들과 소외 망인의 중대한 과실에 기인하여 이 사건 상업대출을 추인·결의·시행함으로 말미암아 ○○신용협동조합이 손해를 입게 되었으므로 그 손해에 대해서 배상책임이 있다고 판단하고, 나아가 위 피고들과 소외 망인이 대출과 관련된 경영판단을 함에 있어서 통상의 합리적인 신협의 임직원으로서 그 상황에서 합당한 정보를 가지고 가장 적합한 절차에 따라 ○○신용협동조합의 최대 이익을 위하여 신의성실에 따라 상업대출을 한 것이라고 보기 어렵다고 보아, 경영판단의 원칙에 따라 위 피고들과 소외 망인의 손해배상책임은 부정되어야 한다는 이들의 주장을 모두 배척한 것은 정당하고, 거기에 상고이유에서 주장하는 바와 같이 인과관계, 경영판단의 원칙 및 신용협동조합 임직원의 손해배상책임의 성립요건에 관한 법리를 오해하여 심리를 그르친 위법 등이 없다.

⑦ 대법원 2005. 6. 24. 선고 2005다13547 판결

[1] 신용협동조합법(2000. 1. 28. 법률 제6204호로 개정되기 전의 것) 제33조 제2

항은 "임원이 그 직무를 수행함에 있어서 고의 또는 중대한 과실로 조합 또는 타인에게 끼친 손해에 대하여는 연대하여 손해배상의 책임을 진다."라고 규정하고 있으며, 파산자 Y신용협동조합("파산자 조합")의 정관 제55조 제2항은 "임원이 그 직무를 수행함에 있어서 고의 또는 중대한 과실로 조합 또는 타인에게 가한 손해에 대하여는 단독 또는 연대하여 손해배상의 책임을 진다."라고 규정하고 있으므로, 소속 신용협동조합에 대하여 선량한 관리자의 주의의무를 지는 신용협동조합의 임원인 이사장이 고의 또는 중대한 과실로 관계 법령에 위반하여 여유자금을 운용하거나 그러한 위법행위를 고의 또는 중대한 과실로 방치함으로써 조합에 손해를 끼쳤다면 그로 인한 책임을 면할 수 없다고 할 것이다(대법원 2004. 3. 26. 선고 2003다52418 판결 등 참조).

원심은 제1심판결 이유를 인용하여, 피고가 1994. 8. 2.부터 1998. 2. 15.까지 파산자 조합의 이사장으로, 1998. 2. 16.부터 1999. 7. 30.까지 부이사장(당시 이사장은 제1심 공동피고 O)으로 재직하였고, 피고의 아들인 제1심 공동피고 J는 1995. 3. 2.부터 1999. 8. 27.까지 파산자 조합의 대출담당과장으로 재직한 사실, 그런데 J는 1997. 2. 18.부터 1999. 7. 26.까지 조합원 P, L이 대출받는 것처럼 대출신청서나 예금인출청구서 등을 위조하여 대출서류를 작성한 다음 이사장인 피고의 결재를 받아 대출을 실행하고, O가 이사장으로 취임한 이후에도 조합원 S 등 17인 명의로 대출받는 것처럼 대출서류를 작성한 다음 부이사장인 피고의 결재를 받아 대출을 실행하여 각 대출금을 사용한 뒤 변제하지 않음으로써 파산자 조합에 회수불능채권을 발생시킨 사실을 인정한 후, 피고는 파산자 조합의 이사장으로서 신용협동조합법과 조합 정관에 따라 파산자 조합의 업무를 통할하면서 조합의 업무가 적법하게 처리되는지를 감독하여야 할 업무상 주의의무가 있음에도 불구하고, J가 타인 명의를 도용하여 위와 같은 불법대출을 반복 실행함에도 불구하고 대출신청자 본인의 의사에 의한 대출신청이 있었는지 여부를 한번도 확인하지 아니한 채 대출승인 결재를 해 온 과실이 있다 할 것이고, 나아가 자신이 이사장직을 그만두어 대출에 대한 결재권이 없는 상태임에도 대출결재를 계속하여 온 점, J가 위와 같은 불법대출에 대하여 장기간에 걸쳐 비교적 많은 횟수의 결재를 해 온 점, J는 자신의 아들인 점 등의 사정에 비추어 피고의 위와 같은 과실은 중대한 과실에 속한다 할 것이므로, 피고는 J의 불법대출로 인하여 파산자 조합이 입은 손해를 배상할 의무가 있다고 판단하였다. 위에서 본 법리 및 기록에 비추어 살펴보면, 이러한 원심의 사실인정과 판단은 정당하다.

[2] 신용협동조합의 임원이 법령 또는 정관에 위반한 행위를 하거나 그 임무를 해태함으로써 조합에 대하여 손해를 배상할 책임이 있는 경우에 그 손해배상의 범위를 정함에 있어서는, 당해 사업의 내용과 성격, 당해 임원의 임무위반의 경위 및 임무위반행위의 태양, 조합의 손해의 발생 및 확대에 관여된 객관적인 사정이나 그 정도, 평소 임원의 조합에 대한 공헌도, 임무위반행위로 인한 당해 임원의 이득 유무, 조합의 조직체계의 흠결 유무나 위험관리체제의 구축 여부 등 제반 사정을 참작하여 손해분담의 공평이라는 손해배상제도의 이념에 비추어 그 손해배상액을 제한할 수 있다 할 것이고(대법원 2004. 12. 10. 선고 2002다60467, 60474 판결 등 참조), 나아가 책임감경사유 또는 과실상계사유에 관한 사실인정이나 그 비율을 정하는 것은 그것이 형평의 원칙에 비추어 현저히 불합리하다고 인정되지 않는 한 사실심의 전권에 속하는 사항이라고 할 것이다(대법원 2005. 1. 28. 선고 2004다63347 판결; 대법원 1990. 4. 25. 선고 90다카3062 판결 등 참조).

원심은 제1심판결 이유를 인용하여, 피고가 위와 같은 불법대출로 인해 어떤 이익을 얻었다고 볼 자료가 없는 점, 파산자 조합으로서도 금융업무에 관하여 전문지식이 없는 피고를 무보수 이사장으로 선출하여 업무를 수행케 함으로써 이러한 결과가 초래되도록 한 점, 기타 변론에 나타난 제반 사정을 참작하면 피고의 책임은 이를 손해금액의 30%로 제한함이 상당하다고 판단하였는바, 위의 법리와 기록에 의하여 살펴보면, 원심의 책임감경에 관한 사실인정이나 평가는 모두 적정한 것으로 수긍이 가고, 그것이 형평의 원칙에 비추어 현저히 불합리하다고 인정되지는 아니한다.

⑧ 대법원 2005. 3. 25. 선고 2003다40293 판결

금융기관인 N신협으로서는 채무자의 신용이 확실한지 여부를 조사하여 확인이 된 채무자에게만 대출을 하여야 하는 것이고, N신협의 여신규정에 의하면 일반대출시에는 채무관계자로부터 소정의 차용금증서를 작성받도록 되어 있으며, 대출관계서류에 날인하는 인장은 원칙적으로 N신협에 신고된 출자금 거래인감 또는 주민등록지 동장 등이 발행한 인감증명서상의 인감을 사용하도록 되어 있고, 대출의 실행 또는 대출약정을 체결하는 때에는 2인 이상의 연대보증인을 세우도록 함을 원칙으로 하고 있으며, 이러한 대출신청에 대하여 이사장은 대출

기준에의 부합 여부를 검토한 후 이사회(또는 여신위원회)에 심사를 요청하고 대출심사가 끝나면 이사장이 결재를 하여야 하고, 이사장은 대출심사가 부적당하다고 인정될 때에는 재심을 요청할 수도 있도록 되어 있을 뿐만 아니라 모든 예탁금의 거래계좌에 대하여는 당일의 입금·출금상황과 잔액을 매일 대조 확인하고 책임자가 이를 검인하도록 규정되어 있는 것으로 보임에도 불구하고, 이 사건 대출거래약정서 중에는 연대보증인이 아예 누락된 것, 채무자의 서명 또는 날인이 누락된 것 등도 있고, 이사장으로서 N신협의 예탁금의 잔고 등을 전혀 확인하지 아니한 것으로 보이는데, 이사장으로서 조금만 주의를 기울였다면 손쉽게 이러한 부실한 대출관계서류를 발견하여 적어도 이러한 부적절한 대출이나 신용불량자임이 명백한 자에 대한 부당대출의 실행을 저지할 수 있었고, 예탁금의 잔고 등을 수시로 확인하는 등의 방법을 통하여 조기에 제1심 공동피고의 불법행위를 발견·시정하여 N신협의 손해를 막을 수 있었던 것으로 보이므로, 적어도 이러한 부분에 관한 한 위 피고들이 이사장으로서의 임무를 해태한 데에 중과실이 있었다고 볼 여지가 있어 보인다. 한편 이 사건에서, 위 피고들의 이사장으로서의 지위가 비상근·무보수의 명예직으로 전문가가 아니고 그 사무처리방식이 형식적이었다고 하더라도 그러한 사유만으로는 법령이나 정관에서 정한 이사장으로서의 주의의무를 면할 수 없는 이치이므로, 원심으로서는 개별적인 대출사무의 처리에 관한 부당·불법의 정도, 그러한 하자의 노출 정도, 이사장으로서 그것을 손쉽게 발견할 수 있는 가능성 등에 관하여 구체적으로 심리한 후 그에 따라 밝혀진 사실관계를 토대로 위 피고들의 전반적인 임무해태가 개별 사안마다 중과실에 해당하는지 여부를 판단하였어야 옳았을 것이다(신용협동조합의 감사의 손해배상책임에 관한 대법원 2004. 3. 25. 선고 2003다18838 판결 참조). 그럼에도 불구하고, 원심이 거기에까지 나아가 살펴보지 아니한 단계에서 위 피고들에게 이사장으로서의 직무수행과정에 중과실이 없었다고 선뜻 단정한 데에는 필요한 심리를 다하지 아니하였거나, 신용협동조합 이사장의 신용협동조합에 대한 손해배상책임의 발생요건에 관한 법리를 오해하여 판결에 영향을 미친 위법이 있다고 아니할 수 없다.

⑨ 광주고등법원 2005. 7. 22. 선고 2004나7841 판결

[1] 이사장의 지위와 책임 및 주의의무의 정도: 피고의 손해배상책임 유무를

판단함에 있어 전제가 되는 주의의무의 정도에 관하여 살피건대, S신협의 이사장은 조합의 업무를 통할하고 조합을 대표하며, 조합의 임원으로서 법, 명령, 정관, 규약, 규정 및 총회와 이사회의 결의를 준수하고 조합을 위하여 성실히 그 직무를 수행할 의무를 지고, 그 직무를 수행함에 있어 고의 또는 중대한 과실로 조합 또는 타인에게 가한 손해에 대하여는 단독으로 또는 연대하여 손해배상책임을 진다(신용협동조합법 제27조 제4항, 제33조 제2항, S신협 정관 제46조 제1항, 제55조 제1항·2항).

그런데 피고가 금융, 회계 업무에 관하여 전문지식이 없고, 생업에 종사하면서 무보수·비상근·명예직으로 근무한 점을 고려하면, 조합의 대출관련 서류 및 장부 자체에 법령, 정관, 여신규정 등에 위반된 하자가 없어 위 서류들을 살펴보는 것만으로 위법 사실을 밝혀내기 어려운 경우에는 중과실에 의한 임무해태라고 보기 어렵다 할 것이고, 위 서류들을 일별하는 것만으로도 부정대출 또는 횡령 사실을 쉽게 알 수 있음에도 주의의무를 현저히 결여하여 이를 방치한 경우에 그 임무해태에 있어 중과실이 있다고 보아야 할 것이다.

[2] 감사의 지위와 책임 및 주의의무의 정도: 피고들의 손해배상책임 유무를 판단함에 있어 전제가 되는 주의의무의 정도에 관하여 살피건대, S신협의 감사는 분기마다 1회 이상 조합의 업무·재산상태 및 장부·서류 등을 감사하여야 하며, 분기별 감사보고서는 이사회에, 분기별 감사보고서를 종합한 연차보고서는 정기총회에 각각 제출하여야 하고, 매년 1회 이상 예고 없이 상당수의 조합원의 예탁금통장 기타 증서와 조합의 장부나 기록을 대조 확인하여야 하되, 조합의 임원으로서 법, 명령, 정관, 규약, 규정 및 총회와 이사회의 결의를 준수하고 조합을 위하여 성실히 그 직무를 수행할 의무를 지고, 그 직무를 수행함에 있어 고의 또는 중대한 과실로 조합 또는 타인에게 가한 손해에 대하여는 단독으로 또는 연대하여 손해배상책임을 진다(신용협동조합법 제37조 제1 내지 3항, 제33조 제2항, 삼도신협 정관 제47조 제1 내지 3항, 제55조 제1, 2항).

그런데 피고들이 회계, 감사 업무에 관하여 전문지식이 없고, 생업에 종사하면서 무보수·비상근·명예직으로 근무한 점을 고려하면, 조합의 대출관련 서류 및 장부 자체에 법령, 정관 및 여신규정에 위반된 하자가 없어 위 서류들을 살펴보는 것만으로 위법 사실을 밝혀내기 어려운 경우에는 이를 감사를 통하여 밝혀내지 못하였다 하여 중과실에 의한 임무해태라고 보기 어렵다 할 것이고, 위 서류들을 일별하는 것만으로도 횡령 또는 부정대출 사실을 쉽게 알 수 있음에도 주의의무를 현저히 결여하여 이를 방치한 경우에 그 임무해태에 있어 중과실이 있다고 보아야 할 것이다.

⑩ 대법원 2007. 3. 15. 선고 2006다37328 판결

분식회계에 관하여: 신용협동조합의 이사와 감사가 분식결산 등과 관련하여 조합에 대하여 손해배상책임을 지는 경우란 당해 분식결산 등의 행위를 알았거나 조합의 장부 또는 회계관련 서류상으로 분식결산이 명백하여 조금만 주의를 기울였다면 이를 알 수 있었을 것임에도 그러한 주의를 현저히 게을리함으로써 이사 또는 감사로서의 임무를 해태한 데에 중대한 과실이 있는 경우라 할 것이다(대법원 2006. 9. 14. 선고 2005다22879 판결; 대법원 2007. 1. 11. 선고 2005다14434 판결 등 참조).

원심판결 이유에 의하면, 원심은, 그 판시와 같은 사정에 비추어, 미지급이자 과소보정 및 대손충당금 과소적립의 분식회계로 조합에 이익이 발생한 것으로 처리하고, 그에 대하여 법인세를 납부함으로써 발생한 손해에 대해 피고 H, K, B은 감사로서, 피고 G, J는 이사로서 직무를 해태한 중대한 과실이 있다고 판단하였는바, 위 법리와 기록에 비추어 살펴보면, 그러한 판단은 정당하다.

⑪ 대법원 2008. 7. 10. 선고 2006다39935 판결

신용협동조합의 감사가 이사회에 출석하여 결의에 반대의사를 표시하지 아니한 경우, 신용협동조합법 제33조 제4항에 의한 책임을 부담하는지 여부(소극): 구 신용협동조합법(2003. 7. 30. 법률 제6957호로 개정되기 전의 것, 이하 "법"이라 한다) 제33조 제2항은 "임원이 그 직무를 수행함에 있어서 고의 또는 중대한 과실(상임인 임원의 경우에는 고의 또는 과실)로 조합 또는 타인에게 끼친 손해에 대하여는 연대하여 손해배상의 책임을 진다"라고 규정하고 있고, 법 제33조 제4항은 "이사회가 고의 또는 중대한 과실로 조합 또는 타인에게 손해를 끼쳤을 때에는 그 고의 또는 중대한 과실에 관련된 이사회에 출석한 임원은 그 손해에 대하여 연대하여 손해배상의 책임을 진다. 다만, 그 회의에서 반대의사를 표시한 임원은 그러하지 아니한다"라고 규정하고 있는바, 비록 감사는 조합의 임원에 포함되기는 하지만(법 제27조 제1항), 조합의 이사회는 이사로 구성되고 이사회는 이사 과

반수의 출석으로 개의하고 출석이사 과반수의 찬성으로 결의하는 점(법 제34조 제1항, 제36조 제2항)에 비추어 보면, 법 제33조 제4항의 규정 취지는 이사회의 위법·부당한 결의 등으로 말미암아 조합 등에게 손해를 끼친 경우에 이사회의 구성원으로서 그 결의에 출석하여 반대의사를 표시하지 않은 이사에게 그 책임을 묻기 위한 것으로 해석되므로, 이사회결의에 아무런 의결권이 없는 감사는 법 제33조 제4항이 규정하는 "임원"에 포함되지 않는다고 할 것이고, 따라서 감사가 이사회에 출석하여 반대의사를 표시하지 아니한 때에는 경우에 따라서 법 제33조 제2항에 의한 책임을 질 수 있음은 별론으로 하고 곧바로 법 제33조 제4항에 의한 책임을 부담하는 것은 아니라고 할 것이다.

  ⑫ 부산고등법원 2006. 7. 13. 선고 2005나14434 판결
  신협은 조합원 간의 공동유대를 바탕으로 하여 설립된 비영리법인이고, 이사 및 감사는 조합원 중에서 조합원총회의 결의에 따라 선출되고, 무보수의 비상임, 명예직으로 하고 있는 점 등을 종합하면신협의 비상임 임원인 이사 및 감사에 대하여는 고의 또는 중대한 과실로 인하여 조합에 손해를 끼친 경우에 한하여 손해배상책임을 지는 것으로 해석함이 타당하다 할 것이고, 여기서 "중과실"이라 함은 고의에 준하여 통상 요구되는 정도에 미치지 못하는 약간의 주의만하더라도 손쉽게 위법, 유해한 결과를 예견할 수 있음에도 만연히 이를 간과함과 같이 현저히 주의를 결여한 상태를 의미하며, 일반적으로 과실이란 주로 추상적 의미의 과실로서 일반적, 객관적으로 요구되는 주의의무를 다하지 못한 것이지만, 중과실에 해당하는지 여부를 판단함에 있어서는 구체적 과실, 즉 주의의무를 부담하는 자의 능력이나 지식, 경험 등도 고려되어야 할 것이다. 다만, 신협의 이사장은 이사와 달리 신협의 업무를 통할하고 신협을 대표할 뿐만 아니라, 전무 또는 상무에 대한 임면권이 있고, 전무 또는 상무 역시 이사장의 명을 받아 신협의 재무 및 회계업무를 처리하여야 하므로(법27, 법30), 이와 같은 이사장의 권한 및 역할을 고려하면, 그가 비록 비상임, 명예직이라 하더라도 신협의 대표자로서 전무 등 간부직원을 감독하고, 회계업무 등이 규정에 맞게 제대로 시행되고 있는지 여부를 수시로 확인하여야 할 업무상 주의의무를 부담한다고 봄이 상당하고, 이러한 점은 중과실 여부를 판단함에 있어서 이사장을 제외한 비상임 임원과 달리 고려되어야 할 것이다. 한편, 신협의 직원은 이사나 감사 등 임원과 달리 손

해배상책임에 필요한 주의의무의 정도를 고의 또는 중과실로 제한하는 조항이 없으므로, 민법의 고용 또는 위임계약상의 일반원칙에 따라 선량한 관리자로서의 주의의무를 위반하였다면 경과실의 경우에도 책임이 있다 할 것이다.

Ⅸ. 민법·상법의 준용

조합의 임원에 대해서는 민법 제35조, 상법 제382조 제2항, 제386조 제1항, 제399조 및 제414조를 준용한다(법33⑤). 여기서는 준용규정을 살펴본다.

1. 조합의 불법행위능력

조합은 임원 기타 대표자가 그 직무에 관하여 타인에게 가한 손해를 배상할 책임이 있다(민법35① 본문). 임원 기타 대표자는 이로 인하여 자기의 손해배상책임을 면하지 못한다(민법35① 단서).

조합의 목적범위 외의 행위로 인하여 타인에게 손해를 가한 때에는 그 사항의 의결에 찬성하거나 그 의결을 집행한 조합원, 임원 및 기타 대표자가 연대하여 배상하여야 한다(민법35②).

2. 조합과 이사의 관계

조합과 이사의 관계는 민법의 위임에 관한 규정(민법 제682조 이하)을 준용한다(상법382②).

이사는 조합원 총회에서 선임되지만 조합원의 대리인이 아니고 조합의 수임인이다. 따라서 이사는 조합원에 대하여 직접 의무를 부담하지 않으며, 조합에 대하여 의무를 부담한다.

3. 이사의 결원: 퇴임이사의 지위 유지

법률 또는 정관에 정한 이사의 원수를 결한 경우에는 임기의 만료 또는 사임으로 인하여 퇴임한 이사는 새로 선임된 이사가 취임할 때까지 이사의 권리의무가 있다(상법386①).

4. 이사의 조합에 대한 손해배상책임

(1) 책임의 원인과 손해배상책임

이사가 고의 또는 과실로 법령 또는 정관에 위반한 행위를 하거나 그 임무를 게을리한 경우에는 그 이사는 조합에 대하여 연대하여 손해를 배상할 책임이 있다(상법399①).

(2) 책임의 확장(찬성이사의 책임)

(가) 책임내용

법령 또는 정관에 위반한 행위를 하거나 그 임무를 게을리한 경우가 이사회의 결의에 의한 것인 때에는 그 결의에 찬성한 이사도 책임이 있다(상법399②).

결의에 찬성한 이사가 책임을 지는 것은 결의내용이 법령 또는 정관에 위반하거나 임무를 게을리한 것으로 볼 수 있는 경우에 한한다.

(나) 증명

결의에 참가한 이사로서 이의를 한 기재가 의사록에 없는 자는 그 결의에 찬성한 것으로 추정한다(상법399③). 찬성여부에 관한 증명책임을 임원에게 전가시킨 것이다. 이사는 결의에 참가하지 아니한 사실 또는 찬성하지 아니한 사실을 증명하여 책임을 면할 수 있다.

사 업

제1절 비조합원 등의 사업 이용

Ⅰ. 제도적 취지

비조합원에게 조합의 사업 이용을 허용한 것은 개방된 조합을 추구한다는 협동조합의 기본정신에도 부합하고, 또 지역주민의 편의와 조합의 수익에 도움이 되기 때문이다.

Ⅱ. 비조합원의 사업 이용

조합은 조합원의 이용에 지장이 없는 범위에서 대통령령으로 정하는 바에 따라 조합원이 아닌 자에게 조합의 사업(법39①)을 이용하게 할 수 있다(법40① 전단). 이 경우 "조합원"은 "비조합원"으로 본다(법40① 후단).

Ⅲ. 조합원의 사업 이용 의제

조합원과 동일한 세대에 속하는 사람과 다른 조합 및 다른 조합의 조합원이 대출 및 어음할인("대출등")을 제외한 사업을 이용하는 경우에는 조합원이 이용한 것으로 본다(법40②).

Ⅳ. 대출 취급

신용협동조합은 조합원뿐만 아니라 비조합원 등 불특정 다수의 예금자로부터 자금을 조달하고 비조합원에 대해 일정한 범위 내로 대출을 허용하고 있다. 또한 정보통신 기술의 발달 등으로 전형적인 예금수취금융기관과의 차별성이 퇴색되고 있으며, 일반 상업금융기관화하고 있다.[1]

1. 비조합원 대출

비조합원 대출이라 함은 법 제40조 제1항에 의하여 조합원이 아닌 자에게 취급하는 대출 및 어음할인("대출등")을 말한다(법40① 및 영16의2① 참조).[2]

2. 간주조합원 대출

간주조합원 대출이라 함은 법 제40조 제2항에 의하여 조합원과 동일한 세대에 속하는 사람과 다른 조합의 조합원에게 취급하는 대출 및 어음할인("대출등")을 말한다(법40② 및 영16의2① 참조).[3]

3. 비조합원 대출 한도

(1) 원칙

조합이 조합원이 아닌 자와 다른 조합의 조합원에게 사업을 이용하게 하는 경우 그에 대한 대출 및 어음할인("대출등")은 ⅰ) 조합이 해당 사업연도에 새로이 취급하는 대출등 중 조합원(다른 조합의 조합원은 제외)에 대한 것으로서 금리

---

1) 전선애(2008), "신용협동조합의 예금보험제도 개선방안", 한국협동조합연구 제26권 제1호 (2008. 3), 133쪽.
2) 신협중앙회(2021b), 18-19쪽.
3) 신협중앙회(2021b), 19쪽.

등을 고려하여 금융위원회가 정하는 대출등4)의 150%에 해당하는 금액(제1호), ii) 조합이 해당 사업연도에 새로이 취급하는 대출등 중 제1호에 따른 대출등을 제외한 금액(제2호)의 합계액의 3분의 1을 초과할 수 없다(영16의2①).

따라서 대출 및 어음할인은 조합이 해당 사업연도에 새로이 취급하는 총액의 3분의 1을 초과할 수 없다.

(2) 예외

"권역 내 대출"은 비조합원 대출 제한 대상에서 제외한다. 즉 지역조합은 해당 지역조합의 권역에 i) 주소(제1호), ii) 사업장 소재지 또는 근무지(제2호), iii) 대출의 담보로 제공되는 부동산의 소재지(제3호)의 어느 하나에 해당하는 곳이 있는 자에 대해서는 제1항 각 호에 따른 금액의 합계액의 3분의 1을 초과하여 대출등을 할 수 있다(영16의2②).

따라서 권역 내 대출은 비조합원 대출 제한 대상에서 제외한다.

(3) 권역 내 대출과 해당 지역조합의 권역

"권역 내 대출"이란 채무자의 주소, 사업장 또는 담보부동산 소재지 중 한 곳이 해당 지역조합의 주사무소와 같은 권역에 속하는 대출을 말한다. 여기서 해당 지역조합의 권역은 i) 서울특별시(제1호), ii) 부산광역시·울산광역시·경상남도(제2호), iii) 인천광역시·경기도(제3호), iv) 대구광역시·경상북도(제4호), v) 대전광역시·세종특별자치시·충청남도(제5호), vi) 광주광역시·전라남도(제6호), vii) 충청북도(제7호), viii) 전라북도(제8호), ix) 강원도(제9호), x) 제주특별자치도(제10호)의 구분에 따른 권역 중 해당 지역조합의 주된 사무소가 있는 권역을 말한다(영16의2③).

---

4) "금융위원회가 정하는 대출등"이란 다음의 어느 하나에 해당하는 대출을 말한다(감독규정 4의6).
   1. 금융위로부터 보험업법 제4조 제1항 제2호 라목의 보증보험 경영을 허가받은 자가 발급한 개인에 대한 재무 신용 보증증권부 대출
   2. 다음의 요건을 모두 충족하는 개인에 대한 신용대출
      가. 개인신용평점[신용정보법 제2조 제5호 가목에 따른 개인신용평가회사(신용정보법 제5조 제1항에 따른 전문개인신용평가업을 영위하는 회사는 제외)로부터 제공받은 것]이 하위 50%에 해당하는 차주에 대한 대출
      나. 금리상한이 8.5% 이하인 경우

Ⅴ. 관련 판례

① 대법원 2008. 12. 24. 선고 2008다61172 판결

신용협동조합의 비조합원에 대한 대출의 사법상 효력(유효): 원심은 채택증거에 의하면 피고가 A신용협동조합의 조합원인 사실을 인정할 수 있을 뿐만 아니라, 피고가 그 조합원이 아니어서 피고에 대한 대출이 위법하다고 하더라도 그 대출의 사법상 효력까지 부인되지는 아니한다는 이유로, 피고의 주장, 즉 A신용협동조합이 조합원이 아닌 피고에게 대출을 한 것이 유사수신행위의 규제에 관한 법률 등 관계 법령에 위배되므로 피고는 이 사건 대출금을 변제할 책임이 없다는 주장을 배척하였다. 기록에 비추어 살펴보면 원심의 위와 같은 사실인정 및 판단은 정당하다. 원심판결에는 상고이유의 주장과 같은 법리오해 등의 위법이 없다.

② 대법원 2001. 6. 12. 선고 2001다18940 판결

신용협동조합의 업무범위를 조합원으로부터의 예탁금, 적금의 수납 등에 한정하고 있는 구 신용협동조합법 규정에 위반한 비조합원의 신용협동조합에 대한 예탁행위의 사법상 효력(=유효): **신용협동조합의 업무범위를 조합원으로부터의 예탁금, 적금의 수납 등에 한정하고 있는 구 신용협동조합법**(1999. 2. 1. 법률 제5739호로 개정되기 전의 것, 이하 같다) **제39조 제1항 제1호 (가)목 및 제40조 제1항의 규정은, 신용협동조합의 행위능력을 제한하는 효력규정이 아니라 사업수행에 관해 신용협동조합이 지켜야 할 원칙을 규정한 단속규정에 불과하여 그 규정을 위반한 이용행위는 비록 위법한 행위이기는 하나 행위 자체의 사법상의 효력은 유효하다고 보아야 할 것이므로**(대법원 2000. 11. 14. 선고 2000다38817 판결 참조), 이 사건 각 예탁금계약은 유효하게 성립되었다고 보아야 할 것이다.

제2절 부동산의 소유 제한

Ⅰ. 제도적 취지

조합은 업무상 필요하거나 채무를 변제받기 위하여 부득이한 경우를 제외하고는 부동산을 소유할 수 없다(법45).

조합에 부동산을 원칙적으로 소유할 수 없도록 한 이유는 신협의 본래 기능이 조합원이 필요로 하는 자금을 공급하는 것이므로, 과다한 부동산 소유보다는 가급적 많은 조합원에게 필요한 자금을 공급하기 위한 것이고, 부동산은 대체로 그 가액이 고가일 뿐만 아니라 환가방법 또한 신속·용이하지 않기 때문에, 조합이 그 운용 자산의 상당 부분을 부동산으로 보유하면, 자금이 장기 고정화로 자금의 유동성을 약화시켜 경영 효율을 크게 저하시킬 우려를 사전에 예방하기 위한 것이다.[5]

Ⅱ. 업무용 부동산의 의의와 범위

1. 업무용 부동산의 의의

업무용부동산이라 함은 업무용 토지·건물과 건설중인 자산을 말하며 그 가액은 장부상 가액을 말한다(표준업무방법서24⑤ 본문). 다만, 취득한도 계산에 있어 당해 감가상각누계액은 그 장부가액에서 차감한다(표준업무방법서24⑤ 단서).

2. 업무용 부동산 범위

조합이 취득할 수 있는 업무용 부동산의 범위는 ⅰ) 영업장(건물 연면적의 10% 이상을 업무에 직접 사용하는 경우에 한한다)(제1호), ⅱ) 사택·기숙사·연수원 등의 용도로 직접 사용하는 부동산(제2호), ⅲ) 복지사업에 직접 사용하는 부동산(제3호)과 같다(영18①).

---

5) 신협중앙연수원(2021), 208쪽.

3. 영업장의 일부 임대

조합은 조합원의 이용에 지장이 없는 범위안에서 영업장의 일부를 타인에게 임대할 수 있다(영18②).

4. 업무용 부동산의 취득한도

조합이 취득할 수 있는 업무용부동산은 취득 당시 조합의 자기자본 범위를 초과할 수 없다(표준업무방법서24①).

5. 업무용 부동산의 취득한도의 예외

조합은 중앙회장의 사전승인을 얻어 취득 당시 조합 자기자본의 3배 범위 이내에서 업무용부동산을 취득할 수 있다(표준업무방법서24② 본문). 다만, 중앙회 여신규정 제5조에 따른 특별지원대출을 받아 업무용 부동산을 취득하는 경우에는 중앙회장의 사전승인을 얻어 조합 자기자본의 5배 범위 이내와 직전 사업연도말 자산총액의 15% 중 적은 금액 이내에서 업무용부동산을 취득할 수 있다(표준업무방법서24② 단서). 이에 따라 조합이 업무용부동산을 취득하는 경우 자기자본의 3배를 초과하는 금액은 특별지원대출로만 차입하여야 한다(표준업무방법서24③).

Ⅲ. 비업무용 부동산의 취득과 매각

1. 비업무용 부동산의 취득 보고

조합은 법 제45조에 의거 비업무용부동산을 취득한 경우 즉시 중앙회 전산시스템에 등록하여야 한다(표준업무방법서25).

2. 비업무용 부동산의 매각

채무를 변제받기 위하여 부동산을 소유한 조합은 금융위원회가 정하여 고시하는 방법 및 절차에 따라 그 부동산을 처분하여야 한다(영18③).

(1) 매각 위탁 또는 공개경쟁입찰

조합이 채무를 변제받기 위하여 부득이하게 취득한 비업무용부동산은 한국자산관리공사에 매각을 위탁하거나 1년 이내에 공개경쟁입찰 방법에 의하여 매각하여야 한다(감독규정10①).

(2) 수의계약

공개경쟁입찰을 1회 이상 실시하여도 매각되지 아니하거나 이해관계자가 매각을 요구하는 경우에는 중앙회장이 정한 절차에 따라 수의계약으로 매각할 수 있다(감독규정10②).

(3) 매각기간의 연장

공개경쟁입찰이 유찰 또는 보류되거나 수의계약 방식으로 1년 이내에 매각할 수 없는 경우에는 조합은 매각기한을 1년에 한하여 연장할 수 있다(감독규정10③ 전단). 이 경우 조합은 최초 1년의 매각기한이 종료되기 전에 중앙회장에게 매각연기에 관한 사항을 보고하여야 한다(감독규정10③ 후단).

제3절 고객응대직원에 대한 보호 조치 의무

Ⅰ. 조합의 보호 조치 내용

조합은 신용협동조합법에 따른 업무를 운영할 때 고객을 직접 응대하는 직원을 고객의 폭언이나 성희롱, 폭행 등으로부터 보호하기 위하여 ⅰ) 직원이 요청하는 경우 해당 고객으로부터의 분리 및 업무담당자 교체, ⅱ) 직원에 대한 치료 및 상담 지원, ⅲ) 고객을 직접 응대하는 직원을 위한 상시적 고충처리 기구 마련(다만, 고충처리위원을 두는 경우에는 고객을 직접 응대하는 직원을 위한 고충처리위원의 선임 또는 위촉), ⅳ) 고객의 폭언이나 성희롱, 폭행 등("폭언등")이 관계 법률의 형사처벌규정에 해당된다고 판단되고 그 행위로 피해를 입은 직원이 요청하는 경우: 관할 수사기관 등에 고발, ⅴ) 고객의 폭언등이 관계 법률의 형사처벌규정에 해당되지는 아니하나 그 행위로 피해를 입은 직원의 피해정도 및 그 직원과 다른 직원에 대한 장래 피해발생 가능성 등을 고려하여 조치가 필요하다고 판단되는 경우: 관할 수사기관 등에 필요한 조치 요구, vi) 직원이 직접 관할 수사기관 등에 폭언등의 행위를 한 고객에 대한 고소, 고발, 손해배상 청구 등의 조치를 하는 데 필요한 행정적, 절차적 지원, vii) 고객의 폭언등을 예방하거나 이에 대응하기 위한 직원의 행동요령 등에 대한 교육 실시를 하여야 한다(법45의2①, 영18의2).

Ⅱ. 직원의 보호 조치 요구

직원은 조합에 대하여 위의 조치를 요구할 수 있다(법45의2②).

Ⅲ. 직원에 대한 불이익 금지

조합은 직원의 요구를 이유로 직원에게 불이익을 주어서는 아니 된다(법45의2③).

Ⅳ. 위반시 제재

고객응대직원에 대한 보호 조치 의무(법45의2)를 위반하여 직원의 보호를 위한 조치를 하지 아니하거나 직원에게 불이익을 준 조합에는 1천만원 이하의 과태료를 부과한다(법101②).

제4절 금리인하 요구

Ⅰ. 의의

금리인하요구권이란 여신약정 당시와 비교하여 신용상태에 현저한 변동이 있다고 인정되는 채무자가 금리인하를 요청할 수 있는 권리를 말한다.

조합과 대출등(대출 및 어음할인)의 계약을 체결한 자는 재산 증가나 신용등급 또는 개인신용평점 상승 등 신용상태 개선이 나타났다고 인정되는 경우 조합에 금리인하를 요구할 수 있다(법45의3①).

Ⅱ. 금리인하 요구의 요건

조합과 대출등의 계약을 체결한 자는 ⅰ) 개인이 대출등의 계약을 체결한 경우: 취업, 승진, 재산 증가 또는 개인신용평점 상승 등 신용상태의 개선이 나타났을 것(제1호), ⅱ) 개인이 아닌 자(개인사업자를 포함)가 대출등의 계약을 체결한 경우: 재무상태 개선, 신용등급 또는 개인신용평점 상승 등 신용상태의 개선이 나타났을 것(제2호)의 구분에 따른 요건을 갖췄다고 인정되는 경우 조합에 금리인하를 요구할 수 있다(법45의3③, 영18의3①).

Ⅲ. 금리인하 요구의 절차

1. 금리인하 요구권의 통지

조합은 대출등의 계약을 체결하려는 자에게 금리인하를 요구할 수 있음을 알려야 한다(법45의3②).

2. 요구의 수용 여부 판단시 고려사항

금리인하 요구를 받은 조합은 그 요구의 수용 여부를 판단할 때 신용상태의 개선이 금리 산정에 영향을 미치는지 여부 등 금융위원회가 정하여 고시하는 사항을 고려할 수 있다(법45의3③, 영18의3②).

이에 따라 금리인하 요구를 받은 조합은 해당 요구가 ⅰ) 대출 등의 계약을 체결할 때, 계약을 체결한 자의 신용상태가 금리 산정에 영향을 미치지 아니한 경우(제1호), ⅱ) 신용상태의 개선이 경미하여 금리 재산정에 영향을 미치지 아니하는 경우(제2호)의 어느 하나에 해당하는지를 고려하여 수용 여부를 판단할 수 있다(감독규정10의2①).

3. 요구의 수용 여부 및 사유의 통지 방법

조합은 금리인하 요구를 받은 날부터 10영업일 이내(자료의 보완을 요구하는 경우에는 그 요구하는 날부터 자료가 제출되는 날까지의 기간은 포함하지 않는다)에 금리인하를 요구한 자에게 그 요구의 수용 여부 및 그 사유를 전화, 서면, 문자메시지, 전자우편, 팩스 또는 그 밖에 이와 유사한 방법으로 알려야 한다(법45의3③, 영18의3③).

4. 자료제출 요구

조합은 대출 등의 계약을 체결한 자가 금리인하를 요구하는 때에는 신용상태 개선을 확인하는 데 필요한 자료 제출을 요구할 수 있다(법45의3③, 영18의3④, 감독규정10의2②).

5. 인정요건 및 절차 등의 안내

조합은 금리인하 요구 인정요건 및 절차 등을 인터넷 홈페이지 등을 이용하여 안내하여야 한다(법45의3③, 영18의3④, 감독규정10의2③).

6. 관련 기록의 보관 · 관리

조합은 금리인하를 요구받은 경우 접수, 심사결과 등 관련 기록을 보관 · 관리하여야 한다(법45의3③, 영18의3④, 감독규정10의2④).

Ⅳ. 위반시 제재

조합 또는 중앙회가 법 제45조의3 제2항(제79조의2에 따라 준용되는 경우를 포함)을 위반하여 금리인하를 요구할 수 있음을 알리지 아니한 경우에는 2천만원 이하의 과태료를 부과한다(법101①(1의3)).

제
6
장
/

건전성규제

제1절 자금의 차입

Ⅰ. 제도적 취지

정상적인 수신보다 차입자금에 의존하는 영업으로 인한 경영의 위험성 증가를 방지하기 위하여 자금차입에 대한 한도 규제를 실시하고 있다.

Ⅱ. 차입대상 기관

조합은 중앙회 또는 다른 금융기관으로부터 차입할 수 있다(표준정관62①본문).

조합은 조합의 사업을 수행하기 위하여 필요한 경우 자금을 차입할 수 있다. 차입은 조합이 채무를 부담하는 행위이므로 조합이 직접 차입하는 행위 이외에 제3자를 위하여 보증하는 행위도 포함되는 것으로 보아야 한다.[1]

---

1) 신협중앙연수원(2021), 206쪽.

Ⅲ. 자금의 차입한도

1. 자산총액 5%와 자기자본 100% 중 큰 금액

차입금은 조합의 부채이기 때문에 무리한 차입으로 인한 경영부실을 방지하고자 금융위원회가 정하는 기준(=상호금융업감독규정)에 따라 중앙회장의 승인을 받은 경우를 제외하고는 차입 한도를 다음과 같이 정하고 있다.

조합은 사업을 수행하기 위하여 자금을 차입하는 경우에는 조합이 차입할 수 있는 자금의 한도는 직전 사업연도말 자산총액의 5%와 자기자본 중 큰 금액으로 한다(법41①, 영16의3).

2. 차입한도 산정시 제외 대상

차입한도 산정시 신용협동조합예금자보호기금으로부터의 차입금 및 조합이 중앙회에 예치한 예탁금 범위 내 대출은 포함하지 아니한다(표준정관62②).

Ⅳ. 자금차입 한도의 예외(초과차입)

1. 중앙회장의 승인

금융위원회가 정하는 기준에 따라 중앙회장의 승인을 받은 경우에는 자산총액의 5% 또는 자기자본 중 큰 금액의 범위를 초과하여 자금을 차입할 수 있다(법41②).

초과차입 승인을 신청하고자 하는 조합은 차입목적, 기관, 금액, 기간 및 이율 등을 기재한 신청서에 ⅰ) 차입을 결의한 이사회의사록 사본(제1호), ⅱ) 전월말 대차대조표(제2호), ⅲ) 이사회 결의에 의한 초과차입금 해소계획서(제3호)를 첨부하여 중앙회장에게 제출하여야 한다(표준업무방법서21①).

2. 금융위원회가 정하는 기준

위에서 금융위원회가 정하는 기준은 ⅰ) 직전 사업년도말 자기자본의 2배와 자산총액의 10% 중 큰 금액의 범위 내에서 부보금융회사2) 및 체신관서로부터의

---

2) "부보금융회사"(附保金融會社)란 예금자보호법에 따른 예금보험의 적용을 받는 자로서 은행, 한국산업은행, 중소기업은행, 농협은행, 수협은행, 외국은행의 국내 지점 및 대리점(대

차입(제1호), ⅱ) 직전 사업년도말 자기자본의 3배와 자산총액의 15% 중 큰 금액의 범위 내에서 중앙회 신용사업회계로부터의 차입(조합이 중앙회에 예치한 신용예탁금 범위 내에서 실행되는 중앙회의 대출 또는 합병지원자금(법55②) 대출을 제외)(제2호), ⅲ) 금융감독원장이 정하는 후순위 차입(제3호),[3] ⅳ) 신용협동조합 예금자보호기금으로부터의 차입(제4호)이다(감독규정5①).

3. 후순위차입금

조합은 감독규정 제5조 제1항 제3호에서 정하는 후순위차입금의 자금공여자에 대한 대출, 지급보증 등을 통하여 관련 자금을 직·간접적으로 지원할 수 없다(감독규정5②).

Ⅴ. 관련 판례

** 대구고등법원 1986. 8. 26. 선고 85나1712 판결

별지1, 2 목록 기재의 이사건 부동산에 관하여 피고 은행 앞으로 주문 1항 기재와 같은 근저당권설정등기가 경료된 후 피고 은행이 1984. 4. 25.자로 원고 조합 명의로 금 290,000,000원을 대여한 사실, 피고 은행이 원고 조합에 대한 위 대여금을 회수하기 위하여 위 근저당권을 실행하여 부산지방법원 울산지원 84타971호로 그 경매절차가 진행되자 원고 조합이 피고 은행을 상대로 그 경매절차 정지신청을 하여 같은 지원 84타2750호로 그 경매절차 정지결정이 된 사실 등은 당사자 사이에 다툼이 없다.

그런데 위에서 나온 갑9호증, 성립에 다툼이 없는 갑5호증의 2의 각 기재와 원심 증인 A, B, 당심 증인 C의 각 증언(다만 위 B의 증언 중 믿지 않는 부분 제외)에다 변론의 전취지를 모아보면, 원고 조합의 대표자인 피고 L은 위에서 본 바와 같은 경위로 그 앞으로 명의신탁된 원고 소유의 이사건 부동산을 피고 은행 앞

통령령으로 정하는 외국은행의 국내 지점 및 대리점은 제외), 투자매매업자·투자중개업자(다자간매매체결회사, 예금등이 없는 투자매매업자·투자중개업자로서 대통령령으로 정하는 자 및 농협구조개선법 제2조 제1호에 따른 조합은 제외), 증권금융회사, 보험회사(재보험 또는 보증보험을 주로 하는 보험회사로서 대통령령으로 정하는 보험회사는 제외), 종합금융회사, 상호저축은행 및 상호저축은행중앙회를 말한다(예금자보호법2(1)).
3) [별표 5]에서 정하는 조건을 충족하여 보완자본에 포함되는 후순위차입금을 말한다(감독업무시행세칙4).

으로 위와 같이 담보제공한 후 원고 조합 명의로 위와 같은 돈을 차입함에 있어서 원고 조합의 이사회의 승인 결의가 없었음에도 불구하고 그 결의가 있었던 것처럼 이사회 기재결의서를 위조하여 이를 대출관계 서류와 함께 피고 은행에 제출함으로써 위와 같은 돈을 대출받게 된 사실을 인정할 수 있고, 달리 반증이 없다.

그렇다면, 원고 조합은 신용협동조합법에 의하여 설립된 비영리법인으로서 같은 법 제31조 제2항 제1항 제5호(현행 제41조 참조)의 규정에 의하면 신용협동조합은 조합원의 출자금의 총액과 적립금의 합계액을 초과하여 소요자금을 차입할 수 없도록 되어 있고, 같은 법 제29조 제2호(현행 제36조 제1항 제4호)에는 소요자금의 차입에는 이사회의 결의를 얻어야 한다고 규정하고 있으며, 같은 법 제9조 제12조의 조합원의 자격 및 출자에 관한 규정, 같은 법 제11조, 제19조의 조합원의 자본금은 조합원이 납입한 출자금의 총액으로 하고 조합원의 책임은 그 납입출자액을 한도로 한다는 규정 및 같은 법의 목적(같은 법 제1조)으로 하는 바 등에 비추어 볼 때 원고 조합이 이사회의 결의 없이 한 비조합원으로부터의 위와 같은 자금차입은 무효라고 보아야 할 것이다(대법원 1985. 2. 26. 선고 84다카527 판결; 대법원 11. 26. 선고 85다카122 판결 등 참조). 따라서 위 근저당권설정등기에 기한 원고 조합의 피고 은행에 대한 차용금채무는 존재하지 않는 셈이고, 나아가 위 근저당권설정계약은 피고 L에 대한 이사건 부동산에 관한 신탁해지에 인한 소유권이전등기청구권을 가짐이 위에서 본바와 같은 원고가 그 소유권이전등기청구권을 보전하기 위하여 같은 피고를 대위하여 피고 은행에 대하여 그 근저당권에 기한 피담보채무의 부존재를 이유로 그 근저당권설정등기의 말소를 구하는 원고의 1986. 5. 28.자 준비서면 부본이 피고 은행 앞으로 송달된 날임이 기록상 분명한 1986. 6. 7. 적법하게 해제되었다고 할 것이다.

제2절 동일인에 대한 대출등의 한도

Ⅰ. 서설

1. 동일인 대출의 의의

동일인 대출이라 함은 채무자가 본인의 계산(사용 목적)으로 동일인으로 간주되는 자 등의 명의로 분산 대출하여 채무자 본인이 직접 사용하는 대출을 말한다. 다만, 동일인으로 간주되는 자 등의 명의로 대출이 분산하여 실행되었다 하더라도 명의차주별로 각자의 사용목적에 의하여 각자에게 사용되어지는 경우에는 동일인 대출로 보지 아니한다.

법 제42조의 규정에 의하여 동일인으로 간주되는 자는 해당 채무자와 ⅰ) 동일세대원, ⅱ) 배우자 및 직계 존비속, ⅲ) 동업자 및 그 해당 법인 직원, ⅳ) 채무자가 법인인 경우 해당 법인의 임·직원, ⅴ) 채무자가 임원인 경우 해당 법인의 관계에 있는 자를 포함한다.[4]

2. 제도적 취지

신용협동조합법에서 동일인에 대한 대출한도를 정하고 이를 초과하여 대출한 임·직원을 처벌하는 규정을 둔 취지는 특정 소수 대출채무자에게 과도하게 편중 대출하는 것을 규제하여 조합원들에게 골고루 대출이 이루어질 수 있도록 함으로써 조합원 대다수에게 대출 혜택을 부여함과 아울러 동일인에 대하여 통상의 대출한도를 미리 정함으로써 그의 변제능력 상실로 대출금의 회수가 곤란해지더라도 그로 인해 신용협동조합의 재정이 부실화될 가능성을 방지하여 신용협동조합의 자산 건전성을 확보·유지하고자 하는 데에 있다.[5]

---

4) 신협중앙회(2021b), 16쪽.
5) 대법원 2008. 8. 21. 선고 2006도7741 판결.

Ⅱ. 동일인 대출한도의 기준

1. 의의

조합은 동일인에 대하여 금융위원회가 정하는 기준에 따라 중앙회장의 승인을 받은 경우를 제외하고는 조합의 직전 사업연도말 자기자본의 20%와 자산총액의 1% 중 큰 금액을 초과하는 대출등(대출·어음할인)을 할 수 없다(법42 전단, 영16의4① 전단).

2. 최고한도의 설정

금융위원회는 자기자본의 20%에 해당하는 금액과 자산총액의 1%에 해당하는 금액에 대하여 각각 최고한도를 설정할 수 있다(영16의4① 후단).

(1) 자산총액 1%의 최고한도

금융위원회가 자산총액의 1%에 해당하는 금액에 대하여 설정하는 최고한도는 7억원으로 한다(감독규정6⑥).

(2) 자기자본 20%의 최고한도

자기자본의 20%에 해당하는 금액에 대하여 설정하는 최고한도는 50억원으로 한다(감독규정6⑦ 본문). 다만, 직전 사업연도말 자기자본이 500억원 이상인 조합이 법인인 조합원에 대한 대출을 하는 경우에는 최고한도를 100억원으로 한다(감독규정6⑦ 단서).

3. 본인 계산과 타인 명의 대출등의 판단기준

본인의 계산으로 다른 사람의 명의에 의하여 하는 대출등은 그 본인의 대출등으로 본다(법42 후단). 동일인에 대한 대출한도 초과 여부의 판단기준은 대출금의 실질적 귀속자이다.[6]

---

6) 대법원 2006. 5. 11. 선고 2002도6289 판결.

4. 동일인에 대한 신용대출한도

조합의 동일인에 대한 신용대출한도는 1억 5천만원 이내에서 조합 이사회에서 정하는 바에 의한다(표준업무방법서23① 본문). 다만, 중앙회장이 특별히 정하는 상품을 취급하는 경우 또는 중앙회장의 승인을 얻은 경우에는 별도로 한도를 정하여 운용할 수 있다(표준업무방법서23① 단서).

5. 관련 판례

① 대법원 2014. 4. 10. 선고 2012다43331(반소) 판결

대출자 명의를 달리하는 복수의 대출이 그 실질은 동일인에 대한 대출한도 초과대출에 해당함을 이유로 위 대출에 관여한 금융기관의 임직원에게 손해배상책임을 묻기 위하여는, 그 대출의 실질이 동일인 대출한도 초과대출이라는 점 외에 대출 당시 채무자의 재무상태, 다른 금융기관으로부터의 차입금 기타 채무를 포함한 전반적인 금융거래상황, 사업현황 및 전망과 대출금의 용도, 소요기간 등에 비추어 볼 때 채무상환능력이 부족하거나 제공된 담보의 경제적 가치가 부실하여 대출채권의 회수에 문제가 있음에도 이루어진 대출이라는 점과, 위 대출에 관여한 금융기관의 임직원이 그 대출이 동일인 대출한도 초과대출로서 채무상환능력이 부족하거나 충분한 담보가 확보되지 아니한 상태에서 이루어진다는 사정을 알았거나 알 수 있었음에도 그 대출을 실행하였다는 점에 대한 증명이 있어야 할 것이다(대법원 2004. 6. 11. 선고 2004다5846 판결; 대법원 2012. 4. 12. 선고 2010다75945 판결 등 참조).

원심은 채택 증거에 의하여 그 판시와 같은 사실을 인정한 다음 판시 사실로부터 인정되는 다음과 같은 사정, 즉 ① 원심판결 별지 표 2 기재 대출의 실질적 채무자는 주식회사 감로산업("감로산업")이라고 판단되는 점, ② 위 대출이 이루어진 경위 등 여러 제반 정황을 감안할 때 반소피고들은 위 대출이 동일인에 대한 대출한도 제한을 피하기 위하여 L 등 14인 명의로 실행되었다는 사정을 알았거나 알 수 있었다고 보이는 점, ③ 위 대출의 담보물로 제공된 이 사건 용당유통프라자 건물들은 당시 미분양 상태로 남아 있는 등 실수요가 거의 없었던 것으로 보임에도 반소피고들은 실제 분양계약이 체결된 내용이 기재된 계약서가 아니라 감로산업이 작성한 분양계약서 용지에 기재된 분양가액을 근거로 가액을

산정한 뒤 대출기준에 따라 그 산정가액의 70% 상당액을 대출해 준 점, ④ 위 대출원금이 K농업협동조합의 감정평가액과 차이가 별로 없고 대출이자 내지 지연손해금까지 감안할 때 위 대출금이 제때에 변제되지 아니할 경우 이 사건 용당유통프라자 건물들만으로 위 대출금채무가 충분히 담보된다고 보기 어려운 점 등에 비추어 볼 때, 반소피고들은 반소원고의 임원 및 직원으로서 위 대출 당시 필요한 주의의무 내지 성실의무를 다하지 못하였으므로, 이로 인하여 반소원고가 입은 미회수 대출원리금 상당의 손해를 배상할 책임이 있다고 판단하였다. 앞서 본 법리와 기록에 비추어 살펴보면, 원심의 위와 같은 사실인정과 판단은 정당한 것으로 수긍할 수 있다.

② 대법원 2006. 5. 11. 선고 2002도6289 판결

[1] 구 신용협동조합법상 동일인에 대한 대출한도 초과 여부의 판단 기준(= 대출금의 실질적 귀속자): 대출인 명의를 다른 조합원 등 명의로 함으로써 각각의 대출명의인을 기준으로 한 대출금은 동일인에 대한 대출한도를 초과하지 않는다고 하더라도, 대출금이 실질적으로 귀속되는 자를 기준으로 할 경우 대출한도를 초과하는 이상 그 대출행위는 구 신용협동조합법(1998. 1. 13. 법률 제5506호로 전문 개정되어 1998. 4. 1.부터 시행되기 전의 것, 이하 같다) 제32조(현행 제42조)에 위배된다(대법원 1999. 11. 12. 선고 99도1280 판결, 2001. 11. 13. 선고 2001도3531 판결 등 참조).

[2] 동일인 대출한도를 초과하여 대출한 행위를 구 신용협동조합법 위반죄로, 물적담보를 제대로 확보하지 아니하고 대출한 행위를 업무상배임죄로 각각 별도로 기소한 사안에서, 설사 한도초과 대출행위가 구 신용협동조합법 위반죄를 구성하는 외에 그 자체만으로 업무상배임죄를 구성한다고 하더라도, 공소장 변경 없이 위 행위로 인한 업무상배임죄를 유죄로 인정하는 것은 허용될 수 없다고 한 사례: 검사는 이 사건에서 피고인이 공소외 6, 7, 8에게 각 대출을 하면서 "동일인 대출한도를 초과하여 대출한 행위("한도초과 대출행위")"를 구 신용협동조합법 위반죄로, "물적담보를 제대로 확보하지 아니한 채로 대출하여 그들로 하여금 각 대출액 상당의 재산상 이익을 취득하게 하고 S신용협동조합에 동액 상당의 손해를 가한 행위"를 업무상 배임죄로 각각 별도로 기소한 사실, 제1심 및 환송 전후의 원심도 이를 전제로 하여 심리·판단하여 왔고, 그 심리과정에서

한도초과 대출행위가 구 신용협동조합법 위반죄를 구성하는 것과는 별도로 그 자체만으로 업무상배임죄를 구성하는지 여부는 쟁점이 되지 아니한 사실, 결국 환송 후 원심은 그 중 한도초과 대출에 의한 구 신용협동조합법 위반죄 부분에 대하여는 유죄를 인정하고, 업무상배임죄 부분에 대하여는 범죄의 증명이 없음을 이유로 무죄를 선고하였음을 알 수 있고, 한편 이 사건 한도초과 대출행위 당시 시행되던 구 신용협동조합법 제96조 제1항 제1호 단서(현행 제99조 제2항 제2호 참조)는 같은 법 제96조 제1항 제1호 본문(현행 제99조 제2항 제2호 참조)에 해당하는 행위가 형법 제355조 또는 제356조의 배임행위에 해당하는 때에는 형법의 예에 의하도록 규정하고 있어 구 신용협동조합법 제96조 제1항(현행 제99조 제2항 제2호 참조) 위반죄와 한도초과 대출로 인한 업무상 배임죄를 경합범으로 처벌할 수 없도록 되어 있었다.

그렇다면 설사 한도초과 대출행위가 구 신용협동조합법 위반죄를 구성하는 외에 그 자체만으로 업무상배임죄를 구성한다고 하더라도, 이 사건 업무상배임죄의 공소사실에는 한도초과 대출로 인한 업무상 배임죄의 공소사실이 포함되어 있지 않음이 분명하고, 나아가 한도초과 대출행위와 물적담보를 제대로 확보하지 아니하고 대출한 행위는 그 행위 내용이나 결과, 임무위배의 태양 및 그로 인하여 조합이 입게 되는 손해의 내용 등을 달리하므로, 후자의 행위가 업무상배임죄로 기소된 이 사건에서 공소장변경 없이 전자의 행위로 인한 업무상배임죄를 유죄로 인정하는 것은 피고인의 방어권 행사에 실질적인 불이익을 초래할 염려가 있어 허용될 수 없다고 할 것이다.

③ 대법원 2006. 3. 24. 선고 2005다46790 판결

신용협동조합의 이사장이 동일인 대출한도를 초과하는 대출을 승인하는 등 그 임무를 해태하여 조합으로 하여금 대출금을 회수하지 못하는 손해를 입게 한 경우, 그 미회수 금액 중 동일인 대출한도 내의 대출로 인한 금액 부분에 대하여도 손해배상책임을 지는지 여부(한정 소극): 신용협동조합의 이사장이 재직 당시 동일인에 대하여 대출한도를 초과한 돈을 대출하면서 충분한 담보를 확보하지 아니하는 등 그 임무를 해태하여 신용협동조합으로 하여금 대출금을 회수하지 못하는 손해를 입게 하였다고 하더라도, 그 미회수 금액 중 동일인 대출한도 내의 대출로 인한 금액에 대하여는 대출 당시 차주의 신용 또는 재산상태로 보아

회수 가능성이 없었다거나 그 대출과 관련하여 신용협동조합의 다른 대출관련 규정을 위반하였다는 등의 특별한 사정이 없는 한 손해배상의 책임을 지울 수 없다고 할 것이다.

기록에 의하면, 원심이 피고 1이 위 실차주 소외 2에 대한 동일인 대출한도 초과대출로 인하여 A신협에게 입혔다고 인정한 손해액 84,514,158원에는 위 소외 2에 대한 동일인 대출한도 내의 금액인 1,500만 원이 포함되어 있음을 알 수 있으므로, 앞서 본 법리에 비추어 보면, 위 1,500만 원 부분에 대하여는 A신협이 대출 후 그 금액을 회수하지 못하는 손해를 입었다고 하더라도 다른 특별한 사정이 없는 한 피고 1이 A신협에게 그 손해를 배상할 책임이 없다고 보아야 할 것이다.

④ 대법원 2001. 11. 30. 선고 99도4587 판결

[1] 신용협동조합 이사장의 부당대출행위와 업무상배임죄 성립 여부: 일반 금융기관과 달리 상호유대를 가진 자 사이의 협동조직을 통하여 자금의 조성과 이용 등을 도모하기 위하여 설립된 신용협동조합의 이사장이 자신 또는 제3자의 이익을 도모하여 임무에 위배하여 소정의 대출한도액을 초과하여 대출하거나 비조합원 또는 무자격자에게 대출하였다면, 그로 인하여 조합이 다른 조합원에게 정당하게 대출할 자금을 부당하게 감소시킨 결과가 되어 그 대출금에 대한 회수의 가능 여부나 담보의 적정 여부에 관계없이 조합에 재산적 손해를 입게 한 것으로 보아야 할 것이고, 이 경우 이사장의 임무 위배가 인정되는 이상 설령 조합 내 여신위원회의 사전 심사와 결의를 거쳤다고 하더라도 업무상배임죄의 성립에 영향이 없다.

[2] 본인의 계산으로 타인의 명의에 의하여 행하는 대출에 있어서 무자격자인 대출 명의자에 대한 대출이 배임죄를 구성하는 것과 별도로 대출총액이 본인의 대출한도액을 초과하는 경우 배임죄가 성립하는지 여부(적극): 동일 조합원에 대한 대출한도의 초과 여부를 판단함에 있어 본인의 계산으로 타인의 명의에 의하여 행하는 대출은 그 본인의 대출로 보아야 할 것이고(1998. 1. 13. 법률 제5506호로 전문 개정된 신용협동조합법 제42조 단서에서는 이 점을 명문화하였다), 이때 종전 대출의 명의자인 타인이 비조합원 또는 무자격자이고 그 무자격자에 대한 대출이 별도의 배임행위로 처벌받는다고 하더라도 그 대출금액과 추가대출금액을 포

함한 대출총액이 본인의 대출한도액을 초과하는 때에는 이에 대하여 별도의 배임죄가 성립한다.

⑤ 대법원 1984. 9. 25. 선고 84도1436 판결

신용협동조합의 이사장은 동 조합을 위하여 성실히 직무를 수행하여야 할 임무가 있으므로 제 3자의 이익을 도모하여 임무에 위배하여 소정의 대출한도액을 초과하여 대출하거나 비조합원에게 대출하여 동 조합에 그 대출상당액의 재산상의 손해를 가하였다면 동조합 내 여신위원회의 결의가 있었다거나 대출금에 대한 회수의 가능여부에 관계없이 업무상배임죄가 성립된다

⑥ 서울행정법원 2017. 10. 20. 선고 2016구합84955 판결

대출인 명의를 다른 조합원 등의 이름으로 함으로써 각각의 대출명의인을 기준으로 한 대출금은 동일인에 대한 대출한도를 초과하지 않는다고 하더라도, 대출금이 실질적으로 귀속되는 자를 기준으로 할 경우 대출한도를 초과하는 이상 그 대출행위는 신용협동조합법 제42조에 위배되고(대법원 1999. 11. 12. 선고 99도1280 판결; 대법원 2001. 11. 13. 선고 2001도3531 판결 등 참조), 다른 사람의 이름으로 대출을 받더라도 그것이 본인의 계산으로 실행되는 것이라면 이는 본인의 대출에 해당한다(신용협동조합법 제42조 후문). 한편 조합은 동일인에 대하여 금융위원회가 정하는 기준에 따라 중앙회장의 승인이 있는 경우를 제외하고는 조합의 직전사업연도 말 자기자본의 20% 또는 자산총액의 1% 중 큰 금액의 범위 안에서 금융위원회가 정하는 한도인 5억 원을 초과하여 대출을 할 수 없다(신용협동조합법 제42조 전문, 같은 법 시행령 제16조의4 제1항, 구 상호금융감독규정 제6조 제6항).

⑦ 제주지방법원 2011. 9. 1. 선고 2010고합67, 84(병합) 판결

대출인 명의를 다른 조합원들 명의로 함으로써 각각의 대출명의인을 기준으로 한 대출금은 동일인에 대한 대출한도를 초과하지 않는다고 하더라도 대출금이 실질적으로 귀속되는 자를 기준으로 할 경우 대출한도를 초과하는 이상 그 대출행위는 신용협동조합법에 위반되는 것이고(1991. 11. 12. 선고 99도1280 판결 등 참조), 실질적인 자금의 수수 없이 형식적으로만 신규대출을 하여 기존채무를 변제하는 이른바 대환은, 특별한 사정이 없는 한 형식적으로는 별도의 대출에 해

당하나 실질적으로는 기존채무의 변제기의 연장에 불과하므로, 신용협동조합법
에서 금지·처벌의 대상으로 삼고 있는, "동일인에 대한 대출한도를 초과하는 대
출"에 해당하지 아니한다(대법원 2001. 11. 13. 선고 2001도3531 판결 등 참조).

⑧ 대법원 2008. 8. 21. 선고 2006도7741 판결

업무상배임죄는 업무상 타인의 사무를 처리하는 자가 임무에 위배하는 행위
로써 재산상의 이익을 취득하거나 제3자로 하여금 이를 취득하게 하여 본인에게
재산상의 손해를 가한 때 성립하는바, 여기서 재산상의 손해라 함은 현실적인 손
해를 가한 경우뿐만 아니라 재산상 실해 발생의 위험을 초래한 경우도 포함되고,
재산상 손해의 유무에 대한 판단은 법률적 판단에 의하지 아니하고 경제적 관점
에서 파악하여야 하지만(대법원 1992. 5. 26. 선고 91도2963 판결; 대법원 1995. 11.
21. 선고 94도1375 판결; 대법원 2004. 4. 9. 선고 2004도771 판결; 대법원 2005. 4. 15.
선고 2004도7053 판결 등 참조), 재산상 손해가 발생하였다고 평가될 수 있는 재산
상 실해 발생의 위험이라 함은 본인에게 손해가 발생할 막연한 위험이 있는 것
만으로는 부족하고 경제적인 관점에서 보아 본인에게 손해가 발생한 것과 같은
정도로 구체적인 위험이 있는 경우를 의미한다고 할 것이다.

이러한 법리에 비추어 보면, 동일인 대출한도액을 초과한 대출이 이루어졌
다는 사정만으로 신용협동조합에 당연히 대출채권을 회수하지 못하게 될 위험이
나 다른 조합원들에 대한 대출을 곤란하게 하여 신용협동조합의 적정한 자산운
용에 장애를 초래하는 위험 등의 재산상 손해가 발생하였다고 단정할 수는 없다
(대법원 2008. 6. 19. 선고 2008도1406 전원합의체 판결 참조).

그렇다면, 피고인의 대출행위가 대출관련 규정에 위반하여 동일인 대출한도
를 초과하였다는 사실만으로 대출 당시 이미 채무자의 채무상환능력이 불량하여
채권회수에 문제가 있었는지 여부에 관하여 구체적으로 심리·판단함이 없이 업
무상배임죄 또는 특정경제범죄 가중처벌 등에 관한 법률 위반(배임)죄를 인정한
원심의 판단에는 업무상배임죄 또는 특정경제범죄 가중처벌 등에 관한 법률 위
반(배임)죄에 관한 법리를 오해하여 판결 결과에 영향을 미친 위법이 있다.

Ⅲ. 동일인 대출한도 산정시 제외되는 대출

다음에 해당하는 대출, 즉 ⅰ) 당해 조합에 대한 예탁금 및 적금을 담보로 하는 대출, ⅱ) 당해 조합과의 공제계약에 의하여 납입한 공제료를 담보로 하는 대출, ⅲ) 정부·한국은행 또는 은행이 보증하거나 동 기관이 발행 또는 보증한 증권을 담보로 하는 대출, ⅳ) 농림수산업자신용보증기금이 보증하거나 농림수산정책자금대손보전기금 등에 의하여 대손보전이 이루어지는 대출, ⅴ) 별표 1 (경영실태평가 부문별 평가항목)에 의한 총자본비율 산출시 위험가중치가 20% 이하인 대출(이 경우 설립 근거법이 동일한 조합에 대한 대출 또는 그에 의해 보증된 대출은 제외), ⅵ) 지역신용보증재단 또는 서민금융진흥원에 의하여 대손보증이 이루어지는 대출금은 동일인에 대한 대출액 산정시 이를 포함하지 아니한다(영16의4②, 감독규정6①).

Ⅳ. 동일인 대출한도의 초과대출

1. 동일인 대출한도의 예외: 중앙회장 승인

중앙회장은 ⅰ) 채무인수·상속·합병 및 영업양수 등에 의하여 대출채권을 불가피하게 양수한 경우(제1호), ⅱ) 조합의 합병 또는 영업양수도로 동일인 대출한도를 초과하게 되는 경우(제2호), ⅲ) 사고금의 보전목적 등 채권보전 조치를 위하여 필요한 경우(제3호), ⅳ) 법률 제6345호 농어업인부채경감에관한특별조치법에 의거 농어업인에 대해 부채경감 목적으로 대출을 취급함으로써 동일인 대출한도를 초과하는 경우(신협은 제외)(제4호), ⅴ) 농어업재해대책법 및 자연재해대책법에 의거 재해대책 목적으로 대출을 취급함으로써 동일인 대출한도를 초과하는 경우(제5호)에는 동일인 대출한도를 초과하여 승인할 수 있다(감독규정6②).

2. 동일인 대출한도 초과승인: 제출서류

동일인 대출한도 초과승인을 신청하고자 하는 조합은 초과되는 대출 건수별로 ⅰ) 동일인에 대한 대출이 이미 있는 경우 해당 대출서류 사본(제1호), ⅱ) 신청일 전월 평잔대차대조표(제2호), ⅲ) 신청원인 및 내용, 동일인 대출한도액, 채권보전계획등을 기재한 승인신청서(제3호), ⅳ) 감독규정 제6조 제2항 각호의 사

유를 입증할 수 있는 서류(제4호)를 첨부한 신청서를 중앙회장에게 제출하여야
한다(표준업무방법서22).

Ⅴ. 동일인 대출한도 초과분의 해소

동일인 대출한도 범위 내에서 이미 취급된 동일인 대출금이 조합의 출자금
(회전출자금 및 가입금을 포함) 환급, 결손금 발생 등으로 자기자본 또는 자산총액
이 감소하여 동일인 대출한도를 초과하게 된 경우에는 그 한도가 초과한 날로부
터 만기일 이내에 한도에 적합하도록 하여야 한다(감독규정6④).

Ⅵ. 위반시 제재

조합 또는 중앙회의 임직원 또는 청산인이 법 제42조를 위반하여 동일인에
대한 대출등의 한도를 초과한 경우에는 2년 이하의 징역 또는 2천만원 이하의
벌금에 처한다(법99②(2)).

제3절 상환준비금

Ⅰ. 제도적 취지

상환준비금은 신용협동조합이 조합원들로부터 예탁받은 자금을 모두 대출
함으로써 일시적인 유동성 부족으로 인한 인출 불능 사태가 발생하는 것을 방지
하기 위하여 법으로 일정한 자금을 조합 내에 유보하도록 한 것이고, 그중 일부
를 중앙회에 예치하도록 한 취지가 상환준비금제도를 더욱 엄격히 유지하여 조
합원들의 예탁금반환을 보장하기 위한 공익적 목적에서 비롯된 것이다.[7]

---

7) 대법원 2003. 3. 14. 선고 2002다58761 판결.

II. 내용

1. 보유 한도

조합은 전월 말일 기준 예탁금 및 적금 잔액의 10%에 해당하는 금액을 상환준비금으로 보유해야 한다(법43①, 영17①). 이는 예금자 등의 상환요구에 대처하기 위하여 예금 등 금전채무에 대하여 일정비율에 해당하는 상환준비금을 보유하도록 한 것이다.

2. 중앙회 의무 예치비율

조합은 상환준비금 중 80%[지역농협과 지역축협(신용사업을 하는 품목조합 포함), 지구별수협(신용사업을 하는 조합 포함), 산림조합은 100%]에 해당하는 금액 이상을 다음 달 5일까지 중앙회에 예치해야 한다(법43①, 영17② 본문). 다만, 금융위원회는 중앙회 또는 조합의 건전한 운영을 위하여 필요하다고 인정하는 경우에는 지역농협과 지역축협(신용사업을 하는 품목조합 포함), 지구별수협(신용사업을 하는 조합 포함) 외의 조합에 대해 상환준비금의 중앙회 예치비율을 상향조정할 수 있다(법43①, 영17② 단서).

3. 중앙회 예치 외의 보유 방법

조합은 중앙회에 예치한 금액 외의 상환준비금을 현금 또는 부보금융회사 및 체신관서(법44(2))에 예치하는 방법으로 보유하여야 한다(법43②, 영17③).

4. 중앙회에 예치된 상환준비금의 운용방법 등

(1) 운용방법

중앙회에 예치된 상환준비금의 운용은 ⅰ) 조합에 대한 대출, ⅱ) 부보금융회사 및 체신관서에의 예치, ⅲ) 조합에 대한 어음할인, ⅳ) 중앙회안의 예금자보호기금에 대한 대출, ⅴ) 다음의 유가증권의 매입, 즉 ㉠ 국채증권·지방채증권 및 특수채증권, ㉡ 부보금융기관 또는 체신관서가 지급보증한 회사채 및 신용평가전문기관 중에서 2(신용평가전문기관의 업무정지등 부득이한 사유가 있는 경우에는 1) 이상의 자로부터 BBB+이상의 평가등급을 받은 회사채(다만 사모사채의 경우에는 신용평가전문기관으로부터 BBB+이상의 평가등급을 받은 경우에도 이를 매입할 수

없다), ⓒ 증권집합투자기구의 집합투자증권 또는 신탁업자가 발행하는 수익증권
으로서 상장주식등의 편입비율이 30% 이하인 것, ⓔ 단기금융집합투자기구의 집
합투자증권, ⓜ 회생절차 개시의 결정을 받은 기업, 채권금융기관이 기업구조조
정을 위한 목적으로 관리절차가 진행 중인 기업, 그리고 기업구조조정 촉진을 위
한 금융기관 등의 협약·협의에 의해 기업개선작업을 추진 중인 기업에 대한 회
사채 등이 출자전환되어 보유하게 되는 그 기업의 지분증권의 매입의 방법에 의
한다(감독규정6의3①).

(2) 증권집합투자기구의 집합투자증권 등의 매입한도

위에서 증권집합투자기구의 집합투자증권 또는 신탁업자가 발행하는 수익
증권으로서 상장주식 등의 편입비율이 30% 이하인 유가증권의 매입한도는 전월
말 상환준비금 운용자금의 10% 이내로 한다(감독규정6의3③).

5. 운용수익의 처분 순서

중앙회에 예치된 상환준비금의 운용수익은 ⅰ) 상환준비금의 운영 및 관리
등에 필요한 비용의 지급, ⅱ) 상환준비금에 대한 이자의 지급, ⅲ) 그 밖에 금융
위원회의 승인을 얻어 중앙회장이 정하는 방법(제4호)의 순서에 따라 처분한다
(법43②, 영17④).

Ⅲ. 위반시 제재

조합이 법 제43조 제1항을 위반하여 상환준비금을 보유하지 아니하거나 중
앙회에 예치하지 아니한 경우에는 2천만원 이하의 과태료를 부과한다(법101①(1
의2)).

Ⅳ. 관련 판례

** 대법원 2003. 3. 14. 선고 2002다58761 판결
신용협동조합법 제43조에 따라 신용협동조합이 신용협동조합중앙회에 상환
준비금으로 예탁(현행 예치)한 채권에 대하여 신용협동조합중앙회가 당해 조합에

대한 대출채권으로 상계하는 것이 금지되는지 여부(소극): 신용협동조합법 제43
조 소정의 상환준비금은 신용협동조합이 조합원들로부터 예탁받은 자금을 모두
대출함으로써 일시적인 유동성 부족으로 인한 인출불능사태가 발생하는 것을 방
지하기 위하여 법으로 일정한 자금을 조합 내에 유보하도록 한 것이고, 그중 일
부를 중앙회에 예탁(현행 예치)하도록 한 취지가 상환준비금제도를 더욱 엄격히
유지하여 조합원들의 예탁금반환을 보장하기 위한 공익적 목적에서 비롯된 것이
라고 하더라도, 신용협동조합법 및 동법 시행령 등에 상환준비금으로 예탁(현행
예치)된 채권에 대하여 상계를 금지하는 규정이 없고, 상호금융감독규정 제6조의
3 제1항 제1호에 의하면, 중앙회에 예치한 상환준비금을 조합에 대한 대출의 용
도로 사용할 수 있도록 규정하고 있는 점 등을 종합하면, 상환준비금으로 예(현
행 예치)된 채권에 대하여 중앙회가 당해 조합에 대한 대출채권으로 상계를 하는
것이 금지되어 있다고 볼 수는 없다.

제4절 여유자금의 운용

Ⅰ. 제도적 취지

여유자금이란 조합원의 자금 수요를 충족시키고 남는 자금을 말한다. 신협
법에서는 여유자금의 운용을 엄격하게 제한하고 있다. 이는 신협의 설립목적에
위반되는 자산운용을 금지하고, 이러한 자금을 계통조직에 집결시켜 계통금융의
장점을 살리면서 안전하고 확실한 운용으로 수익성도 보장하려는 것이다.[8]

Ⅱ. 여유자금의 운용방법

1. 의의

조합은 ⅰ) 중앙회에 예치(제1호), ⅱ) 대통령령으로 정하는 금융기관에 예

---

8) 신협중앙연수원(2021), 206쪽.

치(제2호), ⅲ) 국채·공채의 매입 또는 대통령령으로 정하는 종류 및 한도에서의 유가증권 매입(제3호)의 어느 하나에 해당하는 방법으로 여유자금을 운용하여야 한다(법44).

따라서 신용협동조합은 손실의 위험성이 많은 주식투자 등에 그 자금을 사용할 수 없다. 한편 신용협동조합법 제99조 제1항 제1호는 조합의 임직원이 사업목적 외에 자금을 사용하거나 재산을 처분 또는 이용하여 조합회에 손해를 가한 경우에 3년 이하의 징역 또는 3천만원 이하의 벌금에 처벌할 수 있다고 규정하고 있다.

2. 중앙회 예치

조합은 중앙회에 예치하는 방법으로 여유자금을 운용하여야 한다(법44(1)).

3. 금융기관 예치

조합은 부보금융회사9) 및 체신관서에 예치하는 방법으로 여유자금을 운용하여야 한다(법44(2), 영17의2①).

4. 유가증권의 매입

조합은 국채·공채의 매입 또는 대통령령으로 정하는 종류 및 한도에서의 유가증권 매입(제3호)의 방법으로 여유자금을 운용하여야 한다(법44(3)). 아래서는 대통령령으로 정하는 종류 및 한도에서의 유가증권 매입에 관하여 살펴본다.

(1) 조합이 국채·공채 외에 매입할 수 있는 유가증권의 종류

조합이 국채·공채 외에 매입할 수 있는 유가증권의 종류는 ⅰ) 금융위원회가 신용도 또는 신용평가등급 등을 고려하여 고시하는 회사채(제1호),10) ⅱ) 자

---

9) "부보금융회사"(附保金融會社)란 예금자보호법에 따른 예금보험의 적용을 받는 자로서 은행, 한국산업은행, 중소기업은행, 농협은행, 수협은행, 외국은행의 국내 지점 및 대리점(대통령령으로 정하는 외국은행의 국내 지점 및 대리점은 제외), 투자매매업자·투자중개업자(다자간매매체결회사, 예금등이 없는 투자매매업자·투자중개업자로서 대통령령으로 정하는 자 및 농협구조개선법 제2조 제1호에 따른 조합은 제외), 증권금융회사, 보험회사(재보험 또는 보증보험을 주로 하는 보험회사로서 대통령령으로 정하는 보험회사는 제외), 종합금융회사, 상호저축은행 및 상호저축은행중앙회를 말한다(예금자보호법2(1)).

10) 시행령 제17조의2 제2항 제1호의 규정에 의하여 조합이 여유자금으로 매입할 수 있는 회

본시장법 제229조 제1호에 따른 증권집합투자기구의 집합투자증권 또는 같은 법에 따른 신탁업자가 발행하는 수익증권으로서 상장주식등(증권시장 또는 이와 유사한 시장으로서 외국에 있는 시장에서 취득하는 주식과 장내파생상품 및 장외파생상품으로서 위험회피 목적 외의 파생상품)의 편입비율이 30% 이하인 것(제2호), iii) 자본시장법 제229조 제5호에 따른 단기금융집합투자기구의 집합투자증권(제3호), iv) 그 밖에 조합의 여유자금 운용을 위하여 필요하다고 인정되는 것으로서 금융위원회가 정하여 고시하는 유가증권[11](제4호)이다(영17의2②).

(2) 매입금지 유가증권

조합은 직전 사업연도 말 현재 자기자본의 100%를 초과하여 위 (1) 조합이 국채·공채 외에 매입할 수 있는 유가증권의 종류 부분의 제2호 및 제4호의 유가증권을 매입하여서는 아니 된다(영17의2③).

(3) 유가증권의 매입 한도

금융위원회는 조합의 건전한 여유자금 운용 등을 위하여 필요한 경우에는 위 (1) 조합이 국채·공채 외에 매입할 수 있는 유가증권의 종류 부분의 제1호 또는 제4호에 따른 유가증권의 신용평가등급, 동일회사가 발행한 유가증권의 과다 매입에 따른 투자위험 등을 고려하여 그 매입 한도를 정하여 고시할 수 있다(영17의2④).

이에 따라 조합의 건전한 여유자금 운용 등을 위하여 금융위원회가 정하는 매입 한도는 ⅰ) 시행령 제17조의2 제2항 제1호의 회사채의 경우 직전 사업연도 말 자산총액의 30%와 여유자금[중앙회와 시행령 제17조의2 제1항의 금융기관에 예치한 금액(상환준비금은 제외) 및 유가증권 매입액의 합계액]의 60% 중 작은 금액(제1

사채는 다음 각호의 회사채를 말한다(감독규정6의2②).
1. 시행령 제17조의2 제1항의 규정에 의한 부보금융기관 또는 체신관서가 지급보증한 회사채
2. 자본시장법 제335조의3에 따른 신용평가업인가를 받은 자("신용평가전문기관") 중에서 2(신용평가 전문기관의 업무정지등 부득이한 사유가 있는 경우에는 1) 이상의 자로부터 BBB＋이상의 평가등급 을 받은 회사채. 다만 사모사채의 경우에는 신용평가전문기관으로부터 BBB＋이상의 평가등급을 받은 경우에도 이를 매입할 수 없다.
11) "금융위원회가 정하여 고시하는 유가증권"이라 함은 시행령 제17조의2 제1항의 부보금융기관이 지급을 보증하거나 발행한 어음을 말한다(감독규정6의2④).

호), ⅱ) 동일회사 발행 유가증권의 경우 직전 사업연도말 자기자본의 20%와 여유자금의 20% 중 큰 금액(이 경우 여유자금의 20%에 해당하는 금액은 20억원을 초과할 수 없다)(제2호)이다(감독규정6의2⑤).

Ⅲ. 관련 판례

① 대법원 2007. 5. 31. 선고 2007도626 판결

구 신용협동조합법 제44조에 위반하여 조합의 여유자금을 운용한 행위를, 조합의 사업목적 외에 자금을 사용하여 손해를 가한 행위를 처벌하도록 규정한 같은 법 제99조 제1항 제1호 위반죄로 처벌할 수 있는지 여부(한정 적극)/신용협동조합중앙회 회장이 조합의 여유자금을 중앙회 소속 직원에게 일임하여 직접 주식을 매매·거래하는 방법으로 투자하도록 하여 운용한 행위가 조합의 사업목적 외에 자금을 사용하여 조합에 손해를 가한 행위로서 구 신용협동조합법 제99조 제1항 제1호에 해당한다고 본 사례: 구 신용협동조합법(2003. 7. 30. 법률 제6957호로 개정되기 전의 것, 이하 "법"이라고만 한다) 제2조 제1호는, 신용협동조합의 목적을 "공동유대를 바탕으로 하는 신용협동조직의 건전한 육성을 통하여 그 구성원의 경제적·사회적 지위를 향상시키고, 지역주민에 대한 금융편의를 제공함으로써 지역경제의 발전에 기여함"에 있다고 규정하고, 법 제39조는 신용협동조합의 사업의 종류를 신용사업, 복지사업, 조합원을 위한 공제사업, 조합원의 경제적·사회적 지위향상을 위한 교육, 중앙회가 위탁하는 사업, 국가 또는 공공단체가 위탁하거나 다른 법령이 조합의 사업으로 정하는 사업, 그 밖에 위 사업에 부대하는 사업으로 제한적으로 규정하고 있다. 그리고 법 제99조 제1항 제1호는 신용협동조합의 임직원이 조합의 사업목적 외에 자금을 사용하거나 재산을 처분 또는 이용하여 조합에 손해를 가한 행위를 처벌하도록 규정하고 있다. 한편, 법 제44조는 신용협동조합의 여유자금 운용방법을, 중앙회에의 예치, 금융감독위원회가 정하는 금융기관에의 예치(현행은 대통령령으로 정하는 금융기관에 예치), 국채·공채 또는 금융감독위원회가 정하는 유가증권의 매입(현행은 국채·공채의 매입 또는 대통령령으로 정하는 종류 및 한도에서의 유가증권 매입)으로 한정하여 규정하고 있다. 위 규정들을 종합하여 보면, 비록 법 제44조에 위반하여 조합의 여유자금을 운용한 행위를 처벌하는 규정이 별도로 마련되어 있지는 아니하나, 위 행위를 법 제99조

제1항 제1호에 규정된 조합의 사업목적 외에 자금을 사용하여 손해를 가한 행위로 평가할 수 있는 특별한 사정이 있는 경우에는 법 제99조 제1항 제1호 위반죄로 처벌할 수 있다고 할 것이다(대법원 2001. 9. 18. 선고 2001도3970 판결; 대법원 2004. 8. 30. 선고 2003도4407 판결 등 참조).

위 법리에 비추어 기록을 살펴보면, 피고인이 A신용협동조합 전무 공소외 1과 공모하여 조합의 여유자금 80억원을 중앙회나 금융감독위원회가 정하는 금융기관에 예치하거나 국채·공채 또는 금융감독위원회가 정하는 유가증권에 투자하지 아니하고, 중앙회 신용사업부 소속 직원인 공소외 2, 3에게 일임하여 직접 주식을 매매·거래하는 방법으로 투자하도록 하여 운용한 행위는, 앞서 본 법 규정들과 위 조합의 규모, 재정상황, 여유자금 운용의 규모, 운용방법 등에 비추어 볼 때 법 제99조 제1항 제1호에 위반하여 조합의 사업목적 외에 자금을 사용하여 조합에 손해를 가한 행위라고 봄이 상당하다고 할 것이다. 이와 같은 취지의 원심의 판단은 정당하고, 거기에 주장과 같은 구 신용협동조합법에 관한 법리오해나 채증법칙 위반으로 인한 사실오인 등의 위법이 없다.

② 대법원 2005. 9. 15. 선고 2003다15198 판결

구 신용협동조합법(1999. 9. 7. 법률 제6018호로 개정되기 전의 것, 이하 "법"이라고 한다) 제33조 제1항은 "임원은 이 법, 이 법에 의한 명령, 정관, 규정 및 총회와 이사회의 결의를 준수하고 조합을 위하여 성실히 그 직무를 수행하여야 한다.", 같은 조 제2항은 "임원이 그 직무를 수행함에 있어서 고의 또는 중대한 과실로 조합 또는 타인에게 끼친 손해에 대하여는 연대하여 손해배상의 책임을 진다."고 규정하고 있고, 한편, 법 제44조, 법 시행규칙(2000. 7. 11. 재정경제부령 제152호로 개정되기 전의 것) 제9조(조합의 여유자금의 운용)는 신용협동조합의 여유자금으로 주식형 수익증권을 매입할 수 없도록 규정하고 있으므로, 소속 신용협동조합에 대하여 선량한 관리자의 주의의무를 지는 신용협동조합의 임원이 여유자금의 운용을 결정함에 있어서 법령이나 정관에 위반하여 여유자금을 운용함을 알았거나 조금만 주의를 기울였으면 임원으로서의 주의의무를 다 할 수 있었을 것임에도 그러한 주의를 현저히 게을리 하여 법령이나 정관의 규정을 위반하여 여유자금을 운용한 경우에는 고의 또는 중대한 과실로 인한 책임을 면할 수 없다(대법원 2004. 3. 26. 선고 2003다52418 판결 참조).

기록에 의하면, 파산자 신협은 1999. 12.경 각 이사 및 감사에게 "대우채권 및 유가증권 주식형 거래 승인의 건"을 부의안건으로 포함하여 이 사건 임시이사회 개최를 통지한 사실, 1999. 12. 20. 개최된 임시이사회에서 피고 Y 상무는 파산자 신협의 여유자금으로 주식형 수익증권을 매입하는 안건을 제안하면서, "신협에서는 주식형을 하지 못하지만 일부 조합에서는 주식형을 하고 있고 새마을금고는 주식형을 하고 있다."고 말하고, 이어 이사장인 피고 P가 "현재 새마을금고에서는 주식형을 하고 있고 신협에서는 주식형을 못하는 상황입니다"라고 말하면서 하지만 파산자 신협이 수익을 내기 위해서 주식형 수익증권을 거래하여야 한다.는 취지로 설명한 사실, 당시 파산자 신협의 이사로서 임시이사회에 참석하였던 피고 A, B, C, D, E, F와 정관이 정하는 바에 따라 감사로서 이사회에 참석하였던 피고 G, H, 제1심 공동피고 I가 아무런 이의를 제기하지 않고 위 안건을 승인한 사실, 피고 A, C, E는 1994. 2. 28.부터 2000. 2. 28.까지, 피고 B는 1991. 2. 28.부터 2000. 2. 28.까지, 피고 D는 1997. 2. 28.부터 2000. 2. 28.까지, 피고 F는 1998. 2. 28.부터 2000. 2. 28.까지 파산자 신협의 이사로 재직하였고(피고 A, B, C는 재직기간 동안 여신위원으로 대출심사업무를 담당함), 피고 X, Y는 1994. 2. 28.부터 2000. 2. 28.까지 파산자 신협의 감사로 재직한 사실을 인정할 수 있는바, 위 피고들은 짧지 않은 기간 동안 파산자 신협의 임원으로 재직한 자들로서 위 임시이사회에서 Y 상무와 이사장의 설명으로 신용협동조합의 여유자금으로 주식형 수익증권을 매입하는 것이 법령이나 정관에 위배된다는 사정을 명확히 인식하고서도 주식형 수익증권을 매입하도록 결의함으로써 파산자 신협의 임원으로서의 임무를 해태한 고의 또는 중대한 과실이 있다고 할 것이고, 위 피고들이 주식형 수익증권의 매입을 금지하는 법령이나 정관의 구체적인 조항을 알지 못하였던 사정이나 위 피고들의 임원으로서의 지위가 비상근·무보수의 명예직으로 전문가가 아니고 형식적이었다는 사정만으로 법령과 정관상의 앞서 본 주의의무를 면하게 할 수는 없다.

③ 대법원 2005. 1. 28. 선고 2004다63347 판결

신용협동조합법(2003. 7. 30. 법률 제6957호로 개정되기 전의 것, 이하 "법"이라 한다) 제27조 제1항은 "조합에 임원으로서 이사장 1인, 부이사장 1인을 포함한 이사 5인 내지 9인과 감사 2인 또는 3인을 둔다."고 규정하고 있고, 제33조 제1

항은 "임원은 이 법, 이 법에 의한 명령, 정관·규정 및 총회와 이사회의 결의를 준수하고 조합을 위하여 성실히 그 직무를 수행하여야 한다.", 같은 조 제2항은 "임원이 그 직무를 수행함에 있어서 고의 또는 중대한 과실로 조합 또는 타인에게 끼친 손해에 대하여는 연대하여 손해배상의 책임을 진다."고 규정하고 있으며, 법 제27조 제4항은 "이사장은 조합의 업무를 통할하고 조합을 대표한다.", 법 제37조 제1항은 "감사는 분기마다 1회 이상 감사실시 통보 후 조합의 업무, 재산상태 및 장부서류 등을 감사하여야 하며, 분기별 감사보고서는 이사회에, 분기별 감사보고서를 종합한 연차보고서는 정기총회에 각각 제출하여야 한다.", 같은 조 제2항은 "감사는 매년 1회 이상 예고 없이 상당수의 조합원의 예탁금통장 기타 증서와 조합의 장부나 기록을 대조확인하여야 한다."고 규정하고 있고, 한편 법 제44조, 상호금융업감독규정 제6조의2 등은 신용협동조합은 그 여유자금을 운용함에 있어 상장주식을 매입할 수 없도록 규정하고 있으므로, 소속 신용협동조합에 대하여 선량한 관리자의 주의의무를 지는 신용협동조합의 이사장·이사·감사 등의 임원이 고의 또는 중대한 과실로 관계 법령에 위반하여 여유자금을 운용하거나 그러한 위법행위를 고의 또는 중대한 과실로 방치함으로써 조합에 손해를 끼쳤다면 그로 인한 책임을 면할 수 없다고 할 것이다(대법원 2004. 3. 26. 선고 2003다52418 판결; 대법원 2004. 4. 9. 선고 2003다5252 판결 등 참조).

④ 대법원 2002. 1. 25. 선고 2001다67812 판결

신용협동조합법 제44조(1999. 2. 1. 법률 제5739호로 개정되기 전의 것)는 단위신협의 여유금 운용의 여러 방법 중의 하나로 피고(신용협동조합중앙회)에의 예치를 들고 있는 것에 지나지 않으므로, 단위신협의 피고에의 예치를 파산법 제95조 제2호(현행 채무자회생법 제422조 제2호 가목) 소정의 "법정의 원인"에 의한 때에 해당된다고 볼 수 없으며, 나아가 피고의 자금지원이 단위신협의 지급불능 사태를 예방하여 그 파산채권자인 조합원들의 이익에 보탬이 되었다고 하더라도 그러한 사정만으로는 피고에 대한 예탁금에 대하여 파산법(현행 채무자회생법)에서 상계를 금지하고 있는 규정과 달리 특별히 상계가 인정되어야 한다고 볼 수 없다.

제5절 회계

Ⅰ. 사업연도

조합의 사업연도는 정관에서 정한다(법46).

Ⅱ. 회계의 구분 등

1. 회계의 종류

조합의 회계는 일반회계와 특별회계로 구분하되(감독규정14①), 각 회계별 사업 부문은 정관에서 정한다(법47①).

2. 일반회계의 구분

일반회계는 신용사업회계와 신용사업 외의 회계로 구분한다(감독규정14②).

조합의 일반회계는 신용사업으로 한다(표준정관69①). 조합은 ⅰ) 신용사업에 공여하는 건물·집기 등 고정자산(제1호), ⅱ) 신용사업과 관련된 건물유지비, 충당금, 제 경비 등 공통관리비(제2호)를 신용사업회계로 구분계리한다(감독규정14③).

3. 신용사업회계의 자금 전용

조합이 신용사업회계의 여유자금을 경제사업, 지도사업 등 신용사업 외의 회계로 전용하는 경우에는 일정률의 이자를 계상한다(감독규정15).

4. 특별회계의 설치

공제사업, 복지사업 등과 같은 특정한 사업이나 자금의 운영을 위하여 일반회계와 구분된 특별회계를 설치할 수 있다(표준정관69②).

5. 회계처리기준 등

조합의 회계처리기준 및 결산에 관하여 필요한 사항은 금융위원회가 정한다 (법47② 본문). 다만, 계정과목 및 장부의 서식 등 세부사항은 중앙회장이 따로 정할 수 있다(법47② 단서).

조합은 회계처리 및 재무제표 작성에 있어서 상호금융업감독규정 및 금융위원회가 정하는 「상호금융기관의 신용사업 회계처리기준」에 따라 적정하게 표시하여야 한다(감독규정15의2①).

이에 따라 신용협동조합 및 동법 제95조에 의거 신용사업을 취급하는 기관 ("상호금융기관")의 신용사업에 관한 회계처리와 재무보고에 통일성과 객관성을 부여하기 위하여 신용협동조합법 제47조 및 상호금융업감독규정 제15조의2에 의거 상호금융기관의 회계처리 및 보고에 관한 기준을 정함을 목적으로 「상호금융기관의 신용사업 회계처리기준」(금융위원회 고시 제2015-20호)이 시행되고 있다.

상호금융업감독규정 및 상호금융기관의 신용사업 회계처리기준에서 정하지 않는 사항은 중앙회장이 정하는 바에 따른다(감독규정15의2②).

6. 위반시 제재

조합 또는 중앙회의 임직원 또는 청산인이 법 제47조 제2항에 따라 금융위원회가 정하는 회계처리기준 또는 결산에 관한 기준을 위반하여 거짓으로 재무제표를 작성하여 총회의 승인을 받은 경우에는 2년 이하의 징역 또는 2천만원 이하의 벌금에 처한다(법99②(4)).

Ⅲ. 사업계획과 수지예산: 사업계획서와 예산서

1. 의의

사업계획은 당해 사업연도의 경영목표를 달성하기 위한 구체적인 계획을 말하고, 수지예산은 당해 사업연도의 사업계획 집행에 필요한 수입과 지출의 예정계획을 말한다.

2. 총회 부의

이사회는 매사업연도 개시전에 사업계획을 수립하고 수지예산을 편성하여 총회에 부의하여야 한다(표준정관61①). 정기총회 승인 전까지의 예산은 전년도 예산에 준하여 집행한다(표준정관61②).

3. 총회 결의

조합은 사업연도마다 중앙회장이 정하는 사업계획 및 예산편성지침에 따라 사업계획서와 예산서(추가경정예산을 편성하는 경우를 포함)를 작성하여 총회의 결의를 받아야 한다(법48 본문). 다만, 지급이자의 증가 등 불가피한 사유로 사업계획과 예산을 변경하는 경우에는 그러하지 아니하다(법48 단서).

Ⅳ. 운영의 공개

1. 정관 등의 비치

이사장은 정관, 총회의 의사록, 이사회 의사록, 조합원 명부 및 결산보고서를 주된 사무소에 갖추어 두어야 한다(법83의5① 본문). 다만, 결산보고서는 정기총회 1주 전까지 갖추어 두어야 한다(법83의5① 단서).

2. 이사회 의사록 등의 열람

조합원과 조합의 채권자는 영업시간 내에 언제든지 이사회 의사록(조합원의 경우에만 해당)과 그 밖의 정관, 총회의 의사록, 조합원 명부 및 결산보고서를 열람하거나 그 서류의 사본 발급을 청구할 수 있다(법83의5② 전단). 이 경우 조합이 정한 비용을 지급하여야 한다(법83의5② 후단).

3. 회계장부 및 서류의 열람

조합원은 조합원 100인 이상이나 총조합원 수의 3% 이상의 동의를 받아 조합의 회계장부 및 서류의 열람이나 사본의 발급을 청구할 수 있다(법83의5③).

4. 사본 발급 의무

조합은 회계장부 등 사본 발급 청구에 대하여 특별한 사유가 없으면 발급을 거부할 수 없으며, 거부하려면 그 사유를 서면으로 알려야 한다(법83의5④).

Ⅴ. 결산보고서

1. 의의

결산이란 사업연도말에 당해 기간의 경영성과와 재무상태를 특정 방식에 따라 명시하는 절차를 말한다. 결산보고서는 사업보고서, 대차대조표, 손익계산서, 잉여금처분안 또는 손실금처리안을 포함한다(표준정관33(4)).

2. 제출과 비치

조합은 매 사업연도가 끝난 후 총회에서 결산보고서를 승인받으면 30일 이내에 중앙회장에게 제출하고(법47④), 이를 정기총회 1주 전까지 조합의 주된 사무소에 비치하여여 한다(법83의5① 단서).

3. 열람 또는 사본 발급 청구

조합원과 조합의 채권자는 결산보고서를 열람하거나 그 서류의 사본 발급을 청구할 수 있다(법83의5② 전단). 이 경우 조합이 정한 비용을 지급하여야 한다(법83의5② 후단)

4. 총회의 승인

조합은 매 사업연도가 끝난 후 총회에서 결산보고서를 승인받아야 한다(법47④).

5. 위반시 제재

조합 또는 중앙회가 법 제47조 제4항을 위반하여 결산보고서를 중앙회장에게 제출하지 아니한 경우에는 2천만원 이하의 과태료를 부과한다(법101①(2)).

Ⅵ. 제적립금의 적립

1. 법정적립금

(1) 적립한도

조합은 매 사업연도 이익금의 10% 이상을 납입출자금 총액의 2배가 될 때까지 법정적립금으로 적립하여야 한다(법49①).

(2) 사용제한

적립한도는 조합의 자기자본을 확대하여 재무구조의 안전성을 제고하기 위한 것으로 조합은 분할 또는 해산의 경우 외에는 법정적립금을 사용하거나 배당에 충당할 수 없다(법49②).

(3) 위반시 제재

조합 또는 중앙회의 임직원 또는 청산인이 법 제49조 제1항을 위반한 경우에는 2년 이하의 징역 또는 2천만원 이하의 벌금에 처한다(법99②(3)).

2. 임의적립금

조합은 사업준비금으로서 사업연도마다 이익금의 일부를 임의적립금으로 적립할 수 있다(법50).

3. 특별적립금

조합은 정관에서 정하는 바에 따라 결손의 보전(補塡) 및 도난, 피탈(被奪) 및 화재 등의 불가항력적인 사고에 충당하기 위한 준비금으로서 사업연도마다 특별적립금을 적립할 수 있다(법51).

Ⅶ. 손실금의 보전과 이익금(잉여금)의 배당

1. 손실금의 보전

(1) 손실금의 의의

손실금은 사업연도 중에 비용이 수익을 초과한 부분을 말하는 것으로 결산 결과 손익계산서 상에 적자가 되는 경우를 말한다.

(2) 손실금의 보전 순서와 이월

조합은 전연도 이월결손금이 있거나 사업연도 중에 생긴 손실금은 미처분잉여금, 특별적립금, 임의적립금 순으로 보전하되, 잔여 손실금이 있을 때에는 이를 다음 사업연도에 이월한다(법52①, 표준정관70①).

(3) 보전할 적립금이 없는 경우의 처리

조합이 여러 사업연도에 걸쳐 계속하여 손실이 있고 이를 보전할 적립금이 없을 때에는 출석조합원 3분의 2 이상의 찬성에 의한 총회 결의와 중앙회장의 승인을 얻어 자본금을 감소하여 각 조합원의 납입출자금이 감소된 것으로 할 수 있다(법52②, 표준정관70②).

자본금 감소에 대한 승인을 신청하고자 하는 조합은 자본금 감소 사유, 자본금 감소 이후의 경영계획 및 전망을 기재한 승인신청서를 중앙회장에게 제출하여야 한다(표준업무방법서29①). 승인신청서에는 직전 3개년도 결산대차대조표 및 손실금처리내역, 총회의사록 사본을 첨부하여야 한다(표준업무방법서29②).

2. 이익금(잉여금)의 배당

(1) 의의

신용협동조합법은 배당에 관하여, 조합은 손실금을 전보한 후가 아니면 이익금을 처분할 수 없도록 규정하면서, 법정적립금, 임의적립금, 특별적립금을 공제한 잔여이익금은 총회 결의에 따라 납입출자금에 비례하여 조합원에게 배당하도록 규정하고 있어(법53), 적립금을 제외한 당기순이익이 있는 경우에만 조합원들에 대한 배당을 할 수 있도록 규정하고 있다.

(2) 총회 결의와 배당

조합은 손실금을 보전한 후가 아니면 이익금(잉여금)을 처분할 수 없다(법53 ①). 제적립금을 공제한 잔여이익금은 총회의 결의를 거쳐 납입출자금에 비례하여 조합원에게 배당한다(법53② 전단). 이 경우 정관에서 정하는 바에 따라 이용실적에 비례한 배당을 병행할 수 있다(법53② 후단).

따라서 조합은 매 사업연도말 잉여금 중에서 이월결손의 보전 및 법정적립금, 특별적립금, 임의적립금을 적립한 후 잔여가 있을 때에는 총회의 결의로 이를 배당한다(표준정관71①).

(3) 출자배당과 이익고배당

배당은 조합원이 납입한 출자액의 비율에 따른 출자배당 또는 조합사업 이용분량의 비율에 따른 이익고배당을 할 수 있다(표준정관71②). 이에 따른 조합원에 대한 배당은 표준규정으로 정하는 바에 따라 산출한 금액으로 한다(표준정관72).

(4) 잉여금 일부의 이월

조합은 결손보전 또는 배당을 위하여 잉여금의 일부를 다음 사업연도에 이월할 수 있다(표준정관71③).

제6절 외부감사

Ⅰ. 의의

외부감사는 회사의 외부인이고 회계전문가인 회계법인 또는 감사반에 의한 회계감사를 말한다. 즉 회사로부터 독립된 제3자인 외부감사인이 경영자가 작성한 재무제표에 대하여 회계감사를 실시하고 이 재무제표가 기업회계기준에 따라 적정하게 작성되었는지 여부에 대하여 전문가로서의 의견을 표명하는 것이다.[12]

---

12) 정영기·조현우·박연희(2008), "자산규모에 의한 외부감사 대상 기준이 적절한가?", 회계저널 제17권 제3호(2008. 9), 113쪽.

외부감사제도는 외부의 회계전문가가 감사를 담당하므로 감사의 독립성과 적정성이 확보될 것이라는 믿음에 근거하는 제도라고 할 수 있다. 이러한 기대에 부응해서 회계감사 그리고 종국적으로는 회계처리의 적정성을 충분히 확보하여 그에 대한 공신력 내지 신뢰성을 제고하고자 하는 것이 외부감사제도 도입의 취지이다.13)

Ⅱ. 외부감사대상 조합

직전 연도 말 자산총액이 300억원 이상인 조합으로서 금융위원회가 조합원의 보호를 위하여 외부감사가 필요하다고 인정하여 감사를 의뢰한 조합은 매년 외부감사법에 따른 감사인의 감사를 받아야 한다(법47⑤, 영18의4).

소규모 조합에 대한 감사 부담을 완화하기 위하여 외부감사대상 조합을 직전 연도말 자산총액이 300억원 이상인 조합으로 하고 있다.

이 경우 감사인은 조합이 선정한다.

Ⅲ. 외부감사인의 변경

중앙회장은 외부감사대상 조합이 ⅰ) 최근 3년간 법, 신협법 시행령 또는 신협법이나 신협법 시행령에 의한 금융위원회 또는 금융감독원의 원장("금융감독원장")의 명령을 위반한 사실이 있는 경우(제1호), ⅱ) 직전 사업연도 종료일 현재 자기자본의 5%에 상당하는 금액(그 금액이 1억원 미만인 경우에는 1억원)을 초과하여 이익금을 과대계상하거나 손실금을 과소계상한 경우(제2호), ⅲ) 중앙회의 검사결과 감사인의 변경이 필요하다고 중앙회장이 인정하는 경우(제3호)에는 그 조합에 대하여 중앙회장이 지명하는 자를 감사인으로 변경선임하거나 선정할 것을 요구할 수 있다(법47⑥, 영18의5, 감독규정15의4).

위의 ⅲ)에서 "중앙회장이 인정하는 경우"는 ⅰ) 외부감사인이 적정의견을 표명하였으나, 법 시행령 제18조의5 제2호를 위배한 사실이 확인된 경우(제1호), ⅱ) 외부감사인이 적정의견을 표명하였으나, 금융사고와 관련하여 한국공인회계

---

13) 이영종(2014), "주식회사 외부감사의 법적지위와 직무수행에 관한 고찰: 기관과 기관담당자의 구별에 기초를 둔 이해를 위한 시론", 증권법연구 제15권 제3호(2014. 12), 510쪽.

사회로부터 회계감사기준(외부감사법 제16조에 따른 회계감사기준 및 한국공인회계사회에서 내규 등 의무사항으로 규정한 기준)을 준수하지 않은 것으로 통보받은 경우(제2호), iii) 동일한 외부감사인을 4년 연속 선임하여 외부감사를 받은 경우(제3호)를 말한다(표준업무방법서27①).

Ⅳ. 외부감사 결과 조치

1. 지적사항의 시정

조합은 외부감사인의 지적사항을 즉시 시정하여야 하며, 회계처리 오류는 총회 이전까지 시정하여야 한다(표준업무방법서28①).

2. 외부감사보고서의 공시

조합은 외부감사보고서를 통일경영공시기준에 따라 공시할 경우, 총회 1주일 전부터 본점은 5년간, 지점은 3년간 전자공시와 객장공시를 병행하여야 한다(표준업무방법서28②).

Ⅴ. 위반시 제재

조합 또는 중앙회가 정당한 사유 없이 법 제47조 제5항에 따른 감사인의 회계감사를 받지 아니한 경우에는 2천만원 이하의 과태료를 부과한다(법101①(3)).

제7절 경영공시

Ⅰ. 의의

조합은 금융위원회가 정하는 바에 따라 경영상황에 관한 주요 정보 및 자료를 공시하여야 한다(법83의2). 이에 따라 상호금융업감독규정은 정기공시, 수시공시, 정정공시 또는 재공시에 관하여 규정하고 있다.

Ⅱ. 정기공시

1. 공시기한 및 공시의무사항

조합은 결산일로부터 3월 이내에 ⅰ) 조직 및 인력에 관한 사항(제1호), ⅱ) 재무 및 손익에 관한 사항(제2호), ⅲ) 자금조달 및 운용에 관한 사항(제3호), ⅳ) 건전성, 수익성, 생산성 등을 나타내는 경영지표에 관한 사항(제4호), ⅴ) 경영방침, 리스크관리 등 경영에 중요한 영향을 미치는 사항으로서 금융감독원장 또는 중앙회장이 별도로 요구하는 사항(제5호)을 공시하여야 한다(감독규정9① 본문). 다만, 상반기 결산을 실시하는 경우에는 상반기 결산일로부터 2월 이내에 공시하여야 한다(감독규정9① 단서).

2. 공시항목 및 방법

공시의무사항에 대한 구체적인 공시항목 및 방법은 중앙회장이 정하는 조합 통일경영공시기준에 따른다(감독규정9②).

Ⅲ. 수시공시

1. 공시사유

조합은 다음에 해당되는 경우 관련 내용을 공시하여야 한다(감독규정9③).

1. 여신 고객별로 조합의 전월말 자기자본의 5%에 상당하는 금액을 초과하는 부실대출이 신규로 발생한 경우. 다만, 그 금액이 1억원 이하인 경우는 제외한다.
2. 금융사고가 발생하여 조합의 전월말 자기자본의 5%에 상당하는 금액 이상의 손실이 발생하였거나 발생이 예상되는 경우. 다만 그 금액이 1억원 이하인 경우는 제외한다.
3. 민사소송 패소 등의 사유로 조합의 전월말 자기자본의 5%에 상당하는 금액을 초과하는 손실이 발생한 경우. 다만, 그 금액이 1억원 이하인 경우는 제

외한다.

4. 금융감독원장 또는 중앙회장으로부터 임원에 대한 개선요구를 받은 경우

5. 법 제84조(임직원에 대한 행정처분), 제85조(조합 등에 대한 행정처분) 및 제89조(중앙회의 지도·감독) 제7항, 농업협동조합법 제145조 제2호(＝감사 결과에 따른 회원의 임직원에 대한 징계 및 문책의 요구 등에 관한 사항), 제4호(＝회원에 대한 시정 및 개선 요구 등에 관한 사항) 및 제164조(위법행위에 대한 행정처분), 수산업협동조합법 제145조 제2호(＝감사 결과에 따른 회원의 임직원에 대한 징계 및 문책의 요구 등), 제4호(＝회원에 대한 시정 및 개선 요구 등) 및 제170조(법령 위반에 대한 조치), 산림조합법 제120조 제2호(＝감사결과에 따른 회원의 임직원에 대한 징계 및 문책 요구 등 필요한 조치), 제4호(＝회원에 대한 시정 및 개선 요구 등 필요한 조치) 및 제125조(위법행위에 대한 행정처분)에 따른 처분을 받은 경우

6. 법 제86조(경영관리), 제89조(중앙회의 지도·감독) 제4항 및 상호금융업가독규정 제12조의2(재무상태개선권고) 및 제12조의3(재무상태개선요구), 농협구조개선법 제4조(적기시정조치), 수협구조개선법 제4조(부실조합등의 지정), 산림조합구조개선법 제4조(적기시정조치)에 따른 조치를 받은 경우

7. 기타 거액손실 또는 금융사고 등이 발생하여 경영의 건전성을 크게 해치거나 해칠 우려가 있는 경우

2. 공시방법

조합은 공시사유가 발생한 즉시 금융감독원장이 정하는 사항[14]을 3개월 이

---

14) "금융감독원장이 정하는 사항"이라 함은 다음에 해당하는 것을 말한다(상호금융업감독업무시행세칙13②).
  1. 감독규정 제9조 제3항 제1호의 규정에 따른 공시의 경우에는 당해 고객명, 금액, 사유, 조합수지에 미치는 영향, 향후 대책
  2. 감독규정 제9조 제3항 제2호의 규정에 따른 공시의 경우에는 당해 금융사고의 발생일자 또는 기간, 사고발견일자, 경위, 금액, 원인, 조합수지에 미치는 영향, 조치내용 또는 계획 등
  3. 감독규정 제9조 제3항 제3호의 규정에 따른 공시의 경우에는 경위, 금액, 조합수지에 미치는 영향, 조치내용 또는 계획 등
  4. 감독규정 제9조 제3항 제4호의 규정에 따른 공시의 경우에는 경위, 조합수지에 미치는 영향, 조치내용 또는 계획 등
  5. 감독규정 제9조 제3항 제5호의 규정에 따른 공시의 경우에는 대상, 경위, 주요내용, 조합수지에 미치는 영향 등
  6. 감독규정 제9조 제3항 제6호의 규정에 따른 공시의 경우에는 대상, 경위, 주요내용, 조합수지에 미치는 영향 등
  7. 감독규정 제9조 제3항 제7호의 규정에 따른 공시의 경우에는 경위, 금액, 조합수지에

상 객장과 중앙회 홈페이지(중앙회 홈페이지를 통해 접근할 수 있는 조합의 홈페이지
가 있는 경우 당해 홈페이지)에 게시하는 등의 방법으로 공시하여야 한다(감독규정9
④).

Ⅳ. 정정공시 또는 재공시

금융감독원장 또는 중앙회장은 정기공시의 공시의무사항, 공시항목 및 방
법, 수시공시의 공시사유와 공시방법에서 정하는 공시사항을 허위로 작성하거나
중요한 사항을 누락하는 등 불성실하게 공시하는 경우에는 당해 조합에 대해 정
정공시 또는 재공시를 요구할 수 있다(감독규정9⑤).

Ⅴ. 위반시 제재

조합 또는 중앙회가 법 제83조의2를 위반하여 공시하지 아니하거나 거짓으
로 공시한 경우에는 2천만원 이하의 과태료를 부과한다(법101①(3의2)).

제8절 경영건전성 기준

Ⅰ. 의의

조합 및 중앙회는 경영의 건전성을 유지하고 금융사고를 예방하기 위하여
ⅰ) 재무구조의 건전성에 관한 사항(제1호), ⅱ) 자산의 건전성에 관한 사항(제2
호), ⅲ) 회계 및 결산에 관한 사항(제3호), ⅳ) 위험관리에 관한 사항(제4호), ⅴ)
그 밖에 경영의 건전성을 확보하기 위하여 필요한 사항(제5호)에 관하여 대통령
령으로 정하는 바에 따라 금융위원회가 정하는 경영건전성 기준을 준수하여야
한다(법83의3①).

금융위원회는 중앙회가 경영건전성 기준을 충족시키지 못하는 등 경영의 건
_____
미치는 영향, 조치내용 또는 계획 등

전성을 크게 해칠 우려가 있다고 인정하는 경우에는 자본금 증가, 보유자산의 축소 등 경영상태의 개선을 위한 조치를 이행하도록 명령할 수 있다(법83의3②).

Ⅱ. 재무구조 건전성

1. 의의

조합 및 중앙회는 경영의 건전성을 유지하고 금융사고를 예방하기 위하여 금융위원회가 정하는 재무구조의 건전성에 관한 사항인 ⅰ) 자산등에 대한 자기자본비율(가목), ⅱ) 적립필요금액에 대한 대손충당금비율(나목), ⅲ) 퇴직금추계액에 대한 퇴직급여충당금비율(다목)을 준수하여야 한다(법83의3①, 영20의2(1)).

2. 경영지도비율

조합의 경영건전성 확보를 위하여 은행에 적용하는 유사한 형태로 경영지도비율 기준을 설정하여 이를 준수하도록 하고 있다.

조합은 ⅰ) 총자산 대비 순자본비율[15]: 2% 이상(제1호), ⅱ) 대손충당금비

---

15) [별표 5] 상호금융업감독규정시행세칙 제12조(건전성비율 산정기준)

$$1.\ 순자본비율 = \frac{총자산^{1)} - 총부채^{1)} - 출자금^{2)} + 후순위차입금^{3)} + 대손충당금^{4)}}{총자산 + 미사용약정\ 신용환산금액^{5)} + 대손충당금^{4)}} \times 100$$

1) 상호금융기관의 전체사업에 해당하는 총자산 및 총부채
2) 조합원 탈퇴시 자산·부채 현황과 관계없이 환급이 보장된 출자금(가입금 포함)에 한한다.
3) 후순위차입금은 다음의 조건을 갖추어야 하고, 인정한도 범위 내에서 산입할 수 있으며 신협에만 해당한다
〈후순위차입금 조건〉
① 만기 5년 이상일 것 ② 무담보 및 후순위특약* 조건일 것 ③ 조합의 순자본비율이 2% 미만인 경우 이자 지급의 연기가 가능할 것 ④ 조합의 순자본비율이 -3% 미만인 경우 원리금 지급의 연기가 가능할 것 ⑤ 만기 전에 채권자 임의에 의한 상환이 허용되지 않을 것. 다만, 중앙회장이 당해 조합의 순자본비율 수준 등을 고려하여 승인한 경우에는 그러하지 아니하다. ⑥ 파산 등의 사태가 발생할 경우 선순위채권자가 채권전액을 상환받을 때까지 기한부 후순위채권자의 상계권이 허용되지 않는 조건일 것
* 파산 등의 사태가 발생할 경우 선순위채권자가 채권전액을 상환받은 후에야 상환청구권의 효력이 발생함을 정한 특약.
〈후순위차입금 인정한도〉
① 차입시 만기 5년 이상의 후순위차입금은 [별표 5-4]에서 정하고 있는 기본자본의 50% 범위 내에서 산입할 수 있다.
② 잔존기간이 5년 이내로 되는 경우에는 매년 20%씩 차감(매분기초마다 5%씩 차감)한다.
4) 대손충당금 중 정상, 요주의 및 고정분류 해당분(단 고정분류 해당분은 총자산의 1.25%

율: 100% 이상(제2호), iii) 퇴직급여충당금 비율: 100% 이상(제3호)의 건전성 비율을 유지하여야 한다(감독규정12① 본문).

3. 대손충당금 적립기준

(1) 대손충당금비율

경영지도비율 중 대손충당금비율의 산정기준은 [별표 1-3]과 같다(감독규정12② 본문).

[별표 1-3] 대손충당금비율

가. 설정대상채권

대출금, 여신성가지급금, 가지급금, 신용카드채권, 미수금, 환매조건부채권매수 및 미사용 약정

나. 산식

$$대손충당금비율 = \frac{대손충당금 \ 잔액^{1)}}{대손충당금 \ 요적립잔액^{2)}} \times 100$$

1) 대손충당금 잔액 = 결산 또는 가결산 후의 대손충당금 잔액
2) 대손충당금 요적립잔액

① 당해 회계연도 결산 또는 가결산 기준일 현재 대손충당금 설정대상채권에 대한 자산건전성 분류결과에 따라 정상 분류채권의 1% 이상, 요주의 분류채권의 10% 이상, 고정 분류채권의 20% 이상, 회수의문 분류채권의 55% 이상, 추정 손실 분류채권의 100%를 합계한 금액으로 한다.

② 제1항에도 불구하고 통계법에 따른 한국표준산업분류상 다음의 업종에 속하지 않는 법인에 대한 채권은 자산건전성 분류결과에 따라 정상 분류채권의 0.85% 이상, 요주의 분류채권의 7% 이상, 회수의문 분류채권의 50% 이상의 금액으로 할 수 있다.

1. 건설업(F)

범위 내)을 말한다
5) 감독규정 [별표 1-3]의 미사용약정에 대하여 신용환산율 40%를 곱한 금액

2. 도매 및 소매업(G)

3. 숙박 및 음식점업(I)

4. 부동산업(L)

5. 임대업(76)

③ 제1항에도 불구하고 차주가 대한민국 정부 또는 지방자치단체인 자산과 "정상"으로 분류된 환매조건부채권매수에 대하여는 대손충당금을 적립하지 아니할 수 있다.

④ 제1항에도 불구하고 가목 미사용약정의 경우에는 [별표 1-1]의 자산건전성 결과에 따라 분류된 대손충당금 설정대상채권에 신용환산율 40%를 곱하여 산정한 금액에 대하여 대손충당금을 적립하여야 한다.

(2) 대손충당금의 가산

(가) 요적립잔액의 30% 가산

다음에 해당하는 가계대출("고위험대출"), 즉 ⅰ) 동일채무자에 대한 대출상환 방식이 ㉠ 대출만기에 원금을 일시상환하는 방식의 대출(가목), ㉡ 거치기간 경과 후에 원금을 분할상환하는 방식의 대출(거치기간이 종료되고 원금 분할상환이 시작된 경우 제외)(나목)에 해당하는 경우로서 대출금 총액이 2억원 이상인 경우 (제1호), ⅱ) 5개 이상의 금융기관(신용정보법 시행령 제5조 제2항에서 정한 금융기관16))에 개인대출 잔액을 보유한 자에 대한 대출(제2호)로서 자산건전성 분류가 "정상", "요주의", "고정" 또는 "회수의문"인 대출에 대하여는 [별표 1-3]의 기준에 의한 대손충당금 요적립잔액에 30%를 가산하여 대손충당금을 적립하여야 한다(감독규정12② 단서).

(나) 요적립잔액의 20% 가산

조합이 직전 사업연도 말 기준으로 다음의 요건, 즉 ⅰ) 총자산대비 순자본

---

16) 금융지주회사, 기술보증기금, 농협동조합중앙회, 농협은행, 한국무역보험공사, 보험회사, 산림조합중앙회, 상호저축은행중앙회, 새마을금고중앙회, 수산업협동조합중앙회, 수협은행, 신용보증기금, 신용협동조합중앙회, 여신전문금융회사(여신전문금융업법 제3조 제3항 제1호에 따라 허가를 받거나 등록을 한 자를 포함), 예금보험공사 및 정리금융회사, 은행(은행법 제59조에 따라 은행으로 보는 자를 포함), 금융투자업자ㆍ증권금융회사ㆍ종합금융회사ㆍ자금중개회사 및 명의개서대행회사, 중소기업은행, 신용보증재단과 그 중앙회, 한국산업은행, 한국수출입은행, 한국주택금융공사, 외국법령에 따라 설립되어 외국에서 신용정보업 또는 채권추심업을 수행하는 자 등.

비율: 5% 이상(신용협동조합은 3% 이상)(제1호), ⅱ) 예대율: 60% 이상(제2호), ⅲ) 총대출 대비 조합원에 대한 대출비율이 80% 이상(농업협동조합, 수산업협동조합 및 산림조합은 50% 이상)이거나, 총대출 대비 신용대출(햇살론 포함)비율이 10% 이상 (수산업협동조합은 7% 이상)(제3호)을 모두 충족하는 경우에는 [별표 1-3]의 기준에 의한 대손충당금 요적립잔액에 20%를 가산하여 대손충당금을 적립할 수 있다(감독규정12③ 본문). 다만, 감독규정 제12조의2(재무상태개선권고) 제1항 각호[17] 또는 제12조의3(재무상태개선요구) 제1항 각호[18]의 어느 하나에 해당하는 조합 ("재무상태개선조치 조합")은 그러하지 아니하며, 당해 사업연도 중 재무상태개선 조치 조합에 해당하게 되는 경우에는 그 해당 분기말부터 앞의 고위험대출의 감독규정 제12조 제2항 단서를 적용한다(감독규정12③ 단서).

(3) 대손충당금의 감액

주택담보대출 중 원금을 분할상환하는 방식의 대출로서 자산건전성 분류가 "정상"인 대출에 대하여는 [별표 1-3]의 기준에 의한 대손충당금 요적립잔액에서 50%를 감액하여 대손충당금을 적립한다(감독규정12④).

Ⅲ. 자산건전성

1. 의의

조합 및 중앙회는 경영의 건전성을 유지하고 금융사고를 예방하기 위하여 금융위원회가 정하는 자산의 건전성에 관한 사항인 ⅰ) 자산건전성분류대상 자산의 범위(가목), ⅱ) 자산에 대한 건전성분류 단계 및 그 기준(나목)을 준수하여

---

17) 1. 제12조 제1항 제1호에서 정하는 총자산 대비 순자본비율이 2% 미만인 경우
  2. 제8조의 규정에 의한 경영실태평가결과 종합평가등급이 3등급 이상으로서 자본적정성 또는 자산건전성 부문의 평가등급을 4등급이하로 판정받은 경우
  3. 거액의 금융사고 또는 부실채권의 발생으로 제1호 내지 제2호의 기준에 해당될 것이 명백하다고 판단되는 경우
18) 1. 제12조 제1항 제1호에서 정하는 총자산대비순자본비율이 마이너스 3% 미만인 경우
  2. 제8조의 규정에 의한 경영실태평가결과 종합평가등급을 4등급 이하로 판정받은 경우
  3. 거액의 금융사고 또는 부실채권의 발생으로 제1호 내지 제2호의 기준에 해당될 것이 명백하다고 판단되는 경우
  4. 제12조의2의 규정에 의한 재무상태개선 권고를 받은 조합이 재무상태개선계획을 성실 하게 이행하지 아니하는 경우

야 한다(법83의3①, 영20의2(2)).

2. 자산건전성 분류기준 등

(1) 자산건전성 분류기준

조합은 다음의 보유자산, 즉 ⅰ) 대출금(상호금융대출, 정책자금대출, 공제대출 및 어음할인)과 여신성가지급급(당해 대출금을 회수하기 위하여 지급된 가지급금)(제1호), ⅱ) 유가증권(제2호), ⅲ) 가지급금(제3호), ⅳ) 신용카드 채권(제4호), ⅴ) 미수금(제5호), ⅵ) 환매조건부채권매수(제6호), ⅶ) 미사용약정(상품 또는 계약의 명칭을 불문하고 약정한도, 약정기간 및 조건 등을 사전에 정하고, 필요한 자금을 계속적 또는 반복적으로 차입할 수 있는 대출등의 미사용약정)(제7호), ⅷ) 그 밖에 금융감독원장이 정하는 건전성 분류가 필요하다고 인정하는 자산 등(제8호)의 건전성을 [별표 1-1]19)에 따라 매분기 말(유가증권에 대한 평가는 매월 1회 정기적으로 실시하

---

19) [별표 1-1] 자산건전성 분류기준
  Ⅰ. 대출금(여신성가지급금, 환매조건부채권매수, 미사용약정 포함)
  1. 정상
    금융거래 내용, 신용상태가 양호한 채무자와 1월 미만의 연체대출금(정책자금대출금 포함)을 보유하고 있으나 채무상환능력이 충분한 채무자에 대한 총대출금
  2. 요주의
    금융거래내용 또는 신용상태 등으로 보아 사후관리에 있어 통상 이상의 주의를 요하는 채무자에 대한 총대출금
  〈예 시〉
  ① 1월 이상 3월 미만의 연체대출금을 보유하고 있으나 회수가 확실시 되는 채무자에 대한 총대출금
  ② 1월 이상 연체중인 대출금중 정부 또는 농림수산정책자금대손보전기금으로부터 대손보전이 보장되는 금액
  ③ 1월 미만의 연체대출금을 보유하고 있으나 신용정보관리규약에 의하여 신용불량거래처로 등록된 거래처에 대한 총대출금
  ④ 고정 이하로 분류된 대출금을 보유하고 있는 채무자에 대한 총대출금중 원리금 회수가 확실시 되는 다음의 어느 하나를 담보로 하는 대출금의 담보 해당 금액. 다만 제5호 및 제6호를 담보로 하는 대출금의 담보 해당 금액은 "정상"으로 분류할 수 있다.
  1. 국채법에 따른 국채 및 지방재정법에 따른 지방채
  2. 국고금관리법에 따른 재정증권
  3. 한국은행법에 따른 한국은행통화안정증권
  4. 공공기관운영법에 따른 공기업 및 준정부기관이 발행하는 채권
  5. 공제해약환급금
  6. 금융기관(신용보증기금, 농림수산업자신용보증기금, 보증보험회사 등)의 보증
  ⑤ 고정이하로 분류되는 상업어음할인 중 만기일에 정상결제가 확실시되는 상업어음할인
  ⑥ 채무자회생법에 따라 회생절차가 진행 중인 기업체에 대한 공익채권, 회생계획에 따라 1년 이상 정상적으로 원리금이 상환되거나 채무상환능력이 크게 개선되었다고 판단되는

회생채권·회생담보권

⑦ 기업개선작업 대상업체로 확정(신청 포함)된 거래처에 대한 총대출금

⑧ 법원 경매절차에 따라 매각허가결정이 선고된 부동산 등과 관련한 여신 중 배당으로 회수가 확실시되는 금액. 다만 결산 확정(분·반기 말의 경우 기준일로부터 1개월) 이전에 매각대금 미납, 배당 이의의 소 제기 등으로 인하여 회수가능성 및 회수가능금액의 변동이 예상되는 경우에는 "고정"으로 분류한다.

⑨ 기타 부실징후가 예견되거나 발생 중에 있다고 인정되는 법인에 대한 총대출금 등. 다만, 다음의 어느 하나에 해당하는 경우에는 "정상"으로 분류할 수 있다.

1. 자산건전성 분류기준일 현재 해당 조합과 2년 이상의 기간 동안 연체 없이 정상적인 거래를 하고 있는 법인에 대한 대출

2. 은행 등과 공동으로 취급한 동순위 대출 중 주관사가 정상으로 분류한 대출. 다만, 주관사가 대출에 참여하지 않은 경우에는 대출에 참여한 모든 은행 및 보험사가 정상으로 분류한 대출

〈부실징후 예시〉

① 최근 3년 연속 결손 발생

② 최근 결산일 현재 납입자본 완전잠식

③ 제1·2 금융권 차입금이 연간 매출액을 초과하고 최근 2년 연속 영업이익이 금융비용에 미달. 다만, 최초 결산일로부터 1년이 경과하지 않은 신설법인이나 종교단체·학술단체 등 비영리단체에 대한 대출 및 정책자금대출은 제외한다.

④ 기업의 경영권, 상속지분 등의 문제로 기업 경영상 내분이 발생하여 정상적인 경영활동이 곤란한 경우

⑤ 3월 이상 조업 중단

⑥ 최근 6월 이내 1차부도 발생사실이 있는 거래처에 대한 총대출 등

3. 고정

금융거래내용, 신용상태가 불량하여 구체적인 회수조치를 강구할 필요가 있는 채무자에 대한 총대출금 중 회수예상가액 해당 금액

〈예 시〉

① 3월 이상의 연체대출금을 보유하고 있는 채무자에 대한 총 대출금중 회수예상가액 해당 금액

② 대손신청기한으로부터 3월이 경과한 시점까지 대손보전 신청을 하지 않은 정부 또는 농림수산정책 자금대손보전기금 손실보전 대상 대출금 및 농림수산업자신용보증기금 보증서 담보대출금중 회수예상가액 해당 금액

③ 담보권의 실행, 지급명령신청, 대여금 청구소송, 강제집행 등 법적절차 진행중인 채무자에 대한 회수예상가액(자산건전성 분류기준일 현재로부터 최근일의 담보평가액(최종 법정평가액)) 해당금액. 다만, 채무자의 상환능력 저하와 관계없는 가압류, 가처분 또는 압류(행정처분인 경우에 한한다.)의 경우 본안소송으로 이어지지 아니하였고, 해당 채무자의 대출금이 자산건전성 분류기준일 현재 연체되지 아니한 경우에는 요주의로 분류할 수 있으며, 이 중 가압류 또는 압류에 한하여 그 청구금액의 합계액이 5백만원 미만이거나 대출금액의 1%에 해당하는 금액 미만인 경우에는 정상으로 분류할 수 있다.

④ 폐업 중인 채무자에 대한 총대출금 중 회수예상가액 해당금액. 다만, 개인사업자의 경우 다른 소득이 있거나 영업을 계속하고 있음을 객관적으로 증명하는 경우에는 원리금 회수 가능성에 따라 정상 또는 요주의로 분류할 수 있다

⑤ 법 제42조(동일인에 대한 대출등의 한도)의 규정에 위반하여 대출을 받은 채무자에 대한 총대출금 중 회수예상가액 해당금액. 다만, 위반사실 적출일 현재 이자납부 등 정상적인 신용상태가 유지되고 있는 채무자에 대하여는 위반 사실 적출일 이후 3월이 경과한 때

로부터 고정 이하로 분류하되 건전성분류 기준일 현재 정상적인 신용상태가 유지되고 있는 채무자에 대하여는 동일인 대출한도 초과금액을, 그러하지 아니한 채무자에 대하여는 총대출액을 기준으로 회수예상가액을 산정

⑥ 채무자회생법에 따라 회생절차가 진행(신청 포함)중인 채무자에 대한 총대출금 중 회수예상가액 해당 금액

⑦ 다음 각호의 어느 하나에 해당되는 경우로서 자산건전성 분류기준일 현재 1월 이상 연체사실이 있는 법인에 대한 총대출금 중 회수 예상가액 해당 금액

1. 3월 이상 조업 중단

2. 최근 결산일 현재 납입자본이 완전 잠식 상태이고, 제1·2금융권 차입금이 연간 매출액을 초과하며, 최근 2년 연속 영업이익이 금융비용에 미달

⑧ 신용정보관리규약에 의하여 신용불량거래처로 등록된 거래처의 등록 내용상 1,500만원 이상의 대출이 3개월 이상 연체(금융감독원장이 정한 기준에 의함)된 경우 해당 거래처의 총대출 중 회수예상가액. 다만, 해당 조합의 총대출금이 3백만원 이하인 경우에는 "요주의"로 분류할 수 있다.

⑨ 기타 채권확보를 위하여 별도의 회수방법을 강구할 필요가 있는 채무자에 대한 총대출금 중 회수예상가액 해당금액

4. 회수의문

고정으로 분류된 채무자에 대한 총대출금 중 손실발생이 예상되나 현재 그 손실액을 확정할 수 없는 회수예상가액 초과금액

〈예 시〉

① 3월 이상 12월 미만 연체대출금을 보유하고 있는 채무자에 대한 총대출금 중 회수예상가액 초과 부분

② 대손신청기한으로부터 3월이 경과한 시점까지 대손보전 신청을 하지 않은 정부 또는 농림수산정책 자금대손보전기금 손실보전 대상 대출금 및 농림수산업자신용보증기금 보증서 담보대출금 중 손실발생이 예상되나 현재 그 손실액을 확정할 수 없는 회수예상가액 초과금액

5. 추정손실

고정으로 분류된 채무자에 대한 총대출금 중 회수불능이 확실하여 손비처리가 불가피한 회수예상가액 초과금액

〈예 시〉

① 12월 이상 연체대출금을 보유하고 있는 채무자에 대한 총대출금 중 회수예상가액 초과부분

② 대손신청기한으로부터 3월이 경과한 시점까지 대손보전 신청을 하지 않은 정부 또는 농림수산정책 자금대손보전기금 손실보전 대상 대출금 및 농림수산업자신용보증기금 보증서 담보대출금중 회수불능이 확실하여 손비처리가 불가피한 회수예상가액 초과금액

③ 소송패소로 인하여 담보권이 소멸되고 채무자 및 보증인이 행방불명되거나 상환능력이 없다고 판단되는 대출금

④ 법적절차 완결 후의 잔존채권으로서 채무자 및 보증인으로부터 상환가능성이 없다고 판단되는 대출금

⑤ 채권, 담보권 등의 하자로 인하여 소송이 계속 중이고 패소가 확실하다고 판단되는 대출금

⑥ 회수의문으로 분류된 후 1년 이상이 경과되도록 채무관계인의 재산을 발견하지 못하는 등 회수가 불가능한 대출금

⑦ 최종부도 발생, 청산·파산절차 진행 또는 폐업 등의 사유로 채권회수에 심각한 위험이 존재하는 것으로 판단되는 대출금

Ⅱ. 신용카드 채권
1. 정상: 금융거래내용, 신용상태 및 경영내용이 양호한 거래처에 대한 총 카드자산
2. 요주의: 다음의 어느 하나에 해당하는 자산
   1) 금융거래내용, 신용상태 및 경영내용 등을 감안할 때 채권회수에 즉각적인 위험이 발생하지는 않았으나 향후 채무상환능력의 저하를 초래할 수 있는 잠재적인 요인이 존재하는 것으로 판단되는 거래처(요주의거래처)에 대한 자산
   2) 1월 이상 3월 미만 연체대출금을 보유하고 있는 거래처에 대한 자산
3. 고정: 다음의 어느 하나에 해당하는 자산
   1) 금융거래내용, 신용상태 및 경영내용 등을 감안할 때 채무상환능력의 저하를 초래할 수 있는 요인이 현재화되어 채권회수에 상당한 위험이 발생한 것으로 판단되는 거래처(고정거래처)에 대한 자산
   2) 3월 이상 연체대출금을 보유하고 있는 거래처에 대한 자산 중 회수예상가액 해당부분
   3) 최종부도 발생, 청산·파산절차 진행 또는 폐업 등의 사유로 채권회수에 심각한 위험이 존재하는 것으로 판단되는 거래처에 대한 자산 중 회수예상가액 해당부분
   4) "회수의문거래처" 및 "추정손실거래처"에 대한 자산 중 회수예상가액 해당부분
4. 회수의문: 다음의 어느 하나에 해당하는 자산
   1) 금융거래내용, 신용상태 및 경영내용 등을 감안할 때 채무상환능력이 현저히 악화되어 채권회수에 심각한 위험이 발생한 것으로 판단되는 거래처(회수의문거래처)에 대한 자산 중 회수예상가액 초과부분
   2) 3월 이상 6월 미만 연체대출금을 보유하고 있는 거래처에 대한 자산 중 회수예상가액 초과부분
5. 추정손실: 다음의 어느 하나에 해당하는 자산
   1) 금융거래내용, 신용상태 및 경영내용 등을 감안할 때 채무상환능력의 심각한 악화로 회수불능이 확실하여 손실처리가 불가피한 것으로 판단되는 거래처(추정손실거래처)에 대한 자산 중 회수예상가액 초과부분
   2) 6월 이상 연체대출금을 보유하고 있는 거래처에 대한 자산 중 회수예상가액 초과부분
   3) 최종부도 발생, 청산·파산절차 진행 또는 폐업 등의 사유로 채권회수에 심각한 위험이 존재하는 것으로 판단되는 거래처에 대한 자산 중 회수예상가액 초과부분
Ⅲ. 유가증권(시가법에 의한 평가대상 유가증권 제외)
1. 정상
   1) 평가액이 장부가액을 상회하는 유가증권
   2) 평가액이 장부가액을 일시적(3월 미만)으로 하회하고 있으나 장차 회복될 전망이 확실시되는 유가증권
   3) 국공채, 정부보증채, 보증사채 등으로서 원리금 회수가 확실시되는 유가증권
2. 요주의
   1) 평가액이 장부가액을 상회하고 있으나 최근 2년 이상 계속하여 납입자본 잠식상태에 있는 회사가 발행한 유가증권
   2) 평가액이 장부가액을 3월 이상 계속 하회하는 유가증권의 평가 상당액
   3) 최근 발행자의 경영악화 등으로 신용위험이 증대한 유가증권
3. 회수의문
   1) 평가액이 장부가액을 3월 이상 계속 하회하고 있는 유가증권의 평가손실액
   2) 발행자의 신용위험 등이 현저히 악화되어 만기에 원금회수가 의문시되는 유가증권
4. 추정손실
   1) 평가액이 장부가액을 6월 이상 계속 하회하고 있는 유가증권의 평가손실액

고 평가일의 종가를 적용)을 기준으로 분류하여야 한다(감독규정11① 본문).

(2) 5단계 분류

위의 자산건전성 분류기준에서 보유자산에 대한 건전성은 "정상", "요주의", "고정", "회수의문", "추정손실"의 5단계로 구분하되, 유가증권의 경우에는 "고정"분류를, 가지급금(여신성 가지급금을 제외)의 경우에는 "요주의" 및 "고정"분류를 제외한다(감독규정11②).

3. 연체대출금

(1) 연체대출금 의제 대출금

조합은 자산건전성 분류기준에 의하여 보유자산의 건전성을 분류함에 있어 다음에 해당하는 대출금, 즉 ⅰ) 약정만기일에 상환되지 아니한 대출금(제1호), ⅱ) 약정만기일 이내라도 이자가 납입되지 아니한 사유 등으로 기한의 이익을 상실한 대출금(제2호 본문). 다만, 기한의 이익을 상실하지 않았더라도 ㉠ 이자의 납입주기가 6개월 미만인 경우 차기 납입기일까지 이자가 납입되지 않은 대출금

---

2) 발행자의 파산으로 원금 회수불능이 확실시되는 유가증권
3) 기타 무가치한 유가증권
Ⅳ. 가지급금(여신성가지급금 제외)
1. 정상
　1) 당해 회계연도 또는 다음 회계연도내에 정상적으로 정리될 것이 확실한 가지급금
　2) 기타 회수가 확실한 가지급금
2. 회수의문
　1) 사고금 또는 출납부족금 정리를 위한 것으로 손비처리가 예상되는 가지급금
　2) 소송관계 비용으로서 손비처리가 예상되는 가지급금
　3) 기타 회수가 불확실하여 손비처리가 예상되는 가지급금
3. 추정손실
　1) 사고금 또는 출납부족금 정리를 위한 것으로 손비처리가 불가피한 가지급금
　2) 소송관계 비용으로서 패소가 확실하여 손비처리가 불가피한 가지급금
　3) 기타 손비처리가 불가피한 가지급금
Ⅴ. 미수금
1. 정상: 지급일로부터 1월이 경과하지 아니한 미수채권
2. 요주의: 지급일로부터 1월 이상 3월이 경과하지 아니한 미수채권
3. 고정: 지급일로부터 3월 이상 경과된 미수채권으로서 회수 예상가액 해당분
4. 회수의문: 지급일로부터 3월 이상 경과된 미수채권으로서 손실발생이 예상되나 현재 손실액을 확정할 수 없는 회수 예상가액 초과분
5. 추정손실: 지급일로부터 3월 이상 경과된 미수채권으로서 회수불능이 확실하여 손비처리가 불가피한 회수예상가액 초과분

과 ⓛ 이자의 납입주기가 6개월 이상인 경우 납입기일로부터 3개월 경과시까지 이자가 납입되지 않은 대출금(예탁금·적금 납입액 이내의 담보대출금은 제외)을 포함한다(제2호 단서). ⅲ) 분할상환 기일에 상환되지 아니한 분할상환금(제3호), ⅳ) 만기일에 결제되지 아니한 상업어음할인(제4호)에 대하여는 이를 연체대출금으로 본다(상호금융업감독업무시행세칙6①).

(2) 연체대출금의 분류기준

연체대출금은 최초의 연체기산일을 기준으로 분류한다(상호금융업감독업무시행세칙6②).

4. 회수예상가액 산정

(1) 원칙: 담보종류별 회수예상가액 산정기준

조합은 자산건전성 분류기준에 의한 "고정"이하 분류 여신을 보유한 채무자의 대출금에 대하여는 자산건전성 분류시마다 감독규정 [별표 1-2][20]의 담보종

20) [별표 1-2] 담보종류별 회수예상가액 산정기준

담 보 종 류		산 정 액	비 고
예·적금		불입액의 100%	
중앙회 공제		해약환급금의 100%	
유가 증권	상장주식 상장채권 수익증권	대용가격의 100% 대용가격의 100% 기준가격의 100%	한국거래소 공시
지급 보증	은행지급보증서 신용보증서 보증보험증권 정부투자기관보증	보증(보험)금액의 100%	
부동산 등	대 지 건 물 아파트 자동차, 중기, 선박등 기계, 기구류	공시지가의 100% 건물신축단가표의 100% 시가의 70% 최종감정가액을 관련 세법상의 내용연 　수로 나눈 금액을 매년 정액 차감 최종감정가액에서 매년 10%씩 차감	국토교통부 공시
기 타		시가의 70%	
경매 진행중인 담보		최종 법사가	

〈유의사항〉
1. 회수예상가액을 산정하는 경우에는 선순위 등을 공제하여야 하며, 관련법규 또는 조합 자

류별 회수예상가액 산정기준에 따라 담보물의 회수예상가액을 산정하여야 한다 (감독규정11의2 본문).

(2) 예외: 최종담보평가액

다음의 어느 하나에 해당하는 경우. 즉 ⅰ) "고정"이하 분류사유 발생일이 3 개월 이내인 경우(제1호), ⅱ) 3개월 이내에 법적절차 착수예정인 경우(제2호), ⅲ) 예탁금, 적금, 유가증권 및 지급보증서 이외의 담보(경매가 진행 중인 담보는 제외)로서 담보의 최종감정일 또는 최종 회수예상가액 산정일이 2년 이내인 경우 (제3호), ⅳ) 총대출금액에 대한 담보비율이 150% 이상인 경우(제4호), ⅴ) 채무자 회생법에 따른 회생절차 또는 기업개선작업 등을 신청하였거나 당해 절차가 진 행 중인 경우(제5호)에는 최종담보평가액(유효담보가액 또는 종전 건전성 분류시 산 정한 회수예상가액 등)을 회수예상가액으로 볼 수 있다(감독규정11의2 단서).

Ⅳ. 회계 및 결산

조합 및 중앙회는 경영의 건전성을 유지하고 금융사고를 예방하기 위하여 금융위원회가 정하는 회계 및 결산에 관한 사항인 ⅰ) 재무 및 손익상황의 표시 기준(가목), ⅱ) 충당금·적립금의 적립기준(나목), ⅲ) 채권의 대손상각처리기준 (다목)을 준수하여야 한다(법83의3①, 영20의2(3)).

체내규에서 담보취득을 제한하는 물건을 회수예상가액에서 제외하여야 함
2. 시가는 매매가격 등을 기준으로 하여 조합 자체적으로 산정함
3. 건물신축단가표의 100%는 건물면적×표준단가×(잔여년수/내용년수)를 말하며, 관련세법상 의 내용년수 계산시에는 자동차 등의 구입시점에서 최종 감정일까지의 경과년수를 차감함
4. 비상장유가증권 중 비상장주식(금융투자협회 공시)의 평가는 다음의 기준에 의한다.
   ① 대용가격이 있는 경우에는 대용가격의 100%
   ② 대용가격이 없으나 시가를 알 수 있는 경우에는 시가의 50%
   ③ 대용가격이 없고 시가도 알 수 없는 경우에는 『일반기업회계기준』제6장 문단 13의 규 정에 의한 순자산가액이나 『상속세 및 증여세법 시행령』제55조(순자산가액의 계산방 법)의 규정에 의한 평가액에 의함. 다만, 『상속세 및 증여세법 시행령』제56조(1주당 최 근 3년간의 순손익액의 계산방법)의 규정에 의한 순자산가액이 더 큰 경우에는 이를 기 준으로 평가할 수 있음.
5. 비상장유가증권중 비상장채권의 평가는 다음의 기준에 의한다.
   ① 금융기관 보증부 및 담보부 채권의 경우에는 평가일 현재 3년만기 회사채 수익률로 할 인한 가액의 90%
   ② 기타채권의 경우에는 평가일 현재 3년만기 회사채수익률로 할인한 가액의 70%

위 다목과 관련 채권의 대손상각에 관하여 살펴보면 다음과 같다.

1. 대손인정 신청

조합이 보유한 부실채권을 대손상각처리하고자 할 경우에는 매분기말 2월 전까지 중앙회장에게 대손인정을 신청하여야 한다(감독규정15의3①).

2. 대손인정 결과의 보고

중앙회장은 대손인정의 신청에 의한 대손인정 결과를 매 사업년도 경과 후 다음 달 20일까지 금융감독원장에게 보고하여야 한다(감독규정15의3②).

3. 재무재표 주석사항 표시

조합은 대손인정 신청에 의하여 상각처리한 채권의 잔액을 재무상태표 주석 사항에 대손상각채권으로 표시하여야 한다(감독규정15의3③).

4. 세부사항 제정

조합에 대한 대손인정에 필요한 세부사항 및 중앙회에 대한 대손상각 절차 등은 금융감독원장이 정한다(감독규정15의3④).[21]

---

21) 상호금융업감독업무시행세칙 제12조의2(채권의 대손상각) ① 대손상각채권은 조합이 보유한 자산 중 감독규정 제11조 제1항 각호의 채권(유가증권을 제외) 및 기타 이에 준하는 채권으로 한다.
② 중앙회장은 조합이 제1항에 해당하는 채권이 감독규정 제11조 및 제18조의2의 규정에 따라 "추정손실"로 분류된 경우 대손인정할 수 있다.
③ 제2항의 규정에 불구하고 제1항에 해당하는 채권 중 건당 1천만원 이하의 채권으로서 조합이 자체 상각한 것은 중앙회장이 대손인정한 것으로 본다.
④ 조합이 제2항의 규정에서 정하는 기준에 부합하여 대손인정을 중앙회장에 신청하고자 하는 경우 해당 채권에 대하여 자체 책임심의를 완료하고 대손인정신청시 그 결과를 함께 보고하여야 한다.
⑤ 감독규정 및 이 세칙에서 정하지 아니한 사항은 금융감독원장이 정한 금융기관채권대손인정업무세칙·은행업감독업무시행세칙 제19조(대손상각요구) 및 제21조(상각실적보고)에서 정한 사항을 준용한다. 이 경우 조합에 대하여는 금융감독원장을 중앙회장으로 본다.

V. 위험관리

조합 및 중앙회는 경영의 건전성을 유지하고 금융사고를 예방하기 위하여 금융위원회가 정하는 위험관리에 관한 사항인 ⅰ) 위험관리의 기본방침(가목), ⅱ) 위험관리를 위한 경영진의 역할(나목), ⅲ) 위험관리에 필요한 내부관리체제 (다목), ⅳ) 여신 심사 및 사후관리 등에 관한 기준(라목), ⅴ) 금융사고 예방·대응 및 재발방지 대책(마목)을 준수하여야 한다(법83의3①, 영20의2(4)).

1. 리스크관리체제

(1) 종합적인 관리체제 구축·운영

조합은 상호금융업무를 영위함에 있어 발생하는 리스크를 사전에 예방하고 효율적으로 관리하기 위하여 이를 인식·측정·감시·통제할 수 있는 종합적인 관리체제를 구축·운영하여야 한다(감독규정16①).

(2) 리스크부담 한도 및 거래 한도의 설정·운영

조합은 리스크를 효율적으로 관리하기 위하여 부서별 또는 사업부문별 리스크부담 한도 및 거래 한도 등을 적절히 설정·운영하여야 한다(감독규정16②).

2. 리스크관리조직

(1) 이사회 의결

조합은 이사회에서 리스크관리에 관한 정책 및 전략의 승인, 리스크관리규정의 제정 및 개정 등 리스크관리에 필요한 주요 사항을 심의·의결한다(감독규정16의2①).

(2) 리스크관리위원회의 설치와 업무

조합은 리스크관리에 관한 이사회의 승인결정사항을 효율적으로 이행하기 위하여 리스크관리위원회("위원회")를 설치하여야 하며, 위원회는 ⅰ) 리스크관리 정책 및 전략의 수립(제1호), ⅱ) 부담 가능한 리스크수준의 설정(제2호), ⅲ) 각종 한도의 설정 및 한도 초과의 승인(제3호), ⅳ) 위원회 승인 및 결정사항의 이사회 보고(제4호) 업무를 수행한다(감독규정16의2② 본문). 다만, 직장조합 및 직전 사업년도 종료일 현재의 자산총액이 300억원 미만인 조합은 이사회가 위원회 기능을 대행할 수 있다(감독규정16의2② 단서).

(3) 실무조직의 운영

조합은 경영상 발생할 수 있는 리스크를 독립적으로 종합관리하고 위원회를 보조할 수 있는 적절한 실무조직을 운영하여야 한다(감독규정16의2③ 본문). 다만, 직장조합 및 직전사업년도 종료일 현재의 자산총액이 300억원 미만인 조합은 기존조직 또는 담당자에게 이를 담당하게 할 수 있다(감독규정16의2③ 단서).

3. 리스크관리규정

(1) 내부규정 또는 지침의 제정 · 운영

조합은 리스크관리에 관한 기본방침, 조직 및 절차, 한도관리와 리스크측정 및 관리체체 등을 포함하는 내부규정 또는 지침을 자체 실정에 맞게 제정 · 운영하여야 한다(감독규정16의3①).

(2) 내부통제 세부사항

조합의 감사규정[22] 운영, 감사실 직제[23] 등 내부통제와 관련한 세부적인 사항은 금융감독원장이 정한다(감독규정16의3②).

4. 주택관련 담보대출에 대한 리스크관리

(1) 주택관련 담보대출에 대한 리스크관리기준(별표 2)

조합은 주택관련 담보대출 취급시 경영의 건전성이 유지되도록 [별표 2]에서 정하는 담보인정비율, 총부채상환비율, 기타 주택담보대출 등의 취급 및 만기연장에 대한 제한 등을 준수하여야 한다(감독규정16의4①).

감독규정 [별표 2]는 주택관련 담보대출에 대한 리스크관리기준으로 담보인

---

[22] 상호금융업감독업무시행세칙 제16조(감사규정) 조합은 중앙회에서 정한 감사규정을 조합 실정에 맞게 정하여 운영하여야 한다.

[23] 상호금융업감독업무시행세칙 제17조(감사실 직제) ① 중앙회장이 정하는 기준에 의하여 감사실을 설치하여야 하는 조합은 직제규정에 따라 감사실을 설치하여야 한다.
② 조합의 감사실은 중앙회장이 정한 일상감사사항을 감사하여야 하며, 감사결과에 대한 조치 및 보고는 조합의 감사규정에서 정하는 바에 의한다.

정비율(LTV), 총부채상환비율(DTI), 총부채원리금상환비율(DSR) 등에 관하여 규정하고 있다.

"담보인정비율"(LTV, Loan-To-Value ratio)이라 함은 주택담보대출 취급시 담보가치에 대한 대출취급가능금액의 비율을 말하고, "총부채상환비율"(DTI, Debt-To-Income ratio)이라 함은 차주의 연간 소득에 대한 연간 대출 원리금 상환액의 비율을 말하며, "총부채원리금상환비율(DSR, Debt-Service-Ratio)"이란 차주의 총 금융부채 상환부담을 판단하기 위하여 산정하는 차주의 연간 소득 대비 연간 금융부채 원리금 상환액 비율을 말한다.

(2) 담보인정비율 및 총부채상환비율의 가감조정

금융감독원장은 조합의 경영건전성 등을 감안하여 긴급하다고 인정하는 경우 [별표 2]에서 정한 담보인정비율 및 총부채상환비율을 10% 범위 이내에서 가감조정할 수 있다(감독규정16의4② 전단). 이 경우 금융감독원장은 그 내용을 지체 없이 금융위원회에 보고하여야 한다(감독규정16의4② 후단).

(3) 세부판단기준

담보인정비율 및 총부채상환비율의 산정방법 및 적용대상의 세부판단기준, 주택담보대출 등의 취급 및 만기연장 제한 등과 관련한 세부적인 사항은 금융감독원장이 정하는 바에 따른다(감독규정16의4③).

5. 여신업무 기준

(1) 여신심사 및 사후관리

조합은 상당한 주의를 기울여 ⅰ) 차주의 신용위험 및 상환능력 등에 대한 분석을 통한 신용리스크의 평가(제1호), ⅱ) 차주의 차입목적, 차입금 규모, 상환기간 등에 대한 심사 및 분석(제2호), ⅲ) 차주의 차입목적 이외의 차입금 사용 방지 대책 마련(제3호), ⅳ) 여신실행 이후 차주의 신용상태 및 채무상환능력 변화에 대한 사후 점검 및 그 결과에 따른 적절한 조치(제4호), ⅴ) 산업별, 고객그룹별 여신운용의 다양화를 통한 여신편중 현상의 방지(제5호)의 여신심사 및 사후관리 등 여신업무를 처리하여야 한다(감독규정16의6①).

(2) 여신심사기준

금융감독원장은 여신 운용의 건전성을 제고할 수 있도록 여신심사 및 사후 관리 업무에 관한 구체적인 기준을 정할 수 있다(감독규정16의6②).[24]

6. 금융사고 예방대책

조합은 다음에서 정하는 금융사고 관리 및 예방, 이용자 정보보호 등에 관한 대책 등을 마련하고 이를 준수하여야 한다(감독규정16의7).

1. 다음의 금융사고 관리에 관한 사항
   가. 조합 임직원의 사기·횡령·배임·절도·금품수수 등 범죄혐의가 있는 행위에 대한 방지 대책
   나. 과거에 발생한 금융사고 또는 이와 유사한 금융사고에 대한 재발 방지 대책
   다. 그 밖에 위법 또는 부당한 업무처리로 조합 이용자의 보호에 지장을 가져오는 행위를 방지하기 위한 대책
2. 금융사고 예방대책 이행상황에 대한 점검·평가 등 본·지점의 업무운영에 관한 자체적인 검사 계획 및 검사 실시 기준
3. 조합 이용자의 정보보호를 위하여 조합상품의 홍보판매 등의 과정에서 소속

---

24) 상호금융업감독업무시행세칙 제8조의4(여신심사기준) ① 조합은 감독규정 제16조의6에 따라 여신 실행 이전 단계에서 신용리스크를 적절히 평가·관리할 수 있는 건전한 여신심사 및 승인업무 시스템("여신심사기준 등")을 운영하여야 하며, 여신심사 기준 등에는 다음의 사항을 포함하여야 한다.
1. 여신심사조직과 영업조직간 역할 정립 및 상호 협조
2. 신용평가시스템 등에 의한 합리적이고 투명한 여신심사 및 승인
3. 적정한 규모의 여신이 취급될 수 있는 차주별 여신한도제도의 운영
4. 담보대출의 취급기준
5. 차주의 신용 평가결과 및 여신 원가 요소 등을 합리적으로 반영한 여신금리 산정체계
② 조합은 제1항에 따라 여신심사업무를 효율적으로 수행할 수 있도록 다음의 사항을 포함하는 내부시스템을 구축하여야 한다.
1. 내부업무처리규정 및 절차 제정
2. 제1호의 규정 및 절차에 따라 업무를 수행할 내부 조직의 지정
3. 대출모집, 대출심사 및 대출 사후관리 조직간의 명확한 직무분장
③ 제1항 제4호의 담보대출 취급기준에는 담보물건별 대출비율을 포함하여야 한다. 이 경우 담보물건별 대출비율은 환가성, 경락률 및 시장상황 등을 고려하여 정하며, 동 대출비율을 초과하여 대출하는 경우에는 초과분에 대한 신용평가 및 전결권 상향 등 처리방법을 정하여야 한다.
④ 제1항 내지 제3항에 불구하고 직장조합은 중앙회장이 정하는 바에 따를 수 있다.

임직원이 준수하여야 하는 조합 이용자의 정보이용 기준 및 절차

VI. 기타 경영건전성

조합 및 중앙회는 경영의 건전성을 유지하고 금융사고를 예방하기 위하여 금융위원회가 정하는 그 밖에 경영의 건전성 확보를 위하여 필요한 사항인 ⅰ) 예탁금, 적금 및 출자금 등에 대한 대출금 보유기준(가목), ⅱ) 업종별 대출등에 대한 한도기준(나목), ⅲ) 유동성 부채에 대한 유동성 자산의 보유기준(다목)을 준수하여야 한다(법83의3①, 영20의2(5)).

1. 예탁금, 적금 및 출자금 등에 대한 대출금 보유기준

(1) 예대율 유지

조합은 예탁금, 적금 및 출자금에 대한 대출금 비율("예대율")을 ⅰ) 직전 반기 말 주택담보대출의 분할상환비율이 20% 미만의 경우: 80% 이하(가목), ⅱ) 직전 반기 말 주택담보대출의 분할상환비율이 20% 이상 30% 미만인 경우: 90% 이하(나목), ⅲ) 직전 반기 말 주택담보대출의 분할상환비율이 30 이상인 경우: 100% 이하(다목)에 따라 유지하여야 한다(감독규정12①(5)).

(2) 예대율 적용 제외 조합

예대율은 직전 분기 중 분기말월 기준 대출금 200억원 미만인 조합의 경우에는 적용하지 아니한다(감독규정12① 단서).

(3) 예대율 하락시 기준 적합의무

예대율이 하락하게 되는 경우에는 그 해당 반기말까지 예대율 기준에 적합하도록 하여야 한다(감독규정12⑤).

2. 업종별 대출등에 대한 한도기준

조합은 다음에서 정하는 업종별 대출등 한도 기준을 준수하여야 한다(감독규정16의8).[25]

---

25) 부칙 〈제2022-1호, 2022.1.12.〉 제1조(시행일) 이 규정은 2024년 12월 29일부터 시행한다.

1. 한국표준산업분류(통계청 고시) 중 대분류 기준에 따른 업종 중 다음 각 목의 어느 하나에 해당하는 업종: 각 목의 업종별 대출등이 대출등 총액의 30%

   가. 건설업

   나. 부동산업

2. 제1호 각목의 대출등의 합계액: 대출등 총액의 50%

3. 유동성 부채에 대한 유동성 자산의 보유기준

조합은 유동성 부채에 대한 유동성 자산비율("유동성 비율")을 100% 이상 유지하여야 한다(감독규정12①(4) 본문). 다만, 직전 사업연도 말 기준 자산총액 300억원 이상 1,000억원 미만 조합의 경우에는 90% 이상, 자산총액 300억원 미만 조합의 경우에는 80% 이상을 유지하여야 한다(감독규정12①(4) 단서).[26]

---

26) 부칙 〈제2022-1호, 2022.1.12.〉
   제1조(시행일) 이 규정은 2024년 12월 29일부터 시행한다.
   제2조(유동성 비율에 관한 경과조치) 제12조 제1항 제4호의 규정에도 불구하고 직전 사업연도말 기준 자산총액 1,000억원 이상 조합의 경우에는 이 규정 시행일로부터 1년이 경과하기 전까지 유동성 비율은 90% 이상으로 한다.

제
7
장
/

구조조정 관련 제도

제1절 경영실태평가

I. 의의

경영실태평가는 신용협동조합의 경영실적, 경영의 건전성, 경영진의 경영능력, 법규준수 상황 및 리스크 관리실태 등 다양한 평가부문을 종합적이고 통일적인 방식에 따라 일정한 등급으로 평가하여 금융회사의 경영상태를 체계적이고 객관적으로 확인하는 방법의 하나이다.[1]

경영실태평가의 가장 기본적인 목표는 경영실태를 정확히 파악하고 이를 바탕으로 일정기간 후 신용협동조합의 경영상태가 어떻게 변화될 것인가를 판단하는 것이다. 경영실태평가 결과에 따라 부실금융회사에 대해서 적기시정조치를 취하는 한편 감독상 주의 및 관심을 더욱 집중하여 신용협동조합 경영의 건전성 확보와 금융이용자 보호 및 신용질서 유지 등 감독·검사업무의 효율성을 높일 수 있는 장점도 있다.

---

1) 금융감독원(2021), 「금융감독개론」, 금융감독원(2021. 2), 241쪽.

중앙회장은 조합으로부터 제출받은 자료에 따른 분석·평가 결과 대통령령으로 정하는 바에 따라 금융위원회가 정하는 기준에 해당되어 건전한 경영이 어렵다고 인정되는 조합에 대해서는 합병을 권고하거나 보유자산의 처분, 조직의 축소 등 재무상태의 개선을 위한 조치를 하도록 요청하여야 한다(법89④).

금융위원회는 법 제89조(중앙회의 지도·감독) 제4항의 규정에 의하여 ⅰ) 조합으로부터 제출받은 자료의 분석·평가 결과 경영건전성기준에 미달하는 조합(제1호), ⅱ) 기타 조합으로부터 제출받은 자료의 분석·평가 결과 재산상태 또는 경영이 건전하지 못하여 경영개선이 필요한 조합(제2호)에 대하여 중앙회장이 합병을 권고하거나 보유재산의 처분, 조직의 축소등 재무상태의 개선을 위한 조치를 요청하는 데에 필요한 기준을 정할 수 있다(영22).

이에 따라 상호금융업감독규정은 구체적인 사항을 정하고 있다.

Ⅱ. 경영실태 분석

금융감독원장 및 중앙회장은 조합의 경영실태를 분석하여 경영의 건전성 여부를 감독하여야 한다(감독규정8①).

Ⅲ. 경영실태평가와 그 결과의 감독 및 검사업무 반영

금융감독원장 및 중앙회장은 조합에 대한 검사 등을 통하여 경영실태를 평가하고 그 결과를 감독 및 검사업무에 반영할 수 있다(감독규정8②).[2]

경영실태평가는 CAMEL방식으로 평가하는데 자본의 적정성(Capital Adequacy), 자산의 건전성(Asset Quality), 경영관리능력(Management), 수익성(Earnings), 유동성(Liquidity) 등 5개 부문으로 구성된다.

---

2) 상호금융업감독업무시행세칙 제12조의5(경영실태평가 내용설명 및 의견 청취) 감독규정 제8조 제2항에 의한 경영실태평가를 실시하는 경우 경영실태평가 내용을 당해 조합에 설명하여야 하며 의견 제출 기회를 부여하여야 한다. 다만, 감독규정 제8조(경영실태분석 및 평가) 제3항 단서에 따라 실시하는 계량지표에 의한 평가시에는 이를 생략할 수 있다.

Ⅳ. 정기검사시 실시

경영실태평가는 조합에 대한 정기검사시에 실시한다(감독규정8③ 본문). 다만, 정기검사 이외의 기간에는 분기별(금융감독원장이 필요하다고 인정하는 경우에는 수시)로 부문별 평가항목 중 계량지표에 의해 평가가 가능한 항목에 대한 평가를 실시할 수 있다(감독규정8③ 단서).

Ⅴ. 경영실태평가 부문별 평가항목 및 평가등급

경영실태평가는 평가대상 조합의 경영실태를 [별표 1]의 자본적정성, 자산건전성, 경영관리능력, 수익성 및 유동성 부문에 대하여 부문별평가와 부문별평가 결과를 감안한 종합평가를 1등급(우수), 2등급(양호), 3등급(보통), 4등급(취약), 5등급(위험) 등 5단계 등급으로 구분하여 실시한다(감독규정8④ 전단). 이 경우 경영실태평가 기준일은 검사기준일로 한다(감독규정8④ 후단).

[별표 1] 경영실태평가 부문별 평가항목(제8조 관련)

평가부문	계량지표	비계량 평가항목
자본 적정성	· 순자본비율(신협중앙회의 경우 위험가중자산대비 자기자본비율) · 총자본비율 · 단순자기자본비율	· 자본변동요인의 적정성 · 향후 자본증식 가능성 · 경영진의 자본적정성 유지정책의 타당성 · 경영지도기준 충족여부
자산 건전성	· 손실위험도가중여신비율 · 순고정이하여신비율 · 연체대출금비율	· 여신정책, 절차, 관리의 적정성 · 자산건전성 분류의 적정성 · 충당금 적립의 적정성 · 자본규모를 감안한 위험자산 보유수준의 적정성
경영 관리 능력		· 전반적인 재무상태 및 영업능력 · 내부통제제도 및 운용실태 · 리스크관리체제구축 및 운용실태 · 검사결과 지적사항의 이행여부 · 경영정책수립, 집행기능의 적정성 · 표준프로그램사용 및 업무보고서 작성의 적정성

수익성	· 총자산순이익률 · 수지비율 · 총자산경비율	· 손익구조 변동원인의 적정성 · 수익관리의 적정성 · 경영합리화 노력 · 예산집행의 적정성
유동성	· 유동성비율 · 고정자산비율	· 유동성 변동요인의 적정성 · 자금조달 및 운용구조의 합리성 · 유동성 관리능력

Ⅵ. 구체적 사항의 금융감독원장 제정

경영실태평가를 위한 구체적인 사항은 금융감독원장이 정하는 바에 의한다 (감독규정8⑤).[3]

---

3) 상호금융업감독업무시행세칙 제12조의4(경영실태평가 방법 및 등급) ① 감독규정 제8조 (경영실태분석 및 평가) 제4항의 규정에 의한 부문별 평가항목 중 계량지표의 산정기준은 [별표 5-4]와 같다.

② 금융감독원장은 금융시장 상황 및 해당 조합의 특성 등을 고려할 때 [별표 5-3]에 제시된 평가부문별 가중치 적용이 불합리하다고 판단되는 경우에는 동 가중치를 조정하여 적용할 수 있다.

③ 감독규정 제8조 제4항의 규정에 의한 경영실태 평가의 등급별 정의는 [별표 5-5]와 같다.

④ 부문별 평가등급은 감독규정 [별표 1]의 부문별 계량지표와 비계량 평가항목을 평가하여 산정하고 종합평가등급은 부문별 평가결과를 종합한 평가등급에 감독·검사정책의 방향 등을 고려하여 확정한다.

⑤ 제1항 내지 제4항의 규정에 의한 경영실태평가 후 조합이 다음에 해당하는 경우에는 감독규정 [별표 1]의 비계량 평가항목을 감안하여 당해 평가등급의 조정여부를 판단하여야 한다. 다만, 당해 조합에 대해 즉각적인 시정조치가 필요하다고 판단될 경우 비계량 평가항목을 감안하지 아니하고 평가등급을 조정할 수 있다.

1. 감독규정 제8조 제3항 단서에 따라 실시하는 계량지표에 의한 평가("계량평가")등급이 최근 종 합평가등급 산정시의 계량평가 등급보다 2단계 이상 악화된 경우

2. 감독규정 제8조 제3항 단서에 따라 실시하는 계량평가 등급이 최직근 종합평가등급 산정시의 계량 평가등급보다 2분기 연속해서 낮은 경우

3. 종합평가등급이 3등급 이상이나 감독규정 제8조 제3항 단서에 따라 실시하는 계량평가에 의한 자 본적정성 또는 자산건전성 부문의 등급이 4등급 이하인 경우

4. 기타 경영상태가 심각하게 악화되었다고 판단되는 경우

⑥ 기초자료를 제출하지 아니하거나 불충분하여 경영실태평가가 불가능한 경우에는 자료 미제출 항목 또는 불충분한 자료 해당 항목을 5등급으로 평가한다.

⑦ 금융감독원장은 감독규정 [별표 1]의 평가항목 중 계량지표의 산정기준일 및 등급구분 기준은 별도로 정할 수 있다.

Ⅶ. 경영실태평가 내용의 중앙회장 송부

금융감독원장은 경영실태평가 내용을 중앙회장에게 송부하여 법 제89조 제4항의 규정에 의한 재무상태개선조치에 활용하도록 하여야 한다(감독규정8⑥).

제2절 적기시정조치

Ⅰ. 의의

적기시정조치제도(Prompt Corrective Action)란 금융회사의 건전성을 자본충실도, 경영실태평가 결과 등 경영상태를 기준으로 몇 단계의 등급으로 나누어, 경영상태가 악화된 금융회사에 대해 금융감독당국이 단계적으로 시정조치를 부과해 나가는 제도를 의미한다. 적기시정조치는 부실화 징후가 있는 금융회사에 대하여 적기에 경영개선을 유도·강제함으로써 부실화를 예방하고 경영 취약부문의 정상화를 도모하는 건전성감독 수단으로서의 성격을 지닌다. 그러나 적기시정조치는 경영상태가 동 조치의 발동요건에 해당하는 경우 무차별적으로 시정조치를 시행하는 강행규정이므로, 정상화 가능성이 없는 금융회사를 조기에 퇴출시킴으로써 금융소비자의 피해 및 예금보험기금의 고갈 등 금융회사의 부실화에 따른 사회적 비용을 경감시키고 금융시스템의 안정성을 도모하기 위한 행정적 퇴출수단이기도 하다. 적기시정조치는 시장규율의 강화를 통해 금융회사의 부실화 및 도산가능성을 축소시키고 자구노력을 촉발하여 부실금융회사 처리비용을 경감시키는 한편, 재무건전성 위주의 객관적 평가를 통하여 대형 및 소형 금융회사 간의 공정경쟁여건(level playing field)을 조성하는 효과가 있다.[4]

중앙회장은 조합으로부터 제출받은 자료의 분석·평가 결과 대통령령으로 정하는 바에 따라 금융위원회가 정하는 기준에 해당되어 건전한 경영이 어렵다고 인정되는 조합에 대해서는 합병을 권고하거나 보유자산의 처분, 조직의 축소

---

4) 금융감독원(2021), 251쪽.

등 재무상태의 개선을 위한 조치를 하도록 요청하여야 한다(법89④).

재무상태개선조치운용의 세부사항과 관련해서는 중앙회가 "신용협동조합재무상태개선조치운용지침"을 마련하여 운용 중이다. 이 지침은 상호금융업감독규정에 따라 신용협동조합의 재무상태개선과 관련된 업무를 수행함에 있어 필요한 세부사항을 정함을 목적으로 한다.

Ⅱ. 재무상태개선권고

1. 의의

중앙회장은 회원의 경영상태를 평가하고 그 결과에 따라 경영개선, 합병권고 등 필요한 조치를 요구할 수 있다.

2. 요건(기준)

중앙회장은 조합이 ⅰ) 총자산 대비 순자본비율이 2% 미만인 경우(제1호), ⅱ) 경영실태평가결과 종합평가등급이 3등급 이상으로서 자본적정성 또는 자산건전성 부문의 평가등급을 4등급 이하로 판정받은 경우(제2호), ⅲ) 거액의 금융사고 또는 부실채권의 발생으로 제1호 내지 제2호의 기준에 해당될 것이 명백하다고 판단되는 경우(제3호)에는 당해 조합에 대하여 필요한 조치를 이행하도록 권고하여야 한다(감독규정12의2①).

3. 조치내용

조합에 대하여 필요한 조치라 함은 ⅰ) 인력 및 조직운영 개선(제1호), ⅱ) 지사무소 운영의 효율화(제2호), ⅲ) 경비절감(제3호), ⅳ) 위험자산 및 고정자산의 처분(제4호), ⅴ) 출자금의 감소 및 신규증액(제5호), ⅵ) 이익배당의 제한(제6호), ⅶ) 합병권고(제7호)의 일부 또는 전부에 해당하는 조치를 말한다(감독규정12의2②).

4. 조치 근거 및 이유 제시

조합에 대하여 조치를 하는 경우에는 당해 조합에 그 근거와 이유를 제시하여야 한다(감독규정12의2③ 전단).

Ⅲ. 재무상태개선요구

1. 의의

중앙회장은 회원의 경영상태를 평가하고 그 결과에 따라 경영개선, 합병권고 등 필요한 조치를 요구할 수 있다.

2. 요건(기준)

중앙회장은 조합이 ⅰ) 총자산 대비 순자본비율이 마이너스 3% 미만인 경우(제1호), ⅱ) 경영실태평가결과 종합평가등급을 4등급 이하로 판정받은 경우(제2호), ⅲ) 거액의 금융사고 또는 부실채권의 발생으로 제1호 내지 제2호의 기준에 해당될 것이 명백하다고 판단되는 경우(제3호), ⅳ) 재무상태개선 권고를 받은 조합이 재무상태개선계획을 성실하게 이행하지 아니하는 경우(제4호)에는 당해 조합에 대하여 필요한 조치를 이행하도록 요구하여야 한다(감독규정12의3①).

3. 조치내용

조합에 대하여 필요한 조치라 함은 ⅰ) 합병요구(제1호), ⅱ) 위험자산의 보유 제한 및 자산의 처분(제2호), ⅲ) 조직·인력의 축소(제3호), ⅳ) 지사무소의 폐쇄·통합 또는 신설제한(제4호), ⅴ) 예금금리수준의 제한(제5호), ⅵ) 임원진 개선요구(제6호), ⅶ) 감독규정 제12조의2 제2항에서 정하는 사항(재무상태개선권고의 조치내용)(제7호)의 일부 또는 전부에 해당하는 조치를 말한다(감독규정12의3②).

4. 조치 근거 및 이유 제시

조치를 하는 경우에는 당해 조합에 그 근거와 이유를 제시하여야 한다(감독규정12의2③ 후단).

Ⅳ. 재무상태개선권고 또는 요구 유예 등

1. 유예 사유와 유예기간

중앙회장은 재무상태개선권고의 요건 및 재무상태개선요구의 요건 기준에 해당되는 조합이 단기간에 그 기준에 해당되지 않게 될 수 있다고 판단되거나 이에 준하는 사유가 있다고 인정되는 경우 재무상태개선 권고 또는 요구를 유예할 수 있다(감독규정12의4① 전단). 이 경우 유예기간은 1년을 초과할 수 없다(감독규정12의4① 후단).

2. 재무상태개선 권고 또는 요구 불이행에 대한 조치

중앙회장은 조합이 재무상태개선권고 또는 요구를 받고 이를 성실히 이행하지 아니한 경우 중앙회의 자금지원을 중단하거나 지원자금을 회수하는 등의 조치를 취할 수 있다(감독규정12의4②).

제3절 경영관리

신협은 다른 기관이나 신협중앙회와 달리 재무상태개선 "명령" 제도가 없고, 경영관리 제도만을 두고 있다.

Ⅰ. 서설

1. 의의

금융위원회는 일정 요건 중 어느 하나에 해당되어 조합원의 이익을 크게 해칠 우려가 있다고 인정되는 조합에 대해서는 관리인을 선임하여 경영관리를 하게 할 수 있다(법86①). 금융위원회는 경영관리 및 관리인의 선임에 관한 권한을 금융감독원장에게 위탁한다(법96①, 영24①(9)).

조합 또는 중앙회의 임직원 또는 청산인이 경영관리에 응하지 아니한 경우에는 3년 이하의 징역 또는 3천만원 이하의 벌금에 처한다(법99①(6)). 이 경우 징역형과 벌금형을 병과할 수 있다(법99① 후단).

2. 경영관리의 요건

경영관리의 요건은 다음의 어느 하나에 해당되어야 한다(법86①).

(1) 불법·부실대출로 자기자본의 전부가 잠식될 우려가 있는 경우

금융감독원의 검사(법83②) 결과 조합이 ⅰ) 동일인에 대한 대출등의 한도를 위반하여 한 대출등의 합계액 중 부실대출에 해당하는 금액이 자기자본 또는 출자금 중 큰 금액을 초과하는 경우의 당해부실대출금액(제1호), ⅱ) 부실대출의 합계액이 자기자본 또는 출자금 중 큰 금액의 2배를 초과하는 경우의 당해부실대출금액(제2호)을 보유하고 이를 단기간에 통상적인 방법으로 회수하기가 곤란하여 자기자본의 전부가 잠식될 우려가 있다고 인정되는 경우이어야 한다(법86①(1), 영21의2①).

(2) 재산상 손실이 발생하여 경영정상화가 어려운 경우

조합 임직원의 위법·부당한 행위로 인하여 조합에 재산상의 손실이 발생하여 자력으로 경영정상화를 추진하는 것이 어렵다고 인정되는 경우이어야 한다(법86①(2)).

(3) 조합의 예탁금·적금 인출이 쇄도하는 경우

조합의 파산위험이 현저하거나 임직원의 위법·부당한 행위로 인하여 조합의 예탁금·적금 인출이 쇄도하거나 조합이 예탁금 및 적금을 지급할 수 없는 상태에 이른 경우이어야 한다(법86①(3)).

(4) 자본의 적정성, 자산의 건전성 등을 고려하여 일정 기준에 미달하는 경우

금융감독원의 검사(법83②) 결과 앞의 (1), (2), (3)의 경우에 해당되지 아니하는 경우로서 자본의 적정성, 자산의 건전성 등을 고려하여 ⅰ) 자산에 대한 자기자본비율 등 조합의 신용위험에 대응하는 자기자본의 보유기준(제1호), ⅱ) 대출채권 등 조합이 보유하는 자산의 건전성 기준(제2호), ⅲ) 경영실태평가 기준

(제3호)에 미달하는 경우를 말한다(법86①(4), 영21의2② 전단). 이 경우 각호의 구체적인 기준은 금융위원회가 정한다(영21의2② 후단).[5]

(5) 경영관리가 필요하다고 인정하여 중앙회장이 건의하는 경우

경영 분석·평가 결과 또는 검사 결과 경영관리가 필요하다고 인정하여 중앙회장이 건의하는 경우이어야 한다(법86①(5) 전단). 이 경우 금융위원회는 앞의 (1)부터 (4)까지의 경우에 해당하는지를 확인하여야 한다(법86①(5) 후단).

3. 경영관리의 내용

경영관리의 내용은 ⅰ) 자금의 수급 및 여·수신의 관리(제1호), ⅱ) 불법·부실대출의 회수 및 채권의 확보(제2호), ⅲ) 위법·부당한 행위의 시정(제3호), ⅳ) 부실한 자산의 정리(제4호), ⅴ) 인력 및 조직운영의 개선(제5호)이다(영21의3①).

4. 경영관리의 공고

조합은 경영관리를 받게 된 때에는 지체없이 주사무소 및 지사무소의 객장에 이를 공고하여야 하며, 2영업일 이내에 당해 조합의 주사무소가 소재하는 지역의 일간신문에 공고내용을 게재하여야 한다(법86⑥, 영21의2③).

Ⅱ. 채무의 지급정지 또는 임원의 직무정지와 재산실사

1. 의의

금융위원회는 경영관리가 개시되었을 때에는 6개월의 범위에서 채무의 지급을 정지하거나 임원의 직무를 정지하고, 관리인으로 하여금 지체 없이 그 조합의 재산현황을 조사("재산실사")하게 하여야 한다(법86②). 금융위원회는 채무의

---

5) 감독규정 제12조의7(경영관리 요건 등) ① 시행령 제21조의2 제2항의 규정에 의하여 금융위원회가 정하는 기준은 법 제83조 제2항의 규정에 의한 검사결과 제12조 제1항 제1호에서 정하는 총자산 대비 순자본비율이 마이너스 15% 미만으로서 부채가 자산을 초과하는 경우를 말한다.
② 감독원장은 제1항의 기준에 해당하는 조합이 자구노력, 합병 또는 중앙회의 자금지원 등으로 그 기준에 해당되지 않게 될 수 있다고 인정되는 경우에는 경영관리를 유예할 수 있다.

지급정지, 임원의 직무정지 및 재산실사에 관한 권한을 금융감독원장에게 위탁한다(법96①, 영24①(10)).

2. 지급정지 대상 채무

금융위원회가 지급을 정지할 수 있는 채무는 ⅰ) 제세공과금 또는 임차료의 지급채무(제1호), ⅱ) 근로기준법 제38조 제2항6)의 규정에 의하여 우선변제권이 인정되는 최종 3월분의 임금·재해보상금 및 근로자퇴직급여 보장법 제12조 제2항7)의 규정에 의하여 우선변제권이 인정되는 최종 3년간의 퇴직금에 관한 채무(제2호), ⅲ) 내국환 결제를 위한 자금(제3호), ⅳ) 국가·공공단체·중앙회 또는 금융기관의 업무대리를 위하여 일시적으로 예치한 자금(제4호)에 해당하지 아니하는 것으로 한다(영21의5①).

3. 채무의 지급정지 또는 임원의 직무정지의 철회

금융위원회는 재산실사 결과 해당 조합이 ⅰ) 조합의 재산으로 그 채무를 완제할 수 있다고 인정되는 때(제1호), ⅱ) 조합의 재산으로 그 채무를 완제할 수는 없으나 다른 조합과의 합병등으로 조합원의 보호가 가능하다고 인정되는 때

---

6) 제38조(임금채권의 우선변제) ① 임금, 재해보상금, 그 밖에 근로 관계로 인한 채권은 사용자의 총재산에 대하여 질권·저당권 또는 동산채권담보법에 따른 담보권에 따라 담보된 채권 외에는 조세·공과금 및 다른 채권에 우선하여 변제되어야 한다. 다만, 질권·저당권 또는 동산채권담보법에 따른 담보권에 우선하는 조세·공과금에 대하여는 그러하지 아니하다.
② 제1항에도 불구하고 다음의 어느 하나에 해당하는 채권은 사용자의 총재산에 대하여 질권·저당권 또는 동산채권담보법에 따른 담보권에 따라 담보된 채권, 조세·공과금 및 다른 채권에 우선하여 변제되어야 한다.
1. 최종 3개월분의 임금
2. 재해보상금
7) 제12조(퇴직급여등의 우선변제) ① 사용자에게 지급의무가 있는 퇴직금, 제15조에 따른 확정급여형퇴직연금제도의 급여, 제20조 제3항에 따른 확정기여형퇴직연금제도의 부담금 중 미납입 부담금 및 미납입 부담금에 대한 지연이자, 제23조의7 제1항에 따른 중소기업퇴직연금기금제도의 부담금 중 미납입 부담금 및 미납입 부담금에 대한 지연이자, 제25조 제2항 제4호에 따른 개인형퇴직연금제도의 부담금 중 미납입 부담금 및 미납입 부담금에 대한 지연이자("퇴직급여등")는 사용자의 총재산에 대하여 질권 또는 저당권에 의하여 담보된 채권을 제외하고는 조세·공과금 및 다른 채권에 우선하여 변제되어야 한다. 다만, 질권 또는 저당권에 우선하는 조세·공과금에 대하여는 그러하지 아니하다.
② 제1항에도 불구하고 최종 3년간의 퇴직급여등은 사용자의 총재산에 대하여 질권 또는 저당권에 의하여 담보된 채권, 조세·공과금 및 다른 채권에 우선하여 변제되어야 한다.

(제2호), iii) 조합의 재산으로 그 채무를 완제할 수는 없으나 중앙회의 자금지원 또는 자구노력등으로 3년 이내에 경영정상화가 가능하다고 인정되는 때(제3호)에 는 채무의 지급정지 또는 임원의 직무정지의 전부 또는 일부를 철회할 수 있다 (법86⑤, 영21의5②).

금융위원회는 채무의 지급정지 또는 임원의 직무정지의 철회에 관한 권한을 금융감독원장에게 위탁한다(법96①, 영24①(12)).

4. 채무 지급정지의 전부 철회와 경영관리 종료

금융위원회는 조합에 대한 채무지급정지가 전부 철회된 때에는 지체없이 당 해 조합에 대한 경영관리를 종료하여야 한다(영21의5③).

5. 재산실사 등

(1) 재산실사기준의 필수적 포함사항

재산실사에 관한 기준("재산실사기준")은 금융감독원장이 정하며[8] i) 대출 금, 가지급금, 유가증권 및 고정자산 등의 자산평가기준(제1호), ii) 손익보정 등 회계처리기준(제2호)을 포함하여야 한다(감독규정23①).

(2) 관리인의 재산현황 조사 및 수정재무상태표 등 작성의무

관리인은 재산실사기준에 따라 조합의 재산현황을 조사하고 그 결과를 토대 로 수정재무상태표 등을 작성하여야 한다(감독규정23②).

(3) 재산실사 결과의 보고

관리인은 수정재무상태표 등 재산실사 결과를 금융감독원장에게 보고하여 야 한다(감독규정23③).

(4) 경영정상화 여부에 대한 의견

금융감독원장은 재산실사 결과 채무초과 조합에 대하여는 그 결과를 중앙회 에 통보하고 중앙회장으로부터 당해 조합의 합병 혹은 중앙회의 대출 등을 통한

---

8) 상호금융업감독업무시행세칙 제19조(재산실사 기준) 감독규정 제23조 제1항의 규정에 의 한 재산실사기준은 [별표 8]과 같다.

경영정상화 가능 여부에 대한 의견을 들어야 한다(감독규정24).

Ⅲ. 경영관리의 기간

경영관리의 기간은 6월로 하되, 금융위원회가 조합원의 보호 및 경영정상화의 추진을 위하여 필요하다고 인정하는 경우에는 1회에 한하여 6월의 범위 안에서 이를 연장할 수 있다(영21의4 본문). 다만, 파산신청(법88)을 한 경우에는 채무자회생법 제355조[9]의 규정에 의한 파산관재인이 선임될 때까지 경영관리의 기간을 연장할 수 있다(영21의4 단서).

Ⅳ. 관리인의 자격 및 권한 등

1. 관리인의 자격

해당 조합과 ⅰ) 조합부실에 책임이 있는 임·직원과 그 배우자, 4촌 이내의 혈족 및 인척(제1호), ⅱ) 조합으로부터 불법·부실대출을 받은 자와 그 배우자, 4촌 이내의 혈족 및 인척(제2호)은 경영관리(법86①) 또는 계약이전(법86의4⑤)에 따른 관리인으로 선임될 수 없다(법86의2①, 영21의6).

2. 관리인의 선임

금융감독원장은 경영관리의 수행을 위하여 관리인을 선임할 경우 ⅰ) 금융감독원의 직원(제1호), ⅱ) 중앙회의 직원(제2호), ⅲ) 조합 등에 관하여 학식과 경험이 풍부한 금융·법률 또는 회계업무에 종사하는 자(제3호)를 선임하여야 한다(감독규정22①).

선임된 경영관리인이 2인 이상인 경우 각각의 직무집행범위를 금융감독원장이 정할 수 있다(감독규정22②).

---

9) 제355조(파산관재인의 선임) ① 파산관재인은 관리위원회의 의견을 들어 법원이 선임한다.
② 법인도 파산관재인이 될 수 있다. 이 경우 그 법인은 이사 중에서 파산관재인의 직무를 행할 자를 지명하고 법원에 신고하여야 한다.

3. 관리인의 권한 및 대항력

관리인은 그 선임 목적에 따라 경영관리를 받는 조합의 업무를 집행하고 그 재산을 관리·처분할 권한 또는 계약이전의 결정과 관련된 업무의 범위에서 조합의 자산·부채 등을 관리·처분할 권한이 있다(법86의2② 전단). 이 경우 관리인은 제86조의3(경영관리의 통지 및 등기) 또는 제86조의4(계약이전의 결정) 제6항에 따른 등기를 마친 후가 아니면 조합 재산의 처분 등 법률행위를 할 때 제3자에게 대항할 수 없다(법86의2② 후단).

4. 관리인의 의무등

(1) 관리인의 의견서 제출의무

관리인은 다음에 해당하는 경우, 즉 ⅰ) 경영정상화계획서 또는 위법·부실대출 정리계획서의 제출(제1호), ⅱ) 자금지원·차입 신청(제2호), ⅲ) 경영관리 기간의 연장(제3호), ⅳ) 부실대출이 자기자본 또는 출자금 중 큰 금액을 초과하지 아니하는 경우로 경영관리요건을 해소한 경우(감독규정27①(1)) 및 중앙회의 대출이 이루어져 경영정상화를 추진하는 경우(감독규정27①(3))로 인한 경영관리의 종료(제4호), ⅴ) 기타 금융감독원장이 요구하는 사항(제5호)의 경우 금융감독원장에게 의견서를 제출하여야 한다(감독규정26①).

(2) 경영정상화 방안 제출 요구

관리인은 경영정상화계획서 또는 위법·부실대출 정리계획서의 제출(감독규정26①(1))에 의한 경영정상화계획 수립을 위하여 조합의 이사장 등 임원에 대하여 2주 이상 1월 이내의 기간을 정하여 경영정상화 방안을 제출하도록 요구할 수 있다(감독규정26②).

(3) 경영관리업무 수행의무

관리인은 금융감독원장이 정하는 바에 따라 경영관리업무를 수행하여야 한다(감독규정26③).[10]

---

10) 상호금융업감독업무시행세칙 제18조(관리인의 업무수행지침) 신용협동조합법 제86조 제1항의 규정에 의한 관리인은 [별표 7]의 관리인의 업무수행에 관한 지침을 준수하여야

5. 관리인의 재산조사와 조치

관리인은 불법·부실대출에 따른 채권을 확보하기 위하여 필요한 경우에는 그 불법·부실대출에 책임이 있다고 인정되는 임직원(임직원이었던 사람을 포함) 또는 채무자의 재산을 조사하여 가압류 신청 등 필요한 조치를 하여야 한다(법86의2③).

6. 위규행위 관련자에 대한 조치

관리인은 재산실사 결과 조합에 손실을 끼친 임·직원 및 위규행위 관련자에 대하여 재산조회 및 출국금지 등의 조치가 필요한 경우 이를 금융감독원장에게 건의하여야 한다(감독규정28①).

관리인은 불법·부실대출에 관한 채권을 확보하기 위하여 위규행위 관련자에 대한 재산추적 조사를 실시한 후 가압류 등 채권보전조치를 취하고 필요한 경우 사후조치를 강구하여야 한다(감독규정28②).

관리인은 금융감독원이 정한 검사결과조치기준 등에 따라 위규행위 관련자에 대하여 고소·고발을 할 수 있다(감독규정28③).

7. 현황보고

관리인은 조합의 경영관리현황을 금융감독원장이 정하는 바에 따라 금융감독원장에게 보고하여야 한다(감독규정29).

8. 관리인 해임

금융위원회는 필요하다고 인정하는 경우에는 관리인을 해임할 수 있다(법86의2④). 금융위원회는 관리인의 해임에 관한 권한을 금융감독원장에게 위탁한다(법96①, 영24①(13)).

9. 준용규정

관리인에 관하여는 민법 제35조(법인의 불법행위능력) 제1항, 상법 제11조(지

한다.

배인의 대리권) 제1항, 채무자회생법 제30조(관리인 등의 보수 등) 및 제360조(여럿
의 파산관재인의 직무집행), 제361조(파산관재인의 의무 등), 제362조(파산관재인대리)
의 규정을 준용한다(법86의2⑤). 이 경우 채무자회생법 제30조, 제360조 및 제362
조 중 "법원"은 "금융위원회"로 본다(법86의2⑤ 후단). 여기서는 준용규정을 살펴
본다.

금융위원회는 관리인의 대리인 선임 등에 관한 권한을 금융감독원장에게 위
탁한다(법96①, 영24①(13)).

(1) 관리인의 불법행위능력

관리인은 그 직무에 관하여 타인에게 가한 손해를 배상할 책임이 있다(민법
35① 본문). 관리인은 이로 인하여 자기의 손해배상책임을 면하지 못한다(민법35
① 단서).

(2) 관리인의 대리권

관리인은 그 업무에 관한 재판상 또는 재판외의 모든 행위를 할 수 있다(상
법11①).

(3) 관리인의 보수 등

관리인은 비용을 미리 받거나 보수 또는 특별보상금을 받을 수 있다. 이 경
우 보수 및 특별보상금의 액은 금융위원회가 정한다(채무자회생법30①). 보수 및
특별보상금은 그 직무와 책임에 상응한 것이어야 한다(채무자회생법30②).

(4) 여럿의 관재인의 직무집행

관재인이 여럿인 때에는 공동으로 그 직무를 행한다. 이 경우 금융위원회의
허가를 받아 직무를 분장할 수 있다(채무자회생법360①). 관재인이 여럿인 때에는
제3자의 의사표시는 그 1인에 대하여 하면 된다(채무자회생법360②).

(5) 관재인의 의무 등

관재인은 선량한 관리자의 주의로써 그 직무를 행하여야 한다(채무자회생법
361①). 관재인이 주의를 게을리한 때에는 이해관계인에게 손해를 배상할 책임이

있다. 이 경우 주의를 게을리한 파산관재인이 여럿 있는 때에는 연대하여 손해를 배상할 책임이 있다(채무자회생법361②).

(6) 관재인대리

관재인은 필요한 때에는 그 직무를 행하게 하기 위하여 자기의 책임으로 대리인을 선임할 수 있다(채무자회생법362①). 대리인의 선임은 금융위원회의 허가를 받아야 한다(채무자회생법362②).

대리인은 관재인에 갈음하여 재판상 또는 재판 외의 모든 행위를 할 수 있다다(채무자회생법362④).

10. 자료의 요청

금융위원회는 제86조의2(관리인의 자격 및 권한 등)에 따른 조치에 필요한 자료를 중앙행정기관의 장에게 요청할 수 있다(법86④ 전단). 이 경우 요청받은 중앙행정기관의 장은 특별한 사유가 없으면 요청에 따라야 한다(법86④ 후단).

금융위원회는 자료요청에 관한 권한을 금융감독원장에게 위탁한다(법96①, 영24①(11)).

V. 경영관리의 통지 및 등기

1. 관할 지방법원 통지

금융위원회는 경영관리를 개시하였을 때에는 지체 없이 그 관리를 받는 조합의 주사무소의 주소지를 관할하는 지방법원에 그 취지를 통지하고 주사무소 및 지사무소를 관할하는 등기소에 그 등기를 촉탁하여야 한다(법86의3①). 금융위원회는 경영관리의 통지 및 등기촉탁에 관한 권한을 금융감독원장에게 위탁한다(법96①, 영24①(14)).

2. 등기소의 등기의무

등기소는 등기 촉탁을 받으면 지체 없이 그 등기를 하여야 한다(법86의3②).

Ⅵ. 경영관리의 종료

금융감독원장은 조합이 ⅰ) 부실대출이 자기자본 또는 출자금 중 큰 금액을 초과하지 아니하는 경우로 경영관리요건을 해소한 경우(제1호), ⅱ) 합병에 의하여 조합이 소멸한 경우(제2호), ⅲ) 중앙회의 대출이 이루어져 경영정상화를 추진하는 경우(제3호), ⅳ) 법 제85조 제2항의 규정에 의하여 인가취소된 경우(제4호), ⅴ) 조합이 파산결정된 경우(제5호), ⅵ) 조합에 대한 채무지급정지가 전부 철회된 경우(제6호), ⅶ) 기타 경영관리를 종료할 필요가 있다고 감독원장이 인정하는 경우(제7호)에 지체없이 경영관리를 종료하여야 한다(감독규정27①).

Ⅶ. 계약이전의 결정

1. 의의

금융위원회는 조합이 경영관리의 요건(법86① 각호) 중 어느 하나에 해당되는 경우에는 기금관리위원회(법80의2③)의 의견을 들어 해당 조합("부실조합")에 대하여 사업과 관련된 계약의 이전("계약이전")을 결정할 수 있다(법86의4①).

금융위원회는 위원회 의견 요청 및 접수에 관한 권한을 금융감독원장에게 위탁한다(법96①, 영24①(15)).

2. 인수조합의 동의와 지정

금융위원회는 계약이전을 결정하는 때에는 필요한 범위에서 이전되는 계약의 범위·조건 및 이전받는 조합("인수조합")을 정하여야 한다(법86의4② 전단). 이 경우 미리 인수조합의 동의를 받아야 한다(법86의4② 후단).

금융위원회는 인수조합의 지정에 관한 권한을 금융감독원장에게 위탁한다(법96①, 영24①(16)).

3. 자금지원 금액과 조건 등 제시

중앙회는 인수조합에 대하여 계약이전의 이행을 전제로 자금지원의 금액과 조건 등을 제시할 수 있다(법86의4③).

4. 부실조합의 부실 정도 및 계약이전 조치 등 통지

중앙회는 인수조합이 동의를 하기 위하여 총회를 소집하는 경우 미리 그 인수조합의 조합원에게 부실조합의 부실 정도 및 계약이전에 관한 조치 등 총회의 결의와 관련된 사항을 통지하여야 한다(법86의4④).

5. 계약이전관리인의 선임 등

금융위원회는 계약이전을 결정한 부실조합에 대하여 관리인을 선임하여야 한다(법86의4⑤). 금융위원회는 관리인의 선임에 관한 권한을 금융감독원장에게 위탁한다(법96①, 영24①(17)).

(1) 선임과 겸임

계약이전관리인은 금융감독원장이 선임한다(감독규정30의2① 본문). 다만, 경영관리인이 있는 때에는 경영관리인과 인수조합의 이해관계 등이 존재하여 금융감독원장이 별도로 계약이전관리인을 선임하는 경우를 제외하고는 경영관리인이 계약이전관리인을 겸임한다(감독규정30의2① 단서).

(2) 계약이전관리인의 선임 자격

금융감독원장이 계약이전관리인을 선임하는 경우 제22조의 규정을 준용한다(감독규정30의2②). 따라서 금융감독원장은 계약이전관리의 수행을 위하여 관리인을 선임할 경우 ⅰ) 금융감독원의 직원(제1호), ⅱ) 중앙회의 직원(제2호), ⅲ) 조합 등에 관하여 학식과 경험이 풍부한 금융·법률 또는 회계업무에 종사하는 자(제3호)를 선임하여야 한다(감독규정22①).

선임된 계약이전관리인이 2인 이상인 경우 각각의 직무집행범위를 금융감독원장이 정할 수 있다(감독규정22②).

(3) 계약이전관리인의 업무수행지침

계약이전관리인은 법 등 관련 법규, 계약이전 결정내용 및 감독원장이 정하는 바에 따라 계약이전 등의 업무를 처리하여야 한다(감독규정30의2③).[11]

---

11) 상호금융업감독업무시행세칙 제19조의2(계약이전관리인 업무수행지침) 계약이전관리인은

6. 관리인 선임의 통지와 등기촉탁

금융위원회는 관리인을 선임하였을 때에는 지체 없이 해당 부실조합의 주사무소 주소지를 관할하는 지방법원에 그 취지를 통지하고, 주사무소 또는 지사무소를 관할하는 등기소에 그 등기를 촉탁하여야 한다(법86의4⑥). 금융위원회는 통지 및 등기 촉탁에 관한 권한을 금융감독원장에게 위탁한다(법96①, 영24①(18)).

7. 부실조합 이사회 및 총회 결의 불요

계약이전의 결정에 따른 계약이전에 관하여는 부실조합의 이사회 및 총회의 결의를 필요로 하지 아니한다(법86의4⑦).

8. 계약이전 결정의 효력

(1) 인수조합의 권리·의무 및 공동유대 승계

계약이전의 결정이 있는 경우 그 결정 내용에 포함된 부실조합의 권리·의무 및 공동유대는 그 결정이 있는 때에 인수조합이 승계한다(법86의5①).

(2) 계약이전 결정의 요지 및 계약이전 사실의 공고

계약이전의 결정이 있는 경우 해당 부실조합 및 인수조합은 공동으로 그 결정의 요지 및 계약이전의 사실을 2개 이상의 일간신문에 지체 없이 공고하여야 한다(법86의5②).

(3) 인수조합의 법률관계의 승계

공고가 있는 때에는 그 계약이전과 관련된 채권자, 채무자, 물상보증인, 그 밖의 이해관계인("채권자등")과 해당 부실조합 사이의 법률관계는 인수조합이 동일한 내용으로 승계한다(법86의5③ 본문). 다만, 채권자등은 공고 전에 해당 부실조합과의 사이에 발생한 사유로 인수조합에 대항할 수 있다(법86의5③ 단서).

[별표 7-2]의 계약이전관리인의 업무수행에 관한 지침을 준수하여야 한다.

(4) 지명채권양도의 대항요건 구비 간주

공고가 있는 때에는 그 공고로써 민법 제450조에 따른 지명채권양도의 대항요건을 갖춘 것으로 본다(법86의5④ 본문). 다만, 채권자등은 공고 전에 해당 부실조합과의 사이에 발생한 사유로 인수조합에 대항할 수 있다(법86의5④ 단서).

(5) 인수조합의 부동산 등에 관한 권리 취득

계약이전의 결정이 있는 경우 재산의 이전에 등기·등록이 필요한 부동산 등에 관한 권리는 공고가 있는 때에 인수조합이 취득한다(법86의5⑤).

(6) 계약이전 관련 자료의 보관·관리 및 열람

금융위원회는 계약이전의 결정을 한 경우 해당 부실조합 및 인수조합으로 하여금 계약이전과 관련된 자료를 보관·관리하도록 하고, 채권자등의 열람에 제공하도록 하여야 한다(법86의5⑥ 전단). 이 경우 보관·관리 및 열람에의 제공에 필요한 기준 및 절차는 금융위원회가 정한다(법86의5⑥ 후단).

이에 따라 인수조합 및 부실조합은 계약이전결정과 관련된 자료를 각각의 주사무소에 보관·관리하여야 하며, 채권자 등 이해관계인이 계약이전결정과 관련된 자료의 열람을 요구할 경우 정당한 사유없이 이를 거절할 수 없다(감독규정 30의2③).

제4절 합병과 분할

I. 합병

1. 개념과 종류

(1) 개념

조합의 합병이란 신용협동조합법의 절차에 따라 2개 이상의 조합이 그 중 1개의 조합을 제외하고 소멸하거나 전부 소멸하되 청산절차를 거치지 아니하고,

소멸하는 조합의 공동유대 및 권리·의무를 존속조합 또는 신설된 조합이 포괄적으로 승계하는 신용협동조합법상의 법률사실이다(법55③ 참조).

조합이 지속적으로 발전하기 위해서는 규모의 경제를 실현할 수 있는 정도의 경영단위가 되어야 한다. 이러한 관점에서 경영단위에 미달하는 영세 조합의 통폐합은 필요하다.[12)]

(2) 종류
(가) 흡수합병

수개의 합병당사조합 중 1개의 조합만이 존속하고 나머지 조합은 모두 소멸하며, 존속조합이 소멸조합의 공동유대 및 권리·의무를 포괄적으로 승계하는 방법이다.

(나) 신설합병

합병당사조합 전부가 소멸하고, 이들에 의해 신설된 조합이 소멸조합의 공동유대 및 권리·의무를 포괄적으로 승계하는 방법이다.

2. 합병의 절차

(1) 합병계약

명문규정은 없지만 합병당사조합의 대표기관에 의해 합병조건과 합병방식 등 합병에 필요한 사항이 합의되어야 한다. 합병계약은 특별한 방식을 요하지 않는다.

(2) 총회 결의 또는 조합원 투표

합병은 조합의 구조적 변화를 가져오므로 조합원의 중대한 이해관계가 걸린 문제이다. 따라서 합병은 총회결의사항으로 총회의 결의를 거쳐야 한다(법24①(6)). 조합은 총회에서 출석조합원 3분의 2 이상의 찬성으로 합병할 수 있다(법55① 전단, 표준정관73①). 그러나 합병은 조합원의 투표로 총회의 결의를 갈음할 수 있다(법26의2① 전단). 이 경우 재적조합원 과반수(재적조합원이 500인을 초과하는 경우에는 251인 이상)의 투표와 투표한 조합원 3분의 2 이상의 찬성으로 결의한다

---

12) 신협중앙연수원(2021), 221쪽.

(법26의2②(1)).

(3) 준용규정

합병의 경우 제7조(설립), 제8조(인가의 요건), 제8조의2(인가 등의 공고), 제9조(공동유대와 사무소), 제10조(정관 기재사항) 및 제25조(총회의 개의와 결의) 제1항 단서(＝재적조합원이 500인을 초과하는 경우에는 251인 이상의 출석으로 개의하고 출석조합원 과반수의 찬성으로 결의할 수 있다)를 준용한다(법55① 후단). 따라서 합병으로 조합을 설립하는 경우에는 신규 조합 설립절차 관련 규정이 준용된다.

(4) 금융위원회의 인가

신설합병으로 조합을 설립하려면 조합의 공동유대에 소속된 30인 이상의 발기인이 정관을 작성하여 창립총회의 결의를 받아 중앙회장을 거쳐 금융위원회의 인가를 받아야 한다(법55① 후단, 법7①).

(5) 정부 또는 중앙회의 자금 등 지원

정부 또는 중앙회는 조합의 합병을 촉진하기 위하여 필요하다고 인정되면 예산의 범위에서 자금 등을 지원할 수 있다(법55②).

(6) 합병등기

조합이 합병한 때에는 주된 사무소의 소재지에서는 2주일 이내에, 지사무소 등의 소재지에서는 3주일 이내에 합병 후 존속하는 조합의 변경등기, 합병으로 인하여 소멸하는 조합의 해산등기 또는 합병으로 인하여 설립되는 조합의 설립등기를 하여야 한다(법55, 영5).

등기의 내용은 존속조합의 변경등기, 소멸조합의 해산등기, 신설조합의 설립등기이다.

3. 합병의 효과

(1) 조합의 소멸과 신설

합병으로 인해 흡수합병의 경우에는 존속조합 이외의 당사조합, 신설합병의 경우에는 모든 당사조합이 소멸한다. 신용협동조합법이 합병을 하나의 해산사유로 규정하고 있기 때문이다(법54①(3)).

(2) 공동유대 및 권리 · 의무의 포괄적 승계

합병으로 존속하거나 설립되는 조합은 합병으로 소멸되는 조합의 공동유대 및 권리 · 의무를 승계한다(법55③).

(3) 등기부 등 명의의 존속조합 또는 신설조합 명의 의제

조합의 합병 후 등기부나 그 밖의 공부(公簿)에 표시된 소멸된 조합의 명의 (名義)는 존속하거나 설립된 조합의 명의로 본다(법55④).

(4) 조세의 감면

조합 간의 합병 등에 관하여는 금융산업구조개선법 제5조 제9항을 적용한다(법6②). 따라서 조세특례제한법과 그 밖에 조세 감면에 관한 법령에서 정하는 바에 따라 ⅰ) 부동산 등의 취득에 따른 취득세(제1호), ⅱ) 법인 · 부동산 등의 등기에 따른 등록세(제2호), ⅲ) 합병으로 소멸되는 금융기관의 청산소득에 대한 법인세(제3호), ⅳ) 합병으로 소멸되는 금융기관의 주주의 의제배당에 대한 소득세 또는 법인세(제4호), ⅴ) 그 밖의 조세(제5호)를 감면할 수 있다(금융산업구조개선법 5⑨).

4. 합병권고 등의 기준

중앙회장은 조합으로부터 제출받은 자료를 분석 · 평가 결과 대통령령으로 정하는 바에 따라 금융위원회가 정하는 기준에 해당되어 건전한 경영이 어렵다고 인정되는 조합에 대해서는 합병을 권고하거나 보유자산의 처분, 조직의 축소 등 재무상태의 개선을 위한 조치를 하도록 요청하여야 한다(법89④).

이에 따라 금융위원회는 ⅰ) 조합으로부터 제출받은 자료(법89③)의 분석 · 평가 결과 경영건전성기준에 미달하는 조합(제1호), ⅱ) 기타 조합으로부터 제출받은 자료의 분석 · 평가 결과 재산상태 또는 경영이 건전하지 못하여 경영개선이 필요한 조합(제2호)에 대하여 중앙회장이 합병을 권고하거나 보유재산의 처분, 조직의 축소등 재무상태의 개선을 위한 조치를 요청하는 데에 필요한 기준을 정할 수 있다(법89④, 영22).

이는 조합간 합병을 촉진하기 위한 규정이다.

Ⅱ. 분할

1. 개념과 종류

(1) 개념

조합의 분할이란 1개의 조합이 신용협동조합법의 규정에 따라 2개 이상의 조합으로 분리하는 것을 말한다.

(2) 종류

분할의 방법에는 1개의 조합이 해체되어 2개 이상의 조합으로 신설되는 경우, 1개 조합으로부터 분리하여 새로운 조합이 설립되는 경우가 있다.

2. 분할의 절차

(1) 총회 결의 또는 조합원 투표

분할은 조합의 구조적 변화를 가져오므로 조합원의 중대한 이해관계가 걸린 문제이다. 따라서 분할은 총회의 결의를 거쳐야 한다(법24①(6)). 조합은 총회에서 출석조합원 3분의 2 이상의 찬성으로 합병할 수 있다(법55① 전단, 표준정관73①). 그러나 분할은 조합원의 투표로 총회의 결의를 갈음할 수 있다(법26의2① 전단).

분할의 경우 제7조(설립), 제8조(인가의 요건), 제8조의2(인가 등의 공고), 제9조(공동유대와 사무소), 제10조(정관 기재사항) 및 제25조(총회의 개의와 결의) 제1항 단서(=재적조합원이 500인을 초과하는 경우에는 251인 이상의 출석으로 개의하고 출석 조합원 과반수의 찬성으로 결의할 수 있다)를 준용한다(법55① 후단). 따라서 분할로 조합을 설립하는 경우에는 신규 조합 설립절차 관련 규정이 준용된다.

(2) 금융위원회의 인가

분할로 조합을 설립하려면 조합의 공동유대에 소속된 30인 이상의 발기인이 정관을 작성하여 창립총회의 결의를 받아 중앙회장을 거쳐 금융위원회의 인가를 받아야 한다(법7①).

(3) 분할등기

조합이 분할한 때에는 주된 사무소의 소재지에서는 2주일 이내에, 지사무소 등의 소재지에서는 3주일 이내에 분할 후 존속하는 조합의 변경등기, 분할로 인하여 설립되는 조합의 설립등기를 하여야 한다(법55, 영5).

3. 분할의 효과: 공동유대 및 권리·의무의 포괄적 승계

분할로 존속하거나 설립되는 조합은 분할로 소멸되는 조합의 공동유대 및 권리·의무를 승계한다(법55③).

제5절 해산, 청산 및 파산

Ⅰ. 해산

1. 의의

조합의 해산은 조합이 본래 목적 달성을 정지한 후 청산절차를 밟는 것을 말한다.

2. 총회결의 또는 조합원투표

조합의 해산은 총회의 결의를 거쳐야 한다(법24①(6)). 그러나 조합의 해산에 대해서는 조합원의 투표로 총회의 결의를 갈음할 수 있다(법26의2①(1)). 이 경우 조합원의 투표는 재적조합원 과반수(재적조합원이 500인을 초과하는 경우에는 251인 이상)의 투표와 투표한 조합원 3분의 2 이상의 찬성으로 결의한다(법26의2②(1)).

3. 해산 사유

조합은 ⅰ) 정관에서 정하는 해산 사유의 발생(제1호), ⅱ) 총회의 해산결의 (제2호), ⅲ) 합병 또는 파산(제3호), ⅳ) 설립인가의 취소(제4호)의 어느 하나에 해당하는 사유가 있을 때에는 해산한다(법54①).

4. 해산 사유 보고

조합이 위의 제2호의 해산 사유인 총회의 해산결의로 해산하는 경우에는 총회의 결의 후 지체 없이 중앙회에 해산 사유를 보고하여야 한다(법54②).

5. 해산등기

(1) 등기기간

조합은 해산하였을 때에는 14일 이내에 해산등기를 하여야 한다(법54③ 본문).

이에 따라 조합이 해산한 때에는 그 해산사유가 있는 날부터 주된 사무소의 소재지에서는 2주일 이내에, 지사무소등의 소재지에 있어서는 3주일 이내에 해산등기를 하여야 한다(영6①).

(2) 해산사유 증명서류 첨부

해산등기를 하는 때에는 등기신청서에 해산 사유를 증명하는 서류를 첨부하여야 한다(영6②).

(3) 설립인가 취소로 인한 해산등기 신청인

금융위원회의 설립인가 취소로 인하여 해산한 경우의 해산등기는 금융위원회가 중앙회의 직원을 등기신청인으로 지정하여 이를 대행하게 할 수 있다(영9②).

6. 해산의 효과

해산에 의해 조합의 권리능력은 청산의 목적범위 내로 축소된다. 조합에 있어서는 조합의 재산이 조합 채권자에 대한 유일한 담보이므로 합병 및 파산 이외의 사유에 의하여 해산한 때에는 해산등기와 아울러 채권자 보호절차를 위하여 법정의 청산절차를 밟아야 한다. 청산 중에는 청산인이 조합의 청산사무를 집행하고 조합을 대표하는 기관이 된다.

Ⅱ. 청산

1. 의의

조합이 해산하면 존립 중에 발생한 일체의 대내적·대외적 법률관계를 종국적으로 처리하기 이해 청산을 해야 한다. 다만 합병을 원인으로 해산하는 경우는 그 권리의무가 포괄적으로 신설 또는 존속조합에 승계되므로 청산을 요구하지 않으며, 파산의 경우에는 채무자회생법의 규정에 따라 처리하므로 신용협동조합법의 청산절차를 따를 여지가 없다.

2. 청산 사무의 감독

조합의 청산 사무는 중앙회장이 감독한다(법56). 조합의 청산은 모든 이해관계인의 이해에 직접 관계되는 사항이므로 청산사무가 적법하고 공정하게 처리되도록 중앙회장이 감독하도록 하고 있다.[13]

3. 청산인

(1) 청산인의 의의

청산인이란 법정청산절차에 따라 청산사무를 집행하고 법이 정한 바에 따라 청산중의 조합을 대표하는 자를 말한다. 따라서 해산 전 조합의 이사장에 대응하는 지위라 할 수 있다.

(2) 청산인의 자격

조합이 해산한 경우에는 파산의 경우를 제외하고는 이사장이 청산인이 된다(법57① 본문). 다만, 중앙회장은 조합의 청산 업무를 수행할 이사장이 없거나 당해 조합의 이사장이 청산업무를 수행함이 적당하지 아니하다고 인정되는 경우 조합원 또는 중앙회 소속 직원중에서 청산인을 선임할 수 있다(법57① 단서, 영19).

(3) 등기사항

청산인은 파산의 경우를 제외하고는 취임한 날부터 14일 이내에 ⅰ) 해산

---

13) 신협중앙연수원(2021), 224쪽.

사유(제1호), ⅱ) 해산 연월일(제2호), ⅲ) 청산인의 성명과 주소(제3호), ⅳ) 청산인의 대표권을 제한한 경우에는 그 제한 내용(제4호)을 주된 사무소 및 지사무소 소재지에서 등기하여야 한다(법57② 전단). 등기사항이 변경된 경우에도 또한 같다(법57② 후단).

4. 청산인의 임무 등

(1) 재산상태 조사 등과 총회 승인

청산인은 취임 후 지체 없이 조합의 재산상태를 조사하고, 재산목록과 재무상태표를 작성하여 총회의 승인을 받아야 한다(법59① 전단). 청산 사무가 종결되었을 때의 결산보고서에 관하여도 또한 같다(법59① 후단).

(2) 총회 승인 의제

청산인이 총회의 승인을 받는 경우 총회를 2회 이상 소집하여도 총회가 구성되지 아니할 때에는 중앙회장의 승인을 받은 경우 총회의 승인을 받은 것으로 본다(법59②).

재산목록, 대차대조표 또는 결산보고서의 승인을 신청하고자 하는 신청인은 ⅰ) 재산목록 및 대차대조표 승인신청의 경우 재산목록, 대차대조표, 청산계획서, 1차 및 2차 총회소집 통지서 사본 각 1부, 청산인의 자격을 증명하는 서류(제1호), ⅱ) 결산보고서 승인신청의 경우 총회 또는 중앙회장의 승인을 얻은 재산목록 및 대차대조표, 결산보고서, 총회소집통지서 사본(제2호)를 첨부한 신청서를 중앙회장에게 제출하여야 한다(표준업무방법서5②).

(3) 변제 또는 공탁 전 재산분배 금지
(가) 의의

청산인은 조합의 채무를 변제하거나 변제에 상당하는 재산을 공탁하기 전에는 조합의 재산을 분배해서는 아니 된다(법59③).

(나) 위반시 제재

조합 또는 중앙회의 임직원 또는 청산인이 법 제59조 제3항을 위반한 경우에는 2년 이하의 징역 또는 2천만원 이하의 벌금에 처한다(법99②(3)).

(4) 청산 사무의 종결 등기 및 보고

청산인은 청산 사무를 종결하였을 때에는 지체 없이 사무소 소재지에서 이를 등기하고 그 경위를 중앙회장에게 보고하여야 한다(법59④).

5. 청산잔여재산

해산한 조합이 채무를 변제하고 청산잔여재산이 있을 때에는 정관에서 정하는 바에 따라 처분한다(법58).

이에 따라 해산한 조합이 채무를 변제하고 청산잔여재산이 있을 때에는 총회에서 정한 산정방법에 의하여 산정한 지분의 비율에 의하여 이를 조합원에게 분배한다(표준정관77).

6. 민법 등의 준용

조합의 청산에 관하여는 신용협동조합법에서 규정한 것을 제외하고는 민법 제79조, 제81조, 제87조, 제88조 제1항·제2항, 제89조부터 제92조까지 및 제93조 제1항·제2항과 비송사건절차법 제121조를 준용한다(법60). 아래서는 준용되는 관련 규정을 살펴본다.

(1) 파산신청

조합이 채무를 완제하지 못하게 된 때에는 이사는 지체없이 파산신청을 하여야 한다(민법79).

(2) 청산법인

해산한 조합은 청산의 목적범위 내에서만 권리가 있고 의무를 부담한다(민법81).

(3) 청산인의 직무

청산인의 직무는 ⅰ) 현존사무의 종결(제1호), ⅱ) 채권의 추심 및 채무의 변제(제2호), ⅲ) 잔여재산의 인도(제3호)이다(민법87①).

청산인은 앞의 직무를 행하기 위하여 필요한 모든 행위를 할 수 있다(민법87②).

(4) 채권신고의 공고

청산인은 취임한 날로부터 2월 내에 3회 이상의 공고로 채권자에 대하여 일정한 기간 내에 그 채권을 신고할 것을 최고하여야 한다(민법88① 전단). 그 기간은 2월 이상이어야 한다(민법88① 후단).

채권신고의 공고에는 채권자가 기간 내에 신고하지 아니하면 청산으로부터 제외될 것을 표시하여야 한다(민법88②).

(5) 채권신고의 최고

청산인은 알고 있는 채권자에게 대하여는 각각 그 채권신고를 최고하여야 한다(민법89 전단). 알고 있는 채권자는 청산으로부터 제외하지 못한다(민법89 후단).

(6) 채권신고 기간 내의 변제금지

청산인은 채권신고 기간 내에는 채권자에 대하여 변제하지 못한다. 그러나 법인은 채권자에 대한 지연손해배상의 의무를 면하지 못한다(민법90).

(7) 채권변제의 특례

청산 중의 법인은 변제기에 이르지 아니한 채권에 대하여도 변제할 수 있다(민법91①). 이 경우에는 조건있는 채권, 존속기간의 불확정한 채권 기타 가액의 불확정한 채권에 관하여는 법원이 선임한 감정인의 평가에 의하여 변제하여야 한다(민법91②).

(8) 청산으로부터 제외된 채권

청산으로부터 제외된 채권자는 법인의 채무를 완제한 후 귀속권리자에게 인도하지 아니한 재산에 대하여서만 변제를 청구할 수 있다(민법92).

(9) 청산 중의 파산

청산 중 법인의 재산이 그 채무를 완제하기에 부족한 것이 분명하게 된 때에는 청산인은 지체없이 파산선고를 신청하고 이를 공고하여야 한다(민법93①).

청산인은 파산관재인에게 그 사무를 인계함으로써 그 임무가 종료한다(민법93②).

(10) 청산인의 결격사유

다음의 어느 하나에 해당하는 자, 즉 ⅰ) 미성년자(제1호), ⅱ) 피성년후견인(제2호), ⅲ) 자격이 정지되거나 상실된 자(제3호), ⅳ) 법원에서 해임된 청산인(제4호), ⅴ) 파산선고를 받은 자(제5호)는 청산인으로 선임될 수 없다(비송사건절차법121).

7. 청산종결의 등기

조합의 청산이 종결된 때에는 결산보고서에 대한 총회의 승인을 얻은 날부터 주된 사무소의 소재지에서는 2주일 이내에, 지사무소등의 소재지에 있어서는 3주일 이내에 청산종결의 등기를 하여야 한다(영6③).

Ⅲ. 파산

1. 파산신청

금융위원회는 경영관리를 받는 조합에 대한 재산실사 결과 해당 조합의 재산으로 채무를 완전히 변제할 수 없는 경우로서 ⅰ) 해당 조합을 합병하려는 조합이 없어 조합원을 보호하기 곤란한 경우(제1호), ⅱ) 중앙회가 해당 조합에 자금을 대출하더라도 3년 이내에 경영정상화가 곤란하다고 인정되는 경우(제2호)의 어느 하나에 해당되는 경우 또는 계약이전의 결정에 따라 부실조합의 계약이전이 이루어진 경우에는 해당 조합의 주사무소 소재지를 관할하는 지방법원에 파산신청을 할 수 있다(법88).

금융위원회는 파산신청에 관한 권한을 금융감독원장에게 위탁한다(법96①, 영24①(19)).

2. 중앙회장의 파산관재인 추천

중앙회장은 조합이 파산되는 때에는 채무자회생법 제355조[14]에도 불구하고 기금관리위원회의 의결을 거쳐 중앙회의 임직원 중에서 1명을 법원에 파산관재

---

14) 제355조(파산관재인의 선임) ① 파산관재인은 관리위원회의 의견을 들어 법원이 선임한다. ② 법인도 파산관재인이 될 수 있다. 이 경우 그 법인은 이사 중에서 파산관재인의 직무를 행할 자를 지명하고 법원에 신고하여야 한다.

인으로 추천할 수 있다(법88의2).

제6절 예금자 보호

Ⅰ. 예금자보호기금의 설치 등

1. 의의

신용협동조합은 설립취지를 고려할 때 출자자들로 구성된 조합원들이 주된 고객이어서 예금자가 조합의 경영을 감시할 유인이 존재한다는 이유로 예금자보호도 자치원칙에 따라 자체적으로 이루어지고 있다. 신협은 1983년 신협법에 따라 신협중앙회안전기금을 설치하였고, 1998년 4월 예금보험공사의 부보금융기관에 가입하였으나, 2004년부터 법 개정을 통해 신용협동조합 예금자보호기금으로 재출범하였다.[15]

신용협동조합이 영세상인, 서민 등을 대상으로 하고 있고, 이들이 다른 신용협동조합 및 금융기관과 거래관계를 유지하고 있는 점을 고려하면 일개 금융기관의 부실이 금융시스템 전체에 미치는 파급효과 또한 막대하다는 점에서 예금보험제도에 대한 신뢰를 획득하는 것이 중요하다.[16]

2. 예금자보호기금의 설치 · 운영

중앙회는 조합의 조합원(비조합원을 포함하며, 이하 "조합원등")이 납입한 예탁금 및 적금과 중앙회의 자기앞수표를 결제하기 위한 별단예금 등 대통령령으로 정하는 금액("예탁금등")의 환급을 보장하고 조합의 건전한 육성을 도모하기 위하여 중앙회에 신용협동조합 예금자보호기금("기금")을 설치 · 운영한다(법80의2①).

---

15) 전선애(2008), "신용협동조합의 예금보험제도 개선방안", 한국협동조합연구 제26권 제1호 (2008. 3), 128쪽.
16) 전선애(2008), 133쪽.

(1) 대통령령으로 정하는 금액: 예금보호대상

위에서 "대통령령으로 정하는 금액"("예탁금등")이란 ⅰ) 조합원등이 조합에 납입한 예탁금 및 적금의 원금·이자(이 경우 이자는 원금에 은행의 1년 만기 정기예금의 평균금리를 고려하여 기금관리위원회가 정하는 이율을 곱한 금액에 한한다)(제1호). ⅱ) 조합원등이 공제계약에 따라 중앙회 및 조합에 대하여 가지는 공제금, 그 밖에 약정된 금전채권(제2호), ⅲ) 중앙회의 자기앞수표를 결제하기 위한 별단예금(제3호)을 말한다(영19의8①).

(2) 제외되는 예탁금 및 적금

다음의 어느 하나에 해당하는 자, 즉 ⅰ) 정부 및 지방자치단체(제1호), ⅱ) 한국은행(제2호), ⅲ) 금융감독원(제3호), ⅳ) 예금보험공사(제4호), ⅴ) 부보금융회사(제5호)가 조합에 납입한 예탁금 및 적금은 앞의 예탁금 및 적금의 원금·이자에서 제외한다(영19의8②)).

3. 조합과 중앙회의 기금 가입의무

조합과 중앙회는 기금에 가입하여야 한다(법80의2②).

4. 기금관리위원회의 설치

중앙회는 기금의 운용에 관한 중요사항을 심의·결정하기 위하여 기금관리위원회("위원회")를 둔다(법80의2③). 기금관리위원회의 구성·운영 등에 필요한 사항은 대통령령으로 정한다(법80의2⑤).

신용협동조합은 중앙회에 설치된 예금자보호기금의 최고의사결정기구인 기금관리위원회가 기금의 조성 및 운용·관리에 관한 사항을 결정한다.

(1) 위원회의 구성

위원회는 위원장 1인을 포함한 9인의 위원으로 구성한다(영19의9①).

(2) 위원장 및 위원의 자격

위원장은 중앙회의 검사·감독이사가 되고, 위원은 ⅰ) 중앙회장이 조합의 이사장 중에서 위촉하는 자 2인(제1호), ⅱ) 법 제71조의2 제3항의 규정에 의한 전문이사 중에서 중앙회장이 지정하는 자 1인(제2호), iii) 금융위원회 위원장이 소속공무원 중에서 지정하는 자 1인(제3호), iv) 기획재정부장관이 소속공무원 중에서 지정하는 자 1인(제4호), v) 금융·회계 또는 법률에 관한 학식과 경험이 풍부한 자 중에서 금융위원회가 위촉하는 자 1인(제5호), vi) 금융·회계 또는 법률에 관한 학식과 경험이 풍부한 자 중에서 금융감독원장이 위촉하는 자 2인(제6호)이 된다(영19의9②).

(3) 위촉 위원의 임기

앞의 위원의 자격 규정에 의하여 위촉된 위원의 임기는 3년으로 한다(영19의9③).

(4) 위원회의 운영
(가) 회의 소집 및 의장

위원장은 위원회의 회의를 소집하고 그 의장이 된다(영19의10①).
(나) 회의의 의결정족수

위원회의 회의는 재적위원 과반수의 출석과 출석위원 과반수의 찬성으로 의결한다(영19의10②).
(다) 기타 운영사항의 결정

그 밖에 위원회의 운영에 관하여 필요한 사항은 위원회의 의결을 거쳐 위원장이 정한다(영19의10③).

5. 1인당 보호한도

중앙회는 조합 또는 중앙회의 다른 회계에서 예탁금등을 조합원등에게 지급할 수 없는 경우에는 그 조합원등의 청구에 의하여 해당 조합 또는 중앙회의 다른 회계를 갈음하여 이를 변제한다(법80의2④).

중앙회가 조합 또는 중앙회 타 회계에 갈음하여 변제하는 동일인에 대한 보장한도는 5천만원으로 한다(영19의8③).

6. 변제금 청구권의 행사기간

조합원등의 변제금 청구권은 변제금 지급의 개시일부터 5년간 행사하지 아니하면 시효의 완성으로 소멸한다(법80의2⑥).

7. 시효중단 여부

중앙회 또는 파산재단이 변제금 청구권의 행사를 촉구하기 위하여 예금자 등에게 행하는 안내·통지 등은 시효중단의 효력이 없다(법80의2⑦).

8. 관련 판례

① 대법원 2004. 3. 12. 선고 2003다49528 판결

원심은, 원고 K 등 37명의 원고들이 소외 W교회 신용협동조합의 조합원이 아니기 때문에 위 조합과 체결한 이 사건 각 예탁금계약이 신용협동조합의 업무 범위를 조합원으로부터의 예탁금, 적금의 수납 등에 한정하고 있는 구 신용협동 조합법(1999. 2. 1. 법률 제5739호로 개정되기 전의 것) 제39조 제1항 제1호 (가)목의 규정에 위반된다고 하더라도 위 규정은 신용협동조합의 행위능력을 제한하는 효 력규정이 아니라 사업수행에 관해 신용협동조합이 지켜야 할 원칙을 규정한 단 속규정에 불과하므로 그 사법상의 효력은 유효하다고 보아야 하고, 이 사건 각 예탁금계약이 유효한 이상, 그 예탁금은 구 예금자보호법(1998. 9. 16. 법률 제5556 호로 개정되기 전의 것) 제2조 제2호 (바)목 소정의 예탁금등(현행 신협법 제80조의2 제1항)에 해당한다고 봄이 상당하다고 판단하였다. 기록에 의하면, 원심의 위와 같은 판단은 정당하고(대법원 2000. 11. 14. 선고 2000다38817 판결; 대법원 2001. 6. 12. 선고 2001다18940 판결 참조), 거기에 구 예금자보호법(현행 신협법)에 따른 보 호대상 및 그 범위에 관한 법리오해의 위법이 없다.

② 대구고등법원 2001. 2. 15. 선고 99나6297 판결

[1] 구 예금자보호법 제2조 제2항 바목(현행 신협법 제80조의2 제1항)에 의하 면, 피고(예금보험공사)가 보험금을 지급하는 신용협동조합의 예금은 신용협동조 합이 신용협동조합법(1999. 2. 1. 법률 제5739호로 개정되기 전의 것을 말한다) 제13 조 및 제39조의 규정에 의하여 수입한 출자금, 예탁금 및 적금을 말한다고 함은 앞서 본 바와 같고, 구 신용협동조합법 제39조 제1항 제1호 가목은 신용협동조합 의 사업의 종류를 "조합원으로부터의 예탁금·적금의 수납" 등으로 규정하고 있 으며, 같은 법 제40조 제1항에서는 조합은 조합원의 이용에 지장이 없는 범위안

에서 조합원이 아닌 자에게 제39조 제1항 제1호 가목(위와 같이 조합원으로부터의 예탁금, 적금의 수납을 말한다), 나목 및 바목을 제외한 사업을 이용하게 할 수 있다고 규정하고 있다.

　[2] 따라서 먼저 원고들의 비산신협의 조합원인지 여부에 대하여 보면, 구 신용협동조합법 제11조 제1항에는 조합원은 조합의 공동유대에 소속된 자로서 제1회 출자금을 납입한 자로 한다고 규정하고 있고, 한편 을 제4호증의 기재에 의하면 비산신협의 정관에는 비산신협의 공동유대 중 주된 공동유대는 비산 4동 주민, 종된 공동유대는 내당 2, 3동, 비산 3, 6동, 평리 2동 주민으로 되어 있고, 출자금은 출자 1좌 이상이어야 하고 출자 1좌의 금액은 1,000원으로 규정하고 있는바(정관 제10조, 제20조), 위 규정 등에 따르면 일응 비산신협의 조합원이 되기 위해서는 위 주거지에 거주하면서 적어도 출자 1좌 이상의 출자금을 납입하여야 되는 것으로 해석된다 할 것이나, 그 요건 중 공동유대의 요건은 신용협동조합의 인적단체의 성격상 요구되는 것에 불과한 것으로 주거지역에 따른 특수성을 인정하기 어려운 현실과 이 사건 예탁금계약 이후 신용협동조합법(1999. 2. 1. 법률 제5739호로 개정된 것)이 비조합원도 예탁금 및 적금을 할 수 있도록 개정된 취지 등에 비추어 보면, 신용협동조합의 승낙하에 출자금을 납입한 사람은 비록 공동유대의 요건에 흠결이 있다고 하더라도 제명·탈퇴되지 않은 이상 조합원으로 보아야 함이 타당하다고 보여지고, 나아가 갑 제1호증의 1 내지 12, 을 제2호증의 1 내지 6의 각 기재에 의하면, 원고들이 비산신협과 이 사건 예탁금계약을 체결하면서 비산신협으로부터 조합원 번호를 부여받은 사실이 인정되는바, 이와 같이 원고들이 조합원 번호를 부여받은 이상 원고들은 모두 비산신협의 정관이 정한 절차에 따라 조합원으로 가입한 것으로 보아야 할 것이므로, 피고의 위 다툼은 이유없다.

　[3] 위 인정과는 달리 설사 원고들이 출자금을 납입하지 아니하여 비산신협의 조합원이 아니라고 하더라도, 신용협동조합의 업무범위를 조합원으로부터의 예탁금, 적금의 수납 등에 한정하고 있는 구 신용협동조합법 제39조 제1항 가목 및 제40조 제1항의 규정은 신용협동조합의 행위능력을 제한하는 효력규정이 아니라 사업수행에 관해 신용협동조합이 지켜야 할 원칙을 규정한 단속규정에 불과하여 그 규정을 위반한 이용행위가 비록 위법행위이기는 하나 행위 자체의 사법상 효력은 그대로 유효하다고 보아야 할 것이고, 따라서 신용협동조합이 비조

합원으로부터 예치한 예금계약 자체가 조합 본래의 사업수행에 부적당하거나 공서양속에 반하는 것이 아닌 이상 예금계약의 효력은 인정함이 타당하다고 보여지므로, 원고들이 비조합원이라 하더라도 그 사실만으로 바로 이 사건 예탁금 계약이 성립되지 않거나 무효라고 볼 수는 없다 할 것이고(대법원 2000. 11. 14. 선고 2000다38817 판결 참조), 이와 같이 이 사건 예금계약이 신용협동조합의 업무범위를 조합원으로부터의 예탁금, 적금의 수납 등에 한정하고 있는 구 신용협동조합법 제39조 제1항 가목 및 제40조 제1항의 규정을 위반하여 체결되었다 하더라도 그 사법상의 효력은 인정되는 점, 이 사건 보험사고 발생 후 신용협동조합법이 1999. 2. 1. 법률 제5739호로 개정되어 신용협동조합은 조합원의 이용에 지장이 없는 범위 안에서 조합원이 아닌 자로부터 예탁금·적금 등의 수납을 할 수 있도록 되었고(위와 같이 개정된 신용조합법 제39조, 제40조), 예금자보호법도 1998. 9. 16. 법률 제5556호로 개정되어 보험대상이 되는 예금 등에 대해 "신용협동조합이 출자금, 예탁금 및 적금 등에 의하여 조달한 금전"이라고만 규정하고 있는 점(위와 같이 개정된 예금자보호법 제2조 제2항 바목), 앞서 본 바와 같이 원고들은 한 사람당 불과 1,000원씩의 출자금을 납입하면 조합원으로 가입할 수 있었던 사실에 비추어 보면, 원고들은 다른 탈법행위를 목적으로 조합원으로 가입하지 아니한 것이 아니라 이 사건 예금계약 체결시 비산신협의 직원들이 조합원 가입절차 및 가입의 효과에 관하여 아무런 안내를 해주지 아니하였기 때문에 조합원 가입제도 자체를 모르고 조합원으로 가입하지 아니한 것으로 보이는 점 등에 비추어 보면, 피고는 구 예금자보호법 제2조 제2항 바목의 규정에 불구하고 원고들에게 구 예금자보호법 소정의 보험금을 지급할 의무가 있다고 할 것이므로, 피고의 위 주장은 어느 모로 보나 이유 없다.

③ 광주고등법원 2003. 5. 21. 선고 2002나6172 판결

원고들 주장의 위 예탁원리금채권이 예금자보호법(현행 신협법 제80조의2부터 제80조의7까지)에 의하여 보호되는 예금 등 채권에 해당하는지 여부에 관하여 보건대, 구 예금자보호법(2002. 12. 26. 법률 제6807호로 개정되기 전, 이하 같다)에 의하면, ① 피고(예금보험공사)는 부보금융기관에 보험사고가 발생한 경우 당해 부보금융기관의 예금자 등의 청구에 의하여 보험금을 지급하여야 하고(제31조 제3항), ② 피고가 예금자에게 지급하는 보험금은 보험사고가 발생한 날 현재 각 예

금자 등의 "예금등 채권"의 합계액에서 각 예금자 등이 해당 부보금융기관에 대하여 지고 있는 채무의 합계액을 공제한 금액으로 하며(제32조 제1항), ③ 위 "예금 등"이라 함은 신용협동조합이 출자금·예탁금 및 적금에 의하여 조달한 금전을 말하고{제2조 제2항 바목, 다만, 1998. 9. 16. 법률 제5556호로 개정되기 전 위 법률 제2조 제2항 바목은 "신용협동조합이 신용협동조합법 제13조 및 제39조의 규정에 의하여 수입(受入)한 출자금·예탁금 및 적금"이라고 규정하고 있었다}, ④ "예금 등 채권"이란 예금자가 예금 등 금융거래에 의하여 부보금융기관에 대하여 가지는 원금, 원본, 이자, 이익, 보험금 및 적립금 기타 약정된 금전의 채권을 말한다(제2조 제4호)라고 규정하고 있는바, 이러한 예금자보호법(현행 신협법)의 제 규정을 종합하여 보면, 예금자보호법(현행 신협법)이 보호하는 예금은 "정상적인 금융거래에 의하여 금전이 부보금융기관에 실제적으로 지급된 경우"라고 할 것인데, D신협이 원고 K에 대한 이 사건 대위변제금의 지급에 갈음하여 이를 원고들이 D신협에 정기예탁한 것처럼 처리하기로 통모, 가장하여 이 사건 대위변제금에 상당하는 금원이 실제 D신협에 입금되지 않았음에도 1988. 12. 10. 원고들에게 이 사건 정기예탁금증서가 작성, 교부되었음은 앞서 본 바와 같고, 위와 같이 원고들이 원고들 명의의 위 각 정기예탁증서에 기재된 금전을 실제적으로 D신협에 지급하지 않은 이상 원고들 주장의 위 예탁원리금채권은 예금자보호법(현행 신협법)에 의하여 보호되는 예금 등 채권에 해당하지 않는다.

Ⅱ. 예금자보호기금의 조성·운용 등

1. 기금의 조성

기금은 ⅰ) 조합이 납입하는 출연금(제1호), ⅱ) 중앙회의 다른 회계로부터의 출연금, 전입금 및 차입금(제2호), ⅲ) 정부, 한국은행, 금융기관으로부터의 차입금(제3호), ⅳ) 기금의 운용으로 발생하는 수익금(제4호), ⅴ) 그 밖의 수입금(제5호)을 재원으로 조성한다(법80의3①).

(1) 출연금 및 공제금

조합이 납입하는 출연금(법80의3①(1)) 및 중앙회 타 회계로부터의 출연금(법80의3①(2))은 매년 예탁금등의 잔액에 1천분의 5를 넘지 아니하는 범위에서 위원회가 정하는 비율("요율")을 곱한 금액으로 한다(법80의3②, 영19의11① 본문). 다만, 공제금(영19의8①(2)) 등의 경우에는 계산식인 [(A + B) ÷ 2 × 요율]에 따라 산출한 금액을 말한다(법80의3②, 영19의11① 단서).

(2) 공제금의 계산식

앞의 제1항 단서에 따른 계산식 중 A는 다음의 구분에 따른 금액의 합계액으로 하고, B는 공제계약에 따라 수입한 공제료(출연금 납부기한이 속하는 사업연도의 직전 사업연도에 수입한 공제료)로 한다(법80의3②, 영19의11②).

1. 매 결산기말 현재 공제금 등(공제계약상 공제금의 지급사유가 발생하거나 공제계약자가 해약을 요청한 경우 공제계약자에게 지급하거나 배당하기로 약정한 금액을 말하며, 이하 이 항에서 "공제금등"이라 한다)의 지급사유가 발생하지 아니한 계약: 공제의 종목별 또 는 계약기간 경과별로 공제규정에서 정하는 방법에 따라 해약 시 지급하여야 할 금액을 기준으로 계산한 공제료 적립금 및 미경과공제료
2. 매 결산기말 현재 공제금등의 지급사유가 발생한 계약: 다음의 금액을 합한 금액
   가. 지급할 금액이 확정되었으나 아직 지급되지 아니한 금액
   나. 지급할 금액의 미확정으로 인하여 아직 지급되지 아니한 경우 그 추정공제금
   다. 공제금등의 지급금액과 관련하여 소송이 계속 중인 경우 그 소송가액
3. 중앙회 및 조합이 공제계약에 따라 공제계약자에게 배당하기 위하여 적립한 금액

(3) 출연금의 납입기한 및 연체료

출연금은 사업연도 종료 후 3월 이내에 납입하여야 하며, 출연금을 납입기한까지 납입하지 아니하는 경우에는 위원회가 정하는 바에 따라 연체료를 납입하여야 한다(법80의3②, 영19의11④).

(4) 출연금의 납입 사항의 제정

그 밖에 출연금의 납입에 관하여 필요한 사항은 위원회가 정한다(법80의3②, 영19의11⑤).

(5) 출연금의 반환청구 금지

조합과 중앙회의 다른 회계는 납입한 출연금의 반환을 청구할 수 없다(법80의3③).

2. 기금의 관리·운용

(1) 특별회계

기금은 특별회계로 운용한다(법80의3②, 영19의12①).

(2) 여유자금의 운용

기금의 여유자금은 ⅰ) 부보금융회사 및 체신관서에의 예치(제1호), ⅱ) 그 밖에 위원회가 정하는 방법(제2호)으로 운용할 수 있다(법80의3②, 영19의12②).

(3) 보장대상별 구별 회계처리

기금은 예금보험대상인 보장대상별로 구분하여 회계처리하여야 한다(법80의3②, 영19의12③).

3. 기금의 용도 등

(1) 기금의 용도

기금은 다음의 용도, 즉 ⅰ) 조합 또는 중앙회 타 회계가 예탁금등을 지급할 수 없는 경우 그 예탁금등의 변제(제1호), ⅱ) 조합(금융위원회가 선임한 관리인의 경영관리를 받는 조합 또는 위원회가 조합의 경영정상화를 위하여 재무구조 개선이 필요하다고 인정하는 조합)의 합병, 계약이전 또는 경영정상화를 위한 자금지원(제2호), ⅲ) 중앙회의 다른 회계로부터의 차입금(법80의3①(2)) 및 정부, 한국은행, 금융기관으로부터의 차입금(법80의3①(2))의 상환(제3호), ⅳ) 그 밖에 기금의 관리·운영에 필요한 경비 등 위원회가 정하는 용도(제4호)에 사용한다(법80의3②, 영19의13①).

(2) 중앙회의 자금지원시 고려사항

중앙회는 자금지원(영19의13①(2))을 함에 있어 지원대상 조합의 부실에 책임이 있는 자의 공평한 손실분담 및 조합의 자체 구조조정 노력을 고려하여야 한다(법80의3②, 영19의13②).

(3) 중앙회 자금지원과 조합의 자산·부채 등 실사

중앙회는 자금지원(영19의13①(2))을 하는 경우에는 미리 해당 조합의 자산·부채 등에 대한 실사 등을 실시하여 경영 및 재무상태를 객관적으로 파악함으로써 기금의 손실이 최소화되는 방식을 적용하여야 한다(법80의3②, 영19의13③).

(4) 최소비용원칙 및 관련 자료의 작성·보관 등

(가) 원칙

중앙회는 자금지원이 미리 해당 조합의 자산·부채 등에 대한 실사 등을 실시하여 경영 및 재무상태를 객관적으로 파악함으로써 기금의 손실이 최소화되는 방식을 적용하여 이루어졌음을 입증하는 자료를 작성·보관하여야 한다(법80의3②, 영19의13④).

(나) 예외

중앙회는 조합의 경영부실 등이 조합의 건전한 육성과 금융제도의 안정성을 크게 저해할 우려가 있다고 위원회가 인정하는 경우에는 해당 조합의 자산·부채 등에 대한 실사 등을 실시하여 경영 및 재무상태를 객관적으로 파악함으로써 기금의 손실이 최소화되는 방식 외의 방식으로 자금지원을 할 수 있다(법80의3②, 영19의13⑤).

(5) 자금지원 등 위원회 심의

자금지원과 최소비용원칙 및 관련 자료의 작성·보관 등의 세부기준과 절차에 관하여 필요한 사항은 위원회의 심의를 거쳐 중앙회가 정한다(법80의3②, 영19의13⑥).

Ⅲ. 채권의 취득 등

1. 대위변제와 권리 취득

중앙회는 대위변제한 경우에는 그 지급한 범위에서 해당 조합에 대한 조합원등의 권리를 취득한다(법80의4①).

2. 채권과 채무의 상계

중앙회는 조합원등을 대신하여 지급 공고일 현재 조합원등이 해당 조합에 대하여 가지는 예탁금 및 적금 등 채권(본인 또는 타인을 위하여 담보로 제공된 채권은 제외)과 채무(보증채무는 제외)를 상계할 수 있다(법80의4②).

3. 예탁금등의 변제의 보류

중앙회는 조합원등이 해당 조합에 대하여 가지고 있는 보증채무 등 ⅰ) 조합원등이 본인 또는 타인을 위하여 당해 조합에 담보로 제공하고 있는 예탁금·적금 등 채권 및 당해 조합에 대하여 지고 있는 보증채무 금액(제1호), ⅱ) 조합의 부실에 책임이 있다고 인정되는 자(법80의5①) 또는 그와 금융·회사지배구조법 시행령 제3조 제1항 각 호17)의 어느 하나에 해당하는 관계에 있는 자의 예금(제2

---

17) 1. 본인이 개인인 경우: 다음의 어느 하나에 해당하는 자. 다만, 공정거래법 시행령 제5조 제1항 제2호 가목에 따른 독립경영자 및 같은 목에 따라 공정거래위원회가 동일인관련자의 범위로부터 분리를 인정하는 자는 제외한다.
　　가. 배우자(사실상의 혼인관계에 있는 사람을 포함)
　　나. 6촌 이내의 혈족
　　다. 4촌 이내의 인척
　　라. 양자의 생가(生家)의 직계존속
　　마. 양자 및 그 배우자와 양가(養家)의 직계비속
　　바. 혼인 외의 출생자의 생모
　　사. 본인의 금전이나 그 밖의 재산으로 생계를 유지하는 사람 및 생계를 함께 하는 사람
　　아. 본인이 혼자서 또는 그와 가목부터 사목까지의 관계에 있는 자와 합하여 법인이나 단체에 100분의 30 이상을 출자하거나, 그 밖에 임원(업무집행책임자는 제외)의 임면 등 법인이나 단체의 중요한 경영사항에 대하여 사실상의 영향력을 행사하고 있는 경우에는 해당 법인 또는 단체와 그 임원(본인이 혼자서 또는 그와 가목부터 사목까지의 관계에 있는 자와 합하여 임원의 임면 등의 방법으로 그 법인 또는 단체의 중요한 경영사항에 대하여 사실상의 영향력을 행사하고 있지 아니함이 본인의 확인서 등을 통하여 확인되는 경우에 그 임원은 제외한다)
　　자. 본인이 혼자서 또는 그와 가목부터 아목까지의 관계에 있는 자와 합하여 법인이나 단체에 100분 의 30 이상을 출자하거나, 그 밖에 임원의 임면 등 법인이나 단체의 중요한 경영사항에 대하여 사실상의 영향력을 행사하고 있는 경우에는 해당 법인 또는 단체와 그 임원(본인이 혼자서 또는 그와 가목부터 아목까지의 관계에 있는 자와 합하여 임원의 임면 등의 방법으로 그 법인 또는 단체의 중요한 경영사항에 대하여 사실상의 영향력을 행사하고 있지 아니함이 본인의 확인서 등을 통하여 확인되는 경우에 그 임원은 제외한다)
　2. 본인이 법인이나 단체인 경우: 다음의 어느 하나에 해당하는 자
　　가. 임원

호)에 대해서는 그 지급을 보류할 수 있다(법80의4③, 영19의14①).

4. 변제보류사유 등을 기재한 서면 교부

위원회는 예탁금등의 변제를 보류하는 때에는 당해 예탁금등의 변제를 청구한 조합원등에게 ⅰ) 변제를 보류하는 예탁금등의 금액(제1호), ⅱ) 예탁금등의 변제보류사유(제2호), ⅲ) 예탁금등의 변제보류기간(제3호), ⅳ) 예탁금등의 변제보류사유가 소멸되거나 변제보류기간이 만료되어 조합원등이 보류된 예탁금등의 지급을 청구하는 경우의 그 절차 및 방법(제4호)을 기재한 서면을 교부하여야 한다(영19의14②).

Ⅳ. 손해배상청구권의 행사 등

1. 손해배상청구의 요구

중앙회는 ⅰ) 조합의 합병(조합의 경영정상화를 위한 합병만 해당)을 촉진하기 위하여 자금을 지원한 경우(제1호), ⅱ) 대위변제(법80의2④)한 경우(제2호), ⅲ) 인수조합에 자금을 지원(법86의4③)한 경우(제3호), ⅳ) 그 밖에 기금관리위원회의 결정으로 조합의 경영정상화를 위하여 자금을 지원한 경우(제4호)에는 해당 조합의 부실에 대하여 책임이 있다고 인정되는 전직·현직 임직원 및 상법 제401조의2 제1항[18] 각 호의 어느 하나에 해당하는 사람이나 그 밖의 제3자("부실관련자")

나. 공정거래법에 따른 계열회사("계열회사") 및 그 임원
다. 혼자서 또는 제1호 각 목의 관계에 있는 자와 합하여 본인에게 100분의 30 이상을 출자하거나, 그 밖에 임원의 임면 등 본인의 중요한 경영사항에 대하여 사실상의 영향력을 행사하고 있는 개인(그와 제1호 각 목의 관계에 있는 자를 포함한다) 또는 법인(계열회사는 제외), 단체와 그 임원
라. 본인이 혼자서 또는 본인과 가목부터 다목까지의 관계에 있는 자와 합하여 다른 법인이나 단체에 100분의 30 이상을 출자하거나, 그 밖에 임원의 임면 등 다른 법인이나 단체의 중요한 경영사항에 대하여 사실상의 영향력을 행사하고 있는 경우에는 해당 법인, 단체와 그 임원(본인이 임원의 임면 등의 방법으로 그 법인 또는 단체의 중요한 경영사항에 대하여 사실상의 영향력을 행사하고 있지 아니함이 본인의 확인서 등을 통하여 확인되는 경우에 그 임원은 제외한다)
18) 제401조의2(업무집행지시자 등의 책임) ① 다음의 어느 하나에 해당하는 자가 그 지시하거나 집행한 업무에 관하여 제399조, 제401조, 제403조 및 제406조의2를 적용하는 경우에는 그 자를 "이사"로 본다.
1. 회사에 대한 자신의 영향력을 이용하여 이사에게 업무집행을 지시한 자
2. 이사의 이름으로 직접 업무를 집행한 자

에 대하여 손해배상을 청구하도록 해당 조합(그 청산법인, 파산재단 또는 합병으로 존속하는 조합을 포함)에 요구할 수 있다(법80의5①).

2. 손해배상청구의 요구 방법

중앙회의 요구는 그 이유, 청구방법 및 청구기간을 적은 서면으로 하여야 한다(법80의5②).

3. 손해배상청구권의 대위 행사

중앙회는 조합이 요구를 이행하지 아니한 경우에는 즉시 그 조합을 대위하여 손해배상을 청구할 수 있다(법80의5③).

4. 중앙회의 소송참가

중앙회는 조합이 손해배상청구의 소송을 하는 경우에는 그 소송의 계속 중에 그 조합을 보조하기 위하여 소송에 참가할 수 있다(법80의5④ 전단). 이 경우 민사소송법 제71조(보조참가)부터 제77조(참가인에 대한 재판의 효력)까지의 규정을 준용한다(법80의5④ 후단).

5. 업무 및 재산 상황의 조사

중앙회는 손해배상의 요구, 손해배상청구권의 대위 행사 또는 소송 참가를 위하여 필요한 경우에는 해당 조합의 업무 및 재산 상황을 조사할 수 있다(법80의5⑤).

6. 비용 부담

중앙회가 손해배상청구권을 대위 행사하여 승소하거나 조합의 요청으로 소송참가를 하는 경우 그 비용은 해당 조합이 부담한다(법80의5⑥).

---

3. 이사가 아니면서 명예회장·회장·사장·부사장·전무·상무·이사 기타 회사의 업무를 집행할 권한이 있는 것으로 인정될 만한 명칭을 사용하여 회사의 업무를 집행한 자

Ⅴ. 자료 제공의 요청 등

1. 자료 또는 정보 제공의 요청

금융위원회는 중앙회의 부실관련자에 대한 손해배상청구 또는 소송참가를 위하여 필요하면 "공공기관"인 관계 중앙행정기관, 지방자치단체, 공공기관운영법에 따른 공공기관, 법률에 따라 직접 설립된 법인, 어음법 또는 수표법에 따라 지정된 어음교환소의 장에게 부실관련자의 재산에 관한 자료 또는 정보의 제공을 요청할 수 있다(법80의6① 전단, 영19의15). 이 경우 공공기관의 장은 특별한 사정이 없으면 그 요청에 따라야 한다(법80의6① 후단).

2. 정보의 제공과 활용

금융위원회는 공공기관의 장으로부터 제공받은 정보를 중앙회에 제공하여 손해배상청구 또는 소송참가에 활용하도록 할 수 있다(법80의6②).

Ⅵ. 기금의 목표적립규모 설정 등

1. 목표적립규모 설정

중앙회는 기금의 적립액이 적정한 수준을 유지하도록 기금의 목표적립규모 ("목표적립규모")를 설정하여야 한다(법80의7①).

2. 목표적립규모의 결정

목표적립규모는 기금관리위원회의 의결을 거쳐 기금의 효율적 운영을 저해하지 아니하는 범위에서 조합의 경영 및 재무 상황 등을 고려하여 정한다(법80의7② 전단). 이 경우 목표적립규모는 상한 및 하한을 두어 일정 범위로 정할 수 있다(법80의7② 후단).

3. 목표적립규모의 적정성 검토와 재설정

중앙회는 조합의 경영여건과 기금의 안정성 등을 고려하여 목표적립규모의 적정성을 주기적으로 검토하고, 필요한 경우에는 기금관리위원회의 의결을 거쳐 목표적립규모를 재설정할 수 있다(법80의7③).

4. 출연금의 감면

중앙회는 기금의 적립액이 목표적립규모에 도달한 경우에는 향후 예상되는 기금의 수입액과 지출액의 규모를 고려하여 조합이 납부하는 출연금을 감면하여야 한다(법80의7④).

(1) 출연금의 감액

중앙회는 중앙회의 직전 회계연도 말일 현재 기금의 적립액이 목표적립규모의 하한 이상 상한 미만이 된 경우에는 위원회의 의결을 거쳐 조합이 납부하는 해당 회계연도의 출연금을 감액해야 한다(영19의16①).

(2) 출연금의 면제

중앙회는 중앙회의 직전 회계연도 말일 현재 기금의 적립액이 목표적립규모의 상한 이상이 된 경우에는 위원회의 의결을 거쳐 조합이 납부하는 해당 회계연도의 출연금을 면제해야 한다(영19의16②).

(3) 절차와 방법의 제정과 게시

목표적립규모의 설정과 출연금 감면의 구체적 절차와 방법 등에 관하여 필요한 사항은 위원회의 의결을 거쳐 중앙회가 정한다(영19의16③). 중앙회는 정한 사항을 중앙회의 인터넷 홈페이지에 게시해야 한다(영19의16④).

제
3
편

중앙회

제
1
장
/

설립 등

제1절 설립목적

신용협동조합중앙회란 조합의 공동이익을 도모하기 위하여 신용협동조합법에 따라 설립된 비영리법인을 말한다(법2(2)). 신용협동조합의 업무를 지도·감독하며 그 공동이익의 증진과 건전한 발전을 도모하기 위하여 조합을 구성원으로 하는 중앙회를 둔다(법61①). 중앙회가 아닌 자는 그 명칭에 "신용협동조합"이나 이와 유사한 문자를 사용해서는 아니 된다(법3②). 중앙회는 주된 사무소의 소재지에서 설립등기를 함으로써 성립한다(법4①). 중앙회는 설립인가서가 도달한 날부터 3주일 이내에 등기사항을 등기하여야 한다(영2①).

중앙회가 필요한 이유는 개별 조합만으로는 대기업, 대자본과 경쟁하여 조합원의 이익을 지키고 이익을 늘리는데 한계가 있기 때문이다. 즉 규모의 경제를 실현하기 위함이다.[1]

중앙회는 전국에 분포한 870여 개 조합에 대한 지도·감독 기능과 협회 기능을 비롯해 조합 간 자금중개 그리고 중앙회의 자체사업 등 부여된 각종 사업

---

1) 신협중앙연수원(2021), 41쪽.

의 영위로 서민 및 중산층의 금융기관으로서의 존재가치를 인정받고 있다.[2]

제2절 연혁

한국의 신용협동조합 조직은 그 수가 늘어나면서 연합회 조직의 필요성을 느껴 1964년부터 연합회가 탄생하여 운영해왔다. 전국적으로 신용협동조합이 빠른 속도로 증가함과 동시에 규모가 커지면서 연합회에 대한 지도·감독 조직이 요구되었다.[3]

1988년 제1차 신용협동조합법 개정에 따라 조합과 연합회로 구성되었던 신용협동조합의 조직은 조합과 연합회 그리고 중앙회 조직체제로 개편되었고, 중앙회가 탄생하였다. 연합회는 각 지역별 관할 조합을 지도·감독하도록 자치권을 보장받고, 중앙회는 연합회를 대신하여 교육·국제교류와 연합회에 대한 지도·감독을 진행하여 신협 조직의 업무를 분화하여 전문적으로 다루게 되는 효과를 가져왔다.

1998년 제2차 신용협동조합법 개정으로 조합-연합회-중앙회 3단계 조직체계로 운영되었던 신용협동조합 조직은 IMF 구제 금융 여파에 따른 대규모 구조조정과 더불어 조직의 비대함에 따른 비효율성을 없애고 경영의 투명성과 조합원의 보호를 위해 연합회 조직을 폐지하고 조합과 중앙회 2단계 조직으로 재편되었다.

제3절 주요업무(사업의 종류)

중앙회는 그 목적을 달성하기 위하여 다음의 사업을 한다(법78①). 신용사업

과 공제사업은 조합과 조합원에게 혜택을 주었을 뿐 아니라 중앙회가 경제적으로 자립하는데도 큰 도움이 됨으로써 조직의 장기적 성장에 기여하였다.[4]

중앙회는 법 제78조 제1항 각 호의 업무를 수행하기 위하여 필요한 경우 전자정부법 제36조 제2항에 따른 행정정보의 공동이용을 통해 [별표 1]에 따른 행정정보를 확인할 수 있다(영15의2 전단). 이 경우 개인정보 보호법 제2조 제3호[5]의 정보주체로부터 사전동의를 받아야 한다(영15의2 후단).

Ⅰ. 조합의 사업에 관한 지도 · 조정 · 조사연구 및 홍보

중앙회는 그 목적을 달성하기 위하여 조합의 사업에 관한 지도·조정·조사연구 및 홍보 사업을 한다(법7①(1)).

Ⅱ. 조합원 및 조합의 임직원을 위한 교육사업

중앙회는 그 목적을 달성하기 위하여 조합원 및 조합의 임직원을 위한 교육사업을 한다(법78①(2)).

Ⅲ. 조합에 대한 검사 · 감독

중앙회는 그 목적을 달성하기 위하여 조합에 대한 검사·감독을 한다(법78①(3)).

Ⅳ. 조합의 사업에 대한 지원

중앙회는 그 목적을 달성하기 위하여 조합의 사업에 대한 지원사업을 한다(법78①(4)).

---

4) 구정옥(2021), "한국 신협의 비즈니스모델과 경영전략 변화 연구", 한국협동조합연구 제39권 제2호(2021. 8), 149쪽.
5) 3. "정보주체"란 처리되는 정보에 의하여 알아볼 수 있는 사람으로서 그 정보의 주체가 되는 사람을 말한다.

V. 신용사업

1. 의의

조합의 신용사업이 조합원을 대상으로 하는 여·수신업무(법39①(1) 가목~아목)이나 중앙회의 신용사업은 조합의 여유자금을 예탁받아 그 자금으로 조합에 대출(법78①(1) 나목)을 하거나 자금운용 시장에 참여(법78⑥, 법79①②)하며, 조합의 환거래(전자금융, CD, 지로 등)와 국고금 수납에 따른 결재를 대행(법78① 바목~아목)하고, 자기앞수표를 발행함으로써 조합원의 원활한 금융거래를 지원한다.

신용협동조합중앙회가 금융소비자에 어음 할인·매출채권 매입(각각 금융소비자에 금전의 상환을 청구할 수 있는 계약으로 한정)·대출·지급보증 또는 이와 유사한 것으로서 금전 또는 그 밖의 재산적 가치가 있는 것("금전등")을 제공하고 장래에 금전등 및 그에 따른 이자 등의 대가를 받기로 하는 계약은 금융상품이다(금융소비자 보호에 관한 감독규정2②(2) 본문).

2. 신용사업의 내용

중앙회는 그 목적을 달성하기 위하여 신용사업을 하는데, 그 내용에는 ⅰ) 조합으로부터 예치된 여유자금 및 상환준비금 등의 운용(가목), ⅱ) 조합에 대한 자금의 대출(나목), ⅲ) 조합 및 조합원을 위한 내국환 및 외국환 업무(다목), ⅳ) 국가·공공단체 또는 금융기관의 업무 대리(라목), ⅴ) 조합에 대한 지급보증 및 어음할인(마목), ⅵ) 자본시장법 제4조 제3항에 따른 국채증권 및 지방채증권의 인수·매출(바목), ⅶ) 전자금융거래법에서 정하는 직불전자지급수단[6]의 발행·관리 및 대금의 결제(사목), ⅷ) 전자금융거래법에서 정하는 선불전자지급수단[7]

---

[6] "직불전자지급수단"이라 함은 이용자와 가맹점간에 전자적 방법에 따라 금융회사의 계좌에서 자금을 이체하는 등의 방법으로 재화 또는 용역의 제공과 그 대가의 지급을 동시에 이행할 수 있도록 금융회사 또는 전자금융업자가 발행한 증표 또는 그 증표에 관한 정보를 말한다(전자금융거래법2(13)). 현재 직불전자지급수단으로는 은행권이 발행하는 직불카드와 증권회사가 발행하는 체크카드가 있다. 이는 이용자가 가맹점에서 재화 또는 용역을 제공받고 직불카드단말기에서 직불전자지급수단을 이용하여 그 대가를 동시에 지급하는 전자지급거래라고 할 수 있다. 직불전자지급수단은 전자식 카드(증표) 형태 이외에도 네트워크(온라인)상에서 사용되는 "그 증표에 관한 정보"까지 확대 적용하고 있다. 직불전자지급수단에는 자금을 융통받을 수 있는 증표가 제외된다(전자금융거래법2(13)). 이에는 현금인출카드, 현금서비스카드, 대출카드 등이 해당한다.

[7] "선불전자지급수단"은 이전 가능한 금전적 가치를 전자적 방법으로 저장하여 발행된 증표

의 발행·관리·판매 및 대금의 결제(아목)이 있다(법78①(5)).

3. 신용사업의 종류

여기서는 조합의 신용사업과 다른 내용에 관하여만 살펴본다. 중앙회는 그 목적을 달성하기 위하여 조합 및 조합원을 위한 외국환 업무(법78①(5) 다목), 조합에 대한 지급보증(법78①(5) 마목)을 사업을 한다(법78①).

(1) 외국환업무

외국환업무란 다음의 어느 하나에 해당하는 것을 말한다(외국환거래법3① (16), 동법 시행령6). 즉 ⅰ) 외국환의 발행 또는 매매(가목), ⅱ) 대한민국과 외국 간의 지급·추심 및 수령(나목),8) ⅲ) 외국통화로 표시되거나 지급되는 거주자와의 예금, 금전의 대차 또는 보증(다목), ⅳ) 비거주자와의 예금, 금전의 대차 또는 보증(라목), ⅴ) 그 밖에 가목부터 라목까지의 규정과 유사한 업무로서 대통령령으로 정하는 업무(마목)을 말한다.

여기서 "대통령령으로 정하는 업무"란 ㉠ 비거주자와의 내국통화로 표시되거나 지급되는 증권 또는 채권의 매매 및 매매의 중개, ㉡ 거주자간의 신탁·보험 및 파생상품거래(외국환과 관련된 경우에 한정) 또는 거주자와 비거주자 간의 신탁·보험 및 파생상품거래, ㉢ 외국통화로 표시된 시설대여(여신전문금융업법에 따른 시설대여), ㉣ 앞에서 열거한 7가지 업무에 딸린 업무를 말한다.9)

(카드형) 또는 그 증표에 관한 정보(네트워크형)로서 발행인 외의 제3자로부터 2개 업종 이상의 재화 또는 용역의 구입 대가를 지급하는데 사용되는 전자지급수단이다(전자금융 거래법2(14) 본문). 선불전자지급수단은 구입할 수 있는 재화 또는 용역의 범위가 2개 업종 이상의 범용성을 가져야 한다(전자금융거래법2(14) 나목). 따라서 단일한 특정 재화와 용역만 구입할 수 있는 것은 선불전자지급수단이 아닌 상품권에 해당한다. 재화 또는 용역을 구입할 수 있는 업종의 기준은 통계청장이 고시하는 한국표준산업분류의 중분류상의 업종을 적용한다. 다만, 전자화폐를 제외한다(전자금융거래법2(14) 단서).

8) 인천지방법원 2005. 2. 4. 선고 2004노2793 판결(피고인이 "송금의뢰 받은 돈을 환치기계좌에 입금하고 그 무렵 미국에 있는 공범들이 입금한 돈에 해당하는 미화를 수령자로 지정된 자에게 지급"하는 행위뿐 아니라 이에 필수적으로 수반하는 행위 즉 송금의뢰자로부터 돈을 받거나 입금하기 전 이를 보관하고 있는 행위도 그 "부대되는 업무"로서 "외국환업무"에 해당한다).

9) 대법원 2013. 11. 28. 선고 2011도13007 판결(구 외국환거래법(2011. 4. 30. 법률 제10618호로 개정되기 전의 것, 이하 "법"이라 한다) 제3조 제1항 제16호 (나)목은 "대한민국과 외국 간의 지급·추심 및 수령"이, 같은 호 (마)목은 "위 (나)목 등과 유사한 업무로서 대통령령이 정하는 업무"가 각 "외국환업무"에 해당하는 것으로 규정하고, 구 외국환거래법

(2) 조합에 대한 지급보증

지급보증은 신용공여의 한 형태로 중앙회가 타인의 채무를 보증하거나 인수하는 것을 말한다. 인수는 어음의 인수를 말하며, 신용장 개설이나 환어음의 인수 또는 환어음이나 약속어음의 보증도 지급보증에 해당한다.

지급보증은 은행 등의 금융기관 등이 상품으로 취급하는 보증계약10)을 말한다.11) 지급보증은 민법 제428조의 보증채무를 지는 계약, 즉 보증계약의 일종으로서 보증인이 주채무자로부터 수수료 등의 대가를 받고(즉 상행위로서) 채권자와 체결한다는 특성을 갖는다. 따라서 일반적인 보증계약과 같이 다음과 같은 주요한 특성을 가진다. i) 주채무자가 주채무의 이행을 못하는 경우 보증인이 이를 이행할 책임을 진다(민법428①), ii) 보증채무의 부담은 주채무를 한도로 한다(민법430). iii) 주채무자의 항변(상계권, 취소권, 해제권 등)을 원용할 수 있다(민법434 및 435). iv) 보증인이 주채무를 변제한 경우에는 주채무자에 대한 구상권을 가진다(민법442).

4. 관련 판례

** 대법원 1991. 11. 22. 선고 91다8821 판결

[1] 신용협동조합의 그 중앙회로부터의 자금차용행위가 이사회의 결의가 없어 무효이지만 위 조합의 조합원이 이에 대하여 한 변제약정은 유효하다고 본 원심의 판단을 정당하다고 한 사례: 신용협동조합이 그 중앙회로부터 트랙터 구

시행령(2010. 11. 15. 대통령령 제22493호로 개정되기 전의 것) 제6조 제4호는 "법 제3조 제1항 제16호 (나)목 등의 업무에 딸린 업무"가 위 "대통령령이 정하는 업무"에 해당하는 것으로 규정하고 있는바, "대한민국와 외국 간의 지급·추심 및 영수"에 직접적으로 필요하고 밀접하게 관련된 부대업무는 법 제3조 제1항 제16호 (마)목의 외국환업무에 해당한다).

10) 대법원 2002. 10. 11. 선고 2001다62374 판결에 의하면, 지급보증이란 은행이 거래처(지급 보증신청인)의 위탁에 따라 그 거래처가 제3자에 대하여 부담하는 채무를 보증하여 주는 거래로서, 은행과 거래처 사이에 체결된 보증위탁계약에 터 잡아 은행이 다시 채권자와 사이에 보증계약을 체결함으로써 성립하고, 그로 인하여 지급보증을 한 은행은 거래처가 주채무를 이행하지 못할 경우에 그 보증채무를 이행할 의무를 지게 되며, 이러한 지급보 증계약은 통상 은행이 지급보증서라는 형식의 서면에 보증의 의사표시를 하여 피보증인 인 거래처로 하여금 채권자에게 전달하는 방식으로 체결되고, 그 보증범위는 지급보증서 등에 표시된 보증의사의 해석을 통하여 결정된다고 판시하여 지급보증의 성격을 정의하고 있다.

11) 은행법 제2조 제1항 제6호는 "지급보증"이란 은행이 타인의 채무를 보증하거나 인수하는 것을 말한다고 규정한다.

입자금을 차용한 행위가 이사회의 결의없이 이루어진 것이어서 무효이지만 트랙터의 실수요자인 조합원이 이에 대하여 한 변제약정은 위 조합과 관련없이 단독으로 변제하기로 한 것이어서 유효하다고 본 원심의 판단을 정당하다고 한 사례.

[2] 구 신용협동조합법(1988.12.31. 법률 제4070호로 개정되기 전의것) 제70조(현행 제78조)에 규정된 신용협동조합연합회(현행 중앙회)의 업무 범위에 조합원과의 거래가 포함되어 있지 않다고 하더라도 신용협동조합연합회(현행 중앙회)는 위 법조에 의하여 조합에 대한 자금의 대출 등을 할 수 있게 되어 있으므로 조합을 통한 조합원과의 거래를 당연히 예상하고 있는 것이라고 볼 수 있을 뿐만 아니라 조합에 대한 대여금 채권의 확보행위는 그 목적 수행에 필요한 것이므로 위 [1]과 같은 변제약정은 그 목적 범위 내의 행위에 속한다.

Ⅵ. 조합 및 조합원을 위한 공제사업

중앙회는 그 목적을 달성하기 위하여 조합 및 조합원을 위한 공제사업을 한다(법78①(6)).

Ⅶ. 국가 또는 공공단체가 위탁하거나 보조하는 사업

중앙회는 그 목적을 달성하기 위하여 국가 또는 공공단체가 위탁하거나 보조하는 사업을 한다(법78①(7)).

Ⅷ. 부대사업

중앙회는 그 목적을 달성하기 위하여 앞에서 열거한 제1호부터 제7호까지의 사업에 부대하는 사업을 한다(법78①(8)).

Ⅸ. 기타 사업

중앙회는 그 목적을 달성하기 위하여 그 밖에 목적 달성에 필요한 사업을 한다(법78①(9)).

제4절 업무구역

I. 전국

중앙회는 1개를 두며 전국을 업무구역으로 한다(법65①).

II. 사무소와 지부

중앙회는 정관에서 정하는 바에 따라 주된 사무소를 두고 필요한 곳에 지부 (支部)를 둘 수 있다(법65②).

중앙회 정관에 의하면 중앙회의 주된 사무소는 대전광역시에 둔다(정관4①). 중앙회는 지부로서 필요한 곳에 지역본부와 출장소를 둘 수 있다(정관4②). 지부 의 명칭, 소재지 및 업무구역은 규정으로 정한다(정관4③).

III. 협의회

조합의 발전을 위하여 정보를 교류하고 조합 업무의 능률적인 수행을 돕기 위하여 지부에 협의회를 설치·운영할 수 있다(법65③). 이에 따른 협의회의 조 직·운영과 그 밖에 필요한 사항은 정관에서 정한다(법65④).

제5절 설립과 해산

I. 설립

1. 30개 이상의 조합의 발기인

중앙회를 설립하려면 30개 이상의 조합이 발기인이 되어 정관을 작성하고 창립총회의 의결을 거쳐 금융위원회의 인가를 받아야 한다(법61②, 법7①).

2. 준용규정

중앙회의 설립 및 인가에 관하여는 조합의 설립에 관한 제7조(설립) 및 제8조(인가의 요건)를 준용한다(법61②).

3. 위반시 제재

조합 또는 중앙회의 임직원 또는 청산인이 법 제7조를 위반하여 설립인가를 받은 경우에는 3년 이하의 징역 또는 3천만원 이하의 벌금에 처한다(법99①(2)).

Ⅱ. 해산

중앙회의 해산에 관하여는 법률로 정한다(법67).

Ⅲ. 정관변경 등

1. 정관 기재사항

중앙회의 정관에는 ⅰ) 목적(제1호), ⅱ) 명칭(제2호), ⅲ) 주된 사무소의 소재지(제3호), ⅳ) 사업의 내용 및 회계에 관한 사항(제4호), ⅴ) 출자 1좌의 금액과 그 납입 방법 및 시기(제5호), ⅵ) 회비 부과와 징수에 관한 사항(제6호), ⅶ) 기관 및 임원에 관한 사항(제7호), ⅷ) 공고의 방법(제8호), ⅸ) 그 밖에 필요한 사항(제9호)이 포함되어야 한다(법64).

2. 금융위원회의 인가

정관의 변경은 총회의 결의사항으로 총회의 결의를 거쳐야 한다(법69①(1)). 정관을 변경하였을 때에는 금융위원회의 인가를 받은 후 지체 없이 등기하여야 한다(법69②).

회 원

제1절 자격 등

Ⅰ. 자격

모든 조합은 중앙회의 회원이 된다(법62). 조합은 그 설립등기를 함으로써 중앙회의 회원이 된다(정관7). 신용협동조합법은 "모든 조합"이 중앙회의 "회원이 된다"고 규정하고 있고(법62), 이와 함께 "조합을 구성원으로 하는 중앙회를 둔다"고 규정함으로써(법61①) 중앙회에 대한 가입을 강제하고 있음과 동시에 중앙회의 설립을 의무화하고 중앙회의 구성원이 조합임을 확인하고 있다.[1]

Ⅱ. 회원의 신고의무

1. 제출 서류

회원은 설립등기일로부터 30일 이내에 ⅰ) 인가서 사본(제1호), ⅱ) 정관사

---

1) 서울고등법원 2014. 9. 2. 선고 2014나2004093 판결.

본(제2호), iii) 등기부등본(제3호), iv) 법인 인감증명서(제4호), ⅴ) 대차대조표 및 손익계산서(제5호), ⅵ) 기타 필요한 서류(제6호)를 중앙회에 제출하여야 한다(정관10①).

2. 부속서류의 기재사항 변경의 신고

회원은 위의 제출 서류의 부속서류의 기재사항에 변경이 있을 때에는 지체없이 이를 중앙회에 신고하여야 한다(정관10②).

Ⅲ. 회원의 자격상실

1. 자격상실 사유

회원이 ⅰ) 설립인가의 취소(제1호), ⅱ) 해산(제2호), ⅲ) 파산(제3호), ⅳ) 합병으로 인하여 소멸되는 경우(제4호)에는 회원의 자격을 상실한다(정관11①).

2. 자격상실 사유 발생의 신고

회원은 자격상실 사유가 발생한 때에는 지체없이 중앙회에 이를 신고하여야 한다(정관11②).

제2절 책임

Ⅰ. 납입출자액 한도

조합의 책임은 그 납입출자액을 한도로 한다(법63③ 후단).

Ⅱ. 회비

중앙회는 총회의 결의를 거쳐 조합으로부터 회비를 받을 수 있다(법66).

1. 회비 징수

중앙회는 총회에서 정하는 기준에 따라 회원으로부터 회비를 징수할 수 있다(정관15①).

2. 기간 유예 및 분할 납입

회비징수에 관하여는 이사회의 결의에 의하여 그 기간을 유예할 수 있으며 분할하여 납입하게 할 수 있다(정관15②).

3. 상계 금지

회비는 중앙회에 대한 채권과 상계하지 못한다(정관15③).

Ⅲ. 과태금

회원이 출자금 또는 회비 등의 납입의무를 그 기한까지 이행하지 아니한 때에는 이사회에서 정한 기준에 따라 과태금을 징수할 수 있다(정관16).

제3절 의결권과 선거권

회원은 출자좌수에 관계없이 평등한 의결권과 선거권을 가진다(법68④ 전단, 법19① 본문). 정관에 의하면 중앙회장과 회원은 출자좌수에 관계없이 평등한 의결권과 선거권을 가진다(정관8).

출 자

제1절 내용

Ⅰ. 출자 1좌 금액

조합은 1좌 이상 출자하여야 한다(법63②). 출자 1좌의 금액 및 납입 기준은 정관에서 정한다(법63③ 전단). 이에 따라 출자 1좌의 금액은 500,000원으로 한다 (정관12① 후단).

Ⅱ. 현금 납입과 일시 납입

중앙회에 납입할 출자금은 현금으로 납입하여야 하고(법63④ 전단), 이에 따라 회원은 출자 1좌 이상을 현금으로 납입하여야 하며(정관12① 전단), 회원은 설립등기일로부터 30일 이내에 출자 1좌 이상의 금액을 중앙회에 일시에 납입하여야 한다(정관12②).

Ⅲ. 출자금과 채권의 상계 금지

출자금은 중앙회에 대한 채권과 상계할 수 없다(법63④ 후단). 따라서 회원이 납입할 출자금은 중앙회에 대한 채권과 상계하지 못한다(정관12③).

Ⅳ. 자본금

중앙회의 자본금은 조합의 납입출자금으로 한다(법63①).

Ⅴ. 자본금의 감소

중앙회가 여러 사업연도에 걸쳐 계속하여 손실이 있고 이를 보전할 적립금이 없을 때에는 총회의 결의를 거쳐 자본금을 감소할 수 있다(법82).

제2절 출자금의 환급

Ⅰ. 조합 해산과 출자금의 환급

중앙회는 조합이 해산하는 경우에는 해산하는 조합의 출자금을 환급하여 그 출자지분에 해당하는 금액을 자본금에서 감소시키거나 해산하는 조합의 출자지분을 다른 조합에 양도하게 할 수 있다(법63⑥).

Ⅱ. 회원자격 상실과 출자금의 환급

중앙회는 회원이 회원자격을 상실한 때에 한하여 그의 청구에 따라 출자금을 환급한다(정관13①).

Ⅲ. 환급청구권의 행사기간

출자금 환급청구권은 회원자격을 상실한 날부터 2년간 행사하지 아니하면 그 청구권은 소멸한다(정관13②).

Ⅳ. 공제 후 환급

회원자격을 상실한 회원이 중앙회에 대하여 채무가 있을 때에는 이를 공제한 후 출자금을 환급한다(정관13③).

제3절 출자금의 양도 등

Ⅰ. 양도의 승인

중앙회에 대한 조합의 출자지분은 중앙회장의 승인을 받아 다른 조합에 양도할 수 있다(법63⑤ 전단). 이 경우 양수한 조합은 양도한 조합의 권리와 의무를 승계한다(법63⑤ 후단).

Ⅱ. 출자금의 공유 금지

회원의 출자금은 공유할 수 없다(정관14②).

제
4
장
/

지배구조

제1절 서설

신협중앙회의 경우 필수기관으로써 총회와 이사회를 두어 중앙회의 기본적 사항에 관한 의사결정은 총회가 맡도록 하고, 중앙회의 경영은 이사회가, 그리고 중앙회의 재산과 임·직원의 업무집행에 관한 감사는 이사회 내에 감사위원회를 두어 전담하도록 하였다. 중앙회 경영을 이사회가 독자적으로 맡도록 한 것은 현행 상법에 따른 주식회사의 지배구조를 참고하여 중앙회의 소유와 경영을 분리하기 위한 것이다.[1]

신협중앙회의 지배구조 구성으로는, 최고의사결정기관으로서 회장과 조합의 대표로 구성되는 총회를 두고(법68), 총회에 갈음할 기관으로 조합의 대표 중에서 정관이 정하는 바에 따라 선출되는 200인 이내의 대의원을 구성원으로 하는 대의원회를 둔다(법70).

업무집행 의결기관으로 이사로 구성되는 이사회를 둔다(법74). 중앙회에는 회장 1명, 신용·공제대표이사 1명, 검사·감독이사 1명을 포함한 이사 15인 내

---

1) 조은혜(2016), 44-45쪽.

지 25인을 두고, 임원 중 신용·공제대표이사, 검사·감독이사는 상임으로 하며, 상임이사를 포함한 임원의 3분의 1 이상은 조합의 임원 또는 간부직원이 아닌 자("전문이사") 중에서 선출하여야 한다(법71의2).

또한 중앙회장을 포함한 이사의 임기는 4년으로 하고, 중앙회장은 총회에서 선출하되 조합의 조합원이라야 하며, 한 차례에 한하여 연임할 수 있다(법72). 상임이사는 전담업무에 관하여 전문지식과 경험이 풍부한 사람으로서 대통령령으로 정하는 요건에 적합한 자 중에서 선출한다(법71의2).

중앙회의 업무집행 및 회계 등을 감사하기 위해 이사회 안에 3명의 이사로 구성되는 감사위원회를 둔다(법76).

제2절 총회 및 대의원회

Ⅰ. 총회

1. 설치

중앙회에 총회를 둔다(법68①). 총회는 전체 회원으로 구성되고 중앙회의 운영에 관한 기본적인 사항을 결정하는 최고 의사결정기관이다.

2. 구성과 구분

총회는 중앙회장과 조합의 대표로 구성하며, 정기총회와 임시총회로 구분한다(법68②).

(1) 정기총회의 소집

정기총회는 중앙회장이 매년 1회 소집하고, 중앙회장이 총회의 의장이 된다(법68③). 정기총회는 매년 1회 사업연도 종료 후 3월 이내에 회장이 이를 개최한다(정관18).

(2) 임시총회 소집

임시총회는 중앙회장이 필요하다고 인정하거나 조합 대표의 청구로 정관에서 정하는 바에 따라 소집하며, 중앙회장이 총회의 의장이 된다(법68③).

임시총회는 ⅰ) 회장이 필요하다고 인정한 때(제1호), ⅱ) 회원 5분의 1 이상이 회의의 목적과 소집이유를 기재한 서면을 회장에게 제출하고 소집을 청구한 때(제2호), ⅲ) 감사위원회의 감사(법76의2①)에 의한 감사결과 부정한 사실이 발견되어 감사위원회의 대표자("대표감사위원")가 회의의 목적과 소집이유를 기재한 서면을 회장에게 제출하고 소집을 청구한 때(제3호)에 해당하는 경우에 회장이 이를 개최한다(정관19①).

앞의 ⅰ) 및 ⅱ)에 의한 청구가 있을 때에는 회장은 15일 이내에 총회를 개최하여야 한다(정관19②).

3. 총회의 결의사항 등

(1) 총회의 결의사항

다음의 사항, 즉 ⅰ) 정관의 변경(제1호), ⅱ) 규약의 제정, 개정 및 폐지(제2호), ⅲ) 회비의 부과방법 및 금액의 결정(제3호), ⅳ) 사업계획·예산 및 결산보고서의 승인(제4호), ⅴ) 감사보고서(외부감사인의 감사보고서 포함)의 승인(제5호), ⅵ) 임원의 임면에 관한 사항(제6호), ⅶ) 그 밖에 이사회 결의 또는 전체 회원 5분의 1 이상의 동의를 받아 총회에 부치는 사항(제7호)은 신용협동조합법에 다른 규정이 있는 경우를 제외하고는 총회의 결의를 거쳐야 한다(법69①).

(2) 정관변경과 금융위원회 인가 및 등기

정관을 변경하였을 때에는 금융위원회의 인가를 받은 후 지체 없이 등기하여야 한다(법69②).

(3) 예산심의위원회의 설치·운영

총회의 결의사항 중 회비의 부과방법 및 금액의 결정, 사업계획 및 예산의 승인 사항을 심의하기 위하여 중앙회장 및 대의원 중에서 선출하는 위원을 합하여 40인 이내로 구성하는 예산심의위원회("예심위")를 설치·운영한다(정관24③).

예심위는 총회소집통지일 전일까지 의결사항을 심의하고, 그 결과를 당해 총회에 보고하여야 한다(정관24④).

4. 총회 결의의 특례

(1) 회원의 투표로 총회 결의 갈음

다음의 사항, 즉 ⅰ) 중앙회의 해산(제1호), ⅱ) 임원의 선임(제2호)에 대해서는 회원의 투표로 총회의 결의를 갈음할 수 있다(법68④ 전단, 법26의2① 전단). 이 경우 회원 투표의 통지·방법, 그 밖에 투표에 필요한 사항은 정관에서 정한다(법68④ 전단, 법26의2① 후단).

(2) 회원 투표와 결의 정족수

회원의 투표는 다음의 구분에 따른다(법68④ 전단, 법26의2②). 즉 ⅰ) 중앙회의 해산: 재적회원 과반수(재적회원이 500인을 초과하는 경우에는 251인 이상)의 투표와 투표한 회원 3분의 2 이상의 찬성으로 결의하고(제1호), ⅱ) 임원의 선임: 회장은 선거인(정관으로 정하는 바에 따라 선거권을 가진 자) 과반수의 투표로써 다수 득표자를 당선인으로 결정하고, 회장을 제외한 임원 중 회원이어야 하는 임원은 선거인 과반수의 투표로써 다수 득표자순으로 당선인을 결정한다(제2호 전단) 이 경우 재적회원이 500인을 초과하는 경우에는 251인 이상의 출석으로 개의하고 출석회원 과반수의 찬성으로 결의할 수 있다(제2호 후단).

(3) 회장의 선임

회장의 선임은 법 제68조(총회) 제4항에서 준용하는 법 제26조의2(총회 결의의 특례)의 규정에 따른 선거인의 투표로 총회의 결의를 갈음한다(정관24의2).

5. 총회의 개의와 결의

(1) 총회의 보통결의

총회는 신용협동조합법에 다른 규정이 있는 경우를 제외하고는 재적회원 과반수의 출석으로 개의하고 출석회원 과반수의 찬성으로 결의한다(법68④ 전단, 법25① 본문).

(2) 총회의 특별결의

정관의 변경은 출석인원 3분의 2 이상의 찬성으로 의결한다(정관23① 단서).

(3) 이해상충과 의결권 행사 제한

총회의 결의에 관하여 특별한 이해관계가 있는 회원은 의결권을 행사하지 못한다(정관23② 본문). 다만, 그 회원은 당해 사항에 관한 의견을 진술할 수 있다(정관23② 단서).

(4) 사전통지 사항

총회는 미리 통지한 사항에 한하여 의결할 수 있다(정관23③).

6. 총회의 소집

(1) 회원의 소집 청구

회원은 회원 5분의 1 이상의 동의를 받아 회의의 목적과 소집 이유를 적은 서면을 제출하여 총회의 소집을 회장에게 청구할 수 있다(법68④ 전단, 법26①).

회장은 회원의 총회 소집 청구를 받으면 15일 이내에 총회를 개최하여야 한다(법68④ 전단, 법26③).

(2) 대표감사위원의 소집 청구

감사위원회의 대표자("대표감사위원")는 감사결과 부정한 사실이 발견되어 그 내용을 총회에 신속히 보고할 필요가 있을 때에는 회의의 목적과 소집 이유를 적은 서면을 제출하여 총회의 소집을 회장에게 청구할 수 있다(법68④ 전단, 법26②).

회장은 대표감사위원의 총회 소집 청구를 받으면 15일 이내에 총회를 개최하여야 한다(법68④ 전단, 법26③).

(3) 대표감사위원의 총회소집

총회를 소집할 자가 없거나 회장의 총회 개최 기간인 15일 이내(법26③)에 정당한 이유 없이 회장이 총회를 개최하지 아니한 경우에는 대표감사위원이 지체 없이 총회를 소집하여야 한다(법68④ 전단, 법26④ 전단).

따라서 다음에 해당하는 경우, 즉 ⅰ) 총회를 소집할 자가 없을 때, ⅱ) 회원 5분의 1 이상이 회의의 목적과 소집이유를 기재한 서면을 회장에게 제출하고 소집을 청구한 경우에 회장이 정당한 이유없이 15일 이내에 총회를 개최하지 아니한 때, ⅲ) 감사위원회의 감사(법76의2①)에 의한 감사결과 부정한 사실이 발견되어 대표감사위원이 회의의 목적과 소집이유를 기재한 서면을 회장에게 제출하고 소집을 청구한 경우에 회장이 정당한 이유없이 15일 이내에 총회를 개최하지 아니한 때에는 대표감사위원이 지체없이 총회를 소집한다(정관20①).

이 경우 대표감사위원이 의장의 직무를 대행한다(법68④ 전단, 법26④ 후단).

(4) 회원대표의 총회 소집

회원이 총회의 소집을 청구한 경우로서 대표감사위원이 총회를 소집하지 아니한 경우에는 총회의 소집을 청구한 회원대표가 총회를 소집한다(법68④ 전단, 법26⑤ 전단). 대표감사위원이 총회를 소집하지 아니할 때에는 회원 5분의 1 이상의 동의를 얻은 회원대표가 총회를 소집한다(정관21①).

이 경우 그 회원대표가 의장의 직무를 대행한다(법68④ 전단, 법26⑤ 후단).

7. 총회의 소집방법

총회를 소집 또는 개최하는 자는 개최 10일 전까지 그 회의의 일시, 장소, 목적사항 등을 회원에게 서면으로 통지하여야 한다(정관22).

8. 총회의사록 작성

총회의 의사에 관하여는 의사의 경과 및 결과를 기재한 의사록을 작성하고 의장과 총회에서 선출한 3인이 기명날인 또는 서명한다(정관25).

Ⅱ. 대의원회

1. 설치

중앙회에 총회를 갈음할 대의원회를 둔다(법70①).

2. 결의사항

총회의 결의사항은 대의원회에서 결의할 수 있다(법70② 전단). 이 경우 그 결의는 총회의 결의로 본다(법70② 후단).

3. 구성

대의원회는 중앙회장과 대의원으로 구성한다(법70③).

4. 정수 및 임기

(1) 대의원의 정수

대의원의 정수는 중앙회장을 포함하여 200인 이내로 한다(법70④, 정관27①).

(2) 대의원의 임기

대의원의 임기는 4년으로 하며, 보궐선거로 선출된 대의원의 임기는 전임자 임기의 남은 기간으로 한다(법70⑤).

대의원의 임기는 전임자의 임기만료일 다음 날로부터 기산한다(정관27②).

5. 선출

대의원은 조합의 대표 중 정관에서 정하는 바에 따라 선출한다(법70④).

(1) 선출 방법

대의원은 회원의 대표 중에서 대의원 선거구별로 당해 선거구 내의 회원대표의 과반수가 출석한 회의에서 선출한다(정관28① 본문). 다만, 경영관리를 받고 있는 회원의 대표는 선거권을 가지지 아니한다(정관28① 후단).

(2) 선거구별 대의원 정수의 결정

선거구별 대의원의 정수는 회원수에 비례하여 배정한다(정관28②).

(3) 임기만료로 인한 선출 시기

대의원의 임기만료로 인한 선출은 그 임기만료일 전 12일까지 실시하여야 한다(정관28③).

(4) 규약

선거구별 대의원의 정수 및 선출 등에 관하여 필요한 사항은 정관에 정하는 것을 제외하고는 규약으로 정한다(정관28④).

6. 의결권과 선거권의 대리 행사

대의원은 그 의결권과 선거권을 대리인으로 하여금 행사하게 할 수 없다(법 70⑥ 후단).

7. 대의원의 보궐선거

(1) 결원시 실시

대의원에 결원이 생긴 때에는 보궐선거를 실시한다. 이 경우 대의원의 선출 방법에 관한 정관 제28조 제1항의 규정을 준용한다(정관29①).

(2) 실시 기한

보궐선거는 그 결원이 발생한 날로부터 60일 이내에 실시하여야 한다(정관 29②).

8. 대의원 자격의 상실

대의원이 회원의 대표직을 상실하거나 ⅰ) 법 제28조(임원 등의 자격 제한) 제1항 제1호부터 제11호 중 어느 하나에 해당하는 자, ⅱ) 법 제86조(경영관리) 제1항의 규정에 의한 경영관리를 받고 있거나 금융위원회가 정하는 경영관리유예조치 또는 재무상태개선요구조치를 받고 있는 회원의 임원, ⅲ) 총회에서 임원의 해임이 의결된 때에는 당해 임원은 당연히 해임되는데 해임된 날로부터 5년이 경과되지 아니한 자, ⅳ) 정관부속서임원선거규약 제17조(피선거권의 제한)[2]에

---

2) 제17조(피선거권의 제한) 다음에 해당하는 자는 피선거권이 없다.
  1. 삭제 〈2000.5.26〉
  2. 후보자등록개시일 현재 회원의 조합원 자격을 3년 이상 계속 유지하고 있지 아니한 자. 다만, 설립(합병 또는 분할의 경우를 포함) 후 3년을 경과하지 아니한 회원의 경우를 제외한다.

서 정한 피선거권의 제한에 해당하는 자 중 어느 하나에 해당하는 사유가 발견 또는 발생(법 제28조 제1항 제9호3)의 경우는 제외)되었을 때에는 그 날부터 대의원의 자격을 상실한다(정관26③).

9. 총회 규정 준용

대의원회에 관하여는 총회에 관한 규정을 준용한다(법70⑥ 전단).

제3절 이사회

I. 이사회의 설치 등

1. 이사회의 설치

중앙회에 이사회를 둔다(법74①). 이사회는 조직의 업무집행에 관한 의사결정을 위해 전원의 이사로 구성되는 필요적 상설기관이다. 신용협동조합 역시 은행 또는 기타 주식회사와 마찬가지로 이사회 중심의 조직인 것은 동일하나, 민주적 운영방식의 특성으로 인해 주식회사의 이사회와는 다른 차별요인이 존재한다.4)

2. 이사회의 구성

이사회는 이사로 구성한다(법74② 전단). 이에 따라 중앙회에 회장, 사업대표

---

3. 후보자등록개시일 현재 과년도 중앙회비를 체납한 회원의 조합원
4. 후보자등록개시일 현재 중앙회에 대한 출자의무를 이행하지 아니하였거나 중앙회에 대한 채무를 3월 이상 연체하고 있는 회원의 조합원
5. 후보자등록개시일 현재 회원에 대한 채무를 3월 이상 연체하고 있는 자
6. 후보자등록개시일 현재 신용정보 관리규약에 의한 연체정보 및 금융 질서문란정보에 등재된 자, 다만 공공기록정보는 제외한다.
7. 삭제 〈2004.1.27.〉
8. 후보자등록개시일 현재 중앙회 임원의 직을 사임하지 아니한 자(상임임원 선거에 한한다). 다만, 당해 선거로 선출된 임원의 임기 개시 전에 임기가 만료되는 임원은 제외한다.
3) 9. 신용협동조합법 또는 금융관계법령에 따라 대통령령으로 정하는 정직·업무집행정지 이상의 제재 조치를 받은 사람으로서 대통령령으로 정하는 기간이 지나지 아니한 사람.
4) 박영재(2015), "협동조합금융기관 중앙회 조직의 지배구조 개선방안", 충남대학교 특허법무대학원 석사학위논문(2015. 2), 42~43쪽.

이사 및 감독이사를 포함한 이사로 구성하는 이사회를 둔다(정관37①).

3. 이해 상충 이사의 의사 관여 금지

이사는 개인의 이익과 조합의 이익이 상반되는 사항에 대해서는 이사회의 의사에 관여할 수 없다(법75③, 법34③).

따라서 이사회의 결의에 관하여 특별한 이해관계가 있는 이사는 의결권을 행사하지 못한다(정관38③ 본문). 다만 그 이사는 당해 사항에 관한 의견을 진술할 수 있다(정관38③ 단서).

4. 위원회 설치

중앙회는 정관에서 정하는 바에 따라 신용사업 등 전문사항을 심의하기 위하여 이사회에 3명 이상의 이사로 구성되는 위원회를 설치할 수 있다(법74④).

Ⅱ. 이사회의 소집 등

1. 중앙회장의 소집

이사회는 필요할 때에 정관에서 정하는 바에 따라 중앙회장이 소집하고 그 의장이 된다(법74② 후단). 회장은 필요하다고 인정하는 때에 수시로 이사회를 소집한다(정관37②).

2. 5명 이상의 이사의 소집 요구

중앙회장은 5명 이상의 이사가 요구하면 지체 없이 이사회를 소집하여야 한다(법74③). 회장은 5인 이상의 이사가 회의의 목적사항과 이유를 기재하여 서면으로 회장에게 회의 소집을 요구한 경우 지체없이 이사회를 소집하여야 한다(정관37③).

3. 이사회 소집의 통지

이사회 소집은 개최일 7일 전까지 그 회의의 일시, 장소, 목적사항 등을 기재하여 각 이사에게 통지하여야 한다(정관37④ 본문). 다만, 의사결정에 긴급을 필요로 하는 경우에는 그러하지 아니한다(정관37④ 단서).

Ⅲ. 이사회 결의사항 등

1. 이사회 결의사항

다음의 사항, 즉 i) 회원의 표준정관 제정·변경 및 폐지(제1호), ii) 회원의 표준규정 제정·변경 및 폐지(제2호), iii) 제규정의 제정·변경 및 폐지(제3호),5) iv) 기본재산의 취득과 처분(제5호), v) 차입금의 최고한도(제6호), vi) 사업대표이사의 경영평가보고서의 승인(제7호), vii) 국제기구에의 가입(제8호), viii) 총회로부터 위임된 사항과 총회에 부의할 사항(제9호), ix) 기타 회장 또는 3분의 1이상의 이사가 필요하다고 인정하는 중요사항(제10호)은 이사회의 결의를 얻어야 한다(법75①, 정관38①).

2. 이사회의 개의와 결의

이사회는 이사 과반수의 출석으로 개의하고, 출석이사 과반수의 찬성으로 결의한다(법75③, 법36②).

Ⅳ. 이사회의 권한

1. 위법한 표준정관 등의 시정요구

금융위원회는 표준정관 또는 표준규정이 위법하거나 조합의 건전한 경영을 저해한다고 인정되는 경우에는 이의 시정을 요구할 수 있다(법75② 전단). 이 경우 이사회는 요구에 따라야 한다(법75② 후단).

2. 상임 임원의 업무집행 감독과 보고 요구

이사회는 이사회 결의사항 중 결의된 사항에 대한 상임 임원의 업무집행을 감독하고, 필요한 사항을 이사회에 보고하도록 요구할 수 있다(법75④).

---

5) 제4호는 삭제 〈2004.1.27.〉.

3. 직원의 출석답변 요구

이사회는 필요하다고 인정하는 때에는 직원의 출석답변을 요구할 수 있다 (정관38⑤).

V. 이사회 의사록 등

1. 이사회 의사록

이사회의 의사에 관하여는 의사의 경과 및 결과를 기재한 의사록을 작성하고 의장과 출석한 이사가 기명날인 또는 서명한다(정관38④).

2. 이사회의 운영 및 소집 방법 등

이사회의 운영 및 소집 방법 등은 정관에서 정한다(법75③, 법36③).

제4절 감사위원회

I. 설치와 구성

1. 설치

중앙회는 이사회 내에 중앙회의 업무집행 및 회계 등을 감사하기 위한 위원회("감사위원회")를 설치하여야 한다(법76①, 정관39①).

2. 구성

감사위원회는 3명 이상의 이사로 구성하되, 총 위원의 3분의 2 이상을 전문이사로 구성하여야 한다(법76②). 이에 따라 감사위원회는 대표감사위원을 포함한 3인의 이사("감사위원")로 구성하되 이 중 2인은 전문이사로 구성한다(정관39②). 대표감사위원은 감사위원회에서 호선한다(정관39③).

감사위원회 위원의 사임이나 사망 등의 사유로 감사위원회의 구성이 구성(법 76②) 요건을 충족하지 못하게 된 경우에는 그 사유가 발생한 날 이후 최초로 소집되는 총회에서 감사위원회의 구성이 요건을 충족하도록 하여야 한다(법76④).

3. 대표감사위원 선정

감사위원회는 그 결의로써 위원회를 대표할 사람을 선정하여야 한다(법76③).

Ⅱ. 총회의 소집

1. 대표감사위원의 소집 청구

감사위원회의 대표자(대표감사위원)는 감사결과 부정한 사실이 발견되어 그 내용을 총회에 신속히 보고할 필요가 있을 때에는 회의의 목적과 소집 이유를 적은 서면을 제출하여 총회의 소집을 이사장에게 청구할 수 있다(법76의2②, 법26②).

회장은 대표감사위원의 총회 소집 청구를 받으면 15일 이내에 총회를 개최하여야 한다(법76의2②, 법26③).

2. 대표감사위원의 총회소집

총회를 소집할 자가 없거나 회장의 총회 개최 기간인 15일 이내(법26③)에 정당한 이유 없이 회장이 총회를 개최하지 아니한 경우에는 대표감사위원이 지체 없이 총회를 소집하여야 한다(법76의2②, 법26④ 전단). 이 경우 대표감사위원이 의장의 직무를 대행한다(법76의2②, 법26④ 후단).

3. 회원대표의 총회소집

회원이 총회의 소집을 청구한 경우로서 대표감사위원이 총회를 소집하지 아니한 경우에는 총회의 소집을 청구한 회원의 대표가 총회를 소집한다(법76의2②, 법26⑤ 전단). 이 경우 그 회원의 대표가 의장의 직무를 대행한다(법76의2②, 법26⑤ 후단).

Ⅲ. 감사위원회의 직무와 권한

1. 대표감사위원의 대표권

중앙회가 중앙회장 또는 신용·공제사업 대표이사와의 소송, 계약 등의 법률행위를 하는 경우에는 대표감사위원이 중앙회를 대표한다(법76의2②, 법38).

2. 유지청구권

이사가 법령 또는 정관에 위반한 행위를 하여 이로 인하여 회사에 회복할 수 없는 손해가 생길 염려가 있는 경우에는 감사위원회는 중앙회를 위하여 이사에 대하여 그 행위를 유지할 것을 청구할 수 있다(법76의2②, 상법402).

3. 직무와 보고요구, 조사의 권한

감사위원회는 이사의 직무의 집행을 감사한다(법76의2②, 상법412①). 감사위원회는 언제든지 이사에 대하여 영업에 관한 보고를 요구하거나 회사의 업무와 재산상태를 조사할 수 있다(법76의2②, 상법412②).

감사위원회는 회사의 비용으로 전문가의 도움을 구할 수 있다(법76의2②, 상법412③).

4. 보고 수령권

이사는 회사에 현저하게 손해를 미칠 염려가 있는 사실을 발견한 때에는 즉시 감사위원회에 이를 보고하여야 한다(법76의2②, 상법412의2).

5. 재무제표 등의 수령

이사는 정기총회회일의 6주간 전에 제447조(재무제표의 작성) 및 제447조의2(영업보고서의 작성)의 서류를 감사위원회에 제출하여야 한다(법76의2②, 상법447의3).

Ⅳ. 감사위원회의 의무

1. 감사보고서 제출의무

감사위원회는 분기마다 1회 이상 감사실시를 통보한 후 중앙회의 업무, 재산상태 및 장부·서류 등을 감사하여야 하며, 분기별 감사보고서는 이사회에 제출하고, 분기별 감사보고서를 종합한 연차감사보고서는 정기총회 또는 정기대의원회에 제출하여야 한다(법76의2①).

2. 이사회 보고의무

감사위원회는 이사가 법령 또는 정관에 위반한 행위를 하거나 그 행위를 할 염려가 있다고 인정한 때에는 이사회에 이를 보고하여야 한다(법76의2②, 상법391의2②).

3. 총회에서의 의견진술

감사위원회는 이사가 총회에 제출할 의안 및 서류를 조사하여 법령 또는 정관에 위반하거나 현저하게 부당한 사항이 있는지의 여부에 관하여 총회에 그 의견을 진술하여야 한다(법76의2②, 상법413).

4. 감사록의 작성

감사위원회의 위원은 감사에 관하여 감사록을 작성하여야 한다(법76의2②, 상법413의2①). 감사록에는 감사의 실시요령과 그 결과를 기재하고 감사를 실시한 감사위원회 위원이 기명날인 또는 서명하여야 한다(법76의2②, 상법413의2②).

5. 감사보고서의 작성 및 제출

(1) 감사보고서의 제출

감사위원회는 제447조의3의 서류를 받은 날부터 4주 내에 감사보고서를 이사에게 제출하여야 한다(법76의2②, 상법447의4①). 감사위원회가 감사를 하기 위하여 필요한 조사를 할 수 없었던 경우에는 감사보고서에 그 뜻과 이유를 적어야 한다(법76의2②, 상법447의4③).

(2) 감사보고서의 기재사항

감사보고서에는 ⅰ) 감사방법의 개요(제1호), ⅱ) 회계장부에 기재될 사항이 기재되지 아니하거나 부실기재된 경우 또는 대차대조표나 손익계산서의 기재 내용이 회계장부와 맞지 아니하는 경우에는 그 뜻(제2호), ⅲ) 대차대조표 및 손익계산서가 법령과 정관에 따라 회사의 재무상태와 경영성과를 적정하게 표시하고 있는 경우에는 그 뜻(제3호), ⅳ) 대차대조표 또는 손익계산서가 법령이나 정관을 위반하여 회사의 재무상태와 경영성과를 적정하게 표시하지 아니하는 경우에는 그 뜻과 이유(제4호), ⅴ) 대차대조표 또는 손익계산서의 작성에 관한 회계방침의 변경이 타당한지 여부와 그 이유(제5호), ⅵ) 영업보고서가 법령과 정관에 따라 회사의 상황을 적정하게 표시하고 있는지 여부(제6호), ⅶ) 이익잉여금의 처분 또는 결손금의 처리가 법령 또는 정관에 맞는지 여부(제7호), ⅷ) 이익잉여금의 처분 또는 결손금의 처리가 회사의 재무상태나 그 밖의 사정에 비추어 현저하게 부당한 경우에는 그 뜻(제8호), ⅸ) 제447조(재무제표의 작성)의 부속명세서에 기재할 사항이 기재되지 아니하거나 부실기재된 경우 또는 회계장부·대차대조표·손익계산서나 영업보고서의 기재 내용과 맞지 아니하게 기재된 경우에는 그 뜻(제9호), ⅹ) 이사의 직무수행에 관하여 부정한 행위 또는 법령이나 정관의 규정을 위반하는 중대한 사실이 있는 경우에는 그 사실(제10호)을 적어야 한다(법76의2②, 상법447의4②).

Ⅴ. 감사위원회의 책임

1. 중앙회에 대한 책임

감사위원회 위원이 그 임무를 해태한 때에는 그 감사위원회 위원은 중앙회에 대하여 연대하여 손해를 배상할 책임이 있다(법76의2②, 상법414①).

2. 제3자에 대한 책임

감사위원회 위원이 악의 또는 중대한 과실로 인하여 그 임무를 해태한 때에는 그 감사위원회 위원은 제3자에 대하여 연대하여 손해를 배상할 책임이 있다(법76의2②, 상법414②).

3. 이사와 연대 책임

감사위원회 위원이 회사 또는 제3자에 대하여 손해를 배상할 책임이 있는 경우에 이사도 그 책임이 있는 때에는 그 감사위원회 위원과 이사는 연대하여 배상할 책임이 있다(법76의2②, 상법414③).

4. 감사위원회 위원의 책임해제

정기총회에서 재무제표등의 승인을 한 후 2년 내에 다른 결의가 없으면 회사는 이사와 감사위원회 위원의 책임을 해제한 것으로 본다(법76의2②, 상법450 본문). 그러나 이사 또는 감사위원회 위원의 부정행위에 대하여는 그러하지 아니하다(법76의2②, 상법450 단서).

제5절 내부통제기준과 준법감시인

Ⅰ. 내부통제기준

1. 내부통제기준의 제정

중앙회는 법령을 준수하고 자산운용을 건전하게 하기 위하여 중앙회 임직원이 직무를 수행할 때 지켜야 할 기본적인 절차와 기준("내부통제기준")을 정하여야 한다(법76의3①).

2. 내부통제기준의 필수적 포함사항

내부통제기준에는 ⅰ) 업무의 분장 및 조직구조에 관한 사항(제1호), ⅱ) 자산의 운용 또는 업무의 수행과정에서 발생하는 위험의 관리에 관한 사항(제2호), ⅲ) 임·직원이 업무를 수행함에 있어서 반드시 준수하여야 하는 절차에 관한 사항(제3호), ⅳ) 경영의사의 결정에 필요한 정보가 효율적으로 전달될 수 있는 체제의 구축에 관한 사항(제4호), ⅴ) 임·직원의 내부통제기준 준수여부를 확인하는 절차·방법 및 내부통제기준을 위반한 임·직원의 처리에 관한 사항(제5호), vi) 임·직원의 유가증권거래내역의 보고 등 불공정거래행위를 방지하기 위한 절차나 기준에 관한 사항(제6호), vii) 내부통제기준의 제정 또는 변경절차에 관한 사항(제7호), viii) 앞의 제1호 내지 제7호의 사항에 관한 구체적인 기준으로서 금융위원회가 정하는 사항(제8호)이 포함되어야 한다(법76의3⑤, 영19의3①).

3. 내부통제기준의 제정 또는 변경

중앙회는 내부통제기준을 제정하거나 변경하고자 하는 때에는 이사회의 결의를 거쳐야 한다(법76의3⑤, 영19의3②).

4. 내부통제기준의 변경 권고

금융위원회는 금융감독원의 검사(법83②)결과 법령을 위반한 사실이 드러난 경우에는 법령위반행위의 재발방지를 위하여 내부통제기준의 변경을 권고할 수 있다(법76의3⑤, 영19의3③).

Ⅱ. 준법감시인

1. 준법감시인의 임면

중앙회는 내부통제기준의 준수 여부를 점검하고 내부통제기준을 위반하는 경우 이를 조사하여 감사위원회에 보고하는 사람("준법감시인")을 1명 이상 두어야 한다(법76의3②).

중앙회는 준법감시인을 임면한 때에는 그 사실을 금융위원회(금융감독원장 위탁)에 통보하여야 한다(법76의3⑤, 영19의4①).

2. 이사회 결의

중앙회장은 준법감시인을 임면하려면 이사회의 결의를 거쳐야 한다(법76의3③).

3. 준법감시인의 자격 요건

준법감시인은 ⅰ) 다음의 어느 하나에 해당하는 경력이 있는 사람, 즉 ㉠ 한국은행 또는 금융위원법 제38조에 따른 검사대상기관(이에 상당하는 외국 금융기관을 포함)에서 10년 이상 근무한 경력이 있는 사람(가목), ㉡ 금융 관계 분야의 석사학위 이상의 학위 소지자로서 연구기관이나 대학에서 연구원 또는 조교수 이상의 직에 5년 이상 근무한 경력이 있는 사람(나목), ㉢ 변호사 또는 공인회계사의 자격을 가진 사람으로서 해당 자격과 관련된 업무에 5년 이상 종사한 경력이 있는 사람(다목), ㉣ 기획재정부, 금융위원회, 증권선물위원회 또는 금융감독원에서 5년 이상 근무한 경력이 있는 사람으로서 해당 기관에서 퇴임하거나 퇴직한 후 5년이 지난 사람(라목)이어야 하고(제1호), ⅱ) 법 제28조(임원 등의 자격 제한) 제1항 각 호6)의 어느 하나에 해당하지 아니하여야 하며(제2호), ⅲ) 최근 5년간

---

6) 1. 피성년후견인, 피한정후견인 및 파산선고를 받고 복권되지 아니한 사람
2. 금고 이상의 실형을 선고받고 그 집행이 끝나거나(집행이 끝난 것으로 보는 경우를 포함) 집행이 면제된 날부터 3년이 지나지 아니한 사람
3. 형의 집행유예를 선고받고 그 유예기간 중에 있는 사람
4. 금고 이상의 형의 선고유예를 받고 그 선고유예기간 중에 있는 사람
5. 신용협동조합법 또는 대통령령으로 정하는 금융 관련 법령("금융관계법령")을 위반하여 벌금 이상의 형을 선고받고 그 집행이 끝나거나(집행이 끝난 것으로 보는 경우를 포함) 집행이 면제된 날부터 5년이 지나지 아니한 사람
6. 법원의 판결 또는 다른 법률에 따라 자격이 상실되거나 정지된 사람
7. 신용협동조합법 또는 금융관계법령에 따라 해임[제84조 제1항 제1호에 따른 임원에 대한 개선(改選)을 포함]되거나 징계면직된 사람으로서 해임되거나 징계면직된 후 5년이 지나지 아니한 사람
8. 신용협동조합법 또는 금융관계법령에 따라 영업의 허가·인가 또는 등록이 취소된 법인 또는 회사의 임직원이었던 사람(그 취소 사유의 발생에 직접적 책임이 있거나 이에 상응하는 책임이 있는 사람으로서 대통령령으로 정하는 사람만 해당)으로서 그 법인이나 회사에 대한 취소 처분이 있었던 날부터 5년이 지나지 아니한 사람
9. 신용협동조합법 또는 금융관계법령에 따라 대통령령으로 정하는 정직·업무집행정지 이상의 제재 조치를 받은 사람으로서 대통령령으로 정하는 기간이 지나지 아니한 사람
10. 신용협동조합법 또는 금융관계법령에 따라 재임 중이었거나 재직 중이었더라면 해임 요구 또는 징계면직의 조치를 받았을 것으로 통보된 퇴임한 임원 또는 퇴직한 직원으로서 그 통보가 있었던 날부터 5년(통보가 있었던 날부터 5년이 퇴임 또는 퇴직한 날부터 7년을 초과한 경우에는 퇴임 또는 퇴직한 날부터 7년으로 한다)이 지나지 아니한 사람
11. 신용협동조합법 또는 금융관계법령에 따라 재임 중이었거나 재직 중이었더라면 대통령령으로 정하는 정직·업무집행정지 이상의 제재 조치를 요구받았을 것으로 통보된 퇴임한 임원 또는 퇴직한 직원으로서 그 통보가 있었던 날부터 대통령령으로 정하는 기간(통보가 있었던 날부터 대통령령으로 정하는 기간이 퇴임 또는 퇴직한 날부터 6년

금융관계법령을 위반하여 금융위원회 또는 금융감독원장으로부터 주의·경고의 요구 이상에 해당하는 조치를 받은 사실이 없는 요건(제3호)을 충족하는 사람이어야 한다(법76의3④).

4. 준법감시인의 직무

(1) 선관주의 의무와 겸직금지

준법감시인은 선량한 관리자의 주의로 그 직무를 수행하여야 하며, ⅰ) 위험관리에 관한 업무(제1호), ⅱ) 감사업무(제2호) 외에 다른 직무를 겸직하여서는 아니된다(법76의3⑤, 영19의4②).

(2) 자료 또는 정보 제출의 요구

중앙회는 준법감시인이 그 직무를 수행함에 있어서 자료나 정보의 제출을 임·직원에게 요구한 경우에는 그 임·직원으로 하여금 이에 성실히 응하도록 하여야 한다법76의3⑤, (영19의4③).

(3) 인사상 부당한 불이익의 금지

중앙회는 준법감시인이었던 자에 대하여 당해 직무수행과 관련한 사유로 인사상의 부당한 불이익을 주어서는 아니된다(법76의3⑤, 영19의4④).

제6절 임원

Ⅰ. 임원의 정수 등

1. 임원의 정수

중앙회에 임원으로 회장 1명, 신용·공제사업 대표이사 1명 및 검사·감독이사 1명을 포함하여 15명 이상 25명 이하의 이사를 둔다(법71①).

을 초과한 경우에는 퇴임 또는 퇴직한 날부터 6년으로 한다)이 지나지 아니한 사람
12. 그 밖에 정관에서 정한 자격 제한 사유에 해당하는 사람

중앙회 정관에 의하면 중앙회에 임원으로서 회장 1인, 신용·공제사업 대표이사("사업대표이사") 1인 및 검사·감독이사("감독이사") 1인을 포함한 이사 21인을 둔다(정관30①).

2. 상임 임원 및 보수

임원 중 신용·공제사업 대표이사 및 검사·감독이사는 상임으로 한다(법71②). 상임인 임원의 보수는 예산의 범위 안에서 규정이 정하는 바에 따라 지급한다(정관30⑤).

3. 비상임 임원과 실비 변상

상임 임원을 제외한 임원은 비상임으로 하되, 정관에서 정하는 바에 따라 실비의 변상을 받을 수 있다(법71③).

상임인 임원을 제외한 임원은 명예직으로 하며, 여비, 연구활동비 등 기타 실비는 규정이 정하는 바에 따라 지급한다(정관30④).

Ⅱ. 임원의 선출 및 자격요건

1. 임원의 선출 방법

임원은 정관이 정하는 바에 따라 총회에서 선출하되, 신용·공제사업 대표이사 및 검사·감독이사를 포함한 임원의 3분의 1 이상은 조합의 임원 또는 간부직원이 아닌 자 중에서 선출하여야 한다(법71의2①).

(1) 전문이사를 제외한 임원의 자격

임원은 총회에서 선출하되, 전문이사를 제외한 임원은 회원의 조합원이어야 한다(정관31①).

(2) 전문이사의 선출
(가) 인사추천위원회의 후보 추천

전문이사는 인사추천위원회에서 후보로 추천한 자를 총회에서 선출한다(정관31③).

(나) 인사추천위원회의 설치 및 구성

중앙회에 전문이사를 추천하기 위한 인사추천위원회를 둔다(법71의3①). 인사추천위원회는 ⅰ) 이사회가 위촉하는 전문이사 2명(전문이사 후보지원자로 등록한 사람은 제외) 및 회원 이사장 2명(제1호), ⅱ) 금융·법률에 관한 학식과 경험이 풍부한 외부전문가(공무원은 제외) 중에서 이사회가 위촉하는 3명(제2호)으로 구성하고, 위원장은 위원 중에서 호선한다(법71의3②).

(3) 조합의 이사장이 중앙회장으로 선출된 경우: 취임 전 사임

조합의 이사장이 중앙회장으로 선출된 경우에는 취임 전에 이사장직을 사임하여야 한다(법71의2④).

(4) 임원의 결원 및 보궐선거

임원의 결원으로 인한 보궐선거는 다음과 같이 실시한다(정관31⑥ 각호). ⅰ) 회장 및 사업대표이사는 60일 이내에 총회에서 선출한다(제1호 본문). 다만, 회계연도 종료일 전 3월 이내에 사업대표이사의 결원이 발생한 경우에는 차기총회에서 선출할 수 있다(제1호 단서). ⅱ) 이사는 그 사유가 발생한 날 이후 최초로 소집되는 총회에서 선출하되, 그 추천은 전문이사는 인사추천위원회에서, 전문이사를 제외한 이사는 이사회에서 한다(제2호). ⅲ) 제2호의 전문이사 중 감독이사가 결원된 경우에는 회장이 지명하는 자가 그 결원기간 중의 직무를 대행한다(제3호).

2. 임원의 자격요건

(1) 중앙회장의 자격요건

중앙회장은 조합의 조합원이어야 한다(법71의2②).

(2) 신용·공제사업 대표이사, 검사·감독이사 및 전문이사의 자격요건

신용·공제사업 대표이사(사업대표이사), 검사·감독이사 및 조합의 임원 또는 간부직원이 아닌 이사("전문이사")는 금융에 관한 전문지식과 경험을 갖춘 자로서 ⅰ) 한국은행·금융감독원 또는 금융위원법 제38조의 규정에 의한 검사대상 금융기관(이에 상당하는 외국금융기관을 포함)에서 10년 이상 근무한 경력이 있

는 자(제1호), ⅱ) 변호사 또는 공인회계사의 자격을 가진 자로서 그 자격과 관련
된 업무에 5년 이상 종사한 경력이 있는 자(제2호), ⅲ) 금융관련 국가기관·연구
기관 또는 교육기관에서 근무한 경력이 있는 자로서 제1호에 규정된 자와 동등
한 자격이 있다고 정관이 정하는 자(제3호) 중에서 선출한다(법71의2③, 영19의2).

중앙회 정관에 따르면 사업대표이사 및 감독이사를 포함한 이사 7인은 조합
의 임원 또는 간부직원이 아닌 자("전문이사")로서 ⅰ) 한국은행·금융감독원 또
는 금융위원회법 제38조의 규정에 의한 검사대상 금융기관(이에 상당하는 외국금
융기관을 포함)에서 10년 이상 근무한 경력이 있는 자(제1호), ⅱ) 변호사 또는 공
인회계사의 자격을 가진 자로서 그 자격과 관련된 업무에 5년 이상 종사한 경력
이 있는 자(제2호),7) ⅲ) 금융관련 연구기관에서 연구위원으로 5년 이상 근무하
였거나 대학교수(전문대학 전임강사 이상)로 5년 이상 강의한 자(제4호), ⅳ) 3급
이상 국가직 공무원으로서 금융관련 업무에 5년 이상 근무한 자(제5호), ⅴ) 금융
관련 정부투자기관 또는 금융감독기관에서 10년 이상 근무한 자(제6호)에 해당하
는 금융에 관한 전문지식과 경험을 갖춘 자로 한다(정관30③).

Ⅲ. 임원의 임기

1. 임원의 임기와 연임

임원의 임기는 4년으로 하며, 연임할 수 있다(법72⑦ 본문). 다만, 중앙회장
의 경우 1차에 한하여 연임할 수 있다(법72⑦ 단서). 회장이 그 임기만료일 전에
퇴임한 경우에도 그의 임기만료일까지 1회 재임한 것으로 본다(정관33⑤).

2. 임기의 기산일

임원의 임기는 전임자의 임기만료일 다음날로부터 기산한다(정관33②).

3. 보궐선거로 선출된 임원의 임기

보궐선거로 선출된 임원의 임기는 전임자 임기의 남은 기간으로 한다(법72
⑧, 법31②). 보궐선거로 선출된 회장은 1차에 한하여 연임할 수 있다(정관33⑥).

---

7) 제3호 삭제 〈2004.1.27.〉.

4. 임원 임기의 연장

임기 중 최종의 결산에 관한 정기총회 전에 그 임기가 만료할 때에는 정기총회 종결시까지 그 임기는 연장된다(정관33⑦).

IV. 임원 등의 자격 제한

조합의 임원에 관한 법 제28조(임원 등의 자격 제한)의 규정은 중앙회의 임원에 대하여 이를 준용한다(법71의2⑥).

1. 임원의 결격사유

다음의 어느 하나에 해당하는 사람, 즉 ⅰ) 피성년후견인, 피한정후견인 및 파산선고를 받고 복권되지 아니한 사람(제1호), ⅱ) 금고 이상의 실형을 선고받고 그 집행이 끝나거나(집행이 끝난 것으로 보는 경우 포함) 집행이 면제된 날부터 3년이 지나지 아니한 사람(제2호), ⅲ) 형의 집행유예를 선고받고 그 유예기간 중에 있는 사람(제3호), ⅳ) 금고 이상의 형의 선고유예를 받고 그 선고유예기간 중에 있는 사람(제4호), ⅴ) 신용협동조합법 또는 대통령령으로 정하는 금융 관련 법령("금융관계법령")[8]을 위반하여 벌금 이상의 형을 선고받고 그 집행이 끝나거나(집행이 끝난 것으로 보는 경우 포함) 집행이 면제된 날부터 5년이 지나지 아니한 사람(제5호), ⅵ) 법원의 판결 또는 다른 법률에 따라 자격이 상실되거나 정지된 사람(제6호), ⅶ) 신용협동조합법 또는 금융관계법령에 따라 해임[임원에 대한 개선(改選)을 포함]되거나 징계면직된 사람으로서 해임되거나 징계면직된 후 5년이 지나지 아니한 사람(제7호), ⅷ) 신용협동조합법 또는 금융관계법령에 따라 영업의 허가·인가 또는 등록이 취소된 법인 또는 회사의 임직원이었던 사람(그 취소 사유의 발생에 직접적 책임이 있거나 이에 상응하는 책임이 있는 사람으로서 대통령령으로 정하는 사람[9]만 해당)으로서 그 법인이나 회사에 대한 취소 처분이 있었던 날부터 5

---

8) "대통령령으로 정하는 금융 관련 법령"이란 ⅰ) 금융산업구조개선법, ⅱ) 은행법, ⅲ) 자본시장법, ⅳ) 금융소비자보호법, ⅴ) 보험업법, ⅵ) 상호저축은행법, ⅶ) 여신전문금융업법, ⅷ) 신용정보보호법, ⅸ) 농업협동조합법, ⅹ) 수산업협동조합법, ⅺ) 산림조합법, ⅻ) 새마을금고법, ⅹⅲ) 한국주택금융공사법을 말한다(영15①).

9) "대통령령으로 정하는 사람"이란 허가·인가 또는 등록취소의 원인이 되는 사유가 발생한

년이 지나지 아니한 사람(제8호), ix) 신용협동조합법 또는 금융관계법령에 따라 직무의 정지, 정직 또는 업무집행정지(영15③)를 받은 사람으로서 제재조치의 종료일부터 4년(영15③)이 지나지 아니한 사람(제9호), x) 신용협동조합법 또는 금융관계법령에 따라 재임 중이었거나 재직 중이었더라면 해임요구 또는 징계면직의 조치를 받았을 것으로 통보된 퇴임한 임원 또는 퇴직한 직원으로서 그 통보가 있었던 날부터 5년(통보가 있었던 날부터 5년이 퇴임 또는 퇴직한 날부터 7년을 초과한 경우에는 퇴임 또는 퇴직한 날부터 7년으로 한다)이 지나지 아니한 사람(제10호), xi) 신용협동조합법 또는 금융관계법령에 따라 재임 중이었거나 재직 중이었더라면 직무의 정지, 정직 또는 업무집행정지(영15④)를 요구받았을 것으로 통보된 퇴임한 임원 또는 퇴직한 직원으로서 그 통보가 있었던 날부터 4년(영15④)[통보가 있었던 날부터 4년(영15④)이 퇴임 또는 퇴직한 날부터 6년을 초과한 경우에는 퇴임 또는 퇴직한 날부터 6년으로 한다]이 지나지 아니한 사람(제11호), xii) 그 밖에 정관에서 정한 자격 제한 사유에 해당하는 사람(제12호)은 조합의 임원이나 발기인이 될 수 없다(법71의2⑥, 법28①).

2. 임원 결격사유의 발견과 면직

임원에게서 결격사유(제9호는 제외)가 발견되거나 발생되었을 때에는 해당 임원은 즉시 면직된다(법71의2⑥, 법28②).

3. 면직 전 행위의 효력 유지

면직된 임원이 면직 전에 관여한 행위는 그 효력을 잃지 아니한다(법71의2

당시의 임·직원(금융산업구조개선법 제14조의 규정에 의하여 허가·인가 등이 취소된 법인 또는 회사의 경우에는 적기시정조치의 원인이 되는 사유 발생 당시의 임·직원)으로서 다음에 해당하는 자를 말한다(영15②).
1. 감사 또는 감사위원회의 위원
2. 허가·인가 또는 등록취소의 원인이 되는 사유의 발생과 관련하여 위법·부당한 행위로 신용협동조합법 또는 금융관련법령에 의하여 주의·경고·문책·직무정지·해임요구 기타의 조치를 받은 임원
3. 허가·인가 또는 등록취소의 원인이 되는 사유의 발생과 관련하여 위법·부당한 행위로 신용협동조합법 또는 금융관련법령에 의하여 직무정지 요구 이상에 해당하는 조치를 받은 직원
4. 제2호 또는 제3호의 규정에 의한 제재대상자로서 그 제재를 받기 전에 사임 또는 사직한 자

⑥, 법28③).

Ⅴ. 임원의 직무

1. 중앙회장의 직무

중앙회장은 중앙회를 대표하고 중앙회의 업무를 총괄한다(법72① 본문). 다만, 신용·공제사업 대표이사가 전담하는 업무에 대해서는 그러하지 아니하다(법72① 단서).

중앙회장은 회원의 대표자로서 사업대표이사의 소관업무를 제외하고는 중앙회를 대표하고 업무를 통할한다. 경영체적 전문사업 분야는 전문경영인인 상임이사(신용·공제사업대표이사, 검사·감독이사)에게 위임하고 회원의 총의로 선출된 중앙회장은 전문경영인 소관 분야를 제외한 모든 업무를 통할하여 회원의 공동이익 증진을 도모하라는 것이 현행 신협법의 취지이고, 이는 협동조합적 소유와(중앙회장) 기업체적 경영이(상임이사) 적절히 조화된 형태로 보인다.[10]

(1) 전담업무

중앙회장은 ⅰ) 회원의 사업에 관한 지도·조정·조사연구 및 홍보, 회원의 조합원 및 회원의 임·직원을 위한 교육사업, 회원의 사업에 대한 지원, 예금자보호기금의 운용·관리, 국가 또는 공공단체가 위탁하거나 보조하는 사업, 부대사업 중 사업대표이사의 소관업무가 아닌 사업과 그 부대사업(제1호), ⅱ) 앞의 소관업무에 관한 경영목표의 설정, 사업계획 및 자금 계획의 수립(제2호), ⅲ) 중앙회 사업과 관련한 업무의 종합조정(제3호), ⅳ) 사업대표이사와 감독이사의 업무에 속하지 아니하는 업무의 처리(제4호)의 사항을 전담하여 처리한다(정관32②).

(2) 회장 궐위 등의 경우 직무대행

중앙회장이 부득이한 사유로 직무를 수행할 수 없을 때에는 정관에서 정하는 임원의 순으로 그 직무를 대행한다(법72⑥). 이에 따라 중앙회장이 궐위, 구금되거나 30일 이상 장기입원 등의 사유로 그 직무를 수행할 수 없을 때에는 미리

---

10) 박영재(2015), 62쪽.

이사회에서 정한 이사의 순서에 따라 그 직무를 대행한다(정관32③).

2. 신용·공제사업 대표이사의 직무

(1) 전담업무와 중앙회 대표

신용·공제사업 대표이사(사업대표이사)는 ⅰ) 신용사업, 조합 및 조합원을 위한 공제사업, 국가 또는 공공단체가 위탁하거나 보조하는 사업, 부대사업, 그 밖에 목적 달성에 필요한 사업 중 신용사업 및 공제사업에 관련되는 사업과 그 부대사업(제1호), ⅱ) 앞의 제1호의 소관 업무에 관한 경영목표의 설정, 사업계획 및 자금계획의 수립(제2호)의 업무를 전담하여 처리하며, 그 업무에 관하여 중앙회를 대표한다(법72②).

(2) 사업대표이사의 경영평가

사업대표이사는 회장의 요구로 매 2년마다 사업연도말일을 기준으로 소관 업무에 대한 경영평가를 감사위원회가 선정한 회계법인에 의뢰하여 실시하되 1차 평가는 임기개시일이 속하는 사업연도의 다음 사업연도 말일을 기준으로 한다(정관32의4①).

경영평가는 평가대상 기간의 경영실적이 명확히 표시될 수 있도록 하며, 평가기준은 규정으로 정한다(정관32의4②).

(3) 경영평가 결과의 이사회 및 총회 보고

신용·공제사업 대표이사는 소관 업무에 대하여 전문경영인으로서 신의에 따라 성실하게 직무를 수행하여야 하며, 정관에서 정하는 바에 따라 실시하는 경영평가 결과를 이사회 및 총회에 보고하여야 한다(법72③).

(4) 회장의 신용·공제사업 대표이사에 대한 해임요구

중앙회장은 신용·공제사업 대표이사가 경영평가 결과 경영실적이 부진하여 그 직무를 담당하기 곤란하다고 인정되거나 신용협동조합법, 금융소비자보호법("이 법등") 또는 이 법등에 따른 명령·정관 및 규정을 위반하는 행위를 한 경우에는 총회에 해임을 요구할 수 있다(법72⑤).

3. 검사·감독이사의 직무

(1) 전담업무

검사·감독이사는 조합에 대한 검사·감독업무(법78①(3))를 전담처리한다(법 72④ 전단).

(2) 권한의 위임 등

중앙회장은 검사·감독이사가 소관 업무를 독립적으로 수행할 수 있도록 권 한의 위임 등 적절한 조치를 하여야 한다(법72④ 후단).

Ⅵ. 임원의 선거운동 등

1. 임원의 선거운동 제한

중앙회의 임원에 대해서는 조합에 관한 제27조의2(임원의 선거운동 제한)를 준용한다(법72⑧).

(1) 금지행위

누구든지 자기 또는 특정인을 중앙회의 임원으로 당선되게 하거나 당선되지 못하게 할 목적으로 ⅰ) **조합원**(공동유대에 소속된 자로서 선거인이 될 수 있는 자 포 함)이나 그 가족(조합원의 배우자, 조합원 또는 그 배우자의 직계존속·비속과 형제자매, 조합원의 직계존속·비속 및 형제자매의 배우자) 또는 조합원이나 그 가족이 설립· 운영하고 있는 기관·단체·시설에 대하여 금전·물품·향응, 그 밖의 재산상의 이익이나 공사(公私)의 직을 제공 또는 제공의 의사표시를 하거나 그 제공을 약 속하는 행위(제1호), ⅱ) 후보자가 되지 못하게 하거나 후보자를 사퇴하게 할 목 적으로 후보자가 되려는 사람이나 후보자에게 제1호에 규정된 행위를 하는 경우 (제2호), ⅲ) 제1호 또는 제2호에 규정된 이익이나 직을 제공받거나 그 제공의 의 사표시를 승낙하는 행위(제3호)를 할 수 없다(법72⑧, 법27의2①).

(2) 선거운동의 방법

누구든지 임원 선거와 관련하여 ⅰ) 선전 벽보의 부착, ⅱ) 선거 공보의 배부, ⅲ) 합동 연설회 또는 공개 토론회의 개최, ⅳ) 전화(문자메시지 포함) 또는 컴퓨터 통신(전자우편 포함)을 이용한 지지 호소, ⅴ) 도로·시장 등 금융위원회가 정하여 고시하는 다수인이 왕래하거나 집합하는 공개된 장소에서의 지지 호소 및 명함 배부의 방법 외의 선거운동을 할 수 없다(법72⑧, 법27의2② 본문). 다만, 선거에 관한 단순한 의견개진, 의사표시, 입후보와 선거운동을 위한 준비행위 또는 통상적인 업무행위는 선거운동으로 보지 아니한다(법72⑧, 법27의2② 단서).

선거운동 방법 등에 관한 세부적인 사항은 총리령으로 정한다(법72⑧, 법27의2④). 이에 따른 선거운동 방법에 관한 세부 사항은 [별표]와 같다(시행규칙4).

(3) 선거운동 기간

선거운동은 후보자등록 마감일의 다음날부터 선거일 전일까지만 할 수 있다(법72⑧, 법27의2③ 본문). 다만, 조합의 이사장을 선출하는 경우로서 후보자가 선거일에 자신의 소견을 발표하는 때에는 그러하지 아니하다(법72⑧, 법27의2③ 단서).

(4) 위반시 제재

법 제27조의2(제72조 제8항에 따라 준용되는 경우를 포함)를 위반한 자는 1년 이하의 징역 또는 1천만원 이하의 벌금에 처한다(법99③).

2. 중앙회 선거관리위원회의 구성·운영 등

중앙회의 임원에 대해서는 조합에 관한 제27조의3(조합선거관리위원회의 구성·운영 등)을 준용한다(법72⑧).

(1) 구성

중앙회는 임원선거를 공정하게 관리하기 위하여 중앙회 선거관리위원회를 구성·운영한다(법72⑧, 법27의3①). 중앙회 선거관리위원회는 중앙회의 이사회가 선거관리에 관한 경험이 풍부한 회원(임직원은 제외)과 공직선거 등의 선거관리전문가 중에서 위촉하는 5명 이상의 위원으로 구성한다(영14의4①).

(2) 위원장의 호선

중앙회 선거관리위원회의 위원장은 위원 중에서 호선한다(영14의4②).

(3) 개의와 의결

중앙회 선거관리위원회의 회의는 재적위원 과반수의 출석으로 개의하고, 출석위원 과반수의 찬성으로 의결한다(영14의4③).

(4) 임원선거 관리의 임의위탁

중앙회는 임원선거의 관리에 대하여 정관으로 정하는 바에 따라 그 주된 사무소의 소재지를 관할하는 선거관리위원회법에 따른 구·시·군선거관리위원회에 위탁할 수 있다(법72⑧, 법27의3②).

(5) 정관 규정

중앙회 선거관리위원회의 구성 및 운영에 필요한 사항은 정관으로 정한다(영14의4④).

Ⅶ. 임원의 해임

1. 회원의 임원 해임요구

회원은 총회원 5분의 1 이상의 동의를 얻어 임원의 전부 또는 일부에 대한 해임을 총회에 요구할 수 있다(정관34①).

2. 해임 이유의 통지 및 의견진술 기회 부여

해임의 요구는 해임의 이유를 기재한 서면으로 하며, 회장은 총회 개최일 10일 전까지 당해 임원에게 그 사실을 통지하고 총회에서 의견을 진술할 기회를 주어야 한다(정관34②).

3. 해임의결의 효과

총회에서 해임이 의결된 때에는 당해 임원은 당연히 해임된다(정관34③).

Ⅷ. 임직원의 겸직금지

1. 임직원의 겸직금지 기관

다음에 해당하는 기관, 즉 ⅰ) 지역농협, 지역축협(신용사업을 실시하는 품목조합을 포함) 및 그 중앙회, ⅱ) 지구별수협(법률 제4820호 수산업협동조합법중개정법률 부칙 제5조의 규정에 의하여 신용사업을 실시하는 조합을 포함)과 그 중앙회, ⅲ) 산림조합과 그 중앙회, ⅳ) 새마을금고와 그 연합회, ⅴ) 상호저축은행과 그 중앙회, ⅵ) 보험업법에 의하여 설립된 보험사업자·보험모집인·보험대리인 및 보험중개인에 해당하는 사업을 경영하거나 이에 종사하는 자는 중앙회의 임원이나 직원이 될 수 없다(정관35의2①).

2. 상임 임원의 겸직 제한

상임인 임원은 다른 직무에 종사하지 못한다(정관35의2② 전단). 다만, 이사회가 상임임원의 업무수행에 영향을 미치지 않는다고 인정하는 직무에 대해서는 그러하지 아니하다(정관35의2② 후단).

Ⅸ. 임원의 의무와 책임

중앙회의 임원에 대해서는 조합에 관한 제33조(임원의 책임 등)를 준용한다(법72⑧).

1. 성실의무

임원은 신용협동조합법, 신용협동조합법에 따른 명령, 정관·규정 및 총회와 이사회의 결의를 준수하고 중앙회를 위하여 성실히 그 직무를 수행하여야 한다(법72⑧, 법33①).

2. 직무수행: 중앙회 또는 타인에 대한 손해배상책임

임원이 그 직무를 수행하면서 고의 또는 중대한 과실(상임인 임원의 경우에는 고의 또는 과실)로 중앙회 또는 타인에게 끼친 손해에 대해서는 연대하여 손해배상의 책임을 진다(법72⑧, 법33②).

3. 거짓 결산보고 등: 중앙회 또는 타인에 대한 손해배상책임

임원이 거짓으로 결산보고·등기 또는 공고를 하여 중앙회 또는 타인에게 손해를 끼쳤을 때에도 연대하여 손해배상의 책임을 진다(법72⑧, 법33③, 법33②).

4. 이사회 출석 임원의 손해배상책임 및 면제

이사회가 고의 또는 중대한 과실로 중앙회 또는 타인에게 손해를 끼쳤을 때에는 그 고의 또는 중대한 과실에 관련된 이사회에 출석한 임원은 그 손해에 대하여 연대하여 손해배상의 책임을 진다(법72⑧, 법33④ 본문). 다만, 그 회의에서 반대 의사를 표시한 임원은 그러하지 아니하다(법72⑧, 법33④ 단서).

X. 민법·상법의 준용

중앙회의 임원에 대해서는 조합에 관한 제33조(임원의 책임 등)를 준용한다(법72⑧). 따라서 조합의 임원에 대해서는 민법 제35조, 상법 제382조 제2항, 제386조 제1항, 제399조 및 제414조를 준용한다(법33⑤). 아래에서는 준용규정을 살펴본다.

1. 중앙회의 불법행위능력

중앙회는 임원 기타 대표자가 그 직무에 관하여 타인에게 가한 손해를 배상할 책임이 있다(민법35① 본문). 임원 기타 대표자는 이로 인하여 자기의 손해배상책임을 면하지 못한다(민법35① 단서).

중앙회의 목적범위 외의 행위로 인하여 타인에게 손해를 가한 때에는 그 사항의 의결에 찬성하거나 그 의결을 집행한 회원, 임원 및 기타 대표자가 연대하여 배상하여야 한다(민법35①).

2. 중앙회와 임원의 관계

중앙회와 임원의 관계는 민법의 위임에 관한 규정(민법 제682조 이하)을 준용한다(상법382②).

3. 이사의 결원: 퇴임임원의 지위 유지

법률 또는 정관에 정한 임원의 원수를 결한 경우에는 임기의 만료 또는 사임으로 인하여 퇴임한 이사는 새로 선임된 임원이 취임할 때까지 이사의 권리의무가 있다(상법386①).

4. 중앙회에 대한 책임

(1) 책임의 원인과 손해배상책임

임원이 고의 또는 과실로 법령 또는 정관에 위반한 행위를 하거나 그 임무를 게을리한 경우에는 그 임원은 중앙회에 대하여 연대하여 손해를 배상할 책임이 있다(상법399①).

(2) 책임의 확장(찬성임원의 책임)
(가) 책임내용

법령 또는 정관에 위반한 행위를 하거나 그 임무를 게을리한 경우가 이사회의 결의에 의한 것인 때에는 그 결의에 찬성한 임원도 전항의 책임이 있다(상법399②).

(나) 증명

결의에 참가한 임원으로서 이의를 한 기재가 의사록에 없는 자는 그 결의에 찬성한 것으로 추정한다(상법399③). 찬성여부에 관한 증명책임을 임원에게 전가시킨 것이다.

XI. 대리인의 선임

1. 중앙회장 및 신용·공제사업 대표이사의 대리인 선임

중앙회장 및 신용·공제사업 대표이사는 정관에서 정하는 바에 따라 검사·감독이사 또는 직원 중에서 중앙회의 업무에 관하여 재판상 또는 재판 외의 모든 행위를 할 권한이 있는 대리인을 선임할 수 있다(법76의4).

2. 대리인의 선임등기

중앙회장 및 신용·공제사업대표이사는 대리인을 선임하면 선임한 날부터 2주일 이내에 대리인을 둔 중앙회의 주된 사무소 또는 그 지부의 소재지에서 ⅰ) 대리인의 성명과 주소(제1호), ⅱ) 대리인을 둔 주된 사무소 또는 지부의 명칭과 주소(제2호), ⅲ) 대리인의 권한을 제한한 경우에는 그 제한 내용(제3호)의 사항을 등기하여야 한다(법76의4, 영7의2① 전단). 등기한 사항이 변경된 경우에도 또한 같다(법76의4, 영7의2① 후단).

대리인의 선임에 관한 등기를 신청할 때에는 대리인의 선임을 증명하는 서류와 그 대리인의 권한을 제한한 경우에는 그 사실을 증명하는 서류를 첨부하여야 한다(법76의4, 영7의2②).

제7절 직원의 임면

직원은 중앙회장이 임면한다(법73 본문). 다만, 신용·공제사업 대표이사의 소관 업무에 종사하는 직원의 임면은 정관에서 정하는 바에 따라 신용·공제사업 대표이사와의 협의를 거쳐 중앙회장이 한다(법73 단서).

제
5
장
/

사 업

제1절 자금차입 등

Ⅰ. 금융위원회 승인

중앙회는 사업을 수행하기 위하여 자금을 차입할 수 있다(법78②). 중앙회는 사업을 수행하기 위하여 국가·공공단체·한국은행 또는 다른 금융기관이나 국제기구로부터 자금을 차입하는 경우 미리 금융위원회의 승인을 얻어야 한다(법78 ⑤, 정관47① 본문).

Ⅱ. 금융위원회 승인의 예외

일시적인 유동성 확보를 위하여 직전 사업연도말 현재 자산총액의 3%의 범위 안에서 부보금융회사(예금자보호법2(1))로부터 만기 30일 이내의 자금을 차입하는 경우는 금융위원회의 승인을 받을 필요가 없다(법78⑤, 영19의5①).

Ⅲ. 차입금의 최고한도

차입금의 최고한도는 이사회에서 정한다(정관47②).

제2절 타법인 출자

Ⅰ. 금융위원회 승인

중앙회는 사업을 수행하기 위하여 필요한 경우에는 다른 법인에 출자할 수 있다(법78③). 중앙회가 출자하려는 경우에는 미리 금융위원회의 승인을 받아야 한다(법78⑤).

Ⅱ. 금융위원회 승인의 예외

직전 사업연도말 자산총액의 3%의 범위 안에서 투자를 목적으로 다른 회사의 의결권 있는 발행주식총수(출자지분을 포함)의 15% 미만을 취득하는 것은 제외한다(법78⑤, 영19의5②).

Ⅲ. 총회 보고

다른 법인에 출자한 때에는 출자의 목적, 출자의 조건과 범위, 회원 및 중앙회 사업과의 연관성 및 출자대상법인의 현황 등에 관한 사항을 총회에 보고하여야 한다(정관46②).

제3절 비회원의 사업 이용

중앙회는 사업을 통하여 회원에게 최대로 봉사하는 단체이므로 회원만을 대상으로 사업을 하는 것이 원칙이다. 비회원의 사업이용은 회원의 사업이용에 지장을 초래하지 않는 범위 내에서 허용되므로 일정한 한계가 있다.

Ⅰ. 조합의 사업 이용 의제

조합의 조합원이 사업을 이용하는 경우에는 조합이 이용하는 것으로 본다(법78④).

Ⅱ. 비회원에 대한 대출 및 공제사업 이용

중앙회는 조합의 이용에 지장이 없는 범위에서 조합이 아닌 자("비회원")에게 자금의 대출(법78①(5) 나목)과 공제사업(법78①(6))을 이용하게 할 수 있다(법78의2①).

비회원에 대한 대출을 할 때의 대출 범위, 대출 규모 및 동일인 대출한도 등에 대해서는 대통령령으로 정한다(법78의2②).

Ⅲ. 대출 규모: 총대출한도

중앙회의 비회원에 대한 대출규모는 조합으로부터 예치된 여유자금 및 상환준비금 등의 운용(법78①(5) 가목) 사업을 관리하는 회계에서 상환준비금을 제외한 자금("신용예탁금")을 수납·운용하는 회계의 직전 사업연도말 자산총액("신용예탁금자산총액")의 3분의 1을 초과할 수 없다(법78의2②, 영19의6①, 감독규정18의3①).

따라서 총대출한도는 직전 사업연도말 자산총액의 1/3이다.

Ⅳ. 대출 범위: 개인 및 법인의 경우

중앙회의 비회원에 대한 대출 범위는 다음과 같다.

1. 개인

비회원이 개인인 경우 조합이 동일인에 대한 대출등의 한도(법42)로 인하여 그 개인에 대하여 대출하지 못하는 부분으로 한정한다(영19의6②(1)).

2. 법인

(1) 원칙

비회원이 법인인 경우 조합이 동일인에 대한 대출등의 한도(법42)의 50% 이상을 대출한 경우로서 그 법인에 대하여 추가적으로 대출이 필요한 부분으로 한정한다(영19의6②(2)).

(2) 예외

법인에 대한 대출을 하기 위하여 중앙회와 ⅰ) 은행(지방은행과 외국은행의 국내지점·대리점은 제외)(제1호), ⅱ) 한국산업은행(제2호), ⅲ) 중소기업은행(제3호), ⅳ) 한국수출입은행(제4호), ⅴ) 농협은행(제5호)의 어느 하나에 해당하는 자가 그 구성원으로 참가한 일시적인 단체에서 구성원 사이에 미리 협의된 대출조건에 따라 중앙회가 분담하여 그 법인에 대출하는 경우에는 조합이 그 법인에 대출을 하는지 여부와 관계없이 대출을 할 수 있다(법78의2②, 영19의6③).

Ⅴ. 동일인 대출한도

중앙회의 비회원에 대한 대출한도는 다음의 구분에 따른다(법78의2②, 영19의6④).

1. 동일 개인 대출한도

동일한 개인에 대한 대출한도는 3억원이다(영19의6④(1)). 동일한 개인에 대한 대출한도를 산정함에 있어 부동산공시법 제28조의 규정에 의한 감정평가법인

의 부동산 감정평가액의 50% 이내에서 취급하는 담보대출금액은 20억원의 범위
내에서 이를 포함하지 아니한다(감독규정18의3③).

2. 동일 법인 대출한도

동일한 법인에 대한 대출한도는 300억원(제3항 각 호 외의 부분에서 정하는 대
출의 경우에는 500억원)이다(영19의6④(2)).

3. 동일차주 대출한도

동일인 및 그와 동일차주[1])에 대한 대출한도 비회원에 대한 대출규모의 5%
이내이다(영19의6④(3)).

4. 거액 대출한도

대출금액이 150억원(제3항 각 호 외의 부분에서 정하는 대출의 경우에는 300억
원)을 초과하는 동일인 및 동일차주에 대한 거액대출의 총합계액은 비회원에 대
한 대출규모의 50% 이내이다(영19의6④(4)).

제4절 여유자금 및 상환준비금의 운용

Ⅰ. 여유자금 및 상환준비금 등의 운용방법

중앙회는 조합으로부터 예치된 여유자금 및 상환준비금 등(법78①(5) 가목)
의 자금을 ⅰ) 조합에 대한 대출(제1호), ⅱ) 국채, 공채, 회사채, 그 밖의 유가증
권의 매입(제2호), ⅲ) 부보금융회사 및 체신관서(영19의7①)에 예치(제3호), ⅳ)
그 밖의 ㉠ 조합이 아닌 자에 대한 대출(신용예탁금에 한한다)(가목), ㉡ 조합에 대
한 어음할인(나목), ㉢ 신용협동조합예금자보호기금("기금")에 대한 대출(다목), ㉣
위험회피 목적으로서의 파생상품의 매입(신용예탁금으로 매입하는 경우로 한정)(라

---

1) 동일차주("금융위가 정하여 고시하는 신용위험을 공유하는 자")는 공정거래법 제2조 제2
   호의 규정에 의한 기업집단에 속하는 회사를 말한다(감독규정18의3②).

목), ㉤ 투자일임업자에의 위탁을 통한 운영(마목)의 방법(제4호) 중 어느 하나에 해당하는 방법으로 운용하여야 한다(법79①, 영19의7②).

Ⅱ. 매입할 수 있는 유가증권의 종류

중앙회가 매입할 수 있는 유가증권의 종류는 다음의 구분에 의한다(법79②, 영19의7③).

1. 상환준비금으로 매입할 수 있는 유가증권

중앙회가 상환준비금으로 매입할 수 있는 유가증권은 ⅰ) 국채증권·지방채증권 및 특수채증권(가목), ⅱ) 금융위원회가 신용도 또는 신용평가등급 등을 고려하여 고시하는 회사채(나목),[2] ⅲ) 증권집합투자기구의 집합투자증권 또는 신탁업자가 발행하는 수익증권으로서 상장주식등의 편입비율이 30% 이하인 것(다목), ⅳ) 단기금융집합투자기구의 집합투자증권(라목), ⅴ) 그 밖에 상환준비금의 운용을 위하여 필요하다고 인정되는 것으로서 금융위원회가 정하여 고시하는 유가증권(마목)[3]이다(영19의7③(1)).

2. 신용예탁금으로 매입할 수 있는 유가증권

신용예탁금으로 매입할 수 있는 유가증권은 자본시장법상 증권인 채무증권, 지분증권, 수익증권, 투자계약증권, 파생결합증권, 증권예탁증권이다(영19의7③(2)

---

2) "금융위가 신용도 또는 신용평가등급 등을 고려하여 고시하는 회사채"라 함은 ⅰ) 부보금융기관(예금자보호법2(1)) 또는 체신관서가 지급보증한 회사채(제1호), ⅱ) 신용평가업인가를 받은 자("신용평가전문기관") 중에서 2(신용평가전문기관의 업무정지등 부득이한 사유가 있는 경우에는 1) 이상의 자로부터 BBB＋ 이상의 평가등급을 받은 회사채(다만 사모사채의 경우에는 신용평가전문기관으로부터 BBB＋ 이상의 평가등급을 받은 경우에도 이를 매입할 수 없다)(제2호)를 말한다(감독규정18의4① 본문). 다만, 앞의 제2호의 회사채 평가등급은 BBB− 이상으로 한다(감독규정18의4① 단서).
3) "그 밖에 상환준비금의 운용을 위하여 필요하다고 인정되는 것으로서 금융위원회가 정하여 고시하는 유가증권"이라 함은 ⅰ) 채무자회생법에 의해 회생절차 개시의 결정을 받은 기업(제1호), ⅱ) 기업구조조정 촉진법에 의해 채권금융기관이 기업구조조정을 위한 목적으로 관리절차가 진행 중인 기업(제2호), ⅲ) 기업구조조정 촉진을 위한 금융기관 등의 협약·협의에 의해 기업개선작업을 추진 중인 기업(제3호)의 어느 하나에 해당하는 기업에 대한 회사채 등이 출자전환되어 보유하게 되는 그 기업의 지분증권을 말한다(감독규정18의4②).

가목 본문). 다만, 채무증권이나 수익증권으로서 투자위험 등을 고려하여 금융위
원회가 정하여 고시하는 증권4)은 제외한다(영19의7③(2) 가목 단서).

Ⅲ. 매입할 수 있는 유가증권의 한도

중앙회가 매입할 수 있는 유가증권의 한도는 다음의 구분에 따른다(법79②,
영19의7④).

1. 상환준비금으로 매입할 수 있는 유가증권의 한도

중앙회는 전월 말 상환준비금 운용자금의 10%를 초과하여 증권집합투자기
구의 집합투자증권 또는 신탁업자가 발행하는 수익증권(영19③(1) 다목)을 매입하
여서는 아니 된다(영19의7④(1), 감독규정18의4④).

2. 신용예탁금으로 매입할 수 있는 유가증권의 한도

(1) 신용예탁금 자산총액의 20%

중앙회는 ⅰ) 지분증권(가목), ⅱ) 증권집합투자기구의 집합투자증권으로서
그 투자대상이 지분증권 또는 위험회피 목적 외의 파생상품을 포함하는 증권(나
목)의 매입액의 합계액이 전월 말 신용예탁금 자산총액의 20%를 초과해서는 아
니 된다(영19의7④(2) 전단, 감독규정18의4⑤).

이 경우 증권집합투자기구의 집합투자증권으로서 그 투자대상이 지분증권
또는 위험회피 목적 외의 파생상품을 포함하는 증권(앞의 나목)의 매입액은 집합
투자규약에서 정한 지분증권과 위험회피 목적 외의 파생상품에의 투자한도액으
로 한다(영19의7④(2) 후단).

---

4) "투자위험 등을 고려하여 금융위원회가 정하여 고시하는 증권"은 ⅰ) 감독규정 제18조의4
제1항 본문 및 단서에 규정된 회사채 외의 회사채(제1호), ⅱ) 신용평가전문기관 중에서
2(신용평가전문기관의 업무정지등 부득이한 사유가 있는 경우에는 1) 이상의 자로부터
A1 이상의 평가등급을 받은 기업어음증권 외의 기업어음증권(제2호), ⅲ) 특별자산집합투
자기구의 집합투자증권 중 「사회기반시설에 대한 민간투자법」 제2조에서 정한 사회기반
시설 및 관련자산에 투자하는 증권 이외의 집합투자증권(제3호), ⅳ) 혼합자산집합투자기
구의 집합투자증권 중 차입금의 총액 이내에서 투자하는 증권 이외의 집합투자증권(제4
호)을 말한다(감독규정18의4③).

(2) 신용예탁금 자산총액의 30%

중앙회는 자본시장법상 증권인 채무증권, 지분증권, 수익증권, 투자계약증권, 파생결합증권, 증권예탁증권 중 ⅰ) 지분증권 및 증권집합투자기구의 집합투자증권으로서 그 투자대상이 지분증권 또는 위험회피 목적 외의 파생상품을 포함하는 증권(가목), ⅱ) 채무증권(나목), ⅲ) 증권집합투자기구의 집합투자증권(채무증권에만 투자하는 경우로 한정)(다목), ⅳ) 단기금융집합투자기구의 집합투자증권(라목)을 제외한 증권의 매입액의 합계액이 전월 말 신용예탁금 자산총액의 30%를 초과해서는 아니 된다(영19의7④(3), 감독규정18의4⑥).

Ⅳ. 여유자금 운용과 이자지급 또는 이익배분

중앙회는 조합으로부터 예치되어 운용하는 여유자금(법78①(5) 가목)에 대해서는 조합에 이자를 지급하거나 운용 실적에 따른 이익을 배분할 수 있다(법78⑥).

해당 조문은 중앙회의 "실적배당상품"을 의미하는 것으로서, 실적상품에 대한 근거규정이 2015년 신협법 개정으로 도입되었고, 현재 중앙회의 실적상품관리규정과 실적상품업무방법서를 통해 운영되고 있다.

Ⅴ. 위반시 제재

중앙회의 임직원 또는 청산인이 중앙회의 사업목적 외의 용도로 자금을 사용하거나 재산을 처분 또는 이용하여 중앙회에 손해를 끼친 경우에는 3년 이하의 징역 또는 3천만원 이하의 벌금에 처한다(법99①(1)). 이 경우 징역형과 벌금형을 병과(倂科)할 수 있다(법99①(1) 후단).

Ⅵ. 관련 판례

① 대법원 2007. 5. 31. 선고 2007도626 판결

신용협동조합중앙회 회장이 조합의 여유자금을 중앙회 소속 직원에게 일임하여 직접 주식을 매매·거래하는 방법으로 투자하도록 하여 운용한 행위가 조합

의 사업목적 외에 자금을 사용하여 조합에 손해를 가한 행위로서 구 신용협동조합법(2003. 7. 30. 법률 제6957호로 개정되기 전의 것) 제99조 제1항 제1호에 해당한다.

② 서울고등법원 2016. 4. 22. 선고 2015나2032248 판결

신용협동조합법 제79호는 신용협동조합중앙회가 신용협동조합으로부터 수납한 예금·적금 등의 자금으로 특별자산투자신탁의 수익증권을 매수하는 것을 금지하고 있다. 이는 신용협동조합중앙회가 신용협동조합으로부터 수납한 예금·적금 등의 자금으로 투자위험이 큰 수익증권을 매수하였다가 손실을 입을 경우 신용협동조합 및 그 조합원들에게 상당한 피해를 줄 수 있으므로 투자위험이 큰 수익증권의 매수를 하지 못하도록 함으로써 자금의 건전한 운영을 도모하려는 데에 그 취지가 있다고 할 수 있다.

제5절 부동산의 소유 제한

중앙회는 업무상 필요하거나 채무를 변제받기 위하여 부득이한 경우를 제외하고는 부동산을 소유할 수 없다.

I. 업무용 부동산의 범위

중앙회가 취득할 수 있는 업무용 부동산의 범위는 ⅰ) 영업장(건물 연면적의 10% 이상을 업무에 직접 사용하는 경우에 한한다)(제1호), ⅱ) 사택·기숙사·연수원 등의 용도로 직접 사용하는 부동산(제2호), ⅲ) 복지사업에 직접 사용하는 부동산(제3호)에 제한된다(법45, 영18①).

Ⅱ. 영업장의 일부 임대

중앙회는 회원의 이용에 지장이 없는 범위 안에서 영업장의 일부를 타인에게 임대할 수 있다(법45, 영18②).

제6절 금리인하 요구

Ⅰ. 금리인하 요구권

중앙회 대출등(대출 및 어음할인)의 계약을 체결한 자는 재산 증가나 신용등급 또는 개인신용평점 상승 등 신용상태 개선이 나타났다고 인정되는 경우 중앙회에 금리인하를 요구할 수 있다(법79의2, 법45의3①).

Ⅱ. 금리인하 요구의 요건

중앙회와 대출등의 계약을 체결한 자는 ⅰ) 개인이 대출등의 계약을 체결한 경우: 취업, 승진, 재산 증가 또는 개인신용평점 상승 등 신용상태의 개선이 나타났을 것(제1호), ⅱ) 개인이 아닌 자(개인사업자를 포함)가 대출등의 계약을 체결한 경우: 재무상태 개선, 신용등급 또는 개인신용평점 상승 등 신용상태의 개선이 나타났을 것(제2호)의 구분에 따른 요건을 갖췄다고 인정되는 경우 중앙회에 금리인하를 요구할 수 있다(법79의2, 법45의3③, 영18의3①).

Ⅲ. 금리인하 요구의 절차

1. 금리인하 요구권의 통지

중앙회는 대출등의 계약을 체결하려는 자에게 금리인하를 요구할 수 있음을 알려야 한다(법79의2, 법45의3②).

2. 요구의 수용 여부 판단시 고려사항

금리인하 요구를 받은 중앙회는 그 요구의 수용 여부를 판단할 때 신용상태의 개선이 금리 산정에 영향을 미치는지 여부 등 금융위원회가 정하여 고시하는 사항을 고려할 수 있다(법79의2, 법45의3③, 영18의3②).

이에 따라 금리인하 요구를 받은 중앙회는 해당 요구가 ⅰ) 대출 등의 계약을 체결할 때, 계약을 체결한 자의 신용상태가 금리 산정에 영향을 미치지 아니한 경우(제1호), ⅱ) 신용상태의 개선이 경미하여 금리 재산정에 영향을 미치지 아니하는 경우(제2호)의 어느 하나에 해당하는지를 고려하여 수용 여부를 판단할 수 있다(감독규정10의2①).

3. 요구의 수용 여부 및 사유의 통지 방법

중앙회는 금리인하 요구를 받은 날부터 10영업일 이내(자료의 보완을 요구하는 경우에는 그 요구하는 날부터 자료가 제출되는 날까지의 기간은 포함하지 않는다)에 금리인하를 요구한 자에게 그 요구의 수용 여부 및 그 사유를 전화, 서면, 문자메시지, 전자우편, 팩스 또는 그 밖에 이와 유사한 방법으로 알려야 한다(법79의2, 법45의3③, 영18의3③).

4. 자료제출 요구

중앙회는 대출 등의 계약을 체결한 자가 금리인하를 요구하는 때에는 신용상태 개선을 확인하는 데 필요한 자료제출을 요구할 수 있다(감독규정10의2②).

5. 인정요건 및 절차 등의 안내

중앙회는 금리인하 요구 인정요건 및 절차 등을 인터넷 홈페이지 등을 이용하여 안내하여야 한다(감독규정10의2③).

6. 관련 기록의 보관·관리

중앙회는 금리인하를 요구받은 경우 접수, 심사결과 등 관련 기록을 보관·관리하여야 한다(감독규정10의2④).

Ⅳ. 위반시 제재

조합 또는 중앙회가 법 제45조의3 제2항(제79조의2에 따라 준용되는 경우를 포함)을 위반하여 금리인하를 요구할 수 있음을 알리지 아니한 경우에는 2천만원 이하의 과태료를 부과한다(법101①(1의3).

제
6
장
／

회 계

제1절 사업연도

중앙회의 사업연도는 정관에서 정한다(법81⑤, 법46). 중앙회의 사업연도는 매년 1월 1일부터 12월 31일까지로 한다(정관51).

제2절 회계의 구분 등

Ⅰ. 회계의 종류

중앙회의 회계는 일반회계와 특별회계로 구분하되(감독규정20 및 14①), 각 회계별 사업 부문은 정관에서 정한다(법81⑤, 법47①).

Ⅱ. 일반회계

중앙회의 사업은 일반회계로 한다(정관52② 전단).

중앙회는 ⅰ) 신용사업에 공여하는 건물·집기 등 고정자산(제1호), ⅱ) 신용사업과 관련된 건물유지비, 충당금, 제 경비 등 공통관리비(제2호)를 신용사업회계로 구분계리한다(감독규정20 및 14③).

Ⅲ. 신용사업회계의 자금 전용

중앙회가 신용사업회계의 여유자금을 경제사업, 지도사업 등 신용사업 외의 회계로 전용하는 경우에는 일정률의 이자를 계상한다(감독규정20 및 15).

Ⅳ. 특별회계의 설치

신용사업 및 공제사업등 기타 일반회계와 구분경리할 필요가 있는 사업은 특별회계로 한다(정관52② 후단).

중앙회 회계규정(제4조)에 따르면 특별회계로는 신용사업특별회계, 상환준비금특별회계, 재정지원특별회계, 공제사업특별회계, 예금자보호기금특별회계, 전산특별회계, CUMALL특별회계, 실적상품특별회계, 사회적경제특별회계가 설치되어 있다. 실적상품특별회계는 중앙회 다른 회계와 구분하여 설치·운영되어야 하며, 상품별로 구분하여 관리한다. 각 회계의 효율적 운영을 위하여 필요한 경우에는 각 회계의 목적 수행에 지장을 초래하지 아니하는 범위에서 이사회의 의결을 거쳐 회계간 전입 또는 전출을 할 수 있다.

Ⅴ. 회계처리기준 등

중앙회의 회계처리기준 및 결산에 관하여 필요한 사항은 금융위원회가 정한다(법81⑤, 법47② 본문). 다만, 계정과목 및 장부의 서식 등 세부사항은 중앙회장이 따로 정할 수 있다(법81⑤, 법47② 단서).

중앙회는 회계처리 및 재무제표 작성에 있어서 상호금융업감독규정 및 금융위원회가 정하는 「상호금융기관의 신용사업 회계처리기준」에 따라 적정하게 표시하여야 한다(감독규정20 및 15의2①). 이에 따라 신용협동조합법 및 동법 제95조에 의거 신용사업을 취급하는 기관("상호금융기관")의 신용사업에 관한 회계처리와 재무보고에 통일성과 객관성을 부여하기 위하여 신용협동조합법 제47조 및 상호금융업감독규정 제15조의2에 의거 상호금융기관의 회계처리 및 보고에 관한 기준을 정함을 목적으로 「상호금융기관의 신용사업 회계처리기준」(금융위원회 고시 제2015-20호)이 시행되고 있다.

상호금융업감독규정 및 「상호금융기관의 신용사업 회계처리기준」에서 정하지 않는 사항은 중앙회장이 정하는 바에 따른다(감독규정20 및 15의2②).

VI. 위반시 제재

중앙회의 임직원 또는 청산인이 법 제47조 제2항에 따라 금융위원회가 정하는 회계처리기준 또는 결산에 관한 기준을 위반하여 거짓으로 재무제표를 작성하여 총회의 승인을 받은 경우에는 2년 이하의 징역 또는 2천만원 이하의 벌금에 처한다(법99②(4)).

제3절 사업계획과 수지예산: 사업계획서와 예산서

I. 총회 부의와 의결

이사회는 매사업연도 개시 전에 사업계획을 수립하고, 예산을 편성하여 정기총회에 부의하여야 한다(정관53①).

중앙회는 사업연도마다 사업계획서와 예산서를 작성하여 총회의 결의를 받아야 한다(법81①).

II. 총회 승인 전 집행

정기총회 승인 전까지의 예산은 전년도의 예산에 준하여 집행할 수 있다(정관53②).

제4절 운영의 공개

I. 서류 비치

회장은 정관, 총회의사록 및 회원명부를 주된 사무소에 비치하여야 한다(정관50①).

II 회원의 서류 열람

회원은 정관, 총회의사록 및 회원명부를 열람할 수 있다(정관50③).

제5절 결산보고서

I. 결산보고서의 승인

1. 정기총회 승인

중앙회는 매 사업연도 경과 후 3개월 이내에 해당 사업연도의 결산보고서와 감사위원회의 감사보고서 및 외부감사인의 감사보고서를 정기총회에 제출하여 승인을 받아야 한다(법81③).

2. 위반시 제재

조합 또는 중앙회의 임직원 또는 청산인이 법 제81조 제3항을 위반한 경우에는 2년 이하의 징역 또는 2천만원 이하의 벌금에 처한다(법99②(5)).

Ⅱ. 결산보고서의 비치와 열람

1. 결산보고서의 비치

회장은 정기총회 7일전까지 결산보고서를 주된 사무소에 비치하여야 한다(정관50②).

2. 결산보고서의 열람

회원은 결산보고서를 열람할 수 있다(정관50③).

Ⅲ. 대차대조표의 공고

회장은 총회에서 결산보고서의 승인을 얻은 후 대차대조표를 지체없이 공고하여야 한다(정관50④).

Ⅳ. 결산보고서의 제출

1. 금융위원회 제출

중앙회는 정기총회가 끝난 후 2주 이내에 정기총회의 승인을 받은 결산보고서 및 감사보고서를 금융위원회(금융감독원장 위탁)에 제출하여야 한다(법81④).

2. 위반시 제재

조합 또는 중앙회의 임직원 또는 청산인이 법 제81조 제4항을 위반한 경우에는 2년 이하의 징역 또는 2천만원 이하의 벌금에 처한다(법99②(5)).

제6절 제적립금의 적립

Ⅰ. 법정적립금

1. 적립한도 및 용도 제한

중앙회는 매 사업연도 이익금의 10% 이상을 납입출자금 총액의 2배가 될 때까지 법정적립금으로 적립하여야 한다(법81⑤, 법49①). 이는 중앙회의 자기자본을 확대하여 재무구조의 안전성을 제고하기 위한 것으로 중앙회는 해산의 경우 외에는 법정적립금을 사용하거나 배당에 충당할 수 없다(법81⑤, 법49②).

2. 위반시 제재

중앙회의 임직원이 법 제49조 제1항을 위반한 경우에는 2년 이하의 징역 또는 2천만원 이하의 벌금에 처한다(법99②(3)).

Ⅱ. 임의적립금

중앙회는 사업준비금으로서 사업연도마다 이익금의 일부를 임의적립금으로 적립할 수 있다(법81⑤, 법50).

Ⅲ. 특별적립금

중앙회는 정관에서 정하는 바에 따라 결손의 보전(補塡) 및 도난, 피탈(被奪) 및 화재 등의 불가항력적인 사고에 충당하기 위한 준비금으로서 사업연도마다 특별적립금을 적립할 수 있다(법81⑤, 법51).

중앙회는 결손의 보전 및 불가항력에 의한 사고에 충당하기 위한 준비금으로써 사업연도마다 이익금의 30%의 범위 안에서 특별적립금을 적립한다(정관54②).

제7절 손실금의 보전과 이익금(잉여금)의 배당

I. 손실금의 보전 순서와 이월

중앙회의 사업연도 중에 생긴 손실금은 미처분잉여금, 특별적립금, 임의적립금의 순으로 보전하되, 잔여손실금이 있으면 다음 사업연도로 이월한다(법81⑤, 법52①).

II. 이익금(잉여금)의 처분

중앙회는 손실금을 보전한 후가 아니면 이익금(잉여금)을 처분할 수 없다(법81⑤, 법53①). 제적립금을 공제한 잔여이익금은 총회의 결의를 거쳐 납입출자금에 비례하여 회원에게 배당한다(법81⑤, 법53② 전단). 이 경우 정관에서 정하는 바에 따라 이용실적에 비례한 배당을 병행할 수 있다(법81⑤, 법53② 후단).

제8절 출자감소

중앙회가 여러 사업연도에 걸쳐 계속하여 손실이 있고 이를 보전할 적립금이 없을 때에는 총회의 결의를 거쳐 자본금을 감소할 수 있다(법82).

정관에 의하면 중앙회가 여러 사업연도에 걸쳐 계속하여 손실이 있고 이를 보전할 적립금이 없을 때에는 총회의 결의를 얻어 회원의 납입출자액이 감소된 것으로 할 수 있다(정관56).

제9절 외부감사

중앙회는 사업연도마다 외부감사법에 따른 감사인의 회계감사를 받아야 한다(법81②).

중앙회가 정당한 사유 없이 법 제81조 제2항에 따른 감사인의 회계감사를 받지 아니한 경우에는 2천만원 이하의 과태료를 부과한다(법101①(3)).

감독, 검사 및 제재

금융감독체계

제1절 금융위원회

Ⅰ. 설립목적

금융위원회의 설치 등에 관한 법률("금융위원회법") 제1조에 따르면 금융위원회는 "금융산업의 선진화와 금융시장의 안정을 도모하고 건전한 신용질서와 공정한 금융거래 관행을 확립하며 예금자 및 투자자 등 금융 수요자를 보호함으로써 국민경제의 발전에 이바지함"을 목적으로 설립되었는데(법1), 금융위원회는 그 업무를 수행할 때 공정성을 유지하고 투명성을 확보하며 금융기관의 자율성을 해치지 아니하도록 노력하여야 한다(금융위원회법2).

Ⅱ. 설치 및 지위

행정기관에는 그 소관사무의 일부를 독립하여 수행할 필요가 있는 때에는 법률로 정하는 바에 따라 행정위원회 등 합의제행정기관을 둘 수 있다(정부조직법5조). 행정기관에 그 소관사무의 일부를 독립하여 수행할 필요가 있을 때에는 법률이 정하는 바에 의하여 행정기능과 아울러 규칙을 제정할 수 있는 준입법적 기능 및 이의의 결정 등 재결을 행할 수 있는 준사법적 기능을 가지는 행정위원회 등 합의제행정기관을 둘 수 있다(행정기관의 조직과 정원에 관한 통칙 제21조).

이에 따라 금융정책, 외국환업무 취급기관의 건전성 감독 및 금융감독에 관한 업무를 수행하게 하기 위하여 국무총리 소속으로 금융위원회를 둔다(금융위원회법3①). 금융위원회는 중앙행정기관으로서 그 권한에 속하는 사무를 독립적으로 수행한다(금융위원회법3②). 중앙행정기관이라 함은 국가의 행정사무를 담당하기 위하여 설치된 행정기관으로서 그 관할권의 범위가 전국에 미치는 행정기관을 말한다(행정기관의 조직과 정원에 관한 통칙2(1)). 다만 업무 및 권한 등에 있어 다른 정부부처의 업무 및 권한이 정부조직법에 의해 정해지는 것과는 달리 금융위원회법, 대통령령인 「금융위원회와 그 소속기관 직제」 및 금융관련법령에 의해 정해진다.

Ⅲ. 구성

금융위원회는 9명의 위원으로 구성하며, 위원장·부위원장 각 1명과 기획재정부차관, 금융감독원 원장, 예금보험공사 사장, 한국은행 부총재, 금융위원회 위원장이 추천하는 금융전문가 2명, 대한상공회의소 회장이 추천하는 경제계대표 1명의 위원으로 구성한다(금융위원회법4①). 위원장은 국무총리의 제청으로 대통령이 임명하며, 금융위원회 부위원장은 위원장의 제청으로 대통령이 임명한다(금융위원회법4② 전단). 이 경우 위원장은 국회의 인사청문을 거쳐야 한다(금융위원회법4② 후단). 위원장은 금융위원회를 대표하며, 금융위원회의 회의를 주재하고 사무를 총괄한다(금융위원회법5①). 위원장·부위원장과 임명직 위원의 임기는 3년으로 하며, 한 차례만 연임할 수 있다(금융위원회법6).

Ⅳ. 운영

금융위원회의 회의는 3명 이상의 위원이 요구할 때에 위원장이 소집한다(금융위원회법11① 본문). 다만, 위원장은 단독으로 회의를 소집할 수 있다(금융위원회법11① 단서). 금융위원회의 회의는 그 의결방법에 관하여 금융위원회법 또는 다른 법률에 특별한 규정이 있는 경우를 제외하고는 재적위원 과반수의 출석과 출석위원 과반수의 찬성으로 의결한다(금융위원회법11②). 금융위원회는 심의에 필요하다고 인정할 때에는 금융감독원 부원장, 부원장보 및 그 밖의 관계 전문가 등으로부터 의견을 들을 수 있다(금융위원회법13). 위원장은 내우외환, 천재지변 또는 중대한 금융 경제상의 위기로 긴급조치가 필요한 경우로서 금융위원회를 소집할 시간적 여유가 없을 때에는 금융위원회의 권한 내에서 필요한 조치를 할 수 있다(금융위원회법14①). 금융위원회의 사무를 처리하기 위하여 금융위원회에 사무처를 둔다(금융위원회법15①).

V. 소관 사무

금융위원회의 소관 사무는 ⅰ) 금융에 관한 정책 및 제도에 관한 사항(제1호), ⅱ) 금융기관 감독 및 검사·제재에 관한 사항(제2호), ⅲ) 금융기관의 설립, 합병, 전환, 영업의 양수·양도 및 경영 등의 인가·허가에 관한 사항(제3호), ⅳ) 자본시장의 관리·감독 및 감시 등에 관한 사항(제4호), ⅴ) 금융소비자의 보호와 배상 등 피해구제에 관한 사항(제5호), ⅵ) 금융중심지의 조성 및 발전에 관한 사항(제6호), ⅶ) 제1호부터 제6호까지의 사항에 관련된 법령 및 규정의 제정·개정 및 폐지에 관한 사항(제7호), ⅷ) 금융 및 외국환업무 취급기관의 건전성 감독에 관한 양자 간 협상, 다자 간 협상 및 국제협력에 관한 사항(제8호), ⅸ) 외국환업무 취급기관의 건전성 감독에 관한 사항(제9호), ⅹ) 그 밖에 다른 법령에서 금융위원회의 소관으로 규정한 사항(제10호) 등이다(금융위원회법17).

제2절 증권선물위원회

I. 설치배경

증권 및 선물거래의 특수성을 감안하여 증권선물위원회를 금융위원회 내부에 설치하고 증권 및 선물 분야에 대하여는 별도로 심의 또는 의결할 수 있도록 하는 체계를 구축하기 위한 것이다.

Ⅱ. 업무

증권선물위원회는 금융위원회 내의 위원회로서 금융위원회법 또른 다른 법령에 따라 ⅰ) 자본시장의 불공정거래 조사(제1호), ⅱ) 기업회계의 기준 및 회계감리에 관한 업무(제2호), ⅲ) 금융위원회 소관 사무 중 자본시장의 관리·감독 및 감시 등과 관련된 주요사항에 대한 사전 심의(제3호), ⅳ) 자본시장의 관리·감독 및 감시 등을 위하여 금융위원회로부터 위임받은 업무(제4호), ⅴ) 그 밖에 다른 법령에서 증권선물위원회에 부여된 업무(제5호)를 수행한다(금융위원회법19).

Ⅲ. 구성

증권선물위원회는 위원장 1명을 포함한 5명의 위원으로 구성하며, 위원장을 제외한 위원 중 1명은 상임으로 한다(금융위원회법20①). 위원장이 아닌 증권선물위원회 위원의 임기는 3년으로 하며, 한 차례만 연임할 수 있다(금융위원회법20⑤).

증권선물위원회 위원장은 금융위원회 부위원장이 겸임하며, 증권선물위원회 위원은 다음의 어느 하나에 해당하는 사람 중에서 금융위원회 위원장의 추천으로 대통령이 임명한다(법20②).

1. 금융, 증권, 파생상품 또는 회계 분야에 관한 경험이 있는 2급 이상의 공무원 또는 고위 공무원단에 속하는 일반직공무원이었던 사람
2. 대학에서 법률학·경제학·경영학 또는 회계학을 전공하고, 대학이나 공인된 연구기관에서 부교수 이상 또는 이에 상당하는 직에 15년 이상 있었던 사람
3. 그 밖에 금융, 증권, 파생상품 또는 회계 분야에 관한 학식과 경험이 풍부한 사람

Ⅳ. 운영

증권선물위원회의 회의는 2명 이상의 증권선물위원회 위원이 요구할 때에 증권선물위원회 위원장이 소집한다(금융위원회법21① 본문). 다만, 증권선물위원회 위원장은 단독으로 회의를 소집할 수 있다(금융위원회법21① 단서). 회의는 3명 이상의 찬성으로 의결한다(금융위원회법21②).

제3절 금융감독원

Ⅰ. 설립과 지위

금융위원회나 증권선물위원회의 지도·감독을 받아 금융기관에 대한 검사·감독 업무 등을 수행하기 위하여 금융감독원을 설립한다(금융위원법24①). 금융감독원은 무자본 특수법인으로 한다(금융위원회법24②). 무자본이란 자본금 없이 국가예산이나 기타의 분담금으로 운영된다는 의미이다. 금융감독원은 특별법인 금융위원회법에 의해 설립되고 국가 또는 지방자치단체로부터 독립하여 특정 공공사무를 수행하는 영조물법인이다.

Ⅱ. 구성과 직무

금융감독원에 원장 1명, 부원장 4명 이내, 부원장보 9명 이내와 감사 1명을 둔다(금융위원회법29①). 금융감독원장("원장")은 금융위원회의 의결을 거쳐 금융위원회 위원장의 제청으로 대통령이 임명한다(금융위원회법29②). 부원장은 원장의 제청으로 금융위원회가 임명하고, 부원장보는 원장이 임명한다(금융위원회법29③). 감사는 금융위원회의 의결을 거쳐 금융위원회 위원장의 제청으로 대통령이 임명한다(금융위원회법29④). 원장·부원장·부원장보 및 감사의 임기는 3년으로 하며, 한 차례만 연임할 수 있다(금융위원회법29⑤). 원장·부원장·부원장보와 감사에 결원이 생겼을 때에는 새로 임명하되, 그 임기는 임명된 날부터 기산한다(금융위원회법29⑥).

원장은 금융감독원을 대표하며, 그 업무를 총괄한다(금융위원회법30①). 원장이 부득이한 사유로 직무를 수행할 수 없을 때에는 금융감독원의 정관으로 정하는 순서에 따라 부원장이 원장의 직무를 대행한다(금융위원회법30②). 부원장은 원장을 보좌하고 금융감독원의 업무를 분장하며, 부원장보는 원장과 부원장을 보좌하고 금융감독원의 업무를 분장한다(금융위원회법30③). 감사는 금융감독원의 업무와 회계를 감사한다(금융위원회법30④).

Ⅲ. 업무 등

1. 업무

금융감독원은 금융위원회법 또는 다른 법령에 따라 ⅰ) 검사대상기관(법38)[1]의 업무 및 재산상황에 대한 검사(제1호), ⅱ) 검사 결과와 관련하여 금융위원회법과 또는 다른 법령에 따른 제재(제2호), ⅲ) 금융위원회와 금융위원회법 또는 다른 법령에 따라 금융위원회 소속으로 두는 기관에 대한 업무지원(제3호), ⅳ) 그 밖에 금융위원회법 또는 다른 법령에서 금융감독원이 수행하도록 하는 업무(제4호)를 수행한다(금융위원회법37).

2. 자료의 제출요구 등

원장은 업무수행에 필요하다고 인정할 때에는 검사대상기관 또는 다른 법령

---

1) 금융위원회법 제38조(검사 대상 기관) 금융감독원의 검사를 받는 기관은 다음과 같다.
   1. 은행법에 따른 인가를 받아 설립된 은행
   2. 자본시장과 금융투자업에 관한 법률에 따른 금융투자업자, 증권금융회사, 종합금융회사 및 명의개서 대행회사
   3. 보험업법에 따른 보험회사
   4. 상호저축은행법에 따른 상호저축은행과 그 중앙회
   5. 신용협동조합법에 따른 신용협동조합 및 그 중앙회
   6. 여신전문금융업법에 따른 여신전문금융회사 및 겸영여신업자
   7. 농업협동조합법에 따른 농협은행
   8. 수산업협동조합법에 따른 수협은행
   9. 다른 법령에서 금융감독원이 검사를 하도록 규정한 기관
   10. 그 밖에 금융업 및 금융 관련 업무를 하는 자로서 대통령령으로 정하는 자

에 따라 금융감독원에 검사가 위탁된 대상기관에 대하여 업무 또는 재산에 관한 보고, 자료의 제출, 관계자의 출석 및 진술을 요구할 수 있다(금융위원회법40①). 검사를 하는 자는 그 권한을 표시하는 증표를 관계인에게 내보여야 한다(금융위원회법40②).

3. 시정명령 및 징계요구

원장은 검사대상기관의 임직원이 ⅰ) 금융위원회법 또는 금융위원회법에 따른 규정·명령 또는 지시를 위반한 경우(제1호), ⅱ) 금융위원회법에 따라 원장이 요구하는 보고서 또는 자료를 거짓으로 작성하거나 그 제출을 게을리한 경우(제2호), ⅲ) 금융위원회법에 따른 금융감독원의 감독과 검사 업무의 수행을 거부·방해 또는 기피한 경우(제3호), ⅳ) 원장의 시정명령이나 징계요구에 대한 이행을 게을리한 경우(제4호)에는 그 기관의 장에게 이를 시정하게 하거나 해당 직원의 징계를 요구할 수 있다(금융위원회법41①). 징계는 면직·정직·감봉·견책 및 경고로 구분한다(금융위원회법41②).

4. 임원의 해임권고 등

원장은 검사대상기관의 임원이 금융위원회법 또는 금융위원회법에 따른 규정·명령 또는 지시를 고의로 위반한 때에는 그 임원의 해임을 임면권자에게 권고할 수 있으며, 그 임원의 업무집행의 정지를 명할 것을 금융위원회에 건의할 수 있다(금융위원회법42).

5. 영업정지 등

원장은 검사대상기관이 금융위원회법 또는 금융위원회법에 따른 규정·명령 또는 지시를 계속 위반하여 위법 또는 불건전한 방법으로 영업하는 경우에는 금융위원회에 ⅰ) 해당 기관의 위법행위 또는 비행(非行)의 중지, ⅱ) 6개월의 범위에서의 업무의 전부 또는 일부 정지를 명할 것을 건의할 수 있다(금융위원회법43).

제4절 상호관계

Ⅰ. 금융위원회 · 증권선물위원회의 금융감독원에 대한 지도 · 감독 · 명령권

1. 금융감독원에 대한 지도 · 감독

금융위원회는 금융위원회법 또는 다른 법령에 따라 금융감독원의 업무 · 운영 · 관리에 대한 지도와 감독을 하며, ⅰ) 금융감독원의 정관 변경에 대한 승인(제1호), ⅱ) 금융감독원의 예산 및 결산 승인(제2호), ⅲ) 그 밖에 금융감독원을 지도 · 감독하기 위하여 필요한 사항(제3호)을 심의 · 의결한다(금융위원회법18). 증권선물위원회는 업무에 관하여 금융감독원을 지도 · 감독한다(금융위원회법23).

2. 명령권 등

금융위원회나 증권선물위원회는 금융감독원의 업무를 지도 · 감독하는 데 필요한 명령을 할 수 있다(금융위원회법61①). 금융위원회는 증권선물위원회나 금융감독원의 처분이 위법하거나 공익 보호 또는 예금자 등 금융 수요자 보호 측면에서 매우 부당하다고 인정하면 그 처분의 전부 또는 일부를 취소하거나 그 집행을 정지시킬 수 있다(금융위원회법61②). 증권선물위원회는 업무에 관한 금융감독원의 처분이 위법하거나 매우 부당하다고 인정할 때에는 그 처분의 전부 또는 일부를 취소하거나 그 집행을 정지시킬 수 있다(금융위원회법61③).

Ⅱ. 금융감독원장의 보고의무

1. 자료의 제출

원장은 금융위원회나 증권선물위원회가 요구하는 금융감독 등에 필요한 자료를 제출하여야 한다(금융위원회법58).

2. 검사의 결과 및 조치사항의 보고

원장은 검사대상기관의 업무 및 재산상황에 대한 검사를 한 경우에는 그 결과를 금융위원회에 보고하여야 한다. 제41조(시정명령 및 징계요구) 및 제42조(임원의 해임권고 등)의 조치를 한 경우에도 또한 같다(금융위원회법59).

3. 보고 및 검사 등

금융위원회는 필요하다고 인정하는 경우에는 금융감독원의 업무·재산 및 회계에 관한 사항을 보고하게 하거나 금융위원회가 정하는 바에 따라 그 업무, 재산상황, 장부, 서류 및 그 밖의 물건을 검사할 수 있다(금융위원회법60).

Ⅲ. 권한의 위탁

금융위원회 및 증권선물위원회는 금융감독의 효율성을 높이기 위하여 필요한 경우에는 금융위원회법 또는 다른 법령에 따른 권한의 일부를 원장에게 위탁할 수 있다(금융위원회법71).

감독 및 처분 등

제1절 감독

I. 금융위원회의 감독

금융위원회는 조합과 중앙회의 업무를 감독하고 감독상 필요한 명령을 할 수 있다(법83①).

1. 금융감독원장 위탁

금융위원회의 권한은 그 전부 또는 일부를 금융감독원장에게 위탁할 수 있다(법96①). 이에 따라 금융위원회는 조합과 중앙회의 업무 감독을 위한 경영실태 분석 및 평가, 설립인가 요건 심사, 외부감사 의뢰, 표준정관 및 표준규정에 대한 시정요구, 경영상황에 관한 주요정보 및 자료의 공시 등에 관한 권한을 금융감독 원장에게 위탁한다(법96①, 영24①(4의2)).

2. 중앙회장 위탁

금융위원회의 권한은 그 전부 또는 일부를 중앙회장에게 위탁할 수 있다(법 96①). 이에 따라 금융위원회는 조합의 신용사업과 관련하여 예탁금·적금 또는 대출등에 관한 업무방법을 고시할 수 있는데(법39③), 이에 따른 업무방법의 고시에 관한 권한을 중앙회장에게 위탁한다(법96①, 영24②).

Ⅱ. 금융감독원의 감독

금융감독원장은 필요하다고 인정할 때에는 금융감독원장의 권한 또는 금융위원회로부터 위탁받은 권한 중 일부를 중앙회장에게 위탁할 수 있다(법96②, 영24③). 이에 따라 조합의 업무 또는 재산에 관한 보고, 자료의 제출, 조합의 임·직원에 대한 조치요구, 임시임원의 선임 및 등기촉탁 등에 대한 권한을 위탁할 수 있다.

Ⅲ. 중앙회의 감독

1. 지도·감독

중앙회장은 사업을 수행하기 위하여 조합을 지도·감독한다(법89① 전단).

2. 지침 등 보급과 자료제출 요구 등

(1) 자료제출 및 진술 요구 등

조합을 지도·감독하는 경우 중앙회장은 조합의 사업에 관한 지침 등을 작성하여 보급할 수 있으며, 필요한 경우에는 조합에 자료의 제출, 관계자의 출석 또는 진술을 요구할 수 있다(법89① 후단).

(2) 제출 또는 출석 의무

자료의 제출, 관계자의 출석 또는 진술을 요구받은 조합은 지체 없이 요구에 따라야 한다(법89②).

(3) 위반시 제재

조합 또는 중앙회의 임직원 또는 청산인이 법 제89조 제2항을 위반하여 자료의 제출, 출석 또는 진술을 거부하거나 거짓으로 자료를 제출하거나 진술을 한 경우에는 2년 이하의 징역 또는 2천만원 이하의 벌금에 처한다(법99②(7)).

3. 자료의 분석·평가 결과 공시

중앙회장은 조합으로부터 제출받은 자료를 금융위원회가 정하는 바에 따라 분석·평가하여 그 결과를 조합으로 하여금 공시하도록 할 수 있다(법89③).

4. 합병 권고 또는 재무상태의 개선 요청

중앙회장은 조합으로부터 제출받은 자료를 분석·평가 결과 대통령령으로 정하는 바에 따라 금융위원회가 정하는 기준에 해당되어 건전한 경영이 어렵다고 인정되는 조합에 대해서는 합병을 권고하거나 보유자산의 처분, 조직의 축소 등 재무상태의 개선을 위한 조치를 하도록 요청하여야 한다(법89④).

이에 따라 금융위원회는 ⅰ) 조합으로부터 제출받은 자료(법89③)의 분석·평가 결과 경영건전성기준에 미달하는 조합(제1호), ⅱ) 기타 조합으로부터 제출받은 자료의 분석·평가 결과 재산상태 또는 경영이 건전하지 못하여 경영개선이 필요한 조합(제2호)에 대하여 중앙회장이 합병을 권고하거나 보유재산의 처분, 조직의 축소등 재무상태의 개선을 위한 조치를 요청하는 데에 필요한 기준을 정할 수 있다(법89④, 영22).

5. 금융위원회의 경영관리 판단 위한 검사

금융위원회는 조합이 재무상태의 개선을 위한 조치(법89④)를 성실히 이행하지 아니한 경우에는 경영관리 요건에 해당하는지를 판단하기 위하여 검사(법83②)를 하여야 한다(법89⑤).

제2절 검사

Ⅰ. 금융감독원의 검사

1. 업무와 재산 검사

금융감독원장은 그 소속 직원으로 하여금 조합 또는 중앙회의 업무와 재산에 관하여 검사를 하게 할 수 있다(법83②).

금융감독원장은 중앙회장에게 조합의 업무와 재산에 관한 검사(법83②) 권한을 위탁할 수 있다(법96②, 영24③(1)).

2. 자료제출 및 의견진술 요구 등

금융감독원장은 검사를 할 때 필요하다고 인정하는 경우에는 조합과 중앙회에 대하여 업무 또는 재산에 관한 보고, 자료의 제출, 관계자의 출석 및 의견의 진술을 요구할 수 있다(법83③).

금융감독원장은 중앙회장에게 조합의 업무 또는 재산에 관한 보고, 자료의 제출, 관계자의 출석 및 의견의 진술요구 권한을 위탁할 수 있다(법96②, 영24③ (2)).

3. 증표제시

검사를 하는 사람은 그 권한을 표시하는 증표를 관계자에게 보여 주어야 한다(법83④).

4. 분담금 납부

금융감독원의 검사를 받는 조합 또는 중앙회는 검사 비용에 충당하기 위한 분담금을 금융감독원에 내야 한다(법83⑤).

이에 따른 분담금의 분담요율·한도 기타 분담금의 납부에 관하여는 「금융위원회의 설치 등에 관한 법률 시행령」 제12조(분담금)의 규정에 의한다(법83⑥, 영20).

5. 위반시 제재

조합 또는 중앙회가 감독기관의 검사를 거부·방해·기피한 경우에는 2천만 원 이하의 과태료를 부과한다(법101①(7)).

Ⅱ. 중앙회의 검사

1. 업무검사

중앙회장은 필요하다고 인정할 때에는 그 소속 직원으로 하여금 조합의 업 무를 검사하게 할 수 있다(법89⑥).

2. 과태료 부과에 필요한 사항의 금융위원회 보고

중앙회장은 조합에 대한 검사를 한 결과 과태료 부과대상 행위(법101① 각 호)를 확인한 경우에는 과태료 부과에 필요한 사항을 금융위원회에 보고하여야 한다(법89⑧).

3. 관련 판례

** 대법원 2008. 2. 28. 선고 2006다36905 판결

신용협동조합의 대표자가 직원의 업무상 위법행위에 가담하여 법인에 대하 여 공동불법행위를 한 경우, 신용협동조합 변상지침에 정한 직원에 대한 손해배 상청구권의 단기소멸시효의 기산점: 이 사건 변상지침이 시행되기 전에 행하여 진 망 소외 1의 업무상 위법행위가 문제로 되는 이 사건에 이 사건 변상지침이 적용된다고 본 원심의 판단을 받아들인다 하더라도 그 제16조 제1항의 "사고 및 행위자를 안 날"이라 함은 민법 제766조 제1항의 해석에 있어서와 마찬가지로 법인의 경우 통상 대표자가 이를 안 날을 뜻하지만 법인의 대표자가 행위자에 가담하여 법인에 대하여 공동불법행위가 성립하는 경우에는, 법인과 그 대표자 는 이익이 상반하게 되므로 현실로 그로 인한 손해배상청구권을 행사하리라고 기대하기 어려울 뿐만 아니라 일반적으로 그 대표권도 부인된다고 할 것이어서, 단지 그 대표자가 사고 및 행위자를 아는 것만으로는 부족하고, 적어도 법인의

이익을 정당하게 보전할 권한을 가진 다른 임원 또는 사원이나 직원 등이 손해배상청구권을 행사할 수 있을 정도로 이를 안 때에 비로소 이 사건 변상지침 제16조 제1항이 정하는 단기시효가 진행한다고 해석함이 상당하다고 할 것인바(대법원 1998. 11. 10. 선고 98다34126 판결 등 참조), 이 사건의 경우 S신협의 이사장으로서 그 대표자였던 망 소외 3도 망 소외 1의 업무상 위법행위에 대하여 공동불법행위자로서의 책임을 부담하는 이상, 망 소외 3이 망 소외 1의 업무상 위법행위를 안 것만으로는 이 사건 변상지침 제16조 제1항의 단기시효가 진행한다고 보기 어렵고 S신협의 이익을 정당하게 보전할 권한을 가진 다른 임원 또는 사원이나 직원 등이 손해배상청구권을 행사할 수 있을 정도로 망 소외 1의 업무상 위법행위를 알아야 비로소 위 단기시효가 진행된다고 할 것이다.

그럼에도 불구하고 위와 같은 사정을 심리함이 없이 단지 신용협동조합중앙회가 1996. 3. 4. S신협에 대하여 검사를 실시하고, 한국은행 은행감독원장(현행 금융감독원장)이 1997. 6. 2.부터 같은 달 7.까지 정기검사를 실시한 결과 망 소외 1의 업무상 잘못이 지적되었으며, 이러한 검사 결과가 그 무렵 S신협에 통지된 사실이 있다는 이유로 곧 이 사건 변상지침 제16조 제1항의 단기시효가 진행된다고 보고(다만, 이 사건 변상지침이 망 소외 1의 업무상 위법행위 이후 시행되었음을 이유로 시효의 기산점을 이 사건 변상지침의 시행일로 삼았다) 3년의 단기시효가 경과함으로써 동 면책규정에 의하거나 또는 신의칙에 터잡은 실효의 원칙에 의하여 망 소외 1의 신용협동조합에 대한 변상책임이 소멸하였다고 본 원심의 판단에는 이 사건 변상지침의 단기시효 혹은 실효의 원칙에 관한 법리를 오해하거나 심리를 다하지 아니하여 판결에 영향을 미친 위법이 있다.

Ⅲ. 조합원 또는 회원의 검사청구

1. 조합원의 조합에 대한 검사청구

조합원은 소속 조합의 업무집행 상황이 신용협동조합법등("이 법등") 또는 이 법등에 따른 명령·정관·규정에서 정한 절차나 의무에 위반된다고 판단하면 조합원 1% 이상의 동의를 받은 경우에는 중앙회에, 조합원 3% 이상의 동의를 받은 경우에는 금융감독원장에게 각각 소속 조합에 대한 검사를 청구할 수 있다(법

89의2①).

2. 회원의 중앙회에 대한 검사청구

조합은 중앙회의 업무집행 상황이 이 법등 또는 이 법등에 따른 명령·정관·규정에서 정한 절차나 의무에 위반된다고 판단하면 조합 3% 이상의 동의를 받아 금융감독원장에게 중앙회에 대한 검사를 청구할 수 있다(법89의2②).

3. 금융감독원장 또는 중앙회장의 검사의무

금융감독원장 또는 중앙회장은 조합에 대한 검사청구 또는 중앙회에 대한 검사청구를 받으면 지체 없이 검사를 하여야 한다(법89의2③).

제3절 제재

I. 금융위원회와 금융감독원

1. 임직원에 대한 제재

(1) 재임·재직 중인 임직원

(가) 제재의 종류와 사유

1) 금융위원회의 조치

금융위원회는 조합 또는 중앙회의 임직원이 신용협동조합법 또는 신용협동조합법에 따른 명령·정관·규정에서 정한 절차·의무를 이행하지 아니한 경우에는 조합 또는 중앙회로 하여금 관련 임직원에 대하여 ⅰ) 임원에 대해서는 개선, 직무의 정지 또는 견책(제1호), ⅱ) 직원에 대해서는 징계면직, 정직, 감봉 또는 견책(제2호), ⅲ) 임직원에 대한 주의·경고(제3호)의 조치를 하게 할 수 있다(법84①).

2) 금융감독원장에 대한 위탁

앞의 ⅱ) 직원에 대해서는 징계면직, 정직, 감봉 또는 견책 및 ⅲ) 임직원에 대한 주의·경고의 조치요구 권한은 금융감독원장에게 위탁되어 있다(법96①, 영24①(6)).

(나) 직무정지와 그 사유

조합 또는 중앙회가 임직원의 개선, 징계면직의 조치를 요구 받은 경우 해당 임직원은 그 날부터 그 조치가 확정되는 날까지 직무가 정지된다(법84②).

(다) 임시임원의 선임

금융위원회는 조합 또는 중앙회의 업무를 집행할 임원이 없는 경우에는 임시임원을 선임할 수 있다(법84③). 임시임원의 선임은 금융감독원장에게 위탁되어 있다(법96①, 영24①(7))).

(라) 임시임원의 선임 등기

임시임원이 선임되었을 때에는 조합 또는 중앙회는 지체 없이 이를 등기하여야 한다(법84④ 본문). 다만, 조합 또는 중앙회가 그 등기를 해태하는 경우에는 금융위원회는 조합 또는 중앙회의 주된 사무소를 관할하는 등기소에 그 등기를 촉탁할 수 있다(법84④ 단서). 등기촉탁은 금융감독원장에게 위탁되어 있다(법96①, 영24①(7))).

(2) 퇴임·퇴직 중인 임직원
(가) 금융위원회 등의 조치내용의 통보

금융위원회(제84조 제1항 각호의 어느 하나에 해당하는 조치 권한을 위탁받은 금융감독원장 및 중앙회장을 포함)는 조합 및 중앙회의 퇴임한 임원 또는 퇴직한 직원이 재임 중이었거나 재직 중이었더라면 ⅰ) 임원에 대해서는 개선, 직무의 정지 또는 견책(제1호), ⅱ) 직원에 대해서는 징계면직, 정직, 감봉 또는 견책(제2호), ⅲ) 임직원에 대한 주의·경고(제3호)의 조치(법84①)의 어느 하나에 해당하는 조치를 받았을 것으로 인정하는 경우에는 그 내용을 조합 또는 중앙회에 통보하여야 한다(법84의2①).

(나) 조합 또는 중앙회의 통보와 기록·유지

통보를 받은 조합 또는 중앙회는 이를 해당 임원 또는 직원에게 통보하고, 기록·유지하여야 한다(법84의2②).

(3) 관련 판례

① 대법원 2019. 5. 30. 선고 2018두52204 판결

[1] 금융위원회의 설치 등에 관한 법률 제60조의 위임에 따라 금융위원회가 고시한 "금융기관 검사 및 제재에 관한 규정" 제18조 제1항이 대외적으로 구속력이 있는 법규명령의 효력을 가지는지 여부(적극): 신용협동조합법 제83조 제1항, 제2항, 제84조 제1항 제1호, 제2호, 제42조, 제99조 제2항 제2호, 신용협동조합법 시행령 제16조의4 제1항, 금융위원회의 설치 등에 관한 법률("금융위원회법") 제17조 제2호, 제60조, 금융위원회 고시 "금융기관 검사 및 제재에 관한 규정" 제2조 제1항, 제2항, 제18조 제1항 제1호 (가)목, 제2항의 규정 체계와 내용, 입법 취지 등을 종합하면, 위 고시 제18조 제1항은 금융위원회법의 위임에 따라 법령의 내용이 될 사항을 구체적으로 정한 것으로서 금융위원회 법령의 위임 한계를 벗어나지 않으므로 그와 결합하여 대외적으로 구속력이 있는 법규명령의 효력을 가진다.

[2] 신용협동조합의 임직원이 고의로 중대한 위법행위를 하여 금융질서를 크게 문란시키거나 금융기관의 공신력을 크게 훼손한 경우, 금융위원회 고시 "금융기관 검사 및 제재에 관한 규정" 제18조 제1항 제1호 (가)목에서 정한 해임권고 사유가 되는지 여부(적극) 및 그가 퇴임이나 퇴직을 하였다가 다시 동일한 신용협동조합의 임원이 된 경우, 신용협동조합법 제84조 제1항 제1호에서 정한 조치 요구의 대상이 되는지 여부(적극): 신용협동조합의 임직원이 고의로 중대한 위법행위를 하여 금융질서를 크게 문란시키거나 금융기관의 공신력을 크게 훼손하였다면 금융위원회의 설치 등에 관한 법률 제60조의 위임에 따라 금융위원회가 고시한 "금융기관 검사 및 제재에 관한 규정" 제18조 제1항 제1호 (가)목에서 정한 해임권고의 사유가 될 수 있다. 그가 퇴임이나 퇴직을 하였다가 다시 동일한 신용협동조합의 임원이 된 경우에도 신용협동조합법 제84조 제1항 제1호에서 정한 조치 요구의 대상이 된다고 보아야 한다. 왜냐하면 신용협동조합의 임직원이 고의로 중대한 위법행위를 저지른 후 다시 동일한 신용협동조합의 임원으로 취임한 경우 신용협동조합의 공신력을 크게 훼손할 수 있기 때문이다.

② 서울행정법원 2017. 10. 20. 선고 2016구합84955 판결

신용협동조합법 제84조 제1항은 "금융위원회는 조합 또는 중앙회의 임직원

이 이 법 또는 이 법에 따른 명령·정관·규정에서 정한 절차·의무를 이행하지 아니한 경우에는 조합 또는 중앙회로 하여금 관련 임직원에 대하여 개선(개선) 등의 조치를 하게 할 수 있다.”고 규정하고 있다. 이에 따르면 금융위원회는 해당 조합에 재직하고 있는 임원이 그 직무를 수행함에 있어 신용협동조합법상의 의무 등을 위반한 경우에 해당 조합에 대하여 그 임원에 관한 개선 등 조치를 요구할 수 있는 것이고, 해당 조합 내에서 그 임원의 직위의 변동은 처분의 성부 및 그 내용에 아무런 영향을 주지 않는다. 또한 위법행위를 한 임원이 어떠한 사유로든 해당 조합에서 퇴사한 후 재입사한 경우에도 그 임원의 과거 재직 중 해당 조합에서 저지른 위법행위에 대하여 개선 등 조치를 취할 필요성은 유지되고 있다고 할 것이므로, 그 임원과 해당 조합과의 관련성 또는 직무의 연속성이 완전히 단절되었다는 등의 특별한 사정이 없는 이상 위 규정의 적용이 배제된다고 볼 수는 없다. 따라서 원고가 이 사건 각 대출 이후 ○○신협에서 전무로 퇴사하였다고 하더라도, 퇴직 후 단기간 내에 재입사하여 임원인 이사장으로 재직하고 있는 점, 과거 근무 당시의 직무(전무로서 대출업무 총괄)와 현재 직무(이사장으로서 대출업무를 포함한 조합의 업무 총괄) 사이의 연속성이 있다고 보이는 점 등에 비추어 볼 때 원고와 ○○신협과의 관련성 또는 직무의 연속성이 완전히 단절되었다고 볼 수는 없으므로, 원고에 대하여는 여전히 신용협동조합법 제84조 제1항이 적용된다고 봄이 타당하다(한편 2012. 12. 11. 법률 제11545호로 개정된 신용협동조합법에 신설된 제84조의2 제1항은 “금융위원회는 조합 및 중앙회의 퇴임한 임원 또는 퇴직한 직원이 재임 중이었거나 재직 중이었더라면 제84조 제1항 각 호의 어느 하나에 해당하는 조치를 받았을 것으로 인정하는 경우에는 그 내용을 조합 또는 중앙회에 통보하여야 한다.”고 규정하고 있다. 위 신설 규정은 금융위원회로부터 해임 등의 조치를 받기 전에 퇴임 또는 퇴직함으로써 임원 등의 자격제한 사유의 적용을 회피하는 것을 방지하기 위하여 임원 등의 자격제한 사유를 강화하기 위하여 마련된 규정으로서, 현재 해당 조합에 재임하고 있는 임원을 그 적용대상으로 삼고 있지 아니하다. 따라서 원고에 대하여는 위 신설 규정이 적용되지 않는다).

2. 조합 및 중앙회에 대한 제재

(1) 제재 사유 및 종류

(가) 금융위원회의 조치

금융위원회는 조합 또는 중앙회가 신용협동조합법 또는 신용협동조합법에 따른 명령을 위반하여 건전한 운영을 해칠 우려가 있다고 인정하는 경우 또는 금융소비자보호법 제51조 제1항 제4호,[1] 제5호[2] 또는 같은 조 제2항 각 호 외의 부분 본문 중 대통령령으로 정하는 경우[3]에 해당하는 경우(제3호에 해당하는 조치로 한정)에는 ⅰ) 조합 또는 중앙회에 대한 주의·경고(제1호), ⅱ) 해당 위반행위의 시정명령(제2호), ⅲ) 6개월 이내의 업무의 일부정지(제3호)의 어느 하나에 해당하는 조치를 할 수 있다(법85①).

(나) 금융감독원장에 위탁

금융위원회는 조합 또는 중앙회에 대한 주의·경고(법85①(1))에 관한 권한을 금융감독원장에게 위탁한다(법96①, 영24①(8)).

(2) 조합 업무의 전부정지

금융위원회는 조합이 ⅰ) 거짓이나 그 밖의 부정한 방법으로 설립인가를 받은 경우(제1호), ⅱ) 인가내용 또는 인가조건을 위반한 경우(제2호), ⅲ) 업무의 정지기간에 그 업무를 한 경우(제3호), ⅳ) 해당 위반행위의 시정명령을 이행하지

---

1) 4. 금융위원회의 시정명령 또는 중지명령을 받고 금융위원회가 정한 기간 내에 시정하거나 중지하지 아니한 경우(금융소비자보호법51①(4)).

2) 5. 그 밖에 금융소비자의 이익을 현저히 해칠 우려가 있거나 해당 금융상품판매업등을 영위하기 곤란하다고 인정되는 경우로서 ⅰ) 판매제한·금지명령(금융소비자보호법49②)에 따르지 않은 경우, ⅱ) 1년 이상 계속하여 정당한 사유 없이 영업을 하지 않는 경우, ⅲ) 업무와 관련하여 제3자로부터 부정한 방법으로 금전등을 받거나 금융소비자에게 지급해야 할 금전등을 받는 경우, ⅳ) 6개월 이내의 업무의 전부 또는 일부의 정지, 위법행위에 대한 시정명령, 위법행위에 대한 중지명령, 위법행위로 인하여 조치를 받았다는 사실의 공표명령 또는 게시명령, 기관경고, 기관주의, 영업소의 전부 또는 일부 폐쇄, 수사기관에의 통보, 다른 행정기관에의 행정처분 요구, 경영이나 업무에 대한 개선요구의 조치를 받은 날부터 3년 이내에 3회(금융소비자 보호에 관한 감독규정34②) 이상 동일한 위반행위를 반복한 경우(금융소비자보호법51①(5) 및 영41②).

3) "대통령령으로 정하는 경우"란 [별표 1] 각 호의 경우를 말한다(금융소비자보호법51② 및 같은법 시행령41③). [별표 1]은 금융상품판매업자등 및 그 임직원에 대한 조치 또는 조치요구 기준을 규정하고 있다.

아니한 경우(제4호), ⅴ) 조합원이 1년 이상 계속하여 100인 미만인 경우(제5호), ⅵ) 조합의 출자금 합계액이 1년 이상 계속하여 출자금 합계액의 최저한도(법14 ④ 각호)의 구분에 따른 금액에 미달한 경우(제6호), ⅶ) 정당한 사유 없이 1년 이상 계속하여 사업을 하지 아니한 경우(제7호), ⅷ) 설립인가를 받은 날부터 6개월 이내에 등기를 하지 아니한 경우(제8호), ⅸ) 금융소비자보호법 제51조 제1항 제4호 또는 제5호에 해당하는 경우(제9호), ⅹ) 금융소비자보호법 제51조 제2항 각호 외의 부분 중 대통령령으로 정하는 경우(업무의 전부정지를 명하는 경우로 한정)(제10호)의 어느 하나에 해당하는 경우에는 6개월 이내의 기간을 정하여 업무의 전부정지를 명할 수 있다(법85②).

(3) 중앙회장의 의견 청취

금융위원회가 업무의 전부정지를 명하려면 중앙회장의 의견을 들어야 한다(법85③).

(4) 위반시 제재

조합 또는 중앙회가 법 제85조 제1항 제2호에 따른 시정명령을 이행하지 아니한 경우에는 2천만원 이하의 과태료를 부과한다(법101①(4의2)).

Ⅱ. 중앙회장

1. 임직원에 대한 제재

금융감독원장은 직원에 대한 징계면직, 정직, 감봉 또는 견책(법84①(2)) 요구 및 임직원에 대한 주의·경고 요구(법84①(3)) 권한을 중앙회장에게 위탁할 수 있다(법96②, 영24③(3)).

(1) 재임·재직 중인 임직원
(가) 제재의 종류와 사유

중앙회장은 검사 결과에 따라 조합의 임직원이 신용협동조합법 또는 신용협동조합법에 따른 명령·정관·규정에서 정한 절차·의무를 이행하지 아니한 경우에는 조합으로 하여금 관련 임직원에 대하여 ⅰ) 임원에 대해서는 개선, 직무의 정지 또는 견책(제1호), ⅱ) 직원에 대해서는 징계면직, 정직, 감봉 또는 견책(제2호), ⅲ) 임직원에 대한 주의·경고(제3호)의 조치를 하게 할 수 있다(법89⑦(1), 84①).

(나) 직무정지와 그 사유

제89조 제7항 제1호에 따라 조합 임직원의 개선, 징계면직의 조치를 요구받은 경우 해당 임직원은 그 날부터 그 조치가 확정되는 날까지 직무가 정지된다(법89⑦(1), 법84②).

(다) 임시임원의 선임

중앙회장은 조합의 업무를 집행할 임원이 없는 경우에는 임시임원을 선임할 수 있다(법89⑦(3), 84③).

(라) 임시임원의 선임 등기

임시임원이 선임되었을 때에는 조합은 지체 없이 이를 등기하여야 한다(법84④ 본문). 다만, 조합이 그 등기를 해태하는 경우에는 중앙회장은 조합의 주된 사무소를 관할하는 등기소에 그 등기를 촉탁할 수 있다(법89⑦(4), 84④ 단서).

(2) 퇴임·퇴직 중인 임직원

(가) 중앙회장의 조치내용의 통보

제84조 제1항 각호의 어느 하나에 해당하는 조치 권한을 위탁받은 중앙회장은 조합의 퇴임한 임원 또는 퇴직한 직원이 재임 중이었거나 재직 중이었더라면 ⅰ) 임원에 대해서는 개선, 직무의 정지 또는 견책(제1호), ⅱ) 직원에 대해서는 징계면직, 정직, 감봉 또는 견책(제2호), ⅲ) 임직원에 대한 주의·경고(제3호)의 조치(법84①)의 어느 하나에 해당하는 조치를 받았을 것으로 인정하는 경우에는 그 내용을 조합 또는 중앙회에 통보하여야 한다(법84의2①).

(나) 조합의 통보와 기록·유지

통보를 받은 조합은 이를 해당 임원 또는 직원에게 통보하고, 기록·유지하여야 한다(법84의2②).

** 관련 판례: 대전지방법원 2019가합102653 판결

신협법은 제84조 제1항에서 조합의 임직원에 대한 징계 조치를 요구할 권한

을 금융위원회로 규정하고, 제89조 제7항에서는 위 권한의 주체를 중앙회장으로
규정하고 있다. 또한 신협법 제84조 제1항은 "이 법 또는 이 법에 따른 명령·정
관·규정에서 정한 절차·의무를 이행하지 아니한 경우"에 임직원에 대한 징계조
치 요구가 가능하다고 규정하고 있고, 제89조 제7항은 "제6항에 따른 검사 결과
에 따라 시정 등 필요한" 경우에 위 조치 요구를 할 수 있다고 규정하고 있다.
이와 같이 신협법은 위 두 권한에 관하여 서로 다른 권한주체와 처분요건을 정
함으로써 양자를 병렬적인 방식으로만 규정하고 있을 뿐, 어느 권한이 다른 권한
의 범위 내에 있다거나 두 권한이 서로 양립불가능하다는 취지의 규정을 두고
있지 아니하다.

특히, 신협법 제84조 제2항은 "제1항 및 제89조 제7항 제1호에 따른 조합
또는 중앙회가 임직원의 개선, 징계면직의 조치를 요구받은 경우…"라고 규정함
으로써 제84조 제1항에 따른 금융위원회의 조치와 제89조 제7항 제1호에 따른
중앙회장의 조치를 구별하고 있는데, 이에 비추어 보더라도 양 권한은 서로 다른
별개로 봄이 상당하다.

신협법 제89조 제7항 제1호는 중앙회장에게 제84조 제1항 제1호의 조치, 즉
"임원에 대해서는 개선, 직무의 정지 또는 견책"을 요구할 수 있음을 명문으로
규정하고 있다. 그런데 위 권한의 범위를 중앙회장이 신협법 제96조의 위임에 따
른 신협법 시행령이 규정한 금융위원회 또는 금융감독원장으로부터 위탁받은 범
위 안의 것으로만 한정하게 되면, 하위법령인 신협법 시행령의 제정, 개정, 폐기
에 따라 모법인 신협법이 직접 중앙회장에게 부여한 권한의 범위를 개폐하는 부
당한 결과가 초래된다. 이와 같은 해석은 법령의 체계에도 부합하지 아니하다.

이러한 법령의 문언, 체계, 취지에 의하여 알 수 있는 위와 같은 사정에 의
하면, 피고는 신협법 제89조 제7항 제1호에 의하여 독자적으로 조합에 대하여 조
합의 임직원에 대한 직무의 정지를 요구할 수 있는 법령상 권한이 있다고 새겨
야 하고, 이와 다른 전제에 있는 원고의 이 부분 주장은 받아들일 수 없다.

2. 조합에 대한 제재

(1) 제재 사유 및 종류

중앙회장은 조합이 신용협동조합법 또는 신용협동조합법에 따른 명령을 위
반하여 건전한 운영을 해칠 우려가 있다고 인정하는 경우 또는 금융소비자보호

법 제51조 제1항 제4호, 제5호 또는 같은 조 제2항 각 호 외의 부분 본문 중 대통령령으로 정하는 경우에 해당하는 경우(제3호에 해당하는 조치로 한정)에는 ⅰ) 조합에 대한 주의·경고(제1호), ⅱ) 해당 위반행위의 시정명령(제2호), ⅲ) 6개월 이내의 업무의 일부정지(제3호)의 어느 하나에 해당하는 조치를 할 수 있다(법85①).

(2) 조합 업무의 전부정지

중앙회장은 조합이 ⅰ) 거짓이나 그 밖의 부정한 방법으로 설립인가를 받은 경우(제1호), ⅱ) 인가내용 또는 인가조건을 위반한 경우(제2호), ⅲ) 업무의 정지기간에 그 업무를 한 경우(제3호), ⅳ) 해당 위반행위의 시정명령을 이행하지 아니한 경우(제4호), ⅴ) 조합원이 1년 이상 계속하여 100인 미만인 경우(제5호), ⅵ) 조합의 출자금 합계액이 1년 이상 계속하여 출자금 합계액의 최저한도(법14④ 각호)의 구분에 따른 금액에 미달한 경우(제6호), ⅶ) 정당한 사유 없이 1년 이상 계속하여 사업을 하지 아니한 경우(제7호), ⅷ) 설립인가를 받은 날부터 6개월 이내에 등기를 하지 아니한 경우(제8호), ⅸ) 금융소비자보호법 제51조 제1항 제4호 또는 제5호에 해당하는 경우(제9호), ⅹ) 금융소비자보호법 제51조 제2항 각 호 외의 부분 중 대통령령으로 정하는 경우(업무의 전부정지를 명하는 경우로 한정)(제10호)의 어느 하나에 해당하는 경우에는 6개월 이내의 기간을 정하여 업무의 전부정지를 명할 수 있다(법89⑦(5), 법85②).

(3) 위반시 제재

조합이 법 제89조 제7항 제5호, 제85조 제1항 제2호에 따른 시정명령을 이행하지 아니한 경우에는 2천만원 이하의 과태료를 부과한다(법101①(4의2)).

3. 금융감독원장의 권한 위탁과 중앙회장의 조치 권한과의 관계

금융감독원장은 직원에 대한 징계면직, 정직, 감봉 또는 견책(법84①(2)) 요구 및 임직원에 대한 주의·경고 요구(법84①(3)) 권한을 중앙회장에게 위탁할 수 있다(법96②, 영24③(3)). 또한 임시임원의 선임 및 등기촉탁(법84③④) 권한도 중앙회장에게 위탁할 수 있다(법96②, 영24③(4)). 다만, 중앙회장은 제89조 7항 제1호에 따라 독자적인 조치권한이 있으므로, 위 권한의 범위는 신협법 제96조의 위임에 따른 신협법 시행령이 규정한 금융위원회 또는 금융감독원장으로부터 위탁받은 범위로 한정되지 않는다. 따라서 중앙회장은 검사결과에 따라 제84조 제1항에 따른 임직원에 대한 조치요구(조합 임원에 대한 개선, 직무의 정지 또는 견책, 직원에 대한 징계면직, 정직, 감봉 또는 견책, 임직원에 대한 주의·경고) 등을 할 수 있다.

제4절 과태료

Ⅰ. 개요

신용협동조합법 제101조는 일정한 위반행위에 대하여 2천만원 이하의 과태료를 부과하는 경우(제1항), 1천만원 이하의 과태료를 부과하는 경우(제2항)를 규정한다(법101①②). 과태료는 대통령령으로 정하는 바에 따라 금융위원회가 부과·징수한다(법101③). 과태료의 부과기준은 시행령 [별표 2]와 같다(영25). 시행령 [별표 2]는 과태료의 부과기준를 규정하고 있다.

Ⅱ. 2천만원 이하의 과태료

조합 또는 중앙회가 다음의 어느 하나에 해당하는 경우에는 2천만원 이하의 과태료를 부과한다(법101①).

1. 정관을 변경하였을 때에는 중앙회장의 승인을 받은 후 이를 등기하여야 하는데(법24②), 이를 위반하여 정관을 변경한 경우
1의2. 조합은 전월 말일 현재의 예탁금 및 적금 잔액의 10% 이상을 상환준비금으로 보유하 여야 하며, 상환준비금의 일부를 중앙회에 예치하여야 하는데(법43①), 이를 위반하여 상환준비금을 보유하지 아니하거나 중앙회에 예치하지 아니한 경우
1의3. 조합이나 중앙회는 대출등의 계약을 체결하려는 자에게 금리인하를 요구할 수 있음을 알려야 하는데(법45의3②, 법79의2), 이를 위반하여 금리인하

를 요구할 수 있음을 알리지 아니한 경우

2. 조합은 매 사업연도가 끝난 후 총회에서 결산보고서를 승인받으면 30일 이
내에 중앙회장에게 제출하여야 하는데(법47④), 이를 위반하여 결산보고서를
중앙회장에게 제출하지 아니한 경우

3. 정당한 사유 없이 직전 연도 말 자산총액이 대통령령으로 정하는 기준액 이
상인 조합으로 서 금융위원회가 조합원의 보호를 위하여 외부감사가 필요하
다고 인정하여 감사를 의뢰한 조합은 매년 감사인의 감사를 받아야 하는데
(법47⑤), 이에 따른 감사인의 회계감사를 받지 아니한 경우, 그리고 중앙회
는 사업연도마다 감사인의 회계감사를 받아야 하는데(법81 ②), 이에 감사인
의 회계감사를 받지 아니한 경우

3의2. 조합은 금융위원회가 정하는 바에 따라 경영상황에 관한 주요 정보 및 자
료를 공시하여야 하는데(법83의2), 이를 위반하여 공시하지 아니하거나 거짓
으로 공시한 경우

4. 조합 또는 중앙회는 업무보고서를 다음 달 말일까지 제출해야 하는데(법83
의4), 이에 따른 보고서를 제출하지 아니하거나 거짓으로 보고서를 제출한
경우

4의2. 금융위원회는 조합 또는 중앙회가 신용협동조합법 또는 신용협동조합법
에 따른 명령을 위반하여 건전한 운영을 해칠 우려가 있다고 인정하는 경우
해당 위반행위의 시정명령를 내릴 수 있는데(법85①(2)), 이에 따른 시정명
령을 이행하지 아니한 경우

5. 계약이전의 결정이 있는 경우 해당 부실조합 및 인수조합은 공동으로 그 결
정의 요지 및 계약이전의 사실을 둘 이상의 일간신문에 지체 없이 공고하여
야 하는데(법86의5②), 이를 위반하여 공고를 하지 아니한 경우

6. 금융위원회는 계약이전의 결정을 한 경우 해당 부실조합 및 인수조합으로 하
여금 계약이 전과 관련된 자료를 보관·관리하도록 하고, 채권자등의 열람에
제공하도록 하여야 하는데(법86의5⑥), 이를 위반하여 계약이전과 관련된 자
료를 보관·관리하지 아니하거나 채권자 등의 열람에 제공하지 아니한 경우

7. 감독기관의 검사를 거부·방해·기피한 경우

Ⅲ. 1천만원 이하의 과태료

고객응대직원에 대한 보호 조치 의무(법45의2)를 위반하여 직원의 보호를 위한 조치를 하지 아니하거나 직원에게 불이익을 준 조합에는 1천만원 이하의 과태료를 부과한다(법101②).

Ⅳ. 과태료의 부과기준

과태료는 금융위원회가 부과·징수한다(법101③). 과태료의 부과기준은 시행령 [별표 2]와 같다(영25).

[별표 2]

과태료의 부과기준(제25조 관련)

1. 일반기준

금융위원회는 위반행위의 정도, 위반행위의 동기와 그 결과 등을 고려하여 제2호에 따른 과태료 금액을 감경 또는 면제하거나 2분의 1 범위에서 가중할 수 있다. 다만, 가중하는 경우에도 법 제101조제1항 및 제2항에 따른 과태료 금액의 상한을 초과할 수 없다.

2. 개별기준

(단위: 만원)

위반행위	근거 법조문	금액
가. 조합이 법 제24조 제2항을 위반하여 정관을 변경한 경우	법 제101조 제1항 제1호	1,200
나. 조합이 법 제43조 제1항을 위반하여 상환준비금을 보유하지 않거나 중앙회에 예치하지 않은 경우	법 제101조 제1항 제1호의2	2,000
다. 조합이 법 제45조의2를 위반하여 직원의 보호를 위한 조치를 하지 않거나 직원에게 불이익을 준 경우	법 제101조 제2항	600
라. 조합 또는 중앙회가 법 제45조의3 제2항(법 제79조의2에 따라 준용되는 경우를 포함한다)을 위반하여 금리인하를 요구할 수 있음을 알리지 않은 경우	법 제101조 제1항 제1호의3	1,000

마. 조합이 제47조 제4항을 위반하여 결산보고서를 중앙회장에게 제출하지 않은 경우	법 제101조 제1항 제2호	1,200
바. 조합 또는 중앙회가 정당한 사유 없이 제47조 제5항 또는 제81조 제2항에 따른 감사인의 회계감사를 받지 않은 경우	법 제101조 제1항 제3호	2,000
사. 조합이 법 제83조의2를 위반하여 공시하지 않거나 거짓으로 공시한 경우	법 제101조 제1항 제3호의2	1,200
아. 조합 또는 중앙회가 법 제83조의4에 따른 보고서를 제출하지 않거나 거짓으로 보고서를 제출한 경우	법 제101조 제1항 제4호	1,200
자. 조합 또는 중앙회가 법 제85조 제1항 제2호에 따른 시정명령을 이행하지 않은 경우	법 제101조 제1항 제4호의2	2,000
차. 조합이 법 제86조의5 제2항을 위반하여 공고를 하지 않은 경우	법 제101조 제1항 제5호	1,200
카. 조합이 법 제86조의5 제6항을 위반하여 계약이전과 관련된 자료를 보관관리하지 않거나 채권자등의 열람에 제공하지 않은 경우	법 제101조 제1항 제6호	600
타. 법인인 자가 감독기관의 검사를 거부·방해·기피한 경우	법 제101조 제1항 제7호	2,000
파. 법인이 아닌 자가 감독기관의 검사를 거부·방해·기피한 경우	법 제101조 제1항 제7호	1,000 다만, 임직원의 경우에는 400만 원으로 한다.

제5절 형사제재

Ⅰ. 개요

　신용협동조합법 제99조는 일정한 위반행위에 대하여 3년 이하의 징역 또는 3천만원 이하의 벌금에 처하는 경우(제1항), 2년 이하의 징역 또는 2천만원 이하의 벌금에 처하는 경우(제2항), 1년 이하의 징역 또는 1천만원 이하의 벌금에 처하는 경우를 규정하고 있다(법99①②③).

　또한 법 제100조는 양벌규정을 다음과 같이 규정하고 있다. 조합 또는 중앙회의 대표자나 대리인, 사용인, 그 밖의 종업원이 그 조합 또는 중앙회의 업무에 관하여 제99조 제1항 또는 제2항의 위반행위를 하면 그 행위자를 벌하는 외에 그 조합 또는 중앙회에도 해당 조문의 벌금형을 과(科)한다(법100 본문). 다만, 조합 또는 중앙회가 그 위반행위를 방지하기 위하여 해당 업무에 관하여 상당한 주의와 감독을 게을리하지 아니한 경우에는 그러하지 아니하다(법100 단서).

Ⅱ. 3년 이하의 징역 또는 3천만원 이하의 벌금

조합 또는 중앙회의 임직원 또는 청산인이 ⅰ) 조합 또는 중앙회의 사업 목적 외의 용도로 자금을 사용하거나 재산을 처분 또는 이용하여 조합 또는 중앙회에 손해를 끼친 경우(제1호), ⅱ) 제7조(설립)를 위반하여 설립인가를 받은 경우(제2호)에는 3년 이하의 징역 또는 3천만원 이하의 벌금에 처한다(법99① 전단). 이 경우 징역형과 벌금형을 병과할 수 있다(법99① 후단).

** 관련 판례: 대법원 2018. 5. 15. 선고 2017도19999 판결
신용협동조합법 제99조 제1항 제1호가 죄형법정주의의 명확성 원칙과 과잉금지 원칙을 위반하여 위헌이라는 주장은 피고인이 이를 항소이유로 삼거나 원심이 직권으로 심판대상으로 삼지 않은 것을 상고심에서 비로소 주장하는 것으로 적법한 상고이유가 되지 못한다.

Ⅲ. 2년 이하의 징역 또는 2천만원 이하의 벌금

조합 또는 중앙회의 임직원 또는 청산인이 다음 각 호의 어느 하나에 해당하는 행위를 한 경우에는 2년 이하의 징역 또는 2천만원 이하의 벌금에 처한다(법99②).

1. 등기를 거짓으로 한 경우
2. 제42조(동일인에 대한 대출등의 한도)를 위반하여 동일인에 대한 대출등의 한도를 초과한 경우
3. 수뢰 등의 금지(법30의2) 규정을 위반한 경우, 조합은 매 사업연도 이익금의 10% 이상을 납입출자금 총액의 2배가 될 때까지 법정적립금으로 적립하여

야 한다(법49①) 규정을 위반한 경우, 청산인은 조합의 채무를 변제하거나 변제에 상당하는 재산을 공탁하기 전에는 조합의 재산을 분배해서는 아니 된다(법59③)는 규정을 위반한 경우

4. 금융위원회가 정하는 회계처리기준 또는 결산에 관한 기준(법47②)을 위반하여 거짓으로 재무제표를 작성하여 총회의 승인을 받은 경우

5. 중앙회는 매 사업연도 경과 후 3개월 이내에 해당 사업연도의 결산보고서와 감사위원회의 감사보고서 및 외부감사인의 감사보고서를 정기총회에 제출하여 승인을 받아야 한다(법81 ③)는 규정을 위반한 경우, 중앙회는 정기총회가 끝난 후 2주 이내에 승인을 받은 결산보고서 및 감사보고서를 금융위원회에 제출하여야 한다(법81④)는 규정을 위반한 경우

6. 금융위원회는 경영관리 요건의 어느 하나에 해당되어 조합원의 이익을 크게 해칠 우려가 있다고 인정되는 조합에 대해서는 관리인을 선임하여 경영관리를 하게 할 수 있는데(법86 ①), 이에 따른 경영관리에 응하지 아니한 경우

7. 중앙회장은 사업을 수행하기 위하여 조합을 지도·감독하는데, 필요한 경우에는 조합에 자료의 제출, 관계자의 출석 또는 진술을 요구할 수 있는데, 이에 따라 자료의 제출, 관계자 의 출석 또는 진술을 요구받은 조합은 지체 없이 요구에 따라야 한다(법89②)는 규정을 위반하여 자료의 제출, 출석 또는 진술을 거부하거나 거짓으로 자료를 제출하거나 진술을 한 경우

** 관련 판례: 대법원 2016. 11. 25. 선고 2016도12806 판결

[1] 원심은, 공모공동정범에 관한 관련 법리 및 제1심 판시의 사정들에 원심 판시의 사정들을 종합하여, 피고인 C가 무진신용협동조합의 이사장으로서 실제 차주인 Y, H, K, 피고인 W에 대한 이 사건 대출들이 담보물에 대한 평가를 제대로 거치지 않고 실제 차주가 아닌 자를 대출명의자로 하여 실행된다는 사실을 인식하면서도, 해당 대출이 실행될 수 있도록 피고인 X, Z에게 지시하거나 이들과 암묵적으로 의사상통하여 최종결재권자로서 결재함으로써 제1심 판시 범죄사실과 같은 부실대출이 이루어지도록 한 사실을 넉넉히 인정할 수 있다고 판단하였다.

사실의 인정과 그 전제로 행하여지는 증거의 취사선택 및 평가는 자유심증주의의 한계를 벗어나지 않는 한 사실심법원의 전권에 속한다. 원심판결 이유를 관련 법리 및 적법하게 채택된 증거들에 비추어 살펴보아도, 원심의 위와 같은

판단에 상고이유 주장과 같이 증거의 증거능력이나 신빙성 유무에 관하여 판단을 그르치거나 논리와 경험의 법칙을 위반하여 자유심증주의의 한계를 벗어난 잘못이 있다고는 인정되지 않는다.

　　[2] 금융기관이 거래처의 기존 대출금에 대한 원리금에 충당하기 위하여 거래처에 신규대출을 하면서 형식상 신규대출을 한 것처럼 서류상 정리를 하였을 뿐 실제로 거래처에 대출금을 새로 교부한 것이 아니라면 그로 인하여 금융기관에 어떤 새로운 손해가 발생하는 것은 아니므로 따로 업무상배임죄가 성립된다고 볼 수 없다(대법원 2000. 6. 27. 선고 2000도1155 판결 등 참조). 그러나 금융기관이 실제로 거래처에 대출금을 새로 교부한 경우에는 거래처가 그 대출금을 임의로 처분할 수 없다거나 그 밖에 어떠한 이유로든 그 대출금이 기존 대출금의 원리금으로 상환될 수밖에 없다는 등의 특별한 사정이 없는 한, 비록 새로운 대출금이 기존 대출금의 원리금으로 상환되도록 약정되어 있다고 하더라도 그 대출과 동시에 이미 손해발생의 위험은 발생하였다고 보아야 할 것이므로 업무상배임죄가 성립한다(대법원 2003. 10. 10. 선고 2003도3516 판결 등 참조).

　　위 법리와 기록에 의하면, 피고인 C가 나머지 피고인들과 공모하여 실행한 이 사건 각 대출은 단지 기존 채무의 변제를 위한 단순한 서류상의 정리가 아니라 차주들에게 대출금을 새로 교부한 것으로 볼 수 있으므로 이로 말미암아 무진신용협동조합에 대한 재산상 손해 발생의 위험성이 발생하였다고 할 것이다. 원심이 같은 취지에서 위 각 대출에 관하여「특정경제범죄 가중처벌 등에 관한 법률」("특정경제범죄법") 위반(배임)죄가 성립한다고 판단한 것은 정당하다.

Ⅳ. 1년 이하의 징역 또는 1천만원 이하의 벌금

　　조합 또는 중앙회가 아닌 자는 그 명칭에 "신용협동조합"이나 이와 유사한 문자를 사용해서는 아니 된다(법3②)는 규정을 위반한 자, 임원의 선거운동 제한(법27의2, 법72⑧) 규정을 위반한 자, 정치 관여의 금지(법93) 규정을 위반한 자는 1년 이하의 징역 또는 1천만원 이하의 벌금에 처한다(법99③).

Ⅴ. 양벌규정

1. 의의

조합 또는 중앙회의 대표자나 대리인, 사용인, 그 밖의 종업원이 그 조합 또는 중앙회의 업무에 관하여 제99조 제1항 또는 제2항의 위반행위를 하면 그 행위자를 벌하는 외에 그 조합 또는 중앙회에도 해당 조문의 벌금형을 과(科)한다(법100 본문).

2. 면책

조합 또는 중앙회가 그 위반행위를 방지하기 위하여 해당 업무에 관하여 상당한 주의와 감독을 게을리하지 아니한 경우에는 그러하지 아니하다(법100 단서).

제
3
장
/

검 사

제1절 서설

I. 검사의 의의

검사는 금융기관의 업무활동과 경영상태를 분석·평가하고 금융기관이 취급한 업무가 관계법령에 위반되지 않았는지를 확인·점검하여 적절한 조치를 취하는 활동으로서, 감독정책이 시장에서 작동되도록 보장할 뿐만 아니라 검사결과 도출된 제반 정보를 반영하여 보다 실효성 있는 금융감독정책을 수립할 수 있도록 지원하는 기능도 담당한다. 이에 반해 금융감독은 사전 예방적인 감독활동과 사후교정적인 검사활동으로 구분할 수 있다. 일반적으로 감독은 금융기관의 건전경영을 유도하기 위하여 기준을 설정하고 이를 준수하도록 지도하는 행위를 말한다.[1]

금융기관에 대한 검사방식은 과거에는 사후교정적 측면을 강조하는 지적위주의 검사에서 1980년대 이후에는 금융자율화 추세에 따라 내부통제 기능 강화와 책임경영체제 확립을 도모하였고, 2000년대 이후에는 제한된 검사인력을 효

---

[1] 금융감독원(2020), 「금융감독개론」, 금융감독원(2020. 3), 427쪽.

율적으로 운용하기 위하여 리스크중심의 검사를 지향하고 있으며, 2008년 금융
위기 이후에는 금융기관 및 금융시장의 잠재적 위험에 선제적으로 대응하여 위
기의 발생을 억제하는 사전예방적 검사의 중요성이 강조되어 금융시스템에 영향
이 큰 대형금융기관에 대한 현장검사의 강화 및 상시감시활동, 금융기관의 내부
감사 및 내부통제 활동의 중요성이 더욱 부각되고 있다.

금융감독당국은 금융기관의 건전성 및 영업행위에 대한 검사를 통해 문제점
을 적발하고, 이에 대한 심의를 거쳐 제재조치를 내리게 되는데, 검사란 제재조
치의 시작점이라고 할 수 있다. 따라서 제재가 실효성을 갖기 위해서는 검사라는
첫 단추가 적절히 채워져야 할 것이다.[2]

Ⅱ. 검사의 법적 근거

금융감독원은 금융위원회법 또는 다른 법령에 따라 검사대상기관의 업무 및
재산상황에 대한 검사업무를 수행한다(금융위원회법37(1)). 금융위원회법 제37조
및 동법 시행령, 금융업관련법 및 그 시행령과 기타 관계법령에 의하여 금융감독
원장("감독원장")이 실시하는 검사의 방법, 검사결과의 처리 및 제재, 기타 필요한
사항을 정한 금융위원회 고시로 「금융기관 검사 및 제재에 관한 규정」("검사제재
규정")이 있다. 검사는 행정조사의 일종으로서 권력적 행정조사와 비권력적 행정
조사를 모두 포함한다.

Ⅲ. 검사 대상기관

금융감독원의 검사를 받는 기관은 은행, 금융투자업자, 증권금융회사, 종합
금융회사 및 명의개서대행회사, 보험회사, 상호저축은행과 그 중앙회, 신용협동
조합 및 그 중앙회, 여신전문금융회사 및 겸영여신업자, 농협은행, 수협은행이
있으며, 다른 법령에서 금융감독원이 검사를 하도록 규정한 기관도 검사 대상기
관이다(금융위원회법38).

검사제재규정의 적용범위는 금융감독원장이 검사를 실시하는 "금융기관"에

---

2) 이승민(2013), "금융기관 및 그 임직원에 대한 제재의 실효성 제고방안", 서울대학교 대학
   원 석사학위논문(2013. 12). 134쪽.

적용한다(검사제재규정2①). 여기서 "금융기관"이라 함은 설립·해산, 영업의 인·허가, 승인 또는 업무감독·검사 등과 관련하여 금융위원회법 및 금융업관련법의 적용을 받는 회사·관계기관·단체 등을 말한다(검사제재규정3(2)).

제2절 검사의 종류

Ⅰ. 정기검사와 부문검사

이는 운영방식에 따른 구분이다. "정기검사"란 금융기관의 규모, 시장에 미치는 영향력 등을 감안하여 일정 주기에 따라 정기적으로 실시하는 검사를 말하고(검사제재규정3(3)), "수시검사"란 금융사고예방, 금융질서확립, 기타 금융감독 정책상의 필요에 따라 수시로 실시하는 검사를 말한다(검사제재규정3(4)).

Ⅱ. 현장검사와 서면검사

이는 검사 실시방법에 따른 구분이다. "현장검사"란 검사원(금융감독원장의 명령과 지시에 의하여 검사업무를 수행하는 자)이 금융기관을 방문하여 실시하는 검사를 말하고(검사제재규정3(5)), "서면검사"란 검사원이 금융기관으로부터 자료를 제출받아 검토하는 방법으로 실시하는 검사를 말한다(검사제재규정3(6)).

Ⅲ. 건전성검사와 영업행위검사

실시목적 기준에 따라 건전성검사와 영업행위검사로 구분된다. 건전성검사는 금융기관의 리스크관리, 경영실태평가, 지배구조 등 건전경영 유도 목적에 보다 중점을 둔 검사이며, 영업행위검사는 금융소비자에 대한 금융상품 판매행위 등 금융소비자 보호 및 금융거래질서 확립목적에 보다 중점을 둔 검사이다.[3]

---

3) 금융감독원(2020), 429쪽.

Ⅳ. 평가성검사와 준법성검사

　　중대한 법규 위반사항 적발 목적 기준에 따라 평가성검사와 준법성검사로 구분된다. 평가성검사는 컨설팅 방식으로 진행되며 미흡한 사항에 대해서는 개선권고, 경영유의, 현지조치, MOU 체결 등으로 처리하되, 중대한 법규 위반사항 발견 시에는 준법성검사로 전환한다. 준법성검사는 사실관계 확인 및 위법성 검토 방식으로 진행되며, 검사결과 위법성의 경중에 따라 기관 및 개인에 대해 제재조치한다. 평가성검사와 준법성검사가 혼재된 경우 준법성검사로 구분한다.

제3절 검사의 절차

Ⅰ. 상시감시 업무

　　"상시감시"란 금융기관에 대하여 임직원 면담, 조사출장, 영업실태 분석, 재무상태 관련 보고서 심사, 경영실태 계량평가, 기타 각종자료 또는 정보의 수집·분석을 통하여 문제의 소지가 있는 금융기관 또는 취약부문을 조기에 식별하여 현장검사 실시와 연계하는 등 적기에 필요한 조치를 취하여 금융기관의 안전하고 건전한 경영을 유도하는 감독수단을 말한다(검사제재규정3(15)).

　　금융기관에 대한 상시감시업무는 상시감시자료, 즉 ⅰ) 업무 또는 영업보고서(제1호), ⅱ) 금융기관 경영실태평가에 활용되고 있는 계량지표 또는 보조지표 자료(제2호), ⅲ) 임직원 면담 및 조사출장 결과 자료(제3호), ⅳ) 금융기관이 검사원의 요구에 따라 제출한 자료(제4호), ⅴ) 검사원 등이 수집한 정보·건의사항(제5호), ⅵ) 기타 검사총괄담당부서장 및 검사실시부서장이 필요하다고 판단하는 자료(제6호)를 검토·분석하는 방법으로 수행한다(검사제재규정 시행세칙6①, 이하 "시행세칙"). 금융감독원장은 내부통제 및 리스크관리 강화 등이 필요하다고 판단되는 금융기관에 대하여 검사원을 일정기간 상주시키면서 상시감시업무를 수행하도록 할 수 있다(시행세칙6②).

　　상시감시결과 취할 수 있는 조치의 종류는 ⅰ) 경영개선권고, 금융위원회

("금융위")에 경영개선요구 건의·경영개선명령 건의(제1호), ii) 경영실태평가 등급 조정(제2호), iii) 검사계획수립 및 중점검사항목에 반영(제3호), iv) 검사실시(제4호), v) 시정계획 제출요구 또는 보고서 주기 단축 등 사후관리 강화(제5호), vi) 확약서·양해각서 체결(제6호) 등이다(시행세칙7).

Ⅱ. 검사계획의 수립 및 중점검사사항 운영

1. 검사계획의 수립

검사총괄담당부서장은 다음 연도의 검사계획을 수립한다(시행세칙4①). 검사실시부서장은 각 부서별 연간검사계획을 수립하여 이를 검사총괄담당부서장에게 통보하여야 한다(시행세칙4② 전단). 검사계획의 일부를 변경 또는 조정하는 경우에도 그러하다(시행세칙4② 후단). 연간검사계획에는 검사의 종류, 검사대상점포 및 점포수, 검사실시시기, 검사동원인원, 주요 검사실시범위 등이 포함되어야 한다(시행세칙4④ 본문). 다만, 부문검사의 경우에는 이를 미리 정하지 아니할 수 있다(시행세칙4④ 단서). 금융지주회사등에 대한 연결검사를 위한 연간검사계획은 주검사부서가 자회사 및 손자회사 담당 검사실시부서와 협의하여 수립하고, 각 검사실시부서는 이를 연간검사계획에 포함하여 검사총괄담당부서장에게 통보하여야 한다(시행세칙4③ 전단). 검사계획의 일부를 변경 또는 조정하는 경우에도 그러하다(시행세칙4③ 후단). "연결검사"라 함은 금융지주회사와 그 자회사 및 손자회사("금융지주회사등")에 대한 연결기준 재무상태 및 경영성과 등 경영의 건전성 평가와 그 업무 및 재산에 대한 적정성 등을 확인하기 위해 실시하는 검사를 말한다(시행세칙2(7)).

2. 중점검사사항 운영

중점검사사항은 기본항목과 수시항목으로 구분 운영한다(시행세칙5①). "중점검사사항 기본항목"이라 함은 주요 금융감독정책 및 검사방향 등에 따라 연중 계속적으로 중점검사하여야 할 사항을 말하고(시행세칙2(1)), "중점검사사항 수시항목"이라 함은 검사실시시기 또는 검사대상점포의 특성에 따라 중점검사하여야 할 사항을 말한다(시행세칙2(2)).

　　검사실시부서장은 금융환경, 업계동향 및 금융기관의 특성 등을 감안하여
중점검사사항 기본항목을 선별 운영할 수 있으며, 상시감시결과 나타난 금융기
관의 경영상 취약부문 등을 중점검사사항 수시항목으로 선정하여 운영할 수 있
다(시행세칙5②). 검사위탁기관이 검사위탁과 관련하여 금융감독원장에게 중점검
사사항을 통보하는 경우에는 이를 당해 위탁검사대상기관에 대한 중점검사사항
기본항목으로 운영한다(시행세칙5③).

Ⅲ. 검사사전준비

　　검사실시부서장은 검사사전준비를 위하여 금융기관의 업무 및 재산에 관한
자료, 상시감시자료, 유관부서의 확인요청 사항, 과거 사고·민원발생 내용, 정보
및 건의사항, 기타 조사 및 분석자료 및 정보를 수집·분석하여 활용하여야 한다
(시행세칙9①). 검사실시부서장은 검사사전준비를 위하여 필요한 경우 소속 검사
원으로 하여금 금융기관에 임점하여 필요한 자료 등을 수집하게 할 수 있다(시행
세칙11①).

　　검사실시부서장은 검사사전준비를 위하여 필요한 경우 검사실시 전에 유관
부서 등과 검사사전준비협의회를 개최할 수 있다(시행세칙10①). 검사사전준비협
의회는 검사계획의 개요 및 중점검사사항, 금융기관 경영상의 주요 문제점, 금융
거래자 보호 및 공정한 금융거래질서 유지와 관련한 주요 문제점, 자체감사부서
의 활동상황 등을 협의한다(시행세칙10③).

Ⅳ. 검사의 실시

1. 검사실시

　　금융감독원장은 금융기관의 업무 및 재산상황 또는 특정부문에 대한 검사를
실시한다(검사제재규정8①). 관계법령에 의하여 금융위원회가 금융감독원장으로
하여금 검사를 하게 할 수 있는 금융기관에 대하여는 따로 정하는 경우를 제외
하고는 금융감독원장이 검사를 실시한다(검사제재규정8②). 검사의 종류는 정기검
사와 부문검사로 구분하고, 검사의 실시는 현장검사 또는 서면검사의 방법으로

행한다(검사제재규정8③). 금융감독원장은 매년 당해 연도의 검사업무의 기본방향과 당해 연도 중 검사를 실시할 금융기관, 검사의 목적과 범위 및 검사 실시기간 등이 포함된 검사계획을 금융위원회에 보고하여야 한다(검사제재규정8④).

2. 검사의 사전통지

금융감독원장은 현장검사를 실시하는 경우에는 검사목적 및 검사기간 등이 포함된 검사사전예고통지서를 당해 금융기관에 검사착수일 1주일 전(정기검사의 경우 1개월전)까지 통지하여야 한다(검사제재규정8의2 본문). 다만, 검사의 사전통지에 따라 검사목적 달성이 어려워질 우려가 있는 다음의 하나에 해당하는 경우에는 그러하지 아니하다(검사제재규정8의2 단서).

1. 사전에 통지할 경우 자료·장부·서류 등의 조작·인멸, 대주주의 자산은닉 우려 등으로 검사 목적 달성에 중요한 영향을 미칠 것으로 예상되는 경우
2. 검사 실시 사실이 알려질 경우 투자자 및 예금자 등의 심각한 불안 초래 등 금융시장에 미치는 악영향이 클 것으로 예상되는 경우
3. 긴급한 현안사항 점검 등 사전통지를 위한 시간적 여유가 없는 불가피한 경우
4. 기타 검사목적 달성이 어려워질 우려가 있는 경우로서 금융감독원장이 정하는 경우

3. 금융기관 임직원의 조력을 받을 권리

현장검사 과정에서 검사를 받는 금융기관 임직원은 문답서 및 확인서 작성시 변호사 또는 기타 전문지식을 갖춘 사람으로서 금융감독원장이 정하는 사람("조력자")의 조력을 받을 수 있다(검사제재규정8의3①). 검사원은 문답서 및 확인서 작성시 검사를 받는 금융기관 임직원과 조력자의 주요 진술내용을 충분히 반영하여 작성하고, 검사 기록으로 관리하여야 한다(검사제재규정8의3②).

4. 자료제출 요구 등

금융감독원장은 검사 및 상시감시업무를 수행함에 있어 필요한 경우에는 금

융기관에 대하여 업무 또는 재산에 관한 보고 및 자료의 제출을 요구할 수 있으며, 필요한 경우에는 자본시장법, 보험업법 등 관계법령이 정하는 바에 따라 관계자 등에 대하여 진술서의 제출, 증언 또는 장부·서류 등의 제출을 요구할 수 있다(검사제재규정9①). 자료의 제출은 정보통신망을 이용한 전자문서의 방법에 의할 수 있다(검사제재규정9②).

금융감독원장은 검사 및 상시감시 업무와 관련하여 제출받은 자료·장부·서류 등에 대해, 조작이 의심되어 원본 확인이 필요한 경우 금융기관의 자료·장부·서류 등의 원본을 금융감독원에 일시 보관할 수 있다(검사제재규정9③). 일시 보관하고 있는 자료·장부·서류 등의 원본에 대하여 금융기관이 반환을 요청한 경우에는 검사 및 상시감시업무에 지장이 없는 한 즉시 반환하여야 한다(검사제재규정9④ 전단). 이 경우 금융감독원장은 자료·장부·서류 등의 사본을 보관할 수 있고, 그 사본이 원본과 다름없다는 사실에 대한 확인을 금융기관에 요구할 수 있다(검사제재규정9④ 후단).

5. 권익보호담당역

금융감독원장은 검사업무 수행과정에서 금융기관 및 그 임직원의 권익보호를 위하여 금융기관 및 그 임직원의 권익보호업무를 총괄하는 권익보호담당역을 둔다(검사제재규정10①). 금융감독원장은 권익보호담당역이 업무를 수행함에 있어 독립성이 보장될 수 있도록 하여야 한다(검사제재규정10②). 권익보호담당역의 임기는 3년으로 한다(검사제재규정10③). 권익보호담당역은 금융기관의 신청이 있는 경우에, 검사 과정에서 위법·부당한 검사가 진행되거나 절차상 중요한 흠결이 있다고 인정되면, 금융감독원장에게 검사중지 건의 또는 시정 건의를 할 수 있다(검사제재규정10④). 권익보호담당역은 그 업무수행 과정에서 필요한 경우, 검사원에 대한 소명요구, 검사자료 제출요구 등 검사업무 수행 과정에 대한 조사를 할 수 있다(검사제재규정10⑤).

6. 의견진술기회 부여

검사반장은 검사결과 나타난 위법·부당행위의 관련자 또는 당해 금융기관에 대하여 의견진술의 기회를 주어야 한다(시행세칙27①). 의견진술은 의견서, 문답서 또는 질문서에 의하며, 관련자 또는 당해 금융기관이 의견제출을 하지 아니하거나 거부한 경우에는 의견이 없는 것으로 본다(시행세칙27②).

제4절 검사결과의 보고, 통보 및 조치

Ⅰ. 검사결과의 보고

금융감독원장은 금융기관에 대하여 검사를 실시한 경우에는 그 결과를 종합
정리하여 금융위에 보고하여야 한다(검사제재규정13① 본문). 다만, 현지조치사항
만 있거나 조치요구사항이 없는 경우에는 보고를 생략할 수 있다(검사제재규정13
① 단서). 금융감독원장은 시스템리스크 초래, 금융기관 건전성의 중대한 저해,
다수 금융소비자 피해 등의 우려가 있다고 판단하는 경우에는 보고와 별도로 검
사 종료 후 지체없이 그 내용을 금융위원회에 보고하여야 한다(검사제재규정13②).
금융감독원장은 타기관에 위임 또는 위탁한 검사에 대하여도 그 검사결과를 보
고받아 금융위에 보고하여야 한다(검사제재규정13③).

Ⅱ. 검사결과의 통보 및 조치

1. 검사결과의 통보 및 조치요구

(1) 의의

금융감독원장은 금융기관에 대한 검사결과를 검사서에 의해 당해 금융기관
에 통보하고 필요한 조치를 취하거나 당해 금융기관의 장에게 이를 요구할 수
있으며(검사제재규정14①), 조치를 요구한 사항에 대하여 금융기관의 이행상황을
관리하여야 한다(검사제재규정14③ 본문). 다만, 현지조치사항에 대하여는 당해 금
융기관의 자체감사조직의 장이나 당해 금융기관의 장에게 위임하며, 신용협동조
합·농업협동조합·수산업협동조합·산림조합에 대한 조치요구사항은 당해 설립
법에 의한 중앙회장에게 위임할 수 있다(검사제재규정14③ 단서).

(2) 검사결과 조치요구사항

검사서 작성 및 검사결과 조치요구사항은 아래와 같이 구분한다(검사제재규정14②). 여기서 조치요구사항"이란 경영유의사항, 지적사항, 현지조치사항 등 금융감독원장이 금융기관에 대하여 조치를 요구하는 사항을 말한다(검사제재규정3(8)).

(가) 경영유의사항

경영유의사항이란 금융기관에 대한 검사결과 경영상 취약성이 있는 것으로 나타나 경영진의 주의 또는 경영상 조치가 필요한 사항을 말한다(검사제재규정3(9)).

(나) 지적사항

지적사항이란 금융기관에 대한 검사결과 나타난 위법·부당한 업무처리내용 또는 업무처리방법의 개선 등이 필요한 사항을 말하며, 이는 문책·자율처리필요·주의·변상·개선사항으로 다음과 같이 구분한다(검사제재규정3(10)).

ⅰ) 문책사항(가목): 금융기관 또는 금융기관의 임직원이 금융관련법규를 위반하거나 금융기관의 건전한 영업 또는 업무를 저해하는 행위를 함으로써 신용질서를 문란하게 하거나 당해 기관의 경영을 위태롭게 하는 행위로서 과태료·과징금 부과, 기관 및 임원에 대한 주의적 경고 이상의 제재, 직원에 대한 면직·업무의 전부 또는 일부에 대한 정직·감봉·견책에 해당하는 제재의 경우, ⅱ) 자율처리필요사항(나목): 금융기관 직원의 위법·부당행위에 대하여 당해 금융기관의 장에게 그 사실을 통보하여 당해 금융기관의 장이 조치대상자와 조치수준을 자율적으로 결정하여 조치하도록 하는 경우, ⅲ) 주의사항(다목): 위법 또는 부당하다고 인정되나 정상참작의 사유가 크거나 위법·부당행위의 정도가 상당히 경미한 경우, ⅳ) 변상사항(라목): 금융기관의 임직원이 고의 또는 중대한 과실로 금융관련법규 등을 위반하는 등으로 당해 기관의 재산에 대하여 손실을 끼쳐 변상책임이 있는 경우, ⅴ) 개선사항(마목): 규정, 제도 또는 업무운영 내용 등이 불합리하여 그 개선이 필요한 경우.

(다) 현지조치사항

현지조치사항이란 금융기관에 대한 검사결과 나타난 위법·부당행위 또는 불합리한 사항 중 그 정도가 경미하여 검사반장이 검사현장에서 시정, 개선 또는 주의조치하는 사항을 말한다(검사제재규정3(11)).

2. 표준검사처리기간

금융감독원장은 표준검사처리기간 운영을 통해 검사결과가 신속히 처리될 수 있도록 노력하여야 한다(검사제재규정14⑤). 표준검사처리기간이란 검사종료 후부터 검사결과 통보까지 소용되는 기간으로서 180일 이내에서 금융감독원장이 정하는 기간을 말하는데(검사제재규정14⑤), 정기검사 180일, 수시검사 152일을 말하며, 수시검사 중 연인원 150명 이상인 검사는 정기검사와 동일한 처리기간을 적용하며, 세부사항은 [별표 10]의 표준검사처리기간에 의한다(시행세칙30의2 ①). 금융감독원장은 표준검사처리기간을 경과한 검사 건에 대하여 그 건수와 각각의 지연사유, 진행상황 및 향후 처리계획을 매 반기 종료 후 1개월 이내에 금융위에 보고하여야 한다(검사제재규정14⑧ 본문).

표준검사처리기간에는 ⅰ) 관련 사안에 대한 유권해석, 법률·회계 검토에 소요되는 기간(제1호), ⅱ) 제재대상자에 대한 사전통지 및 의견청취에 소요되는 기간(제2호), ⅲ) 검사종료 후 추가적인 사실관계 확인을 위해 소요되는 기간(제3호), ⅳ) 관련 소송 및 수사·조사기관의 수사 및 조사 진행으로 인하여 지연되는 기간(제4호), ⅴ) 제재심의위원회의 추가 심의에 소요되는 기간(제5호), ⅵ) 제재심의위원회의 최종 심의일로부터 금융위 의결일(금융위가 금융위원장에게 제재조치 권한을 위임한 경우 동 제재조치의 결정일)(제6호), ⅶ) 기타 표준검사처리기간에 산입하지 않는 것이 제재의 공정성 및 형평성 등을 위해 필요하다고 금융감독원장이 인정하는 기간(제7호)은 산입하지 아니한다(검사제재규정14⑥). 표준검사처리기간의 운영과 관련하여 구체적인 불산입 기간 등 세부사항은 금융감독원장이 정한다(검사제재규정14⑦).[4]

---

4) 검사제재규정 시행세칙 제30조의2(표준검사처리기간) ② 규정 제14조 제7항에 따른 표준처리기간에 산입되지 아니하는 기간으로서 금융감독원장이 정하는 기간은 다음의 각 호와 같다. 다만, 제1호, 제3호 및 제6호의 경우에는 최대 60일을 초과하여서는 아니 된다.
　1. 검사실시부서가 관련법규 소관 정부부처, 법무법인, 회계법인 및 감독원 법무·회계 관련부서에 검사처리 관련 사안에 대한 유권해석(과태료·과징금 부과건의 관련 질의를 포함한다) 또는 법률·회계 검토를 의뢰한 날로부터 회신일까지 소요기간
　2. 시행세칙 제59조 제1항의 규정에 의한 제재대상자에 대한 사전통지 및 의견청취 소요기간(사전통지일부터 의견접수일까지의 기간), 같은 조 제2항의 규정에 의한 제재대상자에 대한 공고기간, 제60조의 규정에 의한 청문절차 소요기간(청문실시 통지일부터 청문주재자의 의견서 작 성일까지의 기간)
　3. 검사종료 후 추가적인 사실관계 확인을 위한 후속검사 소요기간(검사총괄담당부서장이

3. 조치요구사항에 대한 정리기한 및 보고

금융기관은 조치요구사항에 대하여 특별한 사유가 있는 경우를 제외하고는 검사서를 접수한 날로부터 경영유의사항은 6월 이내(제1호), 지적사항(제2호) 중 문책사항은 관련 임직원에 대한 인사조치내용은 2월 이내, 문책사항에 주의사항 또는 개선사항 등이 관련되어 있는 경우에는 나목에서 정한 기한이내(가목), 자율처리필요·주의·변상·개선사항은 3월 이내(나목)에 이를 정리하고 그 결과를 기한종료일로부터 10일 이내에 [별지 서식]에 의하여 금융감독원장에게 보고하여야 한다(검사제재규정15①).

금융감독원장은 검사결과 조치요구사항(경영유의사항, 자율처리필요사항 및 개선사항은 제외)에 대한 금융기관의 정리부진 및 정리 부적정 사유가 관련 임직원의 직무태만 또는 사후관리의 불철저에서 비롯된 것으로 판단하는 경우에는 책임이 있는 임직원에 대하여 제재절차를 진행할 수 있다(검사제재규정15②).

4. 자체감사결과에 따른 조치

금융기관은 자체감사결과 등으로 발견한 정직 이상 징계처분이 예상되는 직원에 대하여 다음과 같이 조치하여야 한다(검사제재규정16②).

1. 위법·부당행위가 명백하게 밝혀졌을 경우에는 지체없이 직위를 해제하되 징계확정 전에 의원면직 처리하여서는 아니된다.
2. 직원이 사직서를 제출하는 경우에는 동 사직서 제출경위를 조사하고 민법 제660조 등 관계법령에 의한 고용계약 해지의 효력이 발생하기 전에 징계조치 및 사고금 보전 등 필요한 조치를 취한다.

합의하는 사전준비기간 및 집중처리기간을 포함) 및 주요 입증자료 등 징구에 소요되는 기간(자료요구일로부터 자료접수일까지의 기간)
4. 검사결과 처리가 관련 소송 및 수사·조사기관의 수사·조사 결과에 연관된다고 금융감독원장이 판단하는 경우 동 판단시점부터 재판 확정 또는 수사 및 조사 결과 통지 등까지 소요되는 기간
5. 제재심의위원회가 심의를 유보한 경우 심의 유보일로부터 제재심의위원회 최종 심의일까지의 소요기간
6. 제재의 형평성을 위해 유사사안에 대한 다수의 검사 건을 함께 처리할 필요가 있는 경우 일괄처리를 위해 소요되는 기간

제재(검사결과의 조치)

제1절 서설

Ⅰ. 제재의 의의

제재라 함은 금융감독원의 검사결과 등에 따라 금융기관 또는 그 임직원에 대하여 금융위 또는 금융감독원장이 검사제재규정에 의하여 취하는 조치를 말한다(검사제재규정3(18)). 검사결과 법규위반행위에 대하여는 제재를 하게 되는데, 제재는 금융기관 또는 그 임직원에게 영업상, 신분상, 금전상의 불이익을 부과함으로써 금융기관 경영의 건전성 확보 및 금융제도의 안정성 도모 등 금융기관 감독목적의 실효성을 확보하기 위한 사후적 감독수단이다.[1]

제재는 금융관련법령의 목적달성인 금융감독의 목적을 달성하기 위하여 검사 대상기관에 부과하는 징계벌이라는 점에서 검사 대상기관의 장이 그 소속직원에 대하여 취하는 면직, 정직, 감봉, 견책 등의 신분상의 조치인 징계와 구별된다. 징계란 금융감독원장의 요구에 의하여 당해 기관의 장이 그 소속직원에 대하

---

[1] 금융감독원(2020), 436쪽.

여 취하는 면직, 정직, 감봉, 견책 등 신분상의 제재조치를 말한다(검사제재규정 3(19)).

II. 제재의 법적 근거

제재는 금융기관 및 그 임직원에게 새로운 의무를 부과하거나 기존의 권리나 이익을 박탈하는 등 영업상, 신분상, 금전상의 불이익 부과를 주된 내용으로 하고 있으므로 명확한 법적 근거가 있어야 한다. 따라서 금융감독기관이 제재를 하기 위해서는 명확한 법적 근거가 요구되는데, 현행 금융기관 임직원에 대한 제재는 금융위원회법, 여신전문금융업법, 은행법, 자본시장법, 보험업법 등의 개별 금융관련법령, 그리고 금융기관 검사 및 제재에 관한 규정 및 동 규정 시행세칙에 그 법적 근거를 두고 있다.

금융위원회법은 금융위원회의 소관 사무 중 하나로 금융기관 감독 및 검사·제재에 관한 사항을 규정하고 있으며(금융위원회법17(2)), 또한 금융감독원은 금융위원회법 또는 다른 법령에 따라 검사대상기관의 업무 및 재산상황에 대한 검사업무를 수행한 검사결과와 관련하여 금융위원회법 또는 다른 법령에 따른 제재업무를 수행한다(금융위원회법37(2)).

금융감독원장은 검사 대상기관의 임직원이 i) 금융위원회법 또는 금융위원회법에 따른 규정·명령 또는 지시를 위반한 경우(제1호), ii) 금융위원회법에 따라 원장이 요구하는 보고서 또는 자료를 거짓으로 작성하거나 그 제출을 게을리한 경우(제2호), iii) 금융위원회법에 따른 금융감독원의 감독과 검사 업무의 수행을 거부·방해 또는 기피한 경우(제3호), iv) 원장의 시정명령이나 징계요구에 대한 이행을 게을리한 경우(제4호)에는 그 기관의 장에게 이를 시정하게 하거나 해당 직원의 징계를 요구할 수 있다(금융위원회법41①). 징계는 면직·정직·감봉·견책 및 경고로 구분한다(금융위원회법41②).

금융감독원장은 검사 대상기관의 임원이 금융위원회법 또는 금융위원회법에 따른 규정·명령 또는 지시를 고의로 위반한 때에는 그 임원의 해임을 임면권자에게 권고할 수 있으며, 그 임원의 업무집행의 정지를 명할 것을 금융위원회에 건의할 수 있다(금융위원회법42).

금융감독원장은 검사 대상기관이 금융위원회법 또는 금융위원회법에 따른

규정·명령 또는 지시를 계속 위반하여 위법 또는 불건전한 방법으로 영업하는
경우에는 금융위원회에 i) 해당 기관의 위법행위 또는 비행(非行)의 중지(제1호),
또는 ii) 6개월의 범위에서의 업무의 전부 또는 일부 정지(제2호)를 명할 것을 건
의할 수 있다(금융위원회법43).

제2절 제재의 종류

I. 기관제재의 종류와 사유

금융위원회법, 금융산업구조개선법 및 금융업관련법의 규정 등에 의거 금융
기관에 대하여 취할 수 있는 제재의 종류 및 사유는 다음 각호와 같다(검사제재규
정17①). 금융감독원장은 금융기관이 다음 각호에 해당하는 사유가 있는 경우에
는 당해 금융기관에 대하여 제1호 내지 제6호에 해당하는 조치를 취할 것을 금
융위에 건의하여야 하며, 제7호 및 제9호에 해당하는 조치를 취할 수 있다(다만,
개별 금융업관련법 등에서 달리 정하고 있는 때에는 그에 따른다. 이하 제18조 제2항, 제
19조 제1항, 제21조에서 같다)(검사제재규정17②).

1. 영업의 인가·허가 또는 등록의 취소, 영업·업무의 전부 정지

제재 사유는 i) 허위 또는 부정한 방법으로 인가·허가를 받거나 등록을
한 경우 또는 인가·허가의 내용이나 조건에 위반한 경우(가목), ii) 금융기관의
건전한 영업 또는 업무를 크게 저해하는 행위를 함으로써 건전경영을 심히 훼손
하거나 당해 금융기관 또는 금융거래자 등에게 중대한 손실을 초래한 경우(나목),
iii) 영업·업무의 전부 또는 일부에 대한 정지조치를 받고도 당해 영업·업무를
계속하거나 동일 또는 유사한 위법·부당행위를 반복하는 경우(다목), iv) 위법부
당행위에 대한 시정명령을 이행하지 않은 경우(라목)이다.

2. 영업·업무의 일부에 대한 정지

제재 사유는 i) 금융기관의 건전한 영업 또는 업무를 저해하는 행위를 함

으로써 건전경영을 훼손하거나 당해 금융기관 또는 금융거래자 등에게 재산상
손실을 초래한 경우(나목),[2] ⅱ) 제3호의 영업점 폐쇄, 영업점 영업의 정지조치
또는 위법·부당행위의 중지조치를 받고도 당해 영업점 영업을 계속하거나 당해
행위를 계속하는 경우(다목), ⅲ) 제7호의 기관경고를 받고도 동일 또는 유사한
위법·부당행위를 반복하는 경우(라목)이다.

3. 영업점의 폐쇄, 영업점 영업의 전부 또는 일부의 정지

제재 사유는 금융기관의 위법·부당행위가 제2호의 "영업·업무의 일부에
대한 정지"에 해당되나 그 행위가 일부 영업점에 국한된 경우로서 위법·부당행
위의 경중에 따라 당해 영업점의 폐쇄 또는 그 영업의 전부 또는 일부를 정지시
킬 필요가 있는 경우이다.

4. 위법·부당행위 중지

제재 사유는 금융기관의 위법·부당행위가 계속되고 있어 이를 신속히 중지
시킬 필요가 있는 경우이다.

5. 계약이전의 결정

제재 사유는 금융산업구조개선법에서 정한 부실금융기관이 동법 제14조
제2항[3] 각호의 1에 해당되어 당해 금융기관의 정상적인 영업활동이 곤란한 경
우이다.

---

2) 가목은 삭제됨 〈2006. 8. 31.〉.
3) 금융산업구조개선법 제14조(행정처분) ② 금융위원회는 부실금융기관이 다음 각 호의 어
 느 하나에 해당하는 경우에는 그 부실금융기관에 대하여 계약이전의 결정, 6개월 이내의
 영업정지, 영업의 인가·허가의 취소 등 필요한 처분을 할 수 있다. 다만, 제4호에 해당하
 면 6개월 이내의 영업정지처분만을 할 수 있으며, 제1호 및 제2호의 부실금융기관이 부실
 금융기관에 해당하지 아니하게 된 경우에는 그러하지 아니하다.
 1. 제10조 제1항 또는 제12조 제3항에 따른 명령을 이행하지 아니하거나 이행할 수 없게
  된 경우
 2. 제10조 제1항 및 제11조 제3항에서 규정하는 명령 또는 알선에 따른 부실금융기관의
  합병 등이 이루어지지 아니하는 경우
 3. 부채가 자산을 뚜렷하게 초과하여 제10조 제1항에 따른 명령의 이행이나 부실금융기관
  의 합병 등이 이루어지기 어렵다고 판단되는 경우
 4. 자금사정의 급격한 악화로 예금등 채권의 지급이나 차입금의 상환이 어렵게 되어 예금
  자의 권익이나 신용질서를 해칠 것이 명백하다고 인정되는 경우

6. 위법내용의 공표 또는 게시요구

제재 사유는 금융거래자의 보호를 위하여 위법·부당내용을 일간신문, 정기간행물 기타 언론에 공표하거나 영업점에 게시할 필요가 있는 경우이다.

7. 기관경고

기관경고의 사유는 다음과 같다.

가. 제2호 나목의 규정에 해당되나 위법·부당행위의 동기, 목적, 방법, 수단, 사후수습 노력 등을 고려할 때 그 위반의 정도가 제2호의 제재에 해당되는 경우보다 가벼운 경우
나. 위법·부당행위로서 그 동기·결과가 다음 각호의 1에 해당하는 경우
  (1) 위법·부당행위가 당해 금융기관의 경영방침이나 경영자세에 기인한 경우
  (2) 관련점포가 다수이거나 부서 또는 점포에서 위법·부당행위가 조직적으로 이루어진 경우
  (3) 임원이 위법·부당행위의 주된 관련자이거나 다수의 임원이 위법·부당행위에 관련된 경우
  (4) 동일유형의 민원이 집단적으로 제기되거나 금융거래자의 피해규모가 큰 경우
  (5) 금융실명법의 중대한 위반행위가 발생한 경우
  (6) 위법·부당행위가 수사당국에 고발 또는 통보된 사항으로서 금융기관의 중대한 내부 통제 또는 감독 소홀 등에 기인한 경우
다. 최근 1년 동안 내부통제업무 소홀 등의 사유로 금융사고가 발생하여
  (1) 당해 금융기관의 최직근 분기말 현재 자기자본(자기자본이 납입자본금보다 적은 경우에는 납입자본금. 이하 같다)의 100분의 2(자기자본의 100분의 2가 10억원 미만인 경우에는 10억원) 또는 다음의 금액을 초과하는 손실이 발생하였거나 발생이 예상되는 경우
    (가) 자기자본이 1조 5천억원 미만인 경우: 100억원
    (나) 자기자본이 1조 5천억원 이상 2조 5천억원 미만인 경우: 300억원
    (다) 자기자본이 2조 5천억원 이상인 경우: 500억원
  (2) 손실(예상)금액이 (1)에 미달하더라도 내부통제가 매우 취약하여 중대

한 금융사고가 빈발하거나 사회적 물의를 크게 야기한 경우

8. 기관주의

제7호에 해당되나 위법·부당행위의 동기, 목적, 방법, 수단, 사후수습 노력 등을 고려할 때 정상참작의 사유가 크거나 위법·부당행위의 정도가 제7호의 제재에 해당되는 경우보다 경미한 경우이다.

Ⅱ. 임원제재의 종류와 사유

금융위원회법, 금융산업구조개선법 및 금융업관련법의 규정 등에 의거 금융기관의 임원에 대하여 취할 수 있는 제재의 종류 및 사유는 다음과 같다(검사제재규정18①).[4] 금융감독원장은 금융기관의 임원이 제1항 각호에 해당하는 사유가 있는 경우에는 당해 임원에 대하여 제1항 제1호 및 제2호에 해당하는 조치를 취할 것을 금융위에 건의하여야 하며, 제1항 제3호 내지 제5호에 해당하는 조치를 취할 수 있다(검사제재규정18②). 다만, 개별 금융업관련법 등에서 달리 정하고 있는 때에는 그에 따른다(검사제재규정17②).

1. 해임권고(해임요구, 개선요구 포함)

제재 사유는 ⅰ) 고의로 중대한 위법·부당행위를 함으로써 금융질서를 크게 문란시키거나 금융기관의 공신력을 크게 훼손한 경우(가목),[5] ⅱ) 금융기관의

---

4) 대법원 2019. 5. 30. 선고 2018두52204 판결(신용협동조합법 제83조 제1항, 제2항, 제84조 제1항 제1호, 제2호, 제42조, 제99조 제2항 제2호, 신용협동조합법 시행령 제16조의4 제1항, 금융위원회의 설치 등에 관한 법률(이하 '금융위원회법'이라 한다) 제17조 제2호, 제60조, 금융위원회 고시 '금융기관 검사 및 제재에 관한 규정' 제2조 제1항, 제2항, 제18조 제1항 제1호 (가)목, 제2항의 규정 체계와 내용, 입법 취지 등을 종합하면, 위 고시 제18조 제1항은 금융위원회법의 위임에 따라 법령의 내용이 될 사항을 구체적으로 정한 것으로서 금융위원회 법령의 위임 한계를 벗어나지 않으므로 그와 결합하여 대외적으로 구속력이 있는 법규명령의 효력을 가진다).

5) 대법원 2019. 5. 30. 선고 2018두52204 판결(신용협동조합의 임직원이 고의로 중대한 위법행위를 하여 금융질서를 크게 문란시키거나 금융기관의 공신력을 크게 훼손하였다면 금융위원회의 설치 등에 관한 법률 제60조의 위임에 따라 금융위원회가 고시한 '금융기관 검사 및 제재에 관한 규정' 제18조 제1항 제1호 (가)목에서 정한 해임권고의 사유가 될 수 있다. 그가 퇴임이나 퇴직을 하였다가 다시 동일한 신용협동조합의 임원이 된 경우에도 신용협동조합법 제84조 제1항 제1호에서 정한 조치 요구의 대상이 된다고 보아야 한다. 왜냐하면 신용협동조합의 임직원이 고의로 중대한 위법행위를 저지른 후 다시 동일한 신

사회적 명성에 중대한 손상이 발생하는 등 사회적 물의를 야기하거나 금융기관의 건전한 운영을 크게 저해함으로써 당해 금융기관의 경영을 심히 위태롭게 하거나 당해 금융기관 또는 금융거래자 등에게 중대한 재산상의 손실을 초래한 경우(나목), iii) 고의 또는 중과실로 재무제표 등에 허위의 사실을 기재하거나 중요한 사실을 기재하지 아니하여 금융거래자등에게 중대한 재산상의 손실을 초래하거나 초래할 우려가 있는 경우 또는 위의 행위로 인하여 금융산업구조개선법에서 정한 적기시정조치를 회피하는 경우(다목), iv) 고의 또는 중과실로 금융감독원장이 금융관련법규에 의하여 요구하는 보고서 또는 자료를 허위로 제출함으로써 감독과 검사업무 수행을 크게 저해한 경우(라목), ⅴ) 고의 또는 중과실로 직무상의 감독의무를 태만히 하여 금융기관의 건전한 운영을 크게 저해하거나 금융질서를 크게 문란시킨 경우(마목), ⅵ) 기타 금융관련법규에서 정한 해임권고 사유에 해당하는 행위를 한 경우(바목)이다.

2. 업무집행의 전부 또는 일부의 정지

제재 사유는 ⅰ) 위법·부당행위가 제1호 각 목의 어느 하나에 해당되고 제1호에 따른 제재의 효과를 달성하기 위해 필요한 경우(가목), ⅱ) 위법·부당행위가 제1호 각 목의 어느 하나에 해당되나 위법·부당행위의 동기, 목적, 방법, 수단, 사후수습 노력 등을 고려할 때 정상참작의 사유가 있는 경우(나목)이다.

3. 문책경고

문책경고는 ⅰ) 금융관련법규를 위반하거나 그 이행을 태만히 한 경우(가목), ⅱ) 당해 금융기관의 정관에 위반되는 행위를 하여 신용질서를 문란시킨 경우(나목), iii) 금융감독원장이 금융관련법규에 의하여 요구하는 보고서 또는 자료를 허위로 제출하거나 제출을 태만히 한 경우(다목), iv) 직무상의 감독의무 이행을 태만히 하여 금융기관의 건전한 운영을 저해하거나 금융질서를 문란시킨 경우(라목), ⅴ) 금융관련법규에 의한 감독원의 감독과 검사업무의 수행을 거부·방해 또는 기피한 경우(마목), ⅵ) 금융위원회, 금융감독원장, 기타 감독권자가 행한 명령, 지시 또는 징계요구의 이행을 태만히 한 경우(바목), vii) 기타 금융기

용협동조합의 임원으로 취임한 경우 신용협동조합의 공신력을 크게 훼손할 수 있기 때문이다).

관의 건전한 운영을 저해하는 행위를 한 경우(사목)이다.

4. 주의적 경고

주의적 경고는 제3호 각목의 1에 해당되나 위법·부당행위의 동기, 목적, 방법, 수단, 사후수습 노력 등을 고려할 때 정상참작의 사유가 있거나 위법·부당행위의 정도가 제3호의 제재에 해당되는 경우보다 가벼운 경우이다.

5. 주의

주의는 제4호에 해당되나 위법·부당행위의 동기, 목적, 방법, 수단, 사후수습 노력 등을 고려할 때 정상참작의 사유가 크거나 위법·부당행위의 정도가 제4호의 제재에 해당되는 경우보다 경미한 경우이다.

Ⅲ. 직원제재의 종류와 사유

금융감독원장은 금융관련법규에 따라 ⅰ) 금융기관의 건전성 또는 금융소비자 권익을 크게 훼손하거나 금융질서를 문란하게 한 경우(제1호), ⅱ) 당해 금융기관의 내부통제체제가 취약하거나 제2항에 의한 자율처리필요사항이 과거에 부적정하게 처리되는 등 자율처리필요사항을 통보하기에 적합하지 않다고 판단되는 경우(제2호) 금융위에 금융기관의 직원에 대한 면직요구 등을 건의하거나 당해 금융기관의 장에게 소속 직원에 대한 면직, 정직, 감봉, 견책 또는 주의 등의 제재조치를 취할 것을 요구할 수 있다(검사제재규정19②). 다만, 개별 금융업관련법 등에서 달리 정하고 있는 때에는 그에 따른다(검사제재규정17②). 금융기관 직원에 대한 제재의 종류 및 사유는 다음과 같다(시행세칙45①).

1. 면직

면직 사유는 ⅰ) 고의 또는 중대한 과실로 위법·부당행위를 행하여 금융기관 또는 금융거래자에게 중대한 손실을 초래하거나 신용질서를 크게 문란시킨 경우(가목), ⅱ) 횡령, 배임, 절도, 업무와 관련한 금품수수 등 범죄행위를 한 경우(나목), ⅲ) 변칙적·비정상적인 업무처리로 자금세탁행위에 관여하여 신용질서를 크게 문란시킨 경우(다목), ⅳ) 고의 또는 중과실로 금융감독원장이 금융관련

법규에 의하여 요구하는 보고서 또는 자료를 허위로 제출함으로써 감독과 검사
업무 수행을 크게 저해한 경우(라목), ⅴ) 고의 또는 중과실로 직무상의 감독의무
를 태만히 하여 금융기관의 건전한 운영을 크게 저해하거나 금융질서를 크게 문
란시킨 경우(마목)이다.

2. 업무의 전부 또는 일부에 대한 정직

업무의 전부 또는 일부에 대한 정직 사유는 위 제1호 각목의 1에 해당되나
위법·부당행위의 동기, 목적, 방법, 수단, 사후수습 노력 등을 고려할 때 정상참
작의 사유가 있거나 위법·부당행위의 정도가 제1호의 제재에 해당되는 경우보
다 비교적 가벼운 경우이다.

3. 감봉

감봉 사유는 ⅰ) 위법·부당행위를 한 자로서 금융기관 또는 금융거래자에
게 상당한 손실을 초래하거나 신용질서를 문란시킨 경우(가목), ⅱ) 업무와 관련
하여 범죄행위를 한 자로서 사안이 가벼운 경우 또는 손실을 전액 보전한 경우
(나목), ⅲ) 자금세탁행위에 관여한 자로서 사안이 가벼운 경우(다목), ⅳ) 금융감
독원장이 금융관련법규에 의하여 요구하는 보고서 또는 자료를 허위로 제출하거
나 제출을 태만히 한 경우(라목), ⅴ) 직무상의 감독의무 이행을 태만히 하여 금
융기관의 건전한 운영을 저해하거나 금융질서를 문란시킨 경우(마목)이다.

4. 견책

견책 사유는 위 제3호 각목의 1에 해당되나 위법·부당행위의 동기, 목적,
방법, 수단, 사후수습 노력 등을 고려할 때 정상참작의 사유가 있거나 위법·부당
행위의 정도가 제3호의 제재에 해당되는 경우보다 비교적 가벼운 경우이다.

5. 주의

주의 사유는 위 제4호에 해당되나 위법·부당행위의 동기, 목적, 방법, 수단,
사후수습 노력 등을 고려할 때 정상참작의 사유가 크거나 위법·부당행위의 정도
가 제4호의 제재에 해당되는 경우보다 경미한 경우이다.

Ⅳ. 금전제재

1. 검사제재규정

금융감독원장은 금융기관 또는 그 임직원, 그 밖에 금융업관련법의 적용을 받는 자가 금융업관련법에 정한 과징금 또는 과태료의 부과대상이 되는 위법행위를 한 때에는 금융위에 과징금 또는 과태료의 부과를 건의하여야 한다(검사제재규정20① 전단). 당해 위법행위가 법령 등에 따라 부과면제 사유에 해당한다고 판단하는 경우에는 부과면제를 건의하여야 한다(검사제재규정20① 후단). 과징금 또는 과태료의 부과를 금융위에 건의하는 경우에는 [별표 2] 과징금 부과기준, [별표 3] 과태료 부과기준 및 [별표 6] 업권별 과태료 부과기준에 의한다(검사제재규정20③).

그러나 금융감독원장은 과징금 또는 과태료의 부과면제 사유가 다음의 어느 하나에 해당하는 경우에는 금융위에 건의하지 않고 과징금 또는 과태료의 부과를 면제할 수 있다(검사제재규정20②).

1. 삭제 〈2017. 10. 19.〉
2. 〈별표 2〉 과징금 부과기준 제6호 라목의 (1)(경영개선명령조치를 받은 경우에 한한다), (2) 또는 마목의 (2), (4)
3. 〈별표 3〉 과태료 부과기준 제5호의 (1), (2)
4. 위반자가 채무자회생법에 따른 개인회생절차개시결정 또는 파산선고를 받은 경우

2. 과징금

과징금이란 행정법규상의 의무위반에 대하여 행정청이 그 의무자에게 부과·징수하는 금전적제재를 말한다. 과징금제도는 의무위반행위로 인하여 얻은 불법적 이익을 박탈하기 위하여 그 이익 금액에 따라 과하여지는 일종의 행정제재금의 성격을 갖는다.

3. 과태료

과태료는 행정법규상 의무(명령·금지) 위반행위에 대하여 국가의 일반통치

권에 근거하여 과하는 제재수단으로 그 위반이 행정상의 질서에 장애를 주는 경우 의무이행의 확보를 위하여 일반적으로 행정기관이 행정적 절차에 의하여 부과·징수하는 금전벌로서 이른바 행정질서벌에 속한다. 행정질서벌로서의 과태료는 과거의 행정법상 의무위반 사실을 포착하여 그에 대하여 사후에 과하는 제재수단의 의미가 강한 것이다.[6]

4. 과징금과 과태료의 구별

과징금과 과태료는 모두 행정적 제재이고 금전제재라는 점에서는 유사하다. 그러나 과태료가 과거에 발생한 행정청에 대한 협조의무 위반이나 경미한 행정의무 위반에 대하여 사후적으로 금전적 제재를 가하는 행정질서벌로서 이미 완결된 사실관계를 규율대상으로 하여 금전적 불이익을 부과함으로써 향후 발생소지가 있는 의무불이행을 방지하는데 그 목적이 있는데 비하여 과징금은 행정상의 의무불이행이나 의무위반행위로 취득한 경제적 이익을 환수하거나 위반자의 영업정지로 인하여 관계인들의 불편을 초래하거나 국가에 중대한 영향을 미치는 사업에 대해 영업정지에 갈음한 대체적 제재로서 행정기관이 금전적 제재를 부과한다는 점에서 그 부과목적이 상이하다.[7]

V. 확약서와 양해각서

1. 확약서

금융감독원장은 금융기관에 대한 감독·상시감시 또는 검사결과 나타난 경영상의 취약점 또는 금융기관의 금융관련법규 위반(기관주의의 사유에 한한다)에 대하여 당해 금융기관으로부터 이의 개선을 위한 확약서 제출을 요구할 수 있다(검사제재규정20의2① 본문). 다만, 금융관련법규 위반에 대한 확약서 제출 요구는 ⅰ) 행위 당시 위법·부당 여부가 불분명하였거나 업계 전반적으로 위법·부당 여부에 대한 인식 없이 행하여진 경우(제1호), ⅱ) 위법·부당행위에 고의 또는 중과실이 없는 경우로써 제재보다 확약서 이행에 의한 자율개선이 타당하다고

6) 헌법재판소 1994. 6.30. 선고 92헌바38 판결.
7) 박효근(2019), "행정질서벌의 체계 및 법정책적 개선방안", 법과 정책연구 제19권 제1호 (2019. 3), 59쪽.

판단되는 경우(제2호)에 한하여 할 수 있다(검사제재규정20의2① 단서).

2. 양해각서

금융감독원장은 금융기관에 대한 감독·상시감시 또는 검사결과 나타난 경영상의 심각한 취약점 또는 금융기관의 금융관련법규 위반(기관경고 이하의 사유에 한한다)에 대하여 당해 금융기관과 이의 개선대책의 수립·이행을 주요 내용으로 하는 양해각서를 체결할 수 있다(검사제재규정20의2② 본문). 다만, 금융관련법규 위반에 대한 양해각서 체결은 ⅰ) 행위 당시 위법·부당 여부가 불분명하였거나 업계 전반적으로 위법·부당 여부에 대한 인식없이 행하여진 경우(제1호), ⅱ) 위법·부당행위에 고의 또는 중과실이 없는 경우로써 제재보다 양해각서 체결에 의한 자율개선이 타당하다고 판단되는 경우(제2호)에 한하여 할 수 있다(검사제재규정20의2② 단서).

3. 확약서와 양해각서 운용

금융감독원장은 금융기관이 제1항 단서 또는 제2항 단서에 따라 확약서를 제출하거나 양해각서를 체결하는 경우에는 제재를 취하지 아니할 수 있다(검사제재규정20의2③).

감독·상시감시 또는 검사결과 나타난 문제점의 경중에 따라 경미한 사항은 확약서로, 중대한 사항은 양해각서로 조치한다(시행세칙50의2①). 확약서는 금융기관의 담당 임원 또는 대표자로부터 제출받고 양해각서는 금융기관 이사회 구성원 전원의 서명을 받아 체결한다(시행세칙50의2②). 금융감독원장은 확약서·양해각서 이행상황을 점검하여 그 이행이 미흡하다고 판단되는 경우에는 기간연장, 재체결 등 적절한 조치를 취할 수 있다(시행세칙50의2③).

4. 사후관리

확약서 및 양해각서의 효력발생일자, 이행시한 및 이행상황 점검주기는 각 확약서 및 양해각서에서 정한다(시행세칙50의3 전단). 이행상황 점검주기를 따로 정하지 않은 경우에는 금융기관은 매분기 익월말까지 분기별 이행상황을 금융감독원장에게 보고하여야 한다(시행세칙50의3 후단).

Ⅵ. 기타 조치

금융감독원장은 금융기관 임직원이 위법·부당한 행위로 당해 금융기관에 재산상의 손실을 초래하여 이를 변상할 책임이 있다고 인정되는 경우에는 당해 기관의 장에게 변상조치할 것을 요구할 수 있다(검사제재규정21①). 금융감독원장은 금융기관 또는 그 임직원의 업무처리가 법규를 위반하거나 기타 불합리하다고 인정하는 경우에는 당해 기관의 장에게 업무방법개선의 요구 또는 관련기관 앞 통보를 요구할 수 있는데(검사제재규정21②), 업무방법개선의 요구는 금융기관의 업무처리가 불합리하여 그 처리기준, 절차·운영 등의 수정·보완이 필요한 경우에 하며, 관련기관앞 통보는 금융관련법규 이외의 다른 법령을 위반한 경우 또는 검사결과 관련자가 진술일 현재 퇴직한 경우로서 관련기관 등의 업무 및 감독 등과 관련하여 위법·부당사실 등을 통보할 필요가 있는 경우에 요구할 수 있다(시행세칙51).

제3절 제재의 가중 및 감면

Ⅰ. 제재의 가중

1. 기관제재의 가중

금융기관이 위법·부당한 행위를 함으로써 최근 3년 이내에 2회 이상 기관주의 이상의 제재를 받고도 다시 위법·부당행위를 하는 경우 제재를 1단계 가중할 수 있다(검사제재규정24① 본문). 다만, 금융기관이 합병하는 경우에는 합병 대상기관 중 제재를 더 많이 받았던 기관의 제재 기록을 기준으로 가중할 수 있다(검사제재규정24① 단서).

금융기관의 서로 관련 없는 위법·부당행위가 동일 검사에서 4개 이상 경합되는 경우(제17조제1항 제7호 또는 제9호의 사유가 각각 4개 이상인 경우에 한한다)에는 제재를 1단계 가중할 수 있다(검사제재규정24② 본문). 다만, ⅰ) 제17조 제1항 제7호의 사유에 해당하는 각각의 위법행위가 금융관련법규에서 정한 영업정지 사유에 해당하지 않는 경우(제1호), ii) 경합되는 위법·부당행위가 목적과 수단의 관계에 있는 경우(제2호), iii) 경합되는 위법·부당행위가 실질적으로 1개의 위법·부당행위로 인정되는 경우(제3호)에는 그러하지 아니하다(검사제재규정24② 단서).

확약서 또는 양해각서의 이행이 미흡한 경우에는 다음의 어느 하나에 해당하는 제재를 취할 수 있다(검사제재규정24③).

1. 금융관련법규 위반이 기관경고 사유에 해당하는 경우 다음 각 목의 어느 하나에 해당하는 제재조치
   가. 제17조 제1항 제2호 또는 제3호(다만, 당해 위법행위가 금융관련법규에서 정하는 영업정지 사유에 해당하는 경우에 한한다)
   나. 제17조 제1항 제7호
2. 금융관련법규 위반이 기관주의 사유에 해당하는 경우 제17조 제1항 제7호 또는 제9호의 제재조치

2. 임원제재의 가중

임원의 서로 관련 없는 위법·부당행위가 동일 검사에서 2개 이상 경합되는 경우에는 그 중 책임이 중한 위법·부당사항에 해당하는 제재보다 1단계 가중할 수 있다(검사제재규정24의2① 본문). 다만, i) 가장 중한 제재가 업무집행정지 이상인 경우(제1호), ii) 경합되는 위법·부당행위가 목적과 수단의 관계에 있는 경우(제2호), iii) 경합되는 위법·부당행위가 실질적으로 1개의 위법·부당행위로 인정되는 경우(제3호)에는 그러하지 아니하다(검사제재규정24의2① 단서).

임원이 주된 행위자로서 주의적 경고 이상의 조치를 받고도 다시 주된 행위자로서 동일 또는 유사한 위법·부당행위를 반복하여 제재를 받게 되는 경우에는 제재를 1단계 가중할 수 있다(검사제재규정24의2②). 임원이 최근 3년 이내에 문책경고 이상 또는 2회 이상의 주의적 경고·주의를 받고도 다시 위법·부당행위를 하는 경우에는 제재를 1단계 가중할 수 있다(검사제재규정24의2③).

3. 직원제재의 가중

직원이 최근 3년 이내에 2회 이상의 제재를 받고도 다시 위법·부당행위를 하는 경우에는 제재를 1단계 가중할 수 있다(검사제재규정25①). 직원이 다수의 위법·부당행위와 관련되어 있는 경우에는 제재를 가중할 수 있다(검사제재규정25②).

직원의 서로 관련 없는 위법·부당행위가 동일 검사에서 3개(제45조 제1항 제5호의 제재가 포함되는 경우에는 4개) 이상 경합되는 경우에는 그 중 책임이 중한 위법·부당사항에 해당하는 제재보다 1단계 가중할 수 있다(시행세칙49② 본문). 다만, ⅰ) 가장 중한 제재가 정직 이상인 경우(제1호), ⅱ) 경합되는 위법·부당행위가 목적과 수단의 관계에 있는 경우(제2호), ⅲ) 경합되는 위법·부당행위가 실질적으로 1개의 위법·부당행위로 인정되는 경우(제3호)에는 그러하지 아니하다(시행세칙49② 단서).

직원이 3년 이내에 2회 이상의 주의조치를 받고도 다시 주의조치에 해당하는 행위를 한 경우에는 제재를 가중할 수 있다(시행세칙49③).

Ⅱ. 제재의 감면

1. 기관 및 임직원 제재의 감면

기관 및 임직원에 대한 제재를 함에 있어 위법·부당행위의 정도, 고의·중과실 여부, 사후 수습 노력, 공적, 자진신고 여부 등을 고려하여 제재를 감경하거나 면제할 수 있다(검사제재규정23①). 금융기관 또는 그 임직원에 대하여 과징금 또는 과태료를 부과하는 경우에는 동일한 위법·부당행위에 대한 기관제재 또는 임직원 제재는 이를 감경하거나 면제할 수 있다(검사제재규정23②).

2. 기관제재의 감경

기관에 대한 제재를 함에 있어 금융감독원장이 당해 금융기관에 대해 실시한 경영실태평가 결과 내부통제제도 및 운영실태가 우수한 경우 기관에 대한 제재를 감경할 수 있다(시행세칙50의4 본문). 다만, 기관에 대한 제재를 감경함에 있어서는 [별표 9]의 내부통제 우수 금융기관에 대한 기관제재 감경기준에 의한다 (시행세칙50의4 단서).

3. 직원제재의 감면

직원에 대한 제재를 양정함에 있어서 ⅰ) 위법·부당행위를 감독기관이 인지하기 전에 자진신고한 자(제1호), ⅱ) 위법·부당행위를 부서 또는 영업점에서 발견하여 이를 보고한 감독자(제2호), ⅲ) 감독기관의 인지 전에 위규사실을 스스로 시정 또는 치유한 자(제3호), ⅳ) 가벼운 과실로 당해 금융기관에 손실을 초래하였으나 손실액을 전액 변상한 자(제4호), ⅴ) 금융분쟁조정신청사건과 관련하여 당해 금융기관이 금융감독원장의 합의권고 또는 조정안을 수락한 경우 그 위법·부당행위에 관련된 자(제5호), ⅵ) 감독규정 제23조 제2항 또는 제26조에서 정한 사유에 해당하는 경우(제6호)에 대하여는 그 제재를 감경 또는 면제할 수 있다(시행세칙50①).

제재대상 직원이 ⅰ) 상훈법에 의하여 훈장 또는 포장을 받은 공적(제1호), ⅱ) 정부 표창규정에 의하여 장관 이상의 표창을 받은 공적(제2호), ⅲ) 금융위원회 위원장, 금융감독원장 또는 한국은행 총재의 표창을 받은 공적(제3호)이 있는 경우 [별표 5]에 정하는 "제재양정감경기준"에 따라 제재양정을 감경할 수 있다(시행세칙50② 본문). 다만, 동일한 공적에 의한 제재양정의 감경은 1회에 한하며 횡령, 배임, 절도, 업무와 관련한 금품수수 등 금융관련 범죄와 "주의"조치에 대하여는 적용하지 아니한다(시행세칙50② 단서).

제재양정을 감경함에 있어 ⅰ) 제재대상 직원이 "주의"조치 이외의 제재를 받은 사실이 있는 경우 그 제재 이전의 공적(제1호), ⅱ) 제재대상 직원이 소속 금융기관 입사 전에 받은 공적(제2호), ⅲ) 검사종료일로부터 과거 10년 이내에 받은 것이 아닌 공적(제3호), ⅳ) 금융업무와 관련 없는 공적(제4호)은 제외한다(시행세칙50③).

Ⅲ. 임직원에 대한 조건부 조치 면제

1. 준법교육 이수 조건부 조치 면제

금융감독원장은 금융기관 임직원(제재이전 퇴직자 포함)의 행위가 제18조 제1항 제5호(제19조 제1항의 주의를 포함, 다만 감독자에 대한 주의는 제외)에 해당하는 경우에는 준법교육을 이수하는 것을 조건으로 조치를 면제할 수 있다(검사제재규정23의2①). 준법교육 실시요구를 받은 제재대상자가 요구를 받은 날로부터 90일 이내 준법교육을 이수하지 못하였을 경우에는 조치 면제는 그 효력을 상실한다(검사제재규정23의2②).

2. 임직원에 대한 준법교육 실시 요구

준법교육 실시요구를 받은 제재대상자는 90일 이내에 지정된 교육기관에서 ⅰ) 금융관련 법령에 관한 사항(제1호), ⅱ) 과거 금융관련 법규 위반에 대한 제재사례 및 판례(제2호), ⅲ) 직무윤리, 기타 재발방지 관련 사항(제3호) 등에 관하여 3시간 이상의 교육을 받아야 한다(시행세칙50의5①). 준법교육 실시요구를 받은 제재대상자는 교육기관에 교육을 신청하여야 한다(시행세칙50의5②).

교육기관은 교육교재를 제작하여 교육을 신청한 교육대상자에게 제공하여야 한다(시행세칙50의5③). 교육기관은 적정하게 교육을 받은 교육대상자에게 수료증을 발급하여야 하고, 교육 실시 결과를 교육 후 1개 월 이내에 금융감독원장에게 보고하여야 하며, 수료증 발급대장 등 교육에 관한 기록을 3년 동안 보관·관리하여야 한다(시행세칙50의5④). 교육기관은 강사수당, 교육교재비 및 교육 관련 사무용품 구입비 등 교육에 필요한 실비를 교육을 신청한 교육대상자로부터 받을 수 있다(시행세칙50의5⑤).

Ⅳ. 미등기 임원에 대한 제재

사실상 이사·감사 등과 동등한 지위에 있는 미등기 임원 등에 대한 제재의 가중에 있어서는 임원제재의 가중에 관한 규정(규정 제24조의2 제1항 내지 제3항)을 준용하고, 이 경우 해임권고·업무집행정지·문책경고·주의적 경고는 각각

면직·정직·감봉·견책으로 본다(검사제재규정25④).

이사·감사와 사실상 동등한 지위에 있는 미등기 임원에 대하여는 임원에 대한 제재기준을 준용하여 제재양정을 결정하며, 직원에 대한 제재조치를 부과한다(시행세칙46의3).

V. 임직원 등에 대한 제재기준

위법·부당행위 관련 임직원 등을 제재함에 있어서는 [별표 2]의 제재양정기준과 ⅰ) 제재대상자의 평소의 근무태도, 근무성적, 개전의 정 및 동일·유사한 위반행위에 대한 제재 등 과거 제재사실의 유무(제1호), ⅱ) 위법·부당행위의 동기, 정도, 손실액규모 및 금융질서 문란·사회적 물의야기 등 주위에 미친 영향(제2호), ⅲ) 제재대상자의 고의, 중과실, 경과실 여부(제3호), ⅳ) 사고금액의 규모 및 손실에 대한 시정·변상 여부(제4호), ⅴ) 검사업무에의 협조정도 등 사후수습 및 손실경감을 위한 노력 여부(제5호), ⅵ) 경영방침, 경영시스템의 오류, 금융·경제여건 등 내·외적 요인과 귀책판정과의 관계(제6호), ⅶ) 금융거래자의 피해에 대한 충분한 배상 등 피해회복 노력 여부(제7호), ⅷ) 그 밖의 정상참작사유(제8호) 등의 사유를 참작한다(시행세칙46①).

금융실명법을 위반한 행위 등 특정 위법·부당행위에 대한 제재는 별표 3의 금융업종별·위반유형별 제재양정기준에 의한다(시행세칙46② 본문). 다만, 여타 제재기준을 참작하여 제재를 가중하거나 감경하는 등 제재수준을 정할 수 있다(시행세칙46② 단서).

VI. 경합행위에 대한 제재

이미 제재를 받은 자에 대하여 그 제재 이전에 발생한 별개의 위법·부당행위가 추가로 발견된 경우에는 다음에 따라 제재한다(시행세칙46의2).

1. 추가 발견된 위법·부당행위가 종전 검사종료 이전에 발생하여 함께 제재하였더라도 제재 수준이 높아지지 않을 경우에는 제재하지 않는다. 다만, 금융사고와 관련된 경우에는 그러하지 아니하다.

2. 추가 발견된 위법·부당행위가 종전 검사종료 이전에 발생하여 제재하였더라면 종전 제재 수준이 더 높아지게 될 경우에는 함께 제재하였더라면 받았을 제재 수준을 감안하여 추가로 발견된 위법·부당행위에 대하여 제재할 수 있다.

Ⅶ. 관련자의 구분

위법·부당행위를 행한 임직원에 대하여 신분상의 조치를 함에 있어서는 책임의 성질·정도 등에 따라 관련자를 ⅰ) 행위자: 위법·부당한 업무처리를 실질적으로 주도한 자(제1호), ⅱ) 보조자: 행위자의 의사결정을 보조하거나 지시에 따른 자(제2호), ⅲ) 지시자: 위법·부당행위를 지시 또는 종용한 자(사실상의 영향력을 행사하는 상위직급자 포함)(제3호), ⅳ) 감독자: 위법·부당행위가 발생한 업무를 지도·감독할 지위에 있는 자(제4호)로 구분한다(시행세칙52①).

여기서 ⅰ)의 행위자와 ⅳ)의 감독자를 판단할 수 있는 세부기준은 ⅰ) 행위자: 업무의 성질과 의사결정의 관여 정도를 고려하여 실질적인 최종 의사결정권을 가지는 자(제1호), ⅱ) 감독자: 당해 금융기관 직제를 기준으로 행위자에 대해 관리·감독할 지위에 있는 자(직제상 감독자가 아닌 경우라 하더라도 실질적으로 행위자에게 영향력을 미치는 때에도 같다)(제2호)이다(시행세칙52②).

보조자 및 감독자에 대하여는 ⅰ) 위법·부당행위의 성격과 규모(제1호), ⅱ) 감독자의 직무와 감독대상 직무와의 관련성 및 관여정도(제2호), ⅲ) 보조자의 위법·부당행위에의 관여 정도(제3호)를 감안하여 행위자에 대한 제재보다 1단계 내지 3단계 감경할 수 있다(시행세칙52③).

Ⅷ. 가중 및 감경의 순서

제23조(기관 및 임직원제재의 감면), 제24조(기관제재의 가중), 제24조의2(임원제재의 가중) 및 제25조(직원제재의 가중)에 따른 가중 및 감경은 각 가중 및 감경수준의 합을 제17조(기관에 대한 제재), 제18조(임원에 대한 제재), 제19조(직원에 대한 제재)까지의 규정에 따른 제재의 수준에 가감하는 방법으로 한다(검사제재규정25의2).

Ⅸ. 기타 감독기관 및 당해 금융기관 조치의 반영

금융위원회 또는 금융감독원장 외의 감독기관 또는 해당 금융기관이 금융관련법규에 의하여 제재대상자에 취한 조치가 있는 경우에는 이를 고려하여 제재의 종류를 정하거나 제재를 가중·감면할 수 있다(검사제재규정26).

Ⅹ. 여신업무 관련 제재 운영

금융기관의 여신업무(자금지원적 성격의 증권 매입업무 포함)와 관련하여 ⅰ) 금융관련법규를 위반한 경우(제1호), ⅱ) 고의 또는 중과실로 신용조사·사업성검토 및 사후관리를 부실하게 한 경우(제2호), ⅲ) 금품 또는 이익의 제공·약속 등의 부정한 청탁에 따른 여신의 경우(제3호) 중 어느 하나에 해당하지 않는 한 제재하지 아니한다(검사제재규정27 전단). 여신이 부실화되거나 증권 관련 투자손실이 발생한 경우에도 또한 같다(검사제재규정27 후단).

제4절 면책특례

Ⅰ. 면책 인정 사유

금융기관의 업무와 관련하여 다음에 해당하는 경우에는 제재하지 아니한다(검사제재규정27의2① 전단). 여신이 부실화되거나 증권 관련 투자손실이 발생한 경우에도 또한 같다(검사제재규정27의2① 후단).

1. 재난 및 안전관리 기본법에 따른 재난 상황에서 재난으로 피해를 입은 기업·소상공인에 대한 지원, 금융시장 안정 등을 목적으로 정부와 협의를 거쳐 시행한 대출, 보증, 투자, 상환기한의 연기 등 금융지원 업무
2. 동산채권담보법에 따른 동산·채권·지식재산권을 담보로 하는 대출
3. 기업의 기술력·미래성장성에 대한 평가를 기반으로 하는 중소기업대출

4. 중소기업창업 지원법에 따른 창업기업, 「벤처기업육성에 관한 특별조치법」에 따른 벤처 기업, 여신전문금융업법에 따른 신기술사업자 등에 대한 직접적·간접적 투자, 인수·합병 관련 업무

5. 금융혁신지원 특별법에 따른 혁신금융서비스, 지정대리인 관련 업무

6. 그 밖에 금융위원회가 금융정책·산업정책의 방향, 업무의 혁신성·시급성 등을 종합적으로 고려하여 면책심의위원회의 심의를 거쳐 지정하는 업무

금융기관 또는 그 임직원이 위 제1항 각 호의 업무를 수행함에 있어 ⅰ) 임직원과 해당 업무 사이에 사적인 이해관계가 없을 것(제1호), ⅱ) 해당 업무와 관련된 법규 및 내규에 정해진 절차상 중대한 하자가 없을 것(제2호)을 모두 충족하는 경우에는 고의 또는 중과실이 없는 것으로 추정한다(검사제재규정27의2③).

Ⅱ. 면책 불인정 사유

다음의 어느 하나에 해당하는 경우 면책되지 아니한다(검사제재규정27의2②).

1. 금융관련법규 위반행위에 고의 또는 중과실이 있는 경우

2. 금품 또는 이익의 제공·약속 등의 부정한 청탁에 따른 경우

3. 대주주·동일차주에 대한 신용공여 한도 등 금융거래의 대상과 한도를 제한하는 금융관련 법규를 위반한 경우

4. 금융관련법규위반 행위로 인해 금융기관·금융소비자 등에게 중대한 재산상 손실이 발생하거나 금융시장의 안정·질서를 크게 저해한 경우(단, 위반행위의 목적, 동기, 당해 행위에 이른 경위 등에 특히 참작할 사유가 있는 경우는 제외)

Ⅲ. 면책 신청과 회신

금융기관 또는 그 임직원이 특정 업무가 위 제1항 각 호에 해당되는지 여부에 대해 판단을 신청하고자 하는 경우 [별지 제2호 서식]에 의하여 금융위원회에 신청할 수 있다(검사제재규정27의2④). 금융위원회는 신청에 대하여 특별한 사유가 없는 한 접수일로부터 30일 이내에 회신하여야 한다(검사제재규정27의2④ 본

문). 다만, 회신에 필요하여 신청인에게 추가적인 자료의 제출을 요청하거나 이해관계자로부터 의견을 청취하는 경우 이에 소요되는 기간은 처리기간에 포함하지 않으며, 합리적인 사유가 있는 경우 30일 범위에서 처리기간을 한 차례 연장할 수 있다(검사제재규정27의2④ 단서).

Ⅳ. 면책심의위원회 설치 및 구성

다음의 어느 하나에 해당하는 사항을 심의하기 위하여 금융위원회 위원장 소속 자문기구로서 면책심의위원회를 둔다(검사제재규정27의3①).

1. 제27조의2 제1항 제6호의 면책대상지정
2. 제27조의2 제4항의 금융기관 또는 그 임직원의 신청에 대한 판단(단, 신청내용의 사실관계가 단순하고 쟁점이 없는 경우에는 심의를 생략할 수 있다)
3. 그 밖에 면책제도 운영의 기본방향에 관한 사항

면책심의위원회는 금융위원회 상임위원 중 금융위원회 위원장이 지명하는 위원장 1인, 금융위원회 법률자문관 및 금융위원장이 위촉한 10인 범위 내에서의 위원("위촉위원")으로 구성한다(검사제재규정27의3②).

Ⅴ. 면책심의위원회 운영

위원장은 위원회의 회의를 소집하고 그 의장이 된다(검사제재규정27의4①). 위원회의 회의는 위원장과 금융위원회 법률자문관, 위원장이 위촉위원 중에서 지명하는 위원 3인으로 구성한다(검사제재규정27의4②). 위원회는 구성원 과반수의 출석과 출석위원 과반수의 찬성으로 의결한다(검사제재규정27의4③ 전단). 이 경우 회의는 대면회의을 원칙으로 하며, 부득이하게 서면심의·의결을 하는 경우에는 그 사유를 적시하여 시행하되 2회 연속 서면 회의는 제한한다(검사제재규정 27의4③ 후단).

제5절 고발 및 통보

Ⅰ. 금융기관 · 임직원 제재시의 병과

금융감독원장은 금융기관 또는 그 임직원의 위법·부당행위가 금융업관련법상 벌칙, 과징금 또는 과태료의 적용을 받게 되는 경우에는 제재와 동시에 금융감독원장이 미리 정한 기준 및 절차에 따라 수사당국에 그 내용을 고발하거나 통보할 수 있다(검사제재규정29①).

고발대상은 사회·경제적 물의가 상대적으로 크거나 위법성의 정도가 심하다고 인정되고, 위법성·고의성 등 범죄사실에 관하여 증거자료·관련자의 진술 등 객관적인 증거를 확보한 경우이며, 통보대상은 사회·경제적 물의가 상대적으로 경미하거나 위법성 및 고의성의 혐의는 충분하나 검사권의 한계 등으로 객관적인 증거의 확보가 어렵다고 인정되는 경우이다(시행세칙32⑤).

금융감독원장은 금융기관 또는 그 임원의 위법행위에 대하여 수사당국에 고발 등의 조치를 하는 경우에 당해 위법행위와 관련된 다른 제재조치, 즉 기관 또는 임원에 대한 제재를 병과할 수 있으며, 과태료의 부과는 하지 아니할 수 있다(검사제재규정30).

Ⅱ. 금융기관 또는 그 임직원의 벌칙적용대상 행위 고발 · 통보

금융감독원장은 금융기관 또는 그 임직원의 위법·부당행위가 금융관련법규상의 벌칙적용대상 행위로서 ⅰ) 위법·부당행위로 인한 금융사고가 사회적 물의를 야기한 경우(제1호), ⅱ) 위법·부당행위가 당해 금융기관에 중대한 손실을 초래함으로써 금융기관 부실화의 주요 요인이 된 경우(제2호), ⅲ) 고의로 위법·부당행위를 행함으로써 법질서에 배치되는 경우(제3호), ⅳ) 동일한 위법·부당행위를 반복적으로 행하여 금융질서를 저해할 위험이 있다고 인정되는 경우(제4호)에 해당되어 사법적 제재가 필요하다고 인정되는 경우이거나, 횡령, 배임, 직무관련 금품수수 등 특정경제범죄법에 열거된 죄를 범하였거나 범한 혐의가 있다고 인정되는 경우에는 수사당국에 그 내용을 고발하거나 통보("고발 등")한다(시행세칙32①).

Ⅲ. 검사진행중의 고발 · 통보

금융감독원장은 금융기관에 대한 검사진행 중에 제1항에서 정하는 위법 · 부당행위가 있다고 인정하는 경우로서, ⅰ) 증거인멸 또는 도피의 우려가 있는 경우(제1호), 또는 ⅱ) 사회적으로 논의되고 있는 사안으로서 즉시 조치가 필요하다고 판단되는 경우(제2호)에는 검사실시부서장으로 하여금 지체없이 수사당국에 고발 등의 조치를 취하게 할 수 있다(시행세칙32②).

Ⅳ. 주요주주 또는 사실상 업무집행지시자에 대한 고발 · 통보

금융감독원장은 금융위가 금융산업구조개선법에 의거 부실금융기관으로 결정 또는 인정하는 경우로서 금융기관의 주요주주 또는 사실상 업무집행지시자가 부실의 주요 원인을 제공하여 관계법령에 의해 벌칙적용 대상이 되는 때에는 이들에 대해 고발 등의 조치를 취한다(시행세칙32③).

Ⅴ. 금융기관에 대한 고발 · 통보

금융감독원장은 위 제1항 내지 제3항의 규정에 의한 고발 등의 대상이 되는 위법 · 부당행위가 금융관련법규상 벌칙 및 양벌규정이 적용되는 경우로서 ⅰ) 위법 · 부당행위가 당해 금융기관의 경영방침 또는 당해 금융기관의 장의 업무집행행위로 발생된 경우(제1호), ⅱ) 위법 · 부당행위가 당해 금융기관의 내부통제의 미흡 또는 감독소홀에 기인하여 발생된 경우(제2호)에는 임직원에 대하여 고발 등의 조치를 하는 외에 당해 금융기관에 대하여도 고발 등의 조치를 할 수 있다(시행세칙32④ 전단). 이 경우에 그 임직원이 당해 금융기관의 경영방침 또는 지시 등을 거부한 사실 등이 인정되는 때에는 당해 금융기관에 대하여만 고발 등의 조치를 취할 수 있다(시행세칙32④ 후단).

제6절 제재절차

Ⅰ. 의의

금융감독원장은 검사결과 적출된 지적사항에 대하여 조치내용의 적정성 등을 심사·조정하고 제재심의위원회("심의회")의 심의를 거쳐 개별 금융업관련법 등에 따라 금융위에 제재를 건의하거나 직접 조치한다(검사제재규정33①). 금융감독원장이 금융위에 건의한 제재사항에 대한 금융위원회의 심의 결과 금융감독원장이 조치해야 할 사항으로 결정된 경우에는 금융위원회의 결정대로 조치한다(검사제재규정33②).

금융감독원의 집행간부 및 감사와 직원은 제재절차가 완료되기 전에 직무상 알게 된 조치예정내용 등을 다른 사람에게 누설하여서는 아니 된다(검사제재규정33③ 본문). 단, 조치예정내용 등을 금융위에 제공하거나 금융위와 협의하는 경우는 이에 해당하지 아니하며, 금융위 소속 공무원은 제재절차 과정에서 직무상 알게 된 비밀을 엄수하여야 한다(검사제재규정33③ 단서).

Ⅱ. 사전통지

제재실시부서장은 제재조치를 하고자 하거나 금융위에 제재조치를 건의하고자 하는 때에는 심의회 개최 전에 조치하고자 하는 내용 또는 조치를 건의하고자 하는 내용을 10일 이상의 구두 또는 서면의 제출기간을 정하여 제재대상자에게 사전통지하여야 한다(시행세칙59① 본문). 다만, 긴급한 조치가 필요한 경우 등 특별한 사정이 있는 경우에는 동 기간을 단축하여 운영할 수 있다(시행세칙59① 단서).

사전통지는 우편, 교부 또는 정보통신망 이용 등의 송달방법으로 하되 ⅰ) 제재대상자(대표자 또는 대리인 포함)의 주소·거소·영업소·사무소 또는 전자우편주소를 통상적 방법으로 확인할 수 없는 경우(제1호), ⅱ) 송달이 불가능한 경우(제2호)에는 관보, 공보, 게시판, 일간신문 중 하나 이상에 공고하고 인터넷에도 공고하여야 한다(시행세칙59②).

제재실시부서장은 제재심의위원회의 심의가 필요한 경우에는 검사종료일부터 125일 이내에 심의회 부의예정사실을 금융정보교환망(FINES) 등을 통해 제재예정대상자에게 통지하여야 한다(시행세칙59⑤ 본문). 다만, 이미 사전통지한 경우 또는 30일 내에 사전통지가 예정되어 있는 경우에는 심의회 부의예정사실의 통지를 생략할 수 있으며, 표준처리기간에 산입하지 아니하는 사유가 있는 경우에 동 기간은 심의회 부의예정사실 통지기한에 포함하지 아니한다(시행세칙59⑤ 단서).

Ⅲ. 의견제출

사전통지를 받은 제재대상자는 지정된 기한 내에 서면으로 의견을 제출하거나 지정된 일시에 출석하여 구두로 의견을 진술할 수 있다(시행세칙59③ 전단). 이 경우에 지정된 기일까지 의견진술이 없는 때에는 의견이 없는 것으로 본다(시행세칙59③ 후단). 제재실시부서장은 제재대상자가 구두로 의견을 진술한 경우에는 그 진술의 요지를 기재하여 본인으로 하여금 확인하게 한 후 서명 또는 날인하도록 하여야 한다(시행세칙59④).

Ⅳ. 제재대상자의 서류 등 열람

제재대상자("신청인")는 서면으로 금융감독원장에게 신청인과 관련한 심의회 부의예정안 및 심의회에 제출될 입증자료("서류 등")에 대한 열람을 신청하여 심의회 개최 5영업일 전부터 심의회 개최 전일까지 감독원을 방문하여 열람할 수 있다(시행세칙59의2① 본문). 다만, 금융감독원장은 신청인 이외의 제재대상자와 관련한 사항, 금융회사가 제출한 자료 중 경영상·영업상 비밀 등에 해당하는 자료 등에 대하여는 열람을 허용하지 않을 수 있다(시행세칙59의2① 단서).

Ⅴ. 청문

금융감독원장은 청문을 실시하고자 하는 경우에는 청문일 10일 전까지 제재의 상대방 또는 그 대리인에게 서면으로 청문의 사유, 청문의 일시 및 장소,

청문주재자, 청문에 응하지 아니하는 경우의 처리방법 등을 통지하여야 한다(시행세칙60①). 통지를 받은 제재의 상대방 또는 그 대리인은 지정된 일시에 출석하여 의견을 진술하거나 서면으로 의견을 제출할 수 있다(시행세칙60② 전단). 이 경우 제재의 상대방 또는 그 대리인이 정당한 이유없이 기한내에 의견진술을 하지 아니한 때에는 의견이 없는 것으로 본다(시행세칙60② 후단).

VI. 제재심의위원회 심의

금융감독원장은 제재에 관한 사항을 심의하기 위하여 금융감독원장 자문기구로서 제재심의위원회("심의회")를 설치·운영한다(검사제재규정34①). 심의회는 법상 기구는 아니며, 금융감독원 내부에 설치된 심의위원회로 제재에 관한 사항이나 기타 금융감독원장이 정하는 사항 및 제재조치에 대한 이의신청 사항에 대한 심의를 수행한다(검사제재규정34②).

제재대상 금융기관 또는 그 임직원과 제재실시부서("당사자")는 대회의에 함께 출석하여 진술할 수 있으며, 위원장의 회의 운영에 따라 다른 당사자의 진술에 대하여 반박할 수 있다. 당사자는 필요한 경우 관련 업계 전문가 등 참고인이 출석하여 진술할 것을 신청할 수 있고, 위원장이 그 허가 여부를 결정한다(시행세칙57⑥ 전단). 대회의에 출석한 당사자와 참고인은 변호사의 조력을 받을 수 있으며, 위원은 출석한 당사자와 참고인 등에게 조치대상관련 사실상 또는 법률상 사항에 대하여 질문할 수 있다(시행세칙57⑥ 후단).

제7절 제재의 효과

I. 임원선임 자격제한

1. 기관제재와 임원선임 자격제한

다음의 어느 하나에 해당하는 사람, 즉 ⅰ) 금융관계법령에 따른 영업의 허가・인가・등록 등의 취소(가목), ⅱ) 금융산업구조개선법 제10조 제1항[8])에 따른 적기시정조치(나목), ⅲ) 금융산업구조개선법 제14조 제2항[9])에 따른 행정처분(다목)을 받은 금융회사의 임직원 또는 임직원이었던 사람으로서 해당 조치가 있었던 날부터 5년이 지나지 아니한 사람은 금융회사의 임원이 되지 못한다(금융회사지배구조법5①(6)).

여기서 임직원 또는 임직원이었던 사람은 그 조치를 받게 된 원인에 대하여 직접 또는 이에 상응하는 책임이 있는 사람으로서 "대통령령으로 정하는 사람"으로 한정한다(금융회사지배구조법5①(6)). 여기서 "대통령령으로 정하는 사람"이란 해당 조치의 원인이 되는 사유가 발생한 당시의 임직원으로서 다음의 어느 하나에 해당하는 사람을 말한다(금융회사지배구조법 시행령7①).

---

8) ① 금융위원회는 금융기관의 자기자본비율이 일정 수준에 미달하는 등 재무상태가 제2항에 따른 기준에 미달하거나 거액의 금융사고 또는 부실채권의 발생으로 금융기관의 재무상태가 제2항에 따른 기준에 미달하게 될 것이 명백하다고 판단되면 금융기관의 부실화를 예방하고 건전한 경영을 유도하기 위하여 해당 금융기관이나 그 임원에 대하여 다음의 사항을 권고・요구 또는 명령하거나 그 이행계획을 제출할 것을 명하여야 한다.
   1. 금융기관 및 임직원에 대한 주의・경고・견책 또는 감봉
   2. 자본증가 또는 자본감소, 보유자산의 처분이나 점포・조직의 축소
   3. 채무불이행 또는 가격변동 등의 위험이 높은 자산의 취득금지 또는 비정상적으로 높은 금리에 의한 수신의 제한
   4. 임원의 직무정지나 임원의 직무를 대행하는 관리인의 선임
   5. 주식의 소각 또는 병합
   6. 영업의 전부 또는 일부 정지
   7. 합병 또는 제3자에 의한 해당 금융기관의 인수
   8. 영업의 양도나 예금・대출 등 금융거래와 관련된 계약의 이전("계약이전")
   9. 그 밖에 제1호부터 제8호까지의 규정에 준하는 조치로서 금융기관의 재무건전성을 높이기 위하여 필요하다고 인정되는 조치
9) ② 금융위원회는 부실금융기관이 다음의 어느 하나에 해당하는 경우에는 그 부실금융기관에 대하여 계약이전의 결정, 6개월 이내의 영업정지, 영업의 인가・허가의 취소 등 필요한 처분을 할 수 있다. 다만, 제4호에 해당하면 6개월 이내의 영업정지처분만을 할 수 있으며, 제1호 및 제2호의 부실금융기관이 부실금융기관에 해당하지 아니하게 된 경우에는 그러하지 아니하다.
   1. 제10조 제1항 또는 제12조 제3항에 따른 명령을 이행하지 아니하거나 이행할 수 없게 된 경 우
   2. 제10조 제1항 및 제11조 제3항에서 규정하는 명령 또는 알선에 따른 부실금융기관의 합병 등이 이루어지지 아니하는 경우
   3. 부채가 자산을 뚜렷하게 초과하여 제10조 제1항에 따른 명령의 이행이나 부실금융기관의 합병 등이 이루어지기 어렵다고 판단되는 경우
   4. 자금사정의 급격한 악화로 예금등 채권의 지급이나 차입금의 상환이 어렵게 되어 예금자의 권익이나 신용질서를 해칠 것이 명백하다고 인정되는 경우

1. 감사 또는 감사위원
2. 법 제5조 제1항 제6호 가목 또는 다목에 해당하는 조치의 원인이 되는 사유의 발생과 관련하여 위법·부당한 행위로 금융위원회 또는 금융감독원장으로부터 주의·경고·문책·직무정지·해임요구, 그 밖에 이에 준하는 조치를 받은 임원(업무집행책임자는 제외)
3. 법 제5조 제1항 제6호 나목에 해당하는 조치의 원인이 되는 사유의 발생과 관련하여 위법·부당한 행위로 금융위원회 또는 금융감독원장으로부터 직무정지·해임요구, 그 밖에 이에 준하는 조치를 받은 임원
4. 법 제5조 제1항 제6호 각 목에 해당하는 조치의 원인이 되는 사유의 발생과 관련하여 위법·부당한 행위로 금융위원회 또는 금융감독원장으로부터 직무정지요구 또는 정직요구 이상에 해당하는 조치를 받은 직원(업무집행책임자를 포함)
5. 제2호부터 제4호까지의 제재 대상자로서 그 제재를 받기 전에 퇴임하거나 퇴직한 사람

2. 임직원제재와 임원선임 자격제한

금융회사지배구조법 또는 금융관계법령에 따라 임직원 제재조치(퇴임 또는 퇴직한 임직원의 경우 해당 조치에 상응하는 통보를 포함)를 받은 사람으로서 조치의 종류별로 5년을 초과하지 아니하는 범위에서 "대통령령으로 정하는 기간"이 지나지 아니한 사람(금융회사지배구조법5①(7))은 금융회사의 임원이 되지 못한다

여기서 "대통령령으로 정하는 기간"이란 다음의 구분에 따른 기간을 말한다(영7②).

1. 임원에 대한 제재조치의 종류별로 다음에서 정하는 기간
   가. 해임(해임요구 또는 해임권고 포함): 해임일(해임요구 또는 해임권고의 경우에는 해임요구일 또는 해임권고일)부터 5년
   나. 직무정지(직무정지의 요구 포함) 또는 업무집행정지: 직무정지 종료일(직무정지 요구의 경우에는 직무정지 요구일) 또는 업무집행정지 종료일부터 4년
   다. 문책경고: 문책경고일부터 3년
2. 직원에 대한 제재조치의 종류별로 다음에서 정하는 기간
   가. 면직요구: 면직요구일부터 5년

나. 정직요구: 정직요구일부터 4년

다. 감봉요구: 감봉요구일부터 3년

3. 재임 또는 재직 당시 금융관계법령에 따라 그 소속기관 또는 금융위원회·금융감독원장 외의 감독·검사기관으로부터 제1호 또는 제2호의 제재조치에 준하는 조치를 받은 사실이 있는 경우 제1호 또는 제2호에서 정하는 기간

4. 퇴임하거나 퇴직한 임직원이 재임 또는 재직 중이었더라면 제1호부터 제3호까지의 조치를 받았을 것으로 인정되는 경우 그 받았을 것으로 인정되는 조치의 내용을 통보받은 날부터 제1호부터 제3호까지에서 정하는 기간

Ⅱ. 준법감시인 선임 자격제한

준법감시인은 최근 5년간 금융회사지배구조법 또는 금융관계법령을 위반하여 금융위원회 또는 금융감독원장, 그 밖에 "대통령령으로 정하는 기관"으로부터 문책경고 또는 감봉요구 이상에 해당하는 조치를 받은 사실이 없어야 준법감시인으로 선임될 수 있다(금융회사지배구조법26①(1)). 여기서 "대통령령으로 정하는 기관"이란 ⅰ) 해당 임직원이 소속되어 있거나 소속되었던 기관(제1호), ⅱ) 금융위원회와 금융감독원장이 아닌 자로서 금융관계법령에서 조치 권한을 가진 자(제2호)를 말한다(금융회사지배구조법 시행령21①).

Ⅲ. 검사제재규정

금융위원회가 기관 또는 임원에 대하여 제재조치를 취한 때에는 해당 금융기관의 장은 금융감독원장이 정하는 바에 따라 이사회 앞 보고 또는 주주총회 부의 등 필요한 절차를 취하여야 한다(검사제재규정38). 즉 금융기관의 장은 다음의 절차를 취하여야 한다(시행세칙62①).

1. 임원의 해임권고를 받은 금융기관은 이를 지체없이 상임이사 및 사외이사로 구성된 이사회에 제재통보서 사본을 첨부하여 서면보고하여야 하며, 주주총회(주주총회가 없는 금융 기관은 주주총회에 상당하는 최고의사결정기구)에 부의할 때에는 위법·부당사실을 구체적으로 기재하여야 한다.

2. 금융기관 또는 그 임원이 다음 각목의 1에 해당하는 제재를 받은 때에는 당

해 금융기관의 장은 이사회에 제재통보서 사본을 첨부하여 서면보고하여야
하며, 주주총회에 제출하는 감사보고서에 제재일자, 위법·부당행위의 내용,
관련임원별 위법·부당행위 및 제재내용을 구체적으로 기재하여야 한다. 다
만, 외국금융기관 국내지점의 경우에는 해당국 본점에 서면보고하는 것으로
이에 갈음할 수 있다.

　가. 금융기관에 대한 제재중 영업 또는 업무의 전부 또는 일부정지, 영업점
　　 의 폐쇄, 영업점의 영업 또는 업무정지, 위법·부당행위의 중지, 계약이
　　 전의 결정, 기관경고

　나. 임원에 대한 제재중 업무집행정지, 문책경고, 주의적 경고

　금융기관의 장은 위법·부당행위 관련 임원이 제재조치 전에 사임한 경우에
도 위 제1항에 준하여 조치하여야 한다(규정 시행세칙62②).

제8절 제재에 대한 통제

Ⅰ. 의의

　금융기관 또는 그 임직원에 대하여 제재를 하는 경우에 금융감독원장은 그
제재에 관하여 이의신청·행정심판·행정소송의 제기, 기타 불복을 할 수 있는
권리에 관한 사항을 제재대상자에게 알려주어야 한다(검사제재규정36①).

Ⅱ. 이의신청

　금융기관 또는 그 임직원은 당해 제재처분 또는 조치요구가 위법 또는 부당
하다고 인정하는 경우에 금융위원회 또는 금융감독원장에게 이의를 신청할 수
있다(검사제재규정37① 본문). 이의신청은 제재통보서 또는 검사서가 도달한 날로
부터 1월 이내에 금융위원회 또는 금융감독원장에게 하여야 한다(시행세칙61①).
다만, 금융관련법규에서 별도의 불복절차가 마련되어 있는 경우에는 그에 따른

다(검사제재규정37① 단서).

　금융감독원장은 금융기관 또는 그 임직원의 이의신청에 대하여 다음과 같이 처리한다(검사제재규정37③).

1. 금융위원회의 제재처분에 대하여 이의신청을 받은 경우에는 그 이의신청 내용을 금융위원회에 지체없이 통보하고, 타당성 여부를 심사하여 당해 처분의 취소·변경 또는 이의신청의 기각을 금융위원회에 건의한다. 다만, 이의신청이 이유없다고 인정할 명백한 사유가 있는 경우에는 금융감독원장이 이의신청을 기각할 수 있다.
2. 금융감독원장의 제재처분 또는 조치요구사항에 대하여는 이유가 없다고 인정하는 경우에는 이를 기각하고, 이유가 있다고 인정하는 경우에는 당해 처분을 취소 또는 변경한다.

Ⅲ. 집행정지

　금융감독원장은 제재를 받은 금융기관 직원(이사·감사 등과 사실상 동등한 지위에 있는 미등기 임원 제외)이 감봉 이상의 신분상 제재(금융위원회에 건의하는 제재사항은 제외하되, 금융관련법규상 제재로 인하여 준법감시인의 지위를 상실하는 경우를 포함)에 대하여 이의를 신청한 경우로서 제재조치의 집행 또는 절차의 속행으로 인하여 발생할 수 있는 회복하기 어려운 손해를 예방하기 위하여 필요하다고 인정하는 때에는 당사자의 신청에 의하여 그 제재조치의 집행 또는 절차의 속행정지("집행정지")를 결정할 수 있다(시행세칙61의2①).

　집행정지는 금융감독원장의 집행정지결정이 있는 때부터 금융감독원장의 이의신청에 대한 결정(금융위원회에 건의하는 제재사항 중 준법감시인 지위를 상실하는 경우의 이의신청에 대해서는 금융위원회의 결정)이 있는 때까지 효력이 있다(시행세칙61의2②). 금융감독원장은 이의신청을 처리하기 이전이라도 집행정지의 사유가 없어진 경우에는 집행정지 결정을 취소할 수 있다(시행세칙61의2⑦). 집행정지 처리결과에 대하여는 이의를 제기할 수 없다(시행세칙61의2⑧).

Ⅳ. 행정쟁송

금융위원회법은 "금융위원회, 증권선물위원회 및 금융감독원이 내린 위법·부당한 처분으로 권리나 이익을 침해받은 자는 행정심판을 제기할 수 있다(금융위원회법70)"고 규정하고 있다. 따라서 금융위원회, 증권선물위원회나 금융감독원으로부터 제재를 받은 금융기관 임직원은 그 제재조치가 위법·부당하다고 판단되는 경우 행정심판을 제기하여 권리구제를 받을 수 있다. 제재조치로 인해 권리에 직접적인 제한을 받는 당사자는 행정심판 이외에 직접 행정소송법상 항고소송(행정소송법4)을 통해 권리구제를 받을 수도 있다. 다만, 이러한 행정심판이나 행정소송을 통하여 권리구제를 받기 위해서는 제재조치의 처분성이 인정되어야 한다.

신용협동조합 검사 및 제재에 관한 규정

제1절 총칙

Ⅰ. 적용범위

신용협동조합법("법")상의 "조합에 대한 검사·감독"(법78①(3))에 의하여 신용협동조합중앙회("중앙회")가 실시하는 검사의 종류, 검사의 방법, 검사결과의 처리 및 제재, 기타 필요한 사항을 정함을 목적으로 「신용협동조합 검사 및 제재에 관한 규정」("신협검사제재규정")이 제정·시행되고 있다(신협검사제재규정1).

이 규정은 법 제89조(중앙회의 지도·감독)의 규정에 따라 중앙회가 검사를 실시하는 신용협동조합("조합")에 적용한다(신협검사제재규정2①). 조합의 임·직원에 대한 징계 또는 변상운용에 관하여 법령 및 금융위원회법에 의한 감독기관이 따로 정한 경우를 제외하고는 이 규정을 적용한다(신협검사제재규정2②).

신용협동조합 검사 및 제재에 관한 규정("규정")에서 검사·감독이사("감독이사")에게 위임된 사항과 동 규정의 시행에 관하여 필요한 사항을 정함을 목적으로 「신용협동조합 검사 및 제재에 관한 규정 시행규칙」("신협검사제재규정 시행규칙")이 제정·시행되고 있다(신협검사제재규정 시행규칙1).

아래서는 신협검사제재규정과 신협검사제재규정 시행규칙의 내용을 살펴본다.

Ⅱ. 검사업무의 운영원칙 등

1. 검사의 종류

(1) 종합검사

종합검사라 함은 조합에 대한 경영실태평가를 포함하여 조합의 업무전반 및 재산상황에 대하여 종합적으로 실시하는 검사를 말한다(신협검사제재규정3(1)).

여기서 경영실태평가라 함은 조합의 경영실태를 자본의 적정성, 자산의 건전성, 경영진의 경영관리 능력, 수익성, 유동성 등 부문별로 구분 평가하고 부문별 평가결과를 종합평가하는 것을 말한다(신협검사제재규정3(10)).

(2) 정기검사

정기검사라 함은 조합의 업무전반 및 재산상황에 대하여 주기적으로 실시하는 검사를 말한다(신협검사제재규정3(2)).

(3) 부문검사

부문검사라 함은 사고예방을 위한 점검, 금융질서 확립, 기타 감독상의 필요에 의하여 조합의 특정부문 또는 개별사항에 대하여 실시하는 검사로서 사고조사, 민원조사, 경영실태평가, 상시감시 점검, 재무상태개선계획 이행실적 점검, 합병관련 제조사 등을 포함한다(신협검사제재규정3(3)).

여기서 "사고"라 함은 조합 임·직원의 위법 부당한 행위 또는 도난, 피탈 및 화재 등의 이유로 조합에 중대한 재산상의 손실이 발생하거나 이에 준하는 상태에 이른 것을 말한다(신협검사제재규정 시행규칙2(5)).

"사고조사"라 함은 조합 임·직원의 위법 부당한 행위 또는 도난, 피탈 및 화재 등의 이유로 조합에 중대한 재산상의 손실이 발생하거나 이에 준하는 상태에 이른 것을 조사하는 것을 말하고(신협검사제재규정3(8)), "민원조사"라 함은 민원인이 중앙회 등에 제출하는 민원사항에 대해 조사하는 것을 말한다(신협검사제 재규정3(9)).

"상시감시 점검"라 함은 조합에 대한 업무실태 분석, 업무보고서 분석, 기타 각종 자료 또는 정보의 수집·분석을 통하여 문제의 소지가 있는 조합의 취약부 문을 조기 식별 및 적기 조치를 취하여 사고를 예방하고 조합의 건전경영을 유 도하기 위한 감독수단을 말한다(신협검사제재규정3(11)).

"재무상태개선계획 이행실적 점검"이라 함은 법 제89조(중앙회의 지도·감독) 제4항, 상호금융업감독규정 제12조의2 및 제12조의3에 따라 재무상태개선조치 조합에 대하여 재무상태개선을 권고 또는 요구하고 그 이행실적을 점검하는 것 을 말한다(신협검사제재규정3(12)).

"합병관련 제조사"라 함은 합병조합실태조사와 합병지원자금대출조합 운영 상황 점검을 말한다(신협검사제재규정3(13)).

(4) 전산검사

전산검사라 함은 중앙회에 설치된 전산시스템에 의하여 조합에서 발생하는 거래를 검토, 분석하여 사고의 개연성과 위규 내용 등 이상징후를 분석, 식별하 여 조치하는 검사를 말한다(신협검사제재규정3(4)).

(5) 현장검사

현장검사라 함은 검사원이 조합에 실제로 임점하여 실시하는 검사를 말한다 (신협검사제재규정3(5)).

(6) 서면검사

서면검사라 함은 검사원이 조합으로부터 자료를 징구·검토하는 방법으로 실시하는 검사를 말한다(신협검사제재규정3(6)).

2. 검사업무의 운영원칙

조합에 대한 검사는 조합의 건전경영을 유도하며 공정한 금융거래질서 유지 와 조합원 및 비조합원("조합원 등")의 보호에 중점을 두어야 한다(신협검사제재규 정4①).

감독이사는 조합 자체감사기능의 향상과 검사의 중복방지를 위하여 노력하여야 하며 필요한 경우 서면검사를 적절히 활용하는 등 검사의 효율성 제고와 검사인력의 합리적 운용을 도모하여야 한다(신협검사제재규정4②).

3. 제재대상 위법·부당행위

조합 또는 그 임·직원의 ⅰ) 법령 및 금융관련법령을 위반하거나 그 이행을 태만히 한 경우(제1호), ⅱ) 횡령, 배임, 절도, 업무와 관련한 금품수수 등 범죄행위를 한 경우(제2호), ⅲ) 조합의 정관, 업무에 관한 규정 또는 지시·명령을 위반한 경우(제3호), ⅳ) 윤리강령 및 윤리행동지침을 위반한 경우(제4호), ⅴ) 조합의 건전한 경영을 저해하거나 당해 조합 또는 조합원 등의 이익을 해한 경우(제5호), ⅵ) 사고 등으로 조합의 공신력을 훼손하거나 사회적 물의를 일으킨 경우(제6호), ⅶ) 고의 또는 과실로 업무상 장애 또는 분쟁을 야기한 경우(제7호), ⅷ) 감독자로서 감독을 태만히 한 경우(제8호), ⅸ) 기타 부당·불건전한 영업 또는 업무처리를 한 경우(제9호)에는 제재의 대상이 된다(신협검사제재규정5).

Ⅲ. 검사원의 권한 및 의무 등

1. 검사원

(1) 의의

검사원이라 함은 검사·감독이사("감독이사")의 명령과 지시에 의하여 검사업무를 수행하는 자를 말한다(신협검사제재규정3(7)). 검사원은 중앙회 직원으로 하되, 특정부문에 관한 검사 등 필요한 경우에는 예외로 할 수 있다(신협검사제재규정 시행규칙3①).

(2) 검사원복무수칙 준수

검사원은 검사업무를 수행함에 있어 복무 및 검사와 관련된 제규정과 [별표 제6호]의 검사원복무수칙을 준수하여야 한다(신협검사제재규정 시행규칙3②).

(3) 증표 휴대

검사원은 신분을 표시할 수 있는 증표를 휴대하여야 한다(신협검사제재규정 시행규칙3③).

(4) 자금세탁방지업무 관련 검사원 지정

검사원 중 자금세탁방지업무 관련 검사를 전문적으로 수행하는 검사원을 지정하여 운영하여야 한다(신협검사제재규정 시행규칙3④). 검사원 지정·운영 등에 관한 세부사항은 감독이사가 정하는 바에 따른다(신협검사제재규정 시행규칙3⑤).

2. 검사원의 권한 및 의무

(1) 권한

검사원은 검사업무를 수행함에 있어 필요한 경우 ⅰ) 증명서, 확인서, 의견서, 문답서, 소명서 및 기타 관계자료와 물건 등의 제출요구(제1호), ⅱ) 금고, 장부, 물건 및 기타 보관장소 등의 봉인(제2호), ⅲ) 당해 조합 관계자에 대한 출석·진술 요구(제3호), ⅳ) 기타 검사상 필요하다고 판단하는 조치(제4호)를 할 수 있다(신협검사제재규정6①).

(2) 의무

검사원은 검사업무와 관련하여 ⅰ) 조합 임·직원에게 부당한 대출을 강요하거나 금품, 기타 이익을 제공받는 행위(제1호), ⅱ) 직무상 알게 된 정보를 타인에게 누설하거나 직무상 목적 외에 이를 사용하는 행위(제2호), ⅲ) 조합 또는 그 임·직원의 위법·부당행위를 고의적으로 은폐하는 행위(제3호)를 하여서는 아니된다(신협검사제재규정6②).

3. 검사원의 독립성

검사원은 검사를 실시함에 있어 외부로부터 독립된 위치에서 공정하게 직무를 수행하여야 한다(신협검사제재규정7).

제2절 검사운영

Ⅰ. 검사계획 등

1. 검사계획

(1) 연간계획 수립과 감독이사의 승인

검사총괄부서장은 매년 연간검사계획을 수립하여 감독이사에게 승인받아야 한다(신협검사제재규정 시행규칙4①). 검사총괄부서장이라 함은 검사본부장을 말한다(신협검사제재규정3(16)).

(2) 연간계획 포함사항

연간검사계획에는 검사대상조합, 검사의 종류, 검사실시 시기 등이 포함되어야 한다(신협검사제재규정 시행규칙4② 본문). 다만, 부문검사, 전산검사 및 감독이사가 필요하다고 인정하는 경우에는 이를 미리 정하지 아니할 수 있다(신협검사제재규정 시행규칙4② 단서).

(3) 정기검사 대상조합의 사전 선정

연간검사계획 수립 시 정기검사 대상조합의 경우 분기별로 대상조합을 미리 선정하여야 한다(신협검사제재규정 시행규칙4③).

(4) 대상조합의 변경과 감독이사 승인

검사대상조합의 변경 시에는 그 사유 등을 명기하여 감독이사에게 승인 받아야 한다(신협검사제재규정 시행규칙4④).

2. 검사대상조합 선정기준

검사대상조합 선정기준은 감독 및 검사환경 변화를 감안하여 연간검사계획 수립 시 감독이사가 정한다(신협검사제재규정 시행규칙5).

3. 외부감사인의 적정 이외 의견을 받은 조합에 대한 검사

회계처리의 오류, 불법·부당행위를 사유로 적정이외 감사의견을 받은 조합에 대하여 우선적으로 검사를 실시하여야 한다(신협검사제재규정 시행규칙5의2 본문). 다만, 합병이 진행 중이거나 완료된 경우, 회계분식의 가능성이 낮은 경우 등 검사의 실효성이 낮은 조합은 검사대상에서 제외 할 수 있다(신협검사제재규정 시행규칙5의2 단서).

Ⅱ. 검사사전준비

1. 검사 사전준비 및 검사자료

검사실시부서장은 검사 사전준비를 위하여 ⅰ) 신협검사및제재규정 제10조에 의한 조합의 업무 및 재산에 관한 자료(제1호), ⅱ) 상시감시자료(제2호), ⅲ) 다른 부서의 확인요청 사항(제3호), ⅳ) 사고·민원발생 내용(제4호), ⅴ) 정보 및 건의사항(제5호), ⅵ) 기타 조사 및 분석자료(제6호)를 수집·분석하여 활용하여야 한다(신협검사제재규정 시행규칙6①).

여기서 "검사실시부서장"이라 함은 소속직원으로 하여금 조합에 검사를 실시하게 하는 지역본부장 등을 말한다(신협검사제재규정3(17)).

위 제1호의 규정에 의한 조합의 업무 및 재산에 관한 자료의 종류는 다른 부서 등에 제출되는 자료와 중복되지 않도록 최소한의 범위 내에서 검사총괄부서장이 정한다(신협검사제재규정 시행규칙6②).

2. 사전검사

검사실시부서장은 검사 사전준비를 위하여 필요한 경우 소속 검사원으로 하여금 조합에 임점하여 필요한 자료 등을 수집하게 할 수 있다(신협검사제재규정 시행규칙7).

3. 사전교육

검사실시부서장은 검사실시 전에 소속 검사원을 대상으로 ⅰ) 검사실시 목적과 검사대상조합의 주요 업무현황(제1호), ⅱ) 상시감시 또는 검사 사전준비 결과 나타난 문제점 및 검사착안사항(제2호), ⅲ) 검사원 준수사항(제3호), ⅳ) 기타검사기법, 감독이사 지시사항 및 유의사항 등(제4호)의 교육을 실시할 수 있다(신협검사제재규정 시행규칙8 본문). 다만, 검사대상조합의 규모, 검사종류 등을 고려하여 이를 생략할 수 있다(신협검사제재규정 시행규칙8 단서).

4. 정보의 수집 및 관리

(1) 다른 부서장의 정보사항 등 통보

검사업무의 효율적 수행을 위하여 다른 부서장은 조합에 대한 업무수행과정에서 얻은 정보사항 및 건의사항을 검사총괄부서에 통보하여야 한다(신협검사제재규정 시행규칙9①).

(2) 중앙회 직원의 정보사항 등 통보

중앙회 직원은 감독업무 수행과 관련한 정보사항 및 건의사항(미확인사항 포함)을 검사총괄부서에 통보한다(신협검사제재규정 시행규칙9②).

(3) 검사총괄부서장의 정보 관리

검사총괄부서장은 앞의 제1항 및 제2항에 의거 통보되는 정보를 체계적으로 관리한다(신협검사제재규정 시행규칙9③).

Ⅲ. 검사실시 등

1. 검사실시

(1) 감독이사의 조합 업무 및 재산상황 등 검사실시

감독이사는 법 제89조(중앙회의 지도·감독) 및 기타 관계규정에 따라 조합의 업무 및 재산상황 또는 특정부문에 대한 검사를 실시한다(신협검사제재규정8①).

(2) 검사의 종류

검사의 종류는 종합검사, 정기검사, 부문검사 및 전산검사로 구분하고, 검사

의 실시는 현장검사, 서면검사 및 전산검사의 방법으로 행한다(신협검사제재규정8
②).

(3) 조합에 대한 검사주기

조합에 대한 검사주기는 2년으로 하며, 필요시 이를 조정할 수 있다(신협검
사제재규정8③).

검사주기 조정 및 운용에 대한 세부사항은 감독이사가 정하는 바에 따른다
(신협검사제재규정8④).

2. 검사실시의 품의

(1) 품의서 작성과 검사실시

검사실시부서장은 조합에 대한 검사를 실시하고자 하는 경우 검사실시 품의
서를 작성하여 실시할 수 있다(신협검사제재규정 시행규칙10①).

(2) 품의서 명시사항

검사실시 품의서는 ⅰ) 검사의 종류(제1호), ⅱ) 검사대상조합(제2호), ⅲ) 검
사기준일 및 검사대상기간(제3호), ⅳ) 검사의 범위(제4호), ⅴ) 검사반 편성 및
검사원(제5호), ⅵ) 검사실시 기간(제6호), ⅶ) 특별한 검사목적이 있을 경우에는
그 사항(제7호), ⅷ) 기타 참고사항(제8호)을 명시하여야 한다(신협검사제재규정 시
행규칙10②).

(3) 검사원에 대한 출장명령 의제

검사실시 품의서에 대한 결재가 이루어진 경우 당해 검사원에 대하여는 복
무규정에 의하여 출장명령을 받은 것으로 본다(신협검사제재규정 시행규칙10③).

(4) 전산검사와 별도의 검사실시 품의서 작성

전산검사인 경우에는 별도의 검사실시 품의서를 작성하지 않을 수 있다(신
협검사제재규정 시행규칙10④ 본문). 다만, 전산검사에 의하여 현장검사를 실시할
경우에는 제외한다(신협검사제재규정 시행규칙10④ 단서).

3. 검사대상기간

검사대상기간은 검사종류, 전번 검사기준일, 검사인력, 검사일수 등을 감안
하여 정한다(신협검사제재규정 시행규칙11①). 전산검사 검사대상기간은 특정일 또
는 특정거래기간을 지정할 수 있다(신협검사제재규정 시행규칙11②).

4. 검사반 편성

(1) 검사반 편성

검사반은 검사업무의 분장내용에 따라 편성하고 검사반장을 둔다(신협검사제
재규정 시행규칙12①).

(2) 검반반장의 임무

검사반장의 임무는 ⅰ) 검사원 및 검사업무의 통할과 보고(제1호), ⅱ) 검사
원의 업무분장(제2호), ⅲ) 검사원의 정보수집 독려(제3호)이다(신협검사제재규정
시행규칙12②).

5. 검사 착수

(1) 예고 없는 감사 등

검사는 예고없이 실시함을 원칙으로 한다(신협검사제재규정 시행규칙13① 본
문). 다만 검사실시부서장은 검사업무의 원활한 수행을 위하여 필요하다고 인정
되는 경우 사전에 검사실시 예정을 검사대상조합에 통보할 수 있다(신협검사제재
규정 시행규칙13① 단서).

(2) 최소 감사실시

검사원은 검사대상 조합의 업무수행에 가급적 지장이 없도록 검사를 실시토
록 한다(신협검사제재규정 시행규칙13②).

(3) 최소 자료 징구

검사원은 가급적 검사에 필요한 최소한의 자료만을 징구하여야 한다(신협검
사제재규정 시행규칙13③).

(4) 검사반장의 현장검사 착수상황 보고 등

검사반장은 현장검사 착수상황을 검사착수일에 검사실시부서장에게 보고하여야 하며, 검사의 착수 또는 계속 진행이 곤란한 사유가 발생한 경우에는 필요한 조치를 취하고 지체없이 검사실시부서장에게 보고하여 그 지시를 받아야 한다(신협검사제재규정 시행규칙13④).

(5) 검사반장의 검사진행상황의 종합 보고 등

검사반장은 검사원의 검사진행상황을 종합하여 수시로 검사실시부서장에게 보고하고, 검사실시부서장은 중요한 사항이 있는 경우 즉시 감독이사에게 보고하여야 한다(신협검사제재규정 시행규칙13⑤).

6. 검사실시통보서 등

(1) 검사실시통보서의 교부

검사반장은 현장검사 또는 서면검사 착수시 검사대상조합의 이사장에게 검사의 종류, 검사실시 예정기간, 검사원 명단을 포함한 검사실시통보서를 교부한다(신협검사제재규정 시행규칙14).

(2) 잔액대사

검사원은 검사대상조합의 거래자에 대하여 서면 또는 유선으로 거래잔액을 확인할 수 있다(신협검사제재규정 시행규칙14의2).

(3) 봉인

검사반장은 봉인을 하고자 하는 때에는 조합의 책임자급 직원의 입회하에 실시하여야 한다(신협검사제재규정 시행규칙15①). 봉인하는 경우 그 목적물의 범위와 기간은 검사의 목적을 달성하는데 필요한 최소한의 범위 및 기간에 한정하여야 한다(신협검사제재규정 시행규칙15②).

7. 관련조합의 검사

(1) 다른 조합의 개별사항의 검사 또는 확인

검사반장은 검사업무 수행과정에서 당해 조합에 대한 검사업무와 관련하여

ⅰ) 위법·부당행위에 대한 증거인멸의 우려가 있는 경우(제1호), ⅱ) 사고의 규모가 급속히 확대될 우려가 있는 경우(제2호), ⅲ) 기타 검사대상조합의 위법·부당행위의 내용을 종합적으로 파악하기 위하여 필요한 경우(제3호)에는 검사실시부서장의 지시를 받아 다른 조합의 개별사항에 대한 검사 또는 확인을 할 수 있다(신협검사제재규정 시행규칙16①).

(2) 검사실시의 요청과 조치

관할 밖의 관련조합에 대한 검사가 필요한 경우 검사실시부서장은 검사총괄부서장에게 검사실시를 요청하고, 검사총괄부서장은 이를 검토한 후 필요한 조치를 취하여야 한다(신협검사제재규정 시행규칙16②).

8. 검사결과 입증자료

(1) 입증자료 징구

검사반장은 검사결과 나타난 위법·부당행위에 대하여 조합으로부터 다음에서 정하는 입증자료를 징구한다(신협검사제재규정 시행규칙17①).

(가) 확인서

확인서는 검사결과 나타난 위법·부당행위에 대한 증거를 보강하기 위하여 6하원칙에 따라 구체적 사실을 기재한 확인서를 징구할 수 있으며, 관련자 등이 의견진술을 희망하는 경우 의견서를 첨부하도록 할 수 있다. 다만, 관련 문서 및 장표의 사본 등에 의하여 위법·부당행위가 입증되는 경우에는 이를 징구하지 아니할 수 있다(제1호).

(나) 문답서 또는 질문서

문답서 또는 질문서는 위법·부당행위의 정도가 크거나 취급경위가 복잡하고 책임소재가 불분명한 사항에 대하여는 관련자의 책임소재를 명확히 하고 행위의 동기·배경 등을 파악하기 위하여 검사현장에서 관련자와의 질의·응답을 통하여 문답서를 작성하거나 당해 조합 또는 관련자에게 질문서를 발부할 수 있다(제2호).

(다) 문서 및 장표의 사본

문서 및 장표의 사본은 검사결과의 입증을 위하여 필요한 경우에 징구하며, 원본과 상위없음을 관계인이 증명하도록 한다. 다만, 원본의 수량이 과다한 경우 필요한 부분을 발췌하거나 일정한 서식으로 정리할 수 있으며 이 경우 그 출처를 명시하고 작성자가 날인하도록 한다(제3호).

(2) 질문서의 발부

질문서는 검사반장 명의로 발부한다(신협검사제재규정 시행규칙17②).

(3) 입증자료의 제출자

입증자료는 조합 이사장으로부터 받는다(신협검사제재규정 시행규칙17③ 본문). 다만, 필요한 경우 관련 직원으로부터 직접 받을 수 있다(신협검사제재규정 시행규칙17③ 단서).

9. 경영실태평가

(1) 평가와 검사업무 반영

검사실시부서장은 조합에 대한 경영실태를 평가하고 그 결과를 검사업무 등에 반영할 수 있다(신협검사제재규정 시행규칙18①).

(2) 확약서 등 체결과 재무상태개선 권고 또는 요구 조치

감독이사는 경영실태평가 결과 종합평가등급 또는 부문별 평가등급이 불량한 조합에 대해서는 확약서 또는 양해각서 체결 및 상호금융업감독규정("감독규정") 등 관련규정에서 정하는 바에 따라 재무상태개선 권고 또는 요구 등의 조치를 취할 수 있다(신협검사제재규정 시행규칙18②).

10. 경영면담 등

(1) 종합검사 및 정기검사와 관련한 경영면담

종합검사 및 정기검사와 관련한 경영면담을 다음과 같이 실시하며 면담참석자 등 면담실시에 관한 구체적인 사항을 정할 수 있다(신협검사제재규정 시행규칙19①).

(가) 경영진 면담

경영진 면담은 검사반장 등은 검사 종료 전에 주요 경영진을 대상으로 면담을 실시하며 ⅰ) 경영진의 경영정책 및 방침(가목), ⅱ) 윤리강령 및 윤리행동지침에 관한 사항(나목), iii) 내부통제에 관한 사항(다목), iv) 경영실태 평가결과 경영상 취약점, 개선방안 및 경영진의 시정계획(라목), ⅴ) 조치요구(예정)사항(마목), vi) 애로 및 건의사항(바목), vii) 금융환경 및 조합의 경영전망 등(사목)을 협의한다(신협검사제재규정 시행규칙19①(1)).

(나) 이사회 및 감사면담

이사회 및 감사면담은 감독이사, 검사실시부서장 등은 검사 종료 후 경영상 상당한 문제점이 있는 조합에 대해 필요하다고 판단하는 경우 이사회 및 감사를 대상으로 면담을 실시하며 ⅰ) 경영상 취약점, 경영진 면담시 협의된 개선방안 및 시정계획(가목), ⅱ) 경영상 문제점 개선을 위한 이사회의 관심사항(나목), ⅲ) 조합의 경영정책과 전망 등(다목), ⅳ) 윤리강령 및 윤리행동지침에 관한 사항(라목)을 협의할 수 있다(신협검사제재규정 시행규칙19①(2)).

(2) 부문검사와 검사결과 설명 등

부문검사의 경우 검사반장은 검사를 종료하면서 조합의 관련 임·직원에게 검사결과를 설명하고 상호 의견을 교환한다(신협검사제재규정 시행규칙19② 본문). 다만, 검사반장이 언급할 중요사항이 없다고 판단하는 경우에는 이를 생략할 수 있다(신협검사제재규정 시행규칙19② 단서).

11. 의견청취 및 소명

(1) 의견진술 기회 부여

검사반장은 의견청취를 위하여 검사결과 나타난 위법·부당행위의 관련자 또는 당해 조합에 대하여 의견진술의 기회를 주어야 한다(신협검사제재규정 시행규칙20①).

(2) 의견진술의 방식

의견진술은 의견서, 문답서 또는 질문서에 의하며, 관련자 또는 당해 조합이 의견을 제출하지 아니하거나 거부한 경우에는 의견이 없는 것으로 본다(신협검사제재규정 시행규칙20②).

(3) 소명안내서 교부

검사반장은 위법·부당행위 관련자 또는 해당 조합이 검사기간 중 소명하지 못한 사항에 대하여 검사실시부서장 또는 제재심의부서장에게 소명할 수 있음을 설명하고, [별지 제11호의 서식]에 따라 소명안내서를 교부하여야 한다(신협검사제재규정 시행규칙20③). "제재심의부서장"이라 함은 감독본부장을 말한다(신협검사제재규정3(18)).

(4) 소명기한

소명은 검사종료일부터 해당 조합에 대한 최초 개최하는 제재심의위원회 전일까지 소명서 및 그 입증자료를 첨부하여 제출할 수 있으며, 관련자가 동기간내에 소명서 제출을 하지 아니하는 경우에는 소명하지 않는 것으로 본다(신협검사제재규정 시행규칙20④).

Ⅳ. 상시감시 등

1. 상시감시

(1) 문제발생의 조기 식별

감독이사는 조합에 대한 상시감시를 통하여 문제발생의 소지가 있는 조합또는 취약부문을 조기에 식별할 수 있도록 노력하여야 한다(신협검사제재규정9①).

(2) 상시감시결과 조치

감독이사는 상시감시 결과에 따라 감독 및 검사업무상 필요한 조치를 취할 수 있으며, 조치의 종류는 감독이사가 따로 정하는 바에 따른다(신협검사제재규정9②).

신협검사제재규정 제9조 제2항에 따라 감독이사가 취할 수 있는 조치의 종류는 ⅰ) 재무상태개선권고 또는 요구(제1호), ⅱ) 경영실태평가 등급 조정(제2호), ⅲ) 검사계획 수립 및 중점검사항목에 반영(제3호), ⅳ) 검사실시(제4호), ⅴ) 시정계획 징구 또는 보고서 징구주기 단축 등 사후관리 강화(제5호), ⅵ) 확약서·양해각서 체결(제6호)이다(신협검사제재규정 시행규칙22①).

(3) 상시감시 사후관리 및 자료 관리

사후관리는 검사사후관리에 준하고 그 결과의 자료는 감독 및 검사목적 이외에는 이용할 수 없다(신협검사제재규정 시행규칙23). "검사사후관리"라 함은 조치요구사항에 대한 조합의 이행상황 확인 및 관리를 위한 업무를 말한다(신협검사제재규정 시행규칙2(4)).

2. 상시감시업무

(1) 수행방법

조합에 대한 상시감시업무는 ⅰ) 실시간 조합 전산 처리 내역(제1호), ⅱ) 업무보고서(제2호), ⅲ) 검사원 등이 수집한 정보·건의사항(제3호), ⅳ) 기타 검사총괄부서장이 필요하다고 판단하는 자료(제4호)인 "상시감시자료"를 검토·분석하는 방법으로 수행한다(신협검사제재규정 시행규칙21①).

(2) 관련 증빙자료의 요구와 확인

앞의 상시감시자료 중 ⅰ) 실시간 조합 전산 처리 내역(제1호), ⅱ) 업무보고서(제2호)의 내용 중 확인이 필요한 사항에 대하여는 해당 조합에 유선 또는 FAX 등으로 관련 증빙자료를 요구하여 확인할 수 있으며, 매일 그 결과를 기록·유지하여야 한다(신협검사제재규정 시행규칙21②).

(3) 제도개선 연구

감독이사는 동 업무의 효율적인 수행을 위하여 상시감시에 필요한 제도개선 등을 연구하도록 할 수 있다(신협검사제재규정 시행규칙21③).

(4) 검사원 상주

감독이사는 내부통제 및 리스크관리 강화 등이 필요하다고 판단되는 조합에 대하여 검사원을 일정기간 상주시키면서 상시감시업무를 수행하도록 할 수 있다(신협검사제재규정 시행규칙21④).

3. 자료제출 요구 등

(1) 자료제출 요구

감독이사는 검사업무를 수행함에 있어 필요한 경우에는 해당 조합에 대하여 업무 또는 재산에 관한 보고 및 자료의 제출을 요구할 수 있다(신협검사제재규정10).

(2) 위법·부당행위에 대한 의견청취

감독이사는 조합에 대한 검사실시 결과 나타난 위법·부당행위에 대하여 당해 조합 또는 관련 임·직원 등에게 의견진술과 소명의 기회를 주어야 한다(신협검사제재규정11).

(3) 검사자료 관리 및 정보수집

(가) 검사자료 관리

감독이사는 조합에 대한 검사실시 상황 및 경영실태 평가결과, 정보 및 건의사항 등 검사업무에 필요한 사항을 종합적으로 파악하여 관리하여야 한다(신협검사제재규정12①).

(나) 정보수집

검사원은 검사에 관한 자료 및 정보수집에 필요한 활동을 할 수 있다(신협검사제재규정12②).

(4) 검사업무의 효율적 수행

검사업무의 효율적 수행을 위하여 유관부서는 감독이사에게 정보를 제공하여야 한다(신협검사제재규정13①). 감독이사는 검사업무의 효율적 수행을 위하여 정보교환 및 검사기법의 연구개발에 노력하여야 한다(신협검사제재규정13②).

4. 순회감독역의 업무 등

(1) 순회감독역의 의의

순회감독역이라 함은 법 제89조(중앙회의 지도·감독) 및 제규정에 의하여 감독이사가 순회점검 등의 업무를 수행하는데 필요한 인력을 말한다(신협검사제재규정3(11의3)). "순회점검"이라 함은 조합의 사고 취약분야에 대한 수시 점검 활동을 하는 것을 말한다(신협검사제재규정3(11의2)).

(2) 순회감독역의 채용대상자 자격 및 교육
(가) 자격요건

순회감독역은 ⅰ) 금융위원회법 제38조에 따른 검사대상기관에서 10년 이상 근무한 경력이 있는 사람(제1호), ⅱ) 금융감독원 또는 한국은행에서 10년 이상 근무한 경력이 있는 사람(제2호)의 어느 하나에 해당하는 자격요건을 갖춘 사람 중「신용협동조합중앙회 정관」제35조의2 및「인사규정」제8조의 결격사유에 해당하지 않는 사람을 채용대상으로 한다(신협검사제재규정13의2①).

(나) 신규채용과 사전 교육

검사총괄부서장은 순회감독역이 신규채용되는 경우 원활한 업무수행을 위하여 1회 이상의 사전 교육을 실시함을 원칙으로 한다(신협검사제재규정13의2②).

(다) 직무교육 실시

검사총괄부서장은 순회감독역의 직무능력 향상을 위하여 매년 1회 이상의 직무교육을 실시할 수 있다(신협검사제재규정13의2③).

(3) 순회감독역의 업무 및 권한
(가) 업무

순회감독역은 ⅰ) 조합에 대한 순회점검(제1호), ⅱ) 감독인 업무(제2호), ⅲ) 검사원의 검사업무 보조(제3호), ⅳ) 그 밖에 금융사고 예방 및 건전성 감독을 위하여 감독이사가 규칙으로 정하는 업무(제4호)를 수행한다(신협검사제재규정13의3①).

(나) 권한

순회감독역은 업무를 수행함에 있어 ⅰ) 업무를 수행하기 위한 자료의 제출 요구(제1호), ⅱ) 당해 조합 관계자에 대한 출석·진술 요구(제2호), ⅲ) 그 밖에 업무 수행을 위하여 감독이사가 규칙으로 정하는 행위(제3호)의 조치를 조합에 요구할 수 있다(신협검사제재규정13의3② 전단). 이 경우 조합은 특별한 사유가 없는 한 이에 응하여야 한다(신협검사제재규정13의3② 후단).

(4) 순회감독역의 의무 등

순회감독역은 업무와 관련하여 공정하게 그 직무를 수행하여야 하고 ⅰ) 조합 임·직원에게 부당한 대출을 강요하거나 금품, 기타 이익을 제공받는 행위, ii) 직무상 알게 된 정보를 타인에게 누설하거나 직무상 목적 외에 이를 사용하는 행위, iii) 조합 또는 그 임·직원의 위법·부당행위를 고의적으로 은폐하는 행위, iv) 그 밖에 공정한 직무수행을 위하여 감독이사가 규칙으로 정하는 금지행위를 하여서는 아니된다(신협검사제재규정13의4).

(5) 순회감독역 운용 규칙

감독이사는 신협검사제재규정에서 정한 사항 이외의 순회감독역의 업무구역, 점검결과 보고 등 운용에 필요한 세부사항을 규칙으로 정할 수 있다(신협검사제재규정13의5).

제3절 검사결과 보고 등

Ⅰ. 검사결과의 보고

검사반장은 검사 종료 후 검사결과를 요약 정리한 귀임보고서를 작성하여 검사총괄부서장 및 검사실시부서장에게 보고하여야 한다(신협검사제재규정 시행규칙25).

조합에 대하여 검사를 실시한 검사실시부서장은 그 결과를 종합 정리한 후 검사총괄부서장을 경유하여 감독이사에게 보고하여야 한다(신협검사제재규정14).

Ⅱ. 검사결과의 통보 및 조치

1. 검사서 통보와 조치

(1) 조치요구사항

감독이사는 조합에 대한 검사결과를 검사서로써 당해 조합에 통보하고 ⅰ) 기관제재(제1호), ⅱ) 경영유의사항(제2호), ⅲ) 문책사항(제3호), ⅳ) 변상사항(제4

호), ⅴ) 개선사항(제5호), ⅵ) 시정사항(제6호), ⅶ) 주의사항(제7호), ⅷ) 현지조치
사항(제8호), ⅸ) 경영지도사항(제9호)의 조치를 취하거나 당해 조합에게 이를 요
구할 수 있다(신협검사제재규정15①).

(2) 조치의 종류와 개념

(가) 기관제재

기관제재라 함은 조합이 법규 위반 및 조합의 건전한 영업 또는 업무를 저
해하는 행위를 함으로써 조합원 등에게 중대한 손실을 초래하거나 당해 조합의
경영을 위태롭게 하는 행위로서 기관에 대한 업무정지 또는 기관경고에 해당하
는 제재를 말한다(신협검사제재규정 시행규칙2(7)).

(나) 경영유의사항

경영유의사항이라 함은 조합에 대한 검사결과 경영상 취약성이 있는 것으로
나타나 경영진의 주의 또는 경영상 조치가 필요한 사항을 말한다(신협검사제재규
정3(19)).

(다) 문책사항

문책사항이라 함은 조합의 임·직원이 고의 또는 과실로 인하여 법령과 규
정 등을 위반하거나 조합의 건전한 영업 또는 업무를 저해하는 행위를 함으로써
신용질서를 문란하게 하거나 당해 기관의 경영을 위태롭게 하는 행위로서 임·직
원에 대한 개선(징계면직)·직무정지(정직)·감봉·견책·주의(경고)조치하는 사항
을 말한다(신협검사제재규정 시행규칙2(8)).

(라) 변상사항

변상사항이라 함은 조합의 임·직원이 고의 또는 과실(비상임 임원의 경우에
는 고의 또는 중과실, 이하 같다)로 법령 및 규정 등을 위반하여 당해 조합에 재산
상 손실을 끼쳐 변상책임이 있는 사항을 말한다(신협검사제재규정 시행규칙2(9)).

(마) 개선사항

개선사항이라 함은 규정, 제도 또는 업무운영 내용 등이 불합리하여 그 개
선이 필요한 사항을 말한다(신협검사제재규정 시행규칙2(10)).

(바) 시정사항

시정사항이라 함은 위법 또는 부당하다고 인정되는 사항 중 추징, 회수, 보
전, 기타의 방법 등으로 시정 또는 원상태로 환원시킬 필요가 있는 사항을 말한

다(신협검사제재규정 시행규칙2(11)).

(사) 주의사항

주의사항이라 함은 위법 또는 부당하다고 인정되나 시정 또는 원상태로의 환원이 불가능하거나 환원의 실익이 없고 경미한 사항을 말한다(신협검사제재규정 시행규칙2(12)).

(아) 현지조치사항

현지조치사항이라 함은 검사결과 나타난 위법·부당행위 또는 불합리한 사항 중 그 정도가 경미하여 검사반장이 검사현장에서 시정, 개선 또는 주의조치하는 사항을 말한다(신협검사제재규정 시행규칙2(3)).

(자) 경영지도사항

경영지도사항이라 함은 조합에 대한 검사결과 경영상 취약성의 정도가 경미한 사안을 지도하는 사항을 말한다(신협검사제재규정3(20)).

2. 조합의 이행상황 관리와 자체감사 위임

감독이사는 조치를 요구한 사항에 대하여 조합의 이행상황을 관리하여야 한다(신협검사제재규정15② 본문). 다만, 현지조치사항에 대하여는 당해 조합의 자체감사에게 위임할 수 있다(신협검사제재규정15② 단서).

Ⅲ. 조치요구사항에 대한 정리기한 및 보고

1. 정리기한과 보고

조합은 조치요구사항에 대하여 특별한 사유가 있는 경우를 제외하고는 검사서를 접수한 날로부터 ⅰ) 경영유의사항은 6월 이내(제1호), ⅱ) 문책사항은 관련 임·직원에 대한 인사 조치내용은 2월 이내, 기타 개선·시정 등이 필요한 사항은 다목에서 정한 기한 이내(제2호), ⅲ) 변상·개선·시정사항은 3월 이내(제3호)에 이를 정리하고 그 결과를 기한종료일로부터 10일 이내에 감독이사에게 보고하여야 한다(신협검사제재규정16① 본문). 다만, 재심신청이 있는 경우 재심신청일부터 재심결과 통보일까지의 기간만큼 정리기한이 연장된다(신협검사제재규정16① 단서).

2. 직무태만 등과 제재

감독이사는 검사결과 조치요구사항에 대한 조합의 정리부진 및 정리 부적정 사유가 관련 임·직원의 직무태만 또는 사후관리의 불철저에서 비롯된 것으로 판단하는 경우에는 책임이 있는 임·직원에 대하여 제재할 수 있다(신협검사제재규정16②).

위에서 "제재"라 함은 중앙회의 검사결과 또는 금융감독원장의 권한위탁 등에 따라 조합 또는 그 임·직원에 대하여 감독이사가 신협검사제재규정에 의하여 취하는 조치를 말한다(신협검사제재규정3(14)).

Ⅳ. 자체징계 제한 등

1. 감독이사의 제재요구 전 임의 제재 등 제한

조합은 중앙회의 검사시 발견된 위법·부당행위에 대하여 감독이사의 제재요구가 있기 전에 임의로 임·직원에 대한 제재나 기타 조치를 하여서는 아니된다(신협검사제재규정17①).

2. 정직 이상의 징계처분 예상 임·직원 조치

조합은 자체감사결과 등으로 발견한 정직(직무정지) 이상 징계처분이 예상되는 임·직원에 대하여 다음과 같이 조치한다(신협검사제재규정17②). 즉 ⅰ) 위법·부당행위가 명백하게 밝혀졌을 경우에는 지체없이 직위를 해제하되 징계확정 전에 의원면직 처리하여서는 아니된다(제1호). ⅱ) 직원이 사직서를 제출하는 경우에는 동 사직서 제출경위를 조사하고 민법 제660조 등 관계법령에 의한 고용계약 해지의 효력이 발생하기 전에 징계조치 및 사고금 보전 등 필요한 조치를 취한다(제2호).

3. 감독이사의 재징계 요구

조합의 자체감사 결과 등으로 임·직원에 대한 자체징계결의에도 불구하고, 해당 사안이 중앙회 검사결과 신협법 제28조 제1항에 따른 임원자격제한사유에 해당하는 직무정지 또는 정직 이상의 징계대상일 경우 감독이사는 재징계를 요구할 수 있다(신협검사제재규정17③).

4. 사임(사직)서 제출과 징계효력

징계조치를 요구하기 전에 사임(사직)서를 제출하는 경우에도 징계요구에 효력을 미치지 아니한다(신협검사제재규정17④).

Ⅴ. 이사회의 검사서 열람

조합의 이사회는 원활한 경영통제를 위하여 감독이사가 통보한 검사서를 열람하여야 한다(신협검사제재규정18 본문). 다만, 국외거주, 질병 등의 사유로 부득이 열람이 불가능한 경우에는 예외로 할 수 있다(신협검사제재규정18 단서).

Ⅵ. 검사결과 보고 및 검사서 심사 · 조정 의뢰 등

1. 검사결과 보고 및 검사서 심사 · 조정 의뢰

(1) 검사서에 대한 심사 · 조정 의뢰

검사실시부서장은 검사종료일 다음날부터 30일(사전검토 대상인 경우 45일) 이내에 제재심의부서장에게 검사서에 대한 심사 · 조정을 의뢰하여야 한다(신협검사제재규정 시행규칙26② 본문). 다만, ⅰ) 검사종료 후 확인서 및 문답서 소요기간(발부일~접수일)(제1호), ⅱ) 법무법인 등의 회계 · 법률검토 소요기간(의뢰일~회신일)(제2호), ⅲ) 검찰의 관련자료 압수, 핵심 관계자의 구속 등 사실관계의 확인이 검찰수사 결과에 의존하는 경우 검사종료 시점부터 검찰 수사결과 발표 시점까지의 기간(제3호)의 어느 하나에 해당하는 경우에는 위 기간에 산입하지 아니하며, 관련사항을 제재심의부서장에게 보고하여야 한다(신협검사제재규정 시행규칙26② 단서).

(2) 검사서의 심사 · 조정없이 검사서 당해 조합 통보

검사실시부서장은 검사결과 현지조치사항 또는 경영지도사항만 있는 경우에는 검사서의 심사·조정없이 검사서를 당해 조합에 통보하고 통합정보시스템에 등록한다(신협검사제재규정 시행규칙26③).

(3) 조치요구사항이 없는 경우 검사서 작성의 생략

검사실시부서장은 부문검사 결과 조치요구사항이 없는 경우 검사서 작성을 생략하고 해당조합에 "조치요구사항 없음"으로 통보할 수 있다(신협검사제재규정 시행규칙26④).

"조치요구사항"이라 함은 경영유의사항, 지적사항, 현지조치사항 등 감독이사가 조합에 대하여 조치를 요구하는 사항을 말한다(신협검사제재규정 시행규칙2(1)). "지적사항"이라 함은 검사결과 나타난 위법·부당한 업무처리 내용 또는 방법의 개선 등이 필요한 사항을 말하며, 이는 기관제재, 문책, 변상, 개선, 시정, 주의사항으로 구분한다(신협검사제재규정 시행규칙2(2)).

(4) 검사서의 사전검토 의뢰

검사실시부서장은 사전검토 대상인 검사서를 제재심의부서장에게 심사·조정을 의뢰하기 전에 검사총괄부서장에게 검사서의 사전검토를 의뢰하여야 하며 사전검토 대상의 범위 및 부서별 처리기간 등은 감독이사가 별도로 정하는 바에 따른다(신협검사제재규정 시행규칙26⑤).

2. 현지조치 등

(1) 현지조치
(가) 현지조치사항의 통보와 검사서 기재

검사반장은 현지에서 조치한 사항은 조합 이사장에게 동 내용을 통보하고 이를 검사서에 기재한다(신협검사제재규정 시행규칙27①).

(나) 조합 감사의 확인과 관리

현지조치사항에 대한 정리결과는 당해 조합 감사가 확인하여 관리하도록 할 수 있다(신협검사제재규정 시행규칙27②).

(2) 경영지도사항의 통보

검사반장은 규정 경영지도사항을 조합 이사장에게 동 내용을 통보하여야 한다(신협검사제재규정 시행규칙27의2).

(3) 사법적 제재가 필요한 경우와 고발 등

감독이사는 검사결과 조합 또는 그 임·직원이 금융범죄행위로 사법적 제재
가 필요하다고 인정되는 경우이거나, 특정경제범죄법을 위반하였거나 위반한 혐
의가 있다고 인정되는 경우에는 신용협동조합임·직원의 금융범죄행위에 대한
고발기준에 따른다(신협검사제재규정 시행규칙28).

3. 감독인 운영 등

(1) 감독인의 의의

감독인이라 함은 법 제89조(중앙회의 지도·감독) 및 제규정에 의하여 감독이
사가 일정 기간 동안 조합에 파견하여 지도·감독 업무를 수행하게 하는 사람을
말한다(신협검사제재규정3(21)).

(2) 감독인 운영
(가) 감독인 파견

감독이사는 금융사고 및 대규모 인출 발생 등에 대응하거나 조합의 건전한
운영을 위하여 필요한 경우 감독인을 파견할 수 있다(신협검사제재규정 시행규칙28
의2①).

(나) 감독인운영지침

감독인의 파견 등 운영에 관한 세부사항은 감독이사가 「감독인운영지침」으
로 정한다(신협검사제재규정 시행규칙28의2②).

(3) 조합의 감독인 지원 등
(가) 임직원의 감독인 지도내용 이행

조합의 임직원은 감독인의 지도내용을 성실히 이행하여야 한다(신협검사제재
규정 시행규칙28의3①).

(나) 자료제출 요구에 응할 의무

조합은 감독인이 업무상 필요한 자료의 제출을 요구할 경우 지체없이 이에
응하여야 한다(신협검사제재규정 시행규칙28의3②).

(다) 비품 및 집기 등 지원

조합은 감독인 업무를 위하여 필요한 비품 및 집기 등을 지원하여야 한다 (신협검사제재규정 시행규칙28의3③).

4. 확약서 · 양해각서의 운용

(1) 경미사항과 중대한 사항

상시감시 또는 검사결과 나타난 문제점의 경중에 따라 경미한 사항은 확약 서, 중대한 사항은 양해각서를 받아 조치한다(신협검사제재규정 시행규칙29①).

(2) 확약서 징구와 양해각서 체결

확약서는 조합의 이사장 등으로부터 징구하고, 양해각서는 조합 이사회 구 성원 전원의 서명을 받아 체결한다(신협검사제재규정 시행규칙29②).

(3) 이행상황 점검과 조치

감독이사는 확약서 · 양해각서 이행상황을 점검하여 그 이행이 미흡하다고 판단되는 경우에는 기간연장, 재체결 등 적절한 조치를 취할 수 있다(신협검사제 재규정 시행규칙29③).

(4) 이행상황 점검주기 등

확약서 및 양해각서의 효력발생일자, 이행시한 및 이행상황 점검주기는 각 확약서 및 양해각서에서 정한다(신협검사제재규정 시행규칙29④ 전단). 이행상황 점 검주기를 따로 정하지 않은 경우에는 조합은 매분기 익월말까지 분기별 이행상 황을 감독이사에게 보고하여야 한다(신협검사제재규정 시행규칙29④ 후단).

5. 지적불문사항의 처리

검사실시부서장은 검사원이 검사실시기간 중 지적사항으로 처리할 목적으 로 확인서 등 입증자료를 징구한 사항 중 심사과정 등에서 지적사항으로 처리하 지 않기로 한 사항에 대하여는 그 사실을 당해 조합에 통보하여야 한다(신협검사 제재규정 시행규칙30 본문). 다만, 그 내용이 통보에 실익이 없다고 판단하는 경우 에는 이를 생략할 수 있다(신협검사제재규정 시행규칙30 단서).

제4절 검사결과의 처리

Ⅰ. 제재의 종류와 기준

1. 기관에 대한 제재

(1) 제재의 종류와 사유

검사결과 조합에 대하여 취할 수 있는 제재의 종류는 ⅰ) 6월이내 업무의 전부 또는 일부정지(제1호), ⅱ) 위반행위의 시정명령(제2호), ⅲ) 조합에 대한 기관경고(제3호)와 같다(신협검사제재규정19①).

이에 의거 조합에 대하여 취할 수 있는 제재의 종류 및 사유는 다음과 같다(신협검사제재규정 시행규칙31).

(가) 6월 이내 업무의 전부정지

6월 이내 업무의 전부정지 사유는 ⅰ) 허위 또는 부정한 방법으로 설립인가를 받은 경우(가목), ⅱ) 인가내용 또는 인가조건에 위반한 경우(나목), ⅲ) 업무의 전부 또는 일부에 대한 정지조치를 받고도 당해 업무를 계속하거나 동일 또는 유사한 위법·부당행위를 반복하는 경우(다목), ⅳ) 위법부당행위에 대한 시정명령을 이행하지 아니한 경우(라목), ⅴ) 조합원이 1년 이상 계속하여 100인 미만인 경우(마목), ⅵ) 조합의 출자금합계액이 1년 이상 계속하여 법 제14조 제4항[1] 각호의 구분에 의한 금액에 미달한 경우(바목), ⅶ) 정당한 사유없이 1년 이상 계속하여 사업을 실시하지 아니한 경우(사목), ⅷ) 설립인가를 받은 날부터 6월 이내에 법 제4조(등기)의 규정에 의한 등기를 하지 아니한 경우(아목), ⅸ) 조합의

---

1) ④ 출자금 합계액의 최저한도는 다음과 같다.
    1. 지역조합의 경우에는 주된 사무소의 소재지에 따라 다음 각 목의 금액
        가. 특별시·광역시: 3억원
        나. 특별자치시·시(「제주특별자치도 설치 및 국제자유도시 조성을 위한 특별법」 제15조 제2항에 따른 행정시를 포함): 2억원
        다. 군(광역시·특별자치시 또는 시에 속하는 읍·면을 포함): 5천만원
    2. 직장조합의 경우에는 4천만원
    3. 단체조합의 경우에는 주된 사무소의 소재지에 따라 다음 각 목의 금액
        가. 특별시·광역시: 1억원
        나. 특별자치시·시: 8천만원
        다. 군: 5천만원

건전한 영업 또는 업무를 크게 저해하는 행위를 함으로써 건전경영을 심히 훼손하거나 당해 조합 또는 조합원 등에게 재산상 중대한 손실을 초래한 경우(자목)이다(신협검사제재규정 시행규칙31(1)).

(나) 6월 이내의 업무의 일부정지

6월 이내의 업무의 일부정지 사유는 ⅰ) 조합의 건전한 영업 또는 업무를 저해하는 행위를 함으로써 건전경영을 훼손하거나 당해 조합 또는 조합원 등에게 재산상 손실을 초래한 경우(가목), ⅱ) 기관경고를 받고도 5년 이내에 동일 또는 유사한 위법·부당행위를 반복하는 경우(나목)이다(신협검사제재규정 시행규칙31(2)).

(다) 기관경고

기관경고 사유는 ⅰ) 위법·부당행위로서 그 동기·결과가 ㉠ 위법·부당행위가 당해 조합의 경영방침에 기인한 경우, ㉡ 위법·부당행위가 당해 조합에서 조직적으로 이루어진 경우, ㉢ 임원이 위법·부당행위의 주된 관련자이거나 다수의 임원이 위법·부당행위에 관련된 경우, ㉣ 동일유형의 민원이 집단적으로 제기되거나 금융거래자의 피해규모가 큰 경우, ㉤ 금융실명법의 중대한 위반행위가 발생한 경우(가목), ⅱ) 최근 1년 동안 내부통제 소홀 등의 사유로 금융사고가 발생하여 사고 전월말 총자산의 1%(단, 사고금액이 3억원 미만인 조합은 제외) 또는 10억원을 초과하는 손실이 발생하였거나 발생이 예상되는 경우(나목), ⅲ) 손실(예상)금액이 나목에 미달하더라도 내부통제가 매우 취약하여 중대한 금융사고가 빈발하거나 사회적 물의를 크게 야기한 경우(다목)이다(신협검사제재규정 시행규칙31(3)).

(2) 기관경고 받은 조합 이사장의 이사회 보고의무

기관경고를 받은 조합의 이사장은 그 사실을 이사회에 보고하여야 한다(신협검사제재규정19②).

2. 임직원에 대한 제재 등

(1) 임직원 등 제재기준
(가) 제재양정 기준과 참작 사유

위법·부당행위 관련 임·직원을 제재함에 있어서는 [별표 제2호, 제3호]의 제재양정 기준과 다음의 사유, 즉 ⅰ) 제재대상자의 평소의 근무태도, 근무성적, 공적, 개전의 정 및 동일·유사한 위반행위에 대한 제재 등 과거 제재사실의 유무(제1호), ii) 행위의 동기·정도, 손실액 규모 및 금융질서 문란·사회적 물의야기 등 주위에 미친 영향(제2호), iii) 제재대상자의 고의, 중과실, 경과실 여부(제3호), iv) 사고금의 규모 및 손실에 대한 시정·변상 여부(제4호), v) 자진신고, 검사업무에의 협조 정도 등 사후수습 및 손실경감을 위한 노력 여부(제5호), vi) 경영방침, 경영시스템 오류, 금융·경제여건 등 기타 내외요건과 귀책사항과의 관계(제6호)를 참작한다(신협검사제재규정 시행규칙32①).

(나) 특정금융정보법 등 위반의 경우

특정금융정보법, 범죄수익은닉규제법 및 테러자금금지법를 위반한 행위에 대한 제재는 해당 법률에서 정한 것을 제외하고는 [별표 제3호]에서 정한 기준에 의한다(신협검사제재규정 시행규칙32③).

(2) 경합행위에 대한 제재

이미 제재를 받은 자에 대하여 그 제재 이전에 발생한 별개의 위법부당행위가 추가로 발견된 경우에는 다음에 따라 제재한다(신협검사제재규정 시행규칙32의2). 즉 i) 추가 발견된 위법부당행위를 종전 제재시 함께 제재하였더라도 제재수준이 높아지지 않을 경우에는 제재하지 않는다(다만, 금융사고와 관련된 경우에는 그러하지 아니하다)(제1호). ii) 추가 발견된 위법부당행위를 종전 제재시 함께 제재하였더라면 종전 제재수준이 더 높아지게 될 경우에는 함께 제재하였더라면 받았을 제재수준을 감안하여 추가로 발견된 위법부당행위에 대하여 제재할 수 있다(제2호).

(3) 기타 감독기관 조치의 반영

금융위원회 또는 금융감독원장 등의 감독기관이 금융관련법규에 의하여 제재대상자에 취한 조치가 있는 경우에는 이를 고려하여 제재의 종류를 정하거나 제재를 가중·감면할 수 있다(신협검사제재규정 시행규칙32의3).

(4) 임직원에 대한 제재
(가) 의의

감독이사는 조합에 대하여 임원의 개선, 직무정지, 견책, 주의 등의 징계조치를 요구할 수 있고(신협검사제재규정20①), 직원의 징계면직, 정직, 감봉, 견책,

경고 등의 징계조치를 요구할 수 있다(신협검사제재규정20②).

"징계"라 함은 감독이사의 요구에 의하여 조합이 그 소속 임원에 대하여 취하는 개선, 직무정지, 견책, 주의 등의 조치를 말하며, 직원에 대하여는 징계면직, 정직, 감봉, 견책, 경고 등의 조치를 말한다(신협검사제재규정3(15)).

(나) 제재의 종류와 사유

조합의 임·직원에 대하여 취할 수 있는 제재의 종류 및 사유는 다음과 같다(신협검사제재규정 시행규칙33 본문). 다만, 임원에 대한 문책경고, 주의적경고는 견책으로 간주한다(신협검사제재규정 시행규칙33 단서).

1) 징계면직(임원은 개선)

징계면직(임원은 개선) 사유는 ⅰ) 고의 또는 중대한 과실(상임인 임원의 경우에는 고의 또는 과실, 이하 같다)로 위법·부당행위를 행하여 조합 또는 금융거래자에게 중대한 손실을 초래 하거나 신용질서를 크게 문란시킨 경우(가목), ⅱ) 조합의 건전한 운영을 크게 저해하는 행위를 함으로써 당해 조합의 경영을 심히 위태롭게 하거나 당해 조합 또는 조합원 등에게 중대한 재산상의 손실을 초래한 경우(나목), ⅲ) 횡령, 배임, 절도, 업무와 관련한 금품수수 등 범죄행위를 한 경우(다목), ⅳ) 고의 또는 중과실로 재무제표 등에 허위의 사실을 기재하거나 중요한 사실을 기재하지 아니하여 조합원 등에게 중대한 재산상의 손실을 초래하거나 초래할 우려가 있는 경우(라목), ⅴ) 법 등 관계법령에 의한 중앙회의 감독과 검사업무의 수행을 거부·방해 또는 기피한 경우(마목), ⅵ) 사회적 물의를 일으키거나 직무태만 등 충실의무를 위반하는 경우(바목), ⅶ) 그 밖에 관련법령에서 정한 개선(징계면직) 사유에 해당하는 행위를 한 경우(사목)이다(신협검사제재규정 시행규칙33(1)).

2) 정직(임원은 직무정지)

정직(임원은 직무정지) 사유는 ⅰ) 위법·부당행위가 제1호 각목의 1에 해당되나 정상참작의 사유가 있는 경우(가목), ⅱ) 감독이사, 기타 감독권자가 행한 명령 또는 지시사항이나 제재요구사항의 이행을 태만히 한 경우(나목)이다(신협검사제재규정 시행규칙33(2)).

3) 감봉(임원은 견책)

감봉(임원은 견책) 사유는 ⅰ) 관련법규를 위반하거나 그 이행을 태만히 한 경우(가목), ⅱ) 당해 조합의 정관에 위반되는 행위를 하여 신용질서를 문란시킨 경우(나목), iii) 중앙회가 요구하는 보고서 또는 자료를 허위로 제출하거나 그 제출을 태만히 한 경우(다목), iv) 직무상의 감독의무 이행을 태만히 하여 조합의 건전한 운영을 저해하거나 금융질서를 문란시킨 경우(라목), v) 기타 금융기관의 건전한 운영을 저해하는 행위를 한 경우(마목)이다(신협검사제재규정 시행규칙33(3)).

4) 견책(임원에도 해당)

견책(임원에도 해당) 사유는 제3호 각목의 1에 해당되나 정상참작의 사유가 있거나 위법·부당행위의 정도가 비교적 가벼운 경우이다(신협검사제재규정 시행규칙33(4)).

5) 경고(임원은 주의)

경고(임원은 주의) 사유는 제3호 마목에 해당되나 정상참작의 사유가 있거나 위법·부당행위의 정도가 매우 가벼운 경우이다(신협검사제재규정 시행규칙33(5)).

(5) 징계시효
(가) 징계조치요구의 기산일과 징계시효

감독이사의 징계조치요구는 징계사유가 발생한 날부터 5년을 경과한 때에는 할 수 없다(신협검사제재규정 시행규칙33의3① 본문). 다만, 2. 횡령, 배임, 절도, 업무와 관련한 금품수수 등 범죄행위를 한 경우(신협검사제재규정5(2))에는 10년으로 한다(신협검사제재규정 시행규칙33의3① 단서).

여기서 "징계사유가 발생한 날"은 행위가 연속된 경우에는 최종 징계사유 발생일로 하며, "5년(신협검사제재규정 제5조 제2호의 행위는 10년)을 경과한 때"라 함은 징계사유 발각일을 기준으로 소급하여 징계사유 발생일까지의 기간을 말한다(신협검사제재규정 시행규칙33의3②).

(나) 다수인이 관련한 동일한 위반행위의 경우

다수인이 관련한 동일한 위반행위의 경우에는 최종행위가 종료한 때로부터 모든 위반 관련자에 대하여 징계시효 기간을 기산한다(신협검사제재규정 시행규칙33의3③).

(다) 징계시효의 연장

다음의 어느 하나에 해당하는 절차, 즉 i) 검찰 등 수사기관이 수사 또는 조사 중인 때(제1호), ii) 재판 등 법적절차가 진행 중인 때(제2호), iii) 감독기관(중앙회 포함)이 검사 중인 때(제3호) 중 징계시효 기간이 만료되거나, 잔여기간이

3월 미만인 경우 징계시효는 그 절차 종료일로부터 3개월간 연장한다(신협검사제
재규정 시행규칙33의3④).

여기서 "그 절차 종료일"은 ⅰ) 검찰 등 수사기관의 공소제기 여부에 대한
결정 통지시(제1호), ⅱ) 행정심판·소송 등의 결과 확정시(제2호), ⅲ) 감독기관
(중앙회 포함)의 검사·조사 결과 통보시(제3호)를 말한다(신협검사제재규정 시행규
칙33의3⑤).

(라) 징계조치요구를 할 수 있는 경우

감독이사는 제45조 제3항²⁾의 사유가 발생하는 경우(직권재심을 할 수 있는 경
우)에는 제1항에도 불구하고 징계조치요구를 할 수 있다(신협검사제재규정 시행규
칙33의3⑥).

(마) 징계시효 기간 미만의 경우

조합은 징계시효 기간 미만으로 징계시효를 제정하거나 운용해서는 아니 되
며, 징계시효 기간 미만으로 징계시효를 정하거나 정하였을 경우에는 그 기간을
제1항의 기간으로 본다(신협검사제재규정 시행규칙33의3⑦).

3. 기타 조치

(1) 변상요구와 확약서 및 양해각서 징구

감독이사는 조합 또는 그 임·직원이 위법·부당한 행위를 한 경우에 ⅰ) 당
해 조합에 재산상의 손실을 초래하여 이를 변상할 책임이 있다고 인정되는 경우
변상요구(제1호), ⅱ) 당해 조합 이사장 또는 관련 임·직원으로부터 재발방지의
약속 및 이행약속 등을 받을 필요가 있는 경우 확약서 및 양해각서 징구(제2호)
의 조치를 취할 수 있다(신협검사제재규정21①).

(2) 업무방법의 개선·시정·주의 등 요구

감독이사는 조합의 업무처리가 불합리하거나 조합 또는 그 임·직원이 위
법·부당행위를 한 사실이 있는 경우에는 당해 조합에게 업무방법의 개선·시
정·주의 등을 요구할 수 있다(신협검사제재규정21②).

---

2) ③ 감독이사는 증거서류의 오류·누락, 법원의 판결 등으로 그 제재가 위법 또는 부당함을
   발견하였을 때에는 직권으로 재심할 수 있다.

4. 제재내용 공시

감독이사는 ⅰ) 6월 이내 업무의 전부 또는 일부정지, ⅱ) 조합에 대한 기관 경고, ⅲ) 경영유의사항, 문책사항, 변상사항, 개선사항의 조치를 요구하는 경우 검사결과를 통보한 날로부터 1월 이내에 제재내용을 공시하여야 한다(신협검사제 재규정20의2).

5. 제재의 효과 등

(1) 제재의 효과
(가) 제재효과의 기준
제재의 효과는 [별표 제4호]의 기준에 의한다(신협검사제재규정 시행규칙34①).

(나) 기간만료와 복직 등
직무정지, 정직, 감봉은 월 단위(1월~6월)로 제재를 하며, 직무정지 및 정직 은 기한만료와 동시에 복직된다(신협검사제재규정 시행규칙34②).

(다) 직무정지의 효과
징계 대상자에 대한 우선조치로 조합의 임·직원의 직무가 정지된 경우 해 당 제재의 효과는 [별표 제4호]의 정직(직무정지)의 효과와 같다(신협검사제재규정 시행규칙34③).

(2) 징계 대상자에 대한 우선조치
(가) 개선, 징계면직의 조치를 요구받은 경우의 직무정지
조합의 임·직원이 개선, 징계면직의 조치를 요구받은 경우 당해 임·직원은 그 날부터 그 조치가 확정되는 날까지 직무가 정지된다(신협검사제재규정 시행규칙 35①).

(나) 긴급조치의 요구
검사반장은 필요하다고 인정되는 경우 「신용협동조합금융사고 예방 및 관 리지침」 제26조 제4항에 의한 긴급조치를 조합 이사장에게 요구할 수 있다(신협 검사제재규정 시행규칙35②).

(3) 중징계 대상자 등에 대한 업무 배제 조치

조합은 임·직원이 ⅰ) 개선, 징계면직의 조치요구를 받은 경우: 징계면직 (임원은 개선) 조치요구를 받은 날부터 해당 조치가 확정되는 날까지(제1호), ⅱ) 정직(임원은 직무정지)의 조치요구를 받은 경우: 정직 기간(임원은 직무정지)(제2호), ⅲ) 인사규정에 따라 대기발령 중인 경우: 대기발령 기간(제3호) 동안 전산업무에 접근할 수 없도록 하는 등 업무에서 배제하는 조치를 하여야 한다(신협검사제재규정 시행규칙35의2).

(4) 징계기간의 산정

(가) 징계기간의 기산

제재효과에 의한 징계조치의 기간은 조합 이사장이 징계처분통보 문서를 시행한 날로부터 기산한다(신협검사제재규정 시행규칙36① 본문). 다만, 승진·승급은 [별표 제4호]에 의한다(신협검사제재규정 시행규칙36① 단서).

(나) 우선조치된 임직원이 정직으로 감경된 경우의 소급 산정

우선조치된 임직원이 정직으로 감경된 경우에는 징계기간을 우선조치일로 소급하여 산정할 수 있다(신협검사제재규정 시행규칙36②).

(다) 제재효과 진행 중인 자에 대한 새로운 제재효과

제재효과가 진행중인 자에 대한 새로운 제재효과의 발생은 ⅰ) 징계면직의 경우: 즉시 효과 발생(제1호), ⅱ) 정직의 경우, ㉠ 정직기간: 즉시 효과 발생. 다만, 정직기간 중에 있는 경우에는 당해 정직기간이 끝나는 날부터 효과 발생(가목), ㉡ 신분상 및 급여상 제재: 진행 중인 제재효과와 병합(나목)(제2호), ⅲ) 감봉 및 견책의 경우: 진행 중인 제재효과와 병합(제3호)과 같다(신협검사제재규정 시행규칙36③).

Ⅱ. 제재의 가중 및 감면

1. 기관 및 임직원 징계의 감면과 가중 등

(1) 기관 및 임직원 징계의 감면과 가중

(가) 기관경고 및 임직원 제재 감면과 가중

감독이사는 조합에 대한 기관경고와 임원의 개선, 직무정지, 견책, 주의 및 직원의 징계면직, 정직, 감봉, 견책, 경고의 감면과 가중에 대하여 정할 수 있다 (신협검사제재규정22①).

(나) 부실여신 발생 책임으로 인한 임직원 제재의 감경 또는 면제 사유

부실여신 발생 책임으로 인한 임·직원에 대한 징계의 사유가 ⅰ) 전반적인 금융·경제여건의 악화에서 비롯된 경우(제1호), ⅱ) 정부의 국가산업정책상 필요에 따라 지원된 경우(제2호), ⅲ) 여신취급시 충분한 신용조사 및 사업성 검토가 이루어졌다고 판단되는 경우(제3호), ⅳ) 자산건전성 분류기준의 변경에 의한 경우(제4호), ⅴ) 우수한 경영 등으로 경영실태의 종합평가등급이 전기대비 1등급 이상 향상된 경우(제5호), ⅵ) 기타 대내외의 불가피한 사정에서 비롯되었다고 인정되는 경우(제6호)에 해당하는 등 부득이한 사정에 의한 경우에는 징계를 감경 또는 면제할 수 있다(신협검사제재규정22②).

(2) 여신취급 관련자 등에 대한 면책

조합의 여신이 부실화되었거나 여유자금 운용 관련 투자손실이 발생하더라도 관련자가 관계규정이 정하는 바에 따라 정당하게 취급하는 등 선량한 관리자로서의 주의의무를 다했을 때에는 이를 면책한다(신협검사제재규정23).

2. 임직원 제재의 가중

(1) 임원제재의 가중

임원이 행위자로서 직무정지 조치를 받은 후, 2년 이내에 다시 행위자로서 직무정지 처분에 해당하는 위법·부당행위를 한 경우에는 개선조치할 수 있다(신협검사제재규정 시행규칙37의2).

(2) 직원제재의 가중

(가) 행위자로 제재받은 후 제재기간 중 행위자로 제재를 받는 경우의 가중

직원이 행위자로서 제재를 받은 후 제재종류별 승진·승급제한기간("제재기간") 중에 행위자로서 제재를 받게 되는 경우에는 그 제재를 ⅰ) 정직조치를 받은 자가 제재기간 내에 다시 정직처분에 해당하는 위법·부당행위를 한 경우에는 징계면직(제1호), ⅱ) 감봉 이상의 조치를 받은 자가 제재기간 내에 다시 감봉처분에 해당하는 위법·부당행위를 한 경우에는 정직(제2호), ⅲ) 견책 이상의 조치를 받은 자가 제재기간 내에 다시 견책처분에 해당하는 위법·부당행위를 한 경우에는 감봉(제3호)과 가중할 수 있다(신협검사제재규정 시행규칙37①).

(나) 관련 없는 위법·부당행위가 동일 검사에서 3개 이상 경합되는 경우의 가중

직원의 서로 관련 없는 위법·부당행위가 동일 검사에서 3개 이상 경합되는 경우에는 그 중 책임이 중한 위법·부당사항에 해당하는 징계보다 가중할 수 있다(신협검사제재규정 시행규칙37② 본문). 다만, ⅰ) 가장 중한 제재가 정직 이상인 경우(제1호), ⅱ) 경합되는 위법·부당행위가 목적과 수단의 관계에 있는 경우(제2호), ⅲ) 경합되는 위법·부당행위가 실질적으로 1개의 위법·부당행위로 인정되는 경우(제3호)에는 그러하지 아니하다(신협검사제재규정 시행규칙37② 단서).

3. 기관 및 임원제재의 감면

기관 및 임원에 대한 제재를 함에 있어 위법·부당행위의 정도, 고의·중과실 여부, 사후수습 노력, 자진신고, 그 밖의 정상을 참작하여 제재를 감경하거나 면제할 수 있다(신협검사제재규정 시행규칙38).

4. 직원제재의 감면

(1) 감경 또는 면제 받을 수 있는 자

직원에 대한 제재를 양정함에 있어서 ⅰ) 위법·부당행위를 감독기관이 인지하기 전에 자진 신고한 자(제1호), ⅱ) 위법·부당행위를 부서 또는 지점 등에서 발견하여 이를 보고한 감독자(제2호), ⅲ) 위규사실을 스스로 시정 또는 치유하거나 수습을 위해 노력한 자(제3호), ⅳ) 가벼운 과실로 당해 조합에 손실을 초래하였으나 손실액을 전액 변상한 자(제4호), ⅴ) 금융분쟁조정과 관련하여 합의권고 또는 조정안을 수락한 경우 그 위법·부당행위에 관련된 자(제5호), ⅵ) 신협검사제재규정 제22조 제2항에서 정한 사유에 해당하는 경우(제6호)의 자에 대하여는 그 제재를 감경 또는 면제할 수 있다(신협검사제재규정 시행규칙38의2①).

(2) 공적이 있는 경우의 감경

제재대상 직원이 ⅰ) 상훈법에 의하여 훈장 또는 포상을 받은 공적(제1호), ⅱ) 정부표창규정에 의하여 장관 이상의 표창을 받은 공적(제2호), ⅲ) 중앙회장,

외부감독기관 또는 한국은행총재의 표창을 받은 공적(제3호), ⅳ) 중앙회장의 추천에 의하여 대외기관의 표창을 받은 공적(제4호)이 있는 경우 [별표 제5호]에 정하는 "제재양정감경기준"에 따라 제재양정을 감경할 수 있다(신협검사제재규정 시행규칙38의2② 본문). 다만, 표창이 여러 개 중복되더라도 감경적용은 훈격이 가장 높은 표창(공적)을 감경기준으로 1회에 한한다(신협검사제재규정 시행규칙38의2② 단서).

(3) 제외되는 공적

앞의 제2항의 규정에 의하여 제재양정을 감경함에 있어 ⅰ) 제재대상 직원이 "견책 이상"의 제재를 받은 사실이 있는 경우 그 제재 이전의 공적(제1호), ⅱ) 제재대상 직원이 소속 조합 입사전에 받은 공적[다만, 입사 전 다른 조합(신협중앙회 포함)에 재직 당시 받은 공적에 대해서는 예외로 한다](제2호), ⅲ) 검사종료일 이전 10년이 초과된 공적(제3호), ⅳ) 금융업무와 관련 없는 공적(제4호)은 제외한다(신협검사제재규정 시행규칙38의2③).

(4) 표창의 감경 등

직원에 대한 표창의 감경은 제재심의위원회에서 결정하며, 임원에 대하여는 앞의 제2항의 규정을 적용하지 아니한다(신협검사제재규정 시행규칙38의2④).

(5) 공적이 있는 경우의 감경 배제

앞의 제2항의 규정에 불구하고 ⅰ) 횡령, 배임, 절도, 업무와 관련한 금품수수 등 금융관련 범죄 행위자, ⅱ) 경고, ⅲ) 내부통제 소홀로 인한 금융사고 발생 관련자의 경우에는 적용하지 아니한다(신협검사제재규정 시행규칙38의2⑤).

Ⅲ. 제재절차 등

1. 관련자의 구분

(1) 신분상의 조치와 관련자 구분

위법·부당행위를 행한 임·직원에 대하여 신분상의 조치를 함에 있어서는 관련책임의 성질·정도 등에 따라 관련자를 ⅰ) 행위자: 위법·부당한 업무처리를 실질적으로 주도한 자, ⅱ) 감독자: 위법·부당행위가 발생한 업무를 지도·감독할 지위에 있는 자, ⅲ) 보조자: 행위자의 의사결정을 보조하거나 지시에 따른 자, ⅳ) 지시자: 위법·부당행위를 지시 또는 종용한 자(사실상의 영향력을 행사하는 상위직급자를 포함)와 같이 구분한다(신협검사제재규정 시행규칙39①).

(2) 감독자 및 보조자에 대한 추가 감경

감독자 및 보조자에 대하여는 ⅰ) 위법·부당행위의 성격과 규모(제1호), ⅱ) 감독자의 직무와 감독대상 직무와의 관련성 및 관여 정도(제2호), ⅲ) 보조자의 위법·부당행위에의 관여 정도(제3호)를 감안하여 행위자에 대한 제재보다 1단계 내지 3단계 감경할 수 있다(신협검사제재규정 시행규칙39③).

2. 제재심의위원회

(1) 설치와 심의사항
(가) 설치

제재에 관한 사항을 심의하기 위하여 제재심의위원회("위원회")를 둔다(신협검사제재규정24①).

(나) 심의사항

위원회는 ⅰ) 기관 및 임직원 제재에 관한 사항(제1호), ⅱ) 변상에 대한 사항(제2호), ⅲ) 앞의 제1호 내지 제2호의 심의한 사항에 대한 재심청구 사항(제3호), ⅳ) 위원장이 필요하다고 인정하는 사항(제4호)을 심의한다(신협검사제재규정24②).

(2) 구성
(가) 위원의 구성

위원회는 ⅰ) 이사회에서 선임하는 중앙회 전문이사 1인(제1호), ⅱ) 감독이사(제2호), ⅲ) 위원의 자격요건을 갖춘자로 이사회에서 선임하는 3인(제3호)의 위원으로 구성한다(신협검사제재규정24의2①).

(나) 전문이사의 회의 주제

전문이사는 위원회의 위원장으로서 회의를 주재한다(신협검사제재규정24의2②).

(다) 위원의 임기

위원의 임기는 2년으로 한다(신협검사제재규정24의2③ 본문). 다만, 보궐에 의하여 선임된 위원의 임기는 선임일로부터 새로이 기산하며, 앞의 제1항 제1호 및 제2호에 해당하는 위원의 임기는 당해직에 재임하는 기간으로 한다(신협검사제재규정24의2③ 단서).

(라) 간사

위원회에는 소관팀장 또는 반장을 간사로 둔다(신협검사제재규정24의2④).

(3) 위원의 자격

위원회 위원의 자격요건은 ⅰ) 한국은행·금융감독원 또는 금융위원회법 제38조의 규정에 의한 검사대상 금융기관(이에 상당하는 외국금융기관을 포함)에서 10년 이상 근무한 경력이 있는 자(제1호), ⅱ) 변호사 또는 공인회계사의 자격을 가진 자로서 그 자격과 관련된 업무에 5년 이상 종사한 경력이 있는 자(제2호), ⅲ) 금융 관련 국가기관·연구기관 또는 교육기관에서 연구위원으로 5년 이상 근무하였거나 대학교수로 5년 이상 재직한 자(제3호)이다(신협검사제재규정24의3).

(4) 운영

(가) 개최

위원회는 매월 개최한다(신협검사제재규정 시행규칙42① 본문). 다만, 위원장이 필요하다고 인정하는 경우 개최여부 및 개최횟수를 조정할 수 있다(신협검사제재규정 시행규칙42① 단서).

(나) 정기위원회와 임시위원회

위원장은 정기위원회 외에 필요시 임시 위원회를 개최할 수 있다(신협검사제재규정 시행규칙42②).

(다) 개의와 의결

위원회는 재적위원 과반수의 출석으로 개의하고 출석위원 과반수의 찬성으로 의결하되, 가부동수인 경우에는 위원장이 이를 결정할 수 있다(신협검사제재규정 시행규칙42③).

(라) 제재대상자 또는 참고인의 출석과 의견진술

위원장은 필요하다고 인정하는 때에는 제재대상자 또는 참고인을 출석시켜 의견을 진술하게 할 수 있다(신협검사제재규정 시행규칙42④ 전단). 이 경우 출석한 제재대상자는 변호사 등의 조력을 받을 수 있다(신협검사제재규정 시행규칙42④ 후단).

(마) 심의 관련 정보 누설 금지 등

위원회에 참석한 자는 위원회 안에서 위원장의 허가 없이 녹음·촬영 등의 행위를 할 수 없으며, 심의와 관련하여 알게 된 정보를 타인에게 누설하여서는 아니 된다(신협검사제재규정 시행규칙42⑤).

(바) 간사의 역할

간사는 위원회의 운영과 관련하여 회의자료 관리, 의사록 작성, 기타 필요한 사무를 담당한다(신협검사제재규정 시행규칙42⑥).

(사) 경비 지급

회의에 참석한 외부위원에 대하여는 중앙회장이 정하는 바에 따라 수당 기타 필요한 경비를 지급할 수 있다(신협검사제재규정 시행규칙42⑦).

(아) 위원회운영규정

기타 위원회의 운영에 관한 사항은 위원회가 정하는 바에 의하되, 위원회에서 정하지 아니한 사항은 위원회운영규정을 준용한다(신협검사제재규정 시행규칙42⑧).

(5) 제척, 기피 및 회피

(가) 제척

위원은 ⅰ) 위원 또는 위원의 배우자나 배우자이었던 자가 당해 부의안의 제재대상자가 되는 경우(제1호), ⅱ) 위원이 당해 부의안의 제재대상자와 8촌 이내의 혈족 또는 4촌 이내의 인척의 관계에 있는 경우(제2호), ⅲ) 위원 또는 위원이 속한 단체가 당해 부의안에 관하여 제재대상자의 대리인으로서 관여하거나 관여하였던 경우(제3호), ⅳ) 위원 또는 위원이 속한 단체가 당해 부의안에 관하여 법률자문·증언·감정 또는 용역 등을 행한 경우(제4호)의 어느 하나에 해당하는 사항에 대한 심의에서 제척된다(신협검사제재규정 시행규칙43①).

(나) 기피신청

당해 부의안의 제재대상자는 위원 중(위원장 제외)에서 불공정한 의결을 할 우려가 있다고 인정할 만한 상당한 이유가 있는 때에는 그 사실을 서면으로 소명하고 기피를 신청할 수 있다(신협검사제재규정 시행규칙43②).

기피신청이 있을 때에는 위원장은 위원회의 의결을 거치지 아니하고 기피여부를 결정하여야 하며, 기피결정을 받은 위원은 그 의결에 참여하지 못한다(신협검사제재규정 시행규칙43③).

(다) 회피

위원은 앞의 제척 사유의 어느 하나에 해당하거나 기피신청 사유에 해당하는 경우에는 당해 사안의 심의를 회피하여야 한다(신협검사제재규정 시행규칙43④).

3. 제재절차 등

(1) 제재절차

(가) 지적사항의 조치

검사결과 적출된 지적사항에 대하여는 제재심의부서장의 심사·조정 또는 위원회의 심의를 거쳐 감독이사가 조치한다(신협검사제재규정25①).

(나) 직원의 조치예정내용 누설 금지

검사 및 제재업무에 종사하는 직원은 제재절차가 완료되기 전에 직무상 알게 된 조치예정내용 등을 다른 사람에게 누설하여서는 아니 된다(신협검사제재규정25②).

(2) 검사결과 심사·조정

(가) 심사·조정 사항과 위원회 부의

제재심의부서장은 제출된 검사서 등에 대하여 ⅰ) 지적사항 내용, 적용법규·조치요구 구분의 적정성 등 실질적 사항(제1호), ⅱ) 입증자료의 확보 및 검사서의 기술방식 등 형식적 사항(제2호)을 심사·조정한 후, 그 결과에 따라 제재심의위원회("위원회")에 부의한다(신협검사제재규정 시행규칙40①).

(나) 수정 또는 보완

제재심의부서장은 심사·조정 결과 수정 또는 보완이 필요한 경우에는 이를 해당 검사실시부서장에게 통보하여 내용의 보충 또는 수정을 요구할 수 있다(신협검사제재규정 시행규칙40②).

(다) 감독이사의 재정 절차

제재심의부서장은 수정 또는 보완요구 사항에 대하여 검사실시부서장과 이견이 있는 경우에는 감독이사의 재정(裁定) 절차를 거쳐 확정하고 그 결과를 검사실시부서장에게 통보한다(신협검사제재규정 시행규칙40③).

(라) 심사 · 조정 내용의 기록 · 유지

제재심의부서장은 심사 · 조정한 내용을 기록 · 유지한다(신협검사제재규정 시행규칙40④).

(마) 직접 조사 또는 의견진술 요구

제재심의부서장은 심사를 위해 입증자료 확보 등이 필요한 경우 직접 조사하거나 검사원 등 참고인을 출석시켜 의견을 진술하게 할 수 있다(신협검사제재규정 시행규칙40⑤).

(3) 제재심의 유예

다음의 어느 하나에 해당하는 경우, 즉 ⅰ) 감독 · 검사기관에서 조사 중인 사안(제1호), ⅱ) 수사기관에서 수사 중인 사안(제2호), ⅲ) 법원에 계류 중인 사안(제3호), ⅳ) 본 검사에 대한 보완조사 기간(제4호), ⅴ) 추가자료 징구에 따라 소요되는 기간(제5호), ⅵ) 검사종료 후 확인서 및 문답서 소요기간(발부일~접수일) 및 법무법인 등의 회계 · 법률검토 소요기간(의뢰일~회신일)(제6호)에 대한 조치요구는 해당 관련 사안 종료 시까지 유예하고 그 결과를 참작하여 조치할 수 있다(신협검사제재규정 시행규칙40의2).

(4) 사전통지 및 의견진술 등

(가) 제재조치와 사전통지

감독이사가 제재조치를 할 때에는 위원회 개최 10일 전까지 [별지 서식 제12호]에 따라 제재내용 등을 당해 조합에 사전통지 하여야 한다(신협검사제재규정 시행규칙42의2① 본문). 다만, 당해 처분의 성질상 의견청취가 곤란하거나 불필요하다고 인정될만한 상당한 이유가 있는 등 행정절차법 제21조에서 정한 사유가 있는 경우에는 사전통지를 아니할 수 있다(신협검사제재규정 시행규칙42의2① 단서).

(나) 조합의 사전통지서 전달

통지를 받은 조합은 즉시 제재대상자에게 사전통지서를 전달하여야 하며, 전달 후 증빙자료를 조합에 보관하여야 한다(신협검사제재규정 시행규칙42의2②).

(다) 의견진술서 제출

통지를 받은 제재대상자는 지정된 기한 내에 [별지 서식 제12호]에 따라 의견진술서를 제출할 수 있다(신협검사제재규정 시행규칙42의2③ 전단). 이 경우 지정된 기일까지 의견진술서를 제출하지 아니하는 때에는 의견이 없는 것으로 본다 (신협검사제재규정 시행규칙42의2③ 후단).

(5) 제재대상자의 서류 열람 등

(가) 제재대상자의 서류 열람

통지를 받은 제재대상자("신청인")는 신청인과 관련한 위원회 부의 예정안 (제재대상 사실, 관련 규정, 징계양정 수준)에 대하여 위원회 개최 3일 전부터 위원회 개최 전일까지 중앙회를 방문하여 열람할 수 있다(신협검사제재규정 시행규칙42의3① 전단). 이 경우 신청인은 열람 사유 및 열람 예정일자를 기재하여 열람 예정일 3일 전까지 제재심의부서장에게 서면으로 신청하여야 한다(신협검사제재규정 시행규칙42의3① 후단).

(나) 열람 제한과 통지

제재심의부서장은 열람 허용시 신청인 외 다른 사람에 대한 개인정보가 공개되지 아니하도록 하여야 하며, ⅰ) 소송 또는 수사상 필요성, 증거인멸 우려 등 관련 사안의 조사에 심각한 장애가 예상되는 등 열람을 허용하지 아니할 상당한 이유가 있다고 인정되는 경우(제1호), ⅱ) 사생활의 비밀 침해 또는 명예훼손 등 제3자의 권익을 해칠 우려가 있는 경우(제2호), ⅲ) 공공기관의 정보공개에 관한 법률상 비공개대상 정보인 경우, 개인정보보호법·금융실명법·신용정보법 등 다른 법령상 정보제공이 제한되는 경우(제3호), ⅳ) 기타 열람을 허용할 경우 검사·감독업무에 중대한 장애가 예상되는 등 열람을 허용하지 아니할 상당한 이유가 있다고 감독이사가 인정하는 경우(제4호) 신청인의 열람을 허용하지 않거나 제한할 수 있다(신협검사제재규정 시행규칙42의3② 전단). 이 경우 제재심의부서장은 그 이유를 지체없이 신청인에게 서면 또는 SMS 등 신청인이 알 수 있는 방법으로 통지한다(신협검사제재규정 시행규칙42의3② 후단).

(다) 열람자료의 복사 등 제한

신청인은 열람자료를 복사 또는 촬영하거나 임의반출하여서는 아니되며, 열람내용 등을 제3자에게 누설하거나 위원회에서 방어권을 행사하기 위한 목적 외의 용도로 이용하여서는 아니된다(신협검사제재규정 시행규칙42의3③).

(6) 심의결과 조치

(가) 감독이사의 조치

감독이사는 위원회의 심의결과를 제재심의부서장으로 하여금 조치하도록 한다(신협검사제재규정 시행규칙44①).

(나) 검사서 통보

제재심의부서장은 위원회의 심의 결과를 반영한 검사서를 검사총괄부서장 및 검사실시부서장에게 통보하며, 검사실시부서장은 해당조합에 이를 통보한다(신협검사제재규정 시행규칙44②).

(다) 검사서에 징계양정 명기

감독이사의 조치요구 사항 중 ⅰ) 해당 임직원이 사망한 경우(제1호), ⅱ) 신협검사제재규정 시행규칙 제32조의2 제1호 본문[3])에 의해 제재하지 않는 경우(제2호), ⅲ) 기타 조합이 조치를 할 필요가 없다고 감독이사가 인정하는 경우(제3호)에는 검사서에 해당 징계양정을 명기하되, 직무정지·정직 및 감봉은 "조치생략(○○ □월)"으로 표시하며, 그 외의 징계사항은 "조치생략(○○)"으로 기재하여 통보한다(신협검사제재규정 시행규칙44③ 전단). 이 경우 조합은 징계 조치를 생략하고, 인사기록카드에 기록하여 관리하여야 한다(신협검사제재규정 시행규칙44③ 후단).

4. 재심

(1) 의의

감독이사로부터 제재를 받은 조합 또는 그 임·직원은 당해 제재처분 또는 조치요구가 위법 또는 부당하다고 인정하는 경우에는 재심을 청구할 수 있다(신협검사제재규정26).

(2) 재심청구

(가) 재심청구 기간

재심의 청구는 검사서가 도달한 날로부터 1월 이내에 감독이사에게 하여야 한다(신협검사제재규정 시행규칙45①).

---

3) 1. 추가 발견된 위법부당행위를 종전 제재시 함께 제재하였더라도 제재수준이 높아지지 않을 경우에는 제재하지 않는다.

(나) 재심청구서 제출과 증거서류 등 첨부

재심을 청구하는 조합 또는 그 임·직원은 재심청구서를 제출하여야 하며, 그 재심청구서 [별지서식 제1호]에는 청구의 취지와 이유를 명백히 기술하여 증거서류 등을 첨부하여야 한다(신협검사제재규정 시행규칙45②).

(다) 직권재심

감독이사는 증거서류의 오류·누락, 법원의 판결 등으로 그 제재가 위법 또는 부당함을 발견하였을 때에는 직권으로 재심할 수 있다(신협검사제재규정 시행규칙45③).

(3) 재심의 처리

(가) 재심처리가한과 결과의 재심청구자에 대한 통보 기간

제재심의부서장은 재심청구서에 대하여 ⅰ) 당초 조치요구를 변경할 필요가 없다고 인정되는 경우에는 기각 안(제1호), ⅱ) 당초 조치요구를 변경할 필요가 있다고 인정되는 경우에는 변경 또는 취소 안(제2호)의 재심 회의자료를 작성하여 위원회의 심의를 거쳐 감독이사의 결재를 받은 후 그 결과를 재심청구서 접수일로부터 2월 이내에 재심청구자에게 통보한다(신협검사제재규정 시행규칙46①).

(나) 통보 기간 산정의 배제

통보 기간을 산정함에 있어 신협검사제재규정 시행규칙 제40조의2(제재심의 유예) 각 호에 해당하는 기간은 위 제1항의 처리기간에 산입하지 아니한다(신협검사제재규정 시행규칙46②).

(다) 보완조사와 조사 의뢰 등

제재심의부서장은 위의 제2항에 의한 보완조사 등의 사유가 있을 경우에는 검사실시부서장에게 조사를 의뢰하거나, 재심처리 부서에서 조사 또는 자료 등의 제출을 요구할 수 있다(신협검사제재규정 시행규칙46③).

(라) 재심처리기한의 연장

재심처리기한이 경과될 경우에는 재심청구자에게 연장사유·처리예정기한 등을 통보하고, 30일 범위 안에서 처리기간을 연장할 수 있다(신협검사제재규정 시행규칙46④ 본문). 다만, 제재심의부서장의 승인을 받은 경우에는 위 처리기간을 추가로 연장할 수 있다(신협검사제재규정 시행규칙46④ 단서).

(마) 재심의 각하

제재심의부서장은 ⅰ) 재심청구기한의 경과(제1호), ⅱ) 서류미비(제2호), ⅲ) 입증 또는 반증자료와 청구인의 주장에 대한 사실조사결과 명백한 허위판명(제3호)에 해당하는 경우 재심을 각하할 수 있다. 이 경우 각하사유를 명시하여 지체없이 재심청구자에게 이를 통보하여야 한다(신협검사제재규정 시행규칙46⑤ 본문). 다만, 각하사유가 제2호의 경우에는 각하 통보를 받은 날로부터 7일 이내로 서류를 보완하여 재청구할 수 있다(신협검사제재규정 시행규칙46⑤ 단서).

(바) 재심결과에 대한 재심청구 금지

재심결과에 대하여는 다시 재심청구를 할 수 없다(신협검사제재규정 시행규칙 46⑥).

(4) 재심처분의 효과

(가) 징계처분 변경의 소급

재심에 의한 징계처분의 변경은 최초 징계처분일에 소급한다(신협검사제재규정 시행규칙47①).

(나) 재심청구의 효과

재심청구는 최초 징계처분의 집행에 영향을 미치지 아니한다(신협검사제재규정 시행규칙47②).

5. 제재내용의 총회 등 보고

조합 이사장은 제재조치를 받은 경우 신용협동조합통일경영공시기준에서 정하는 바에 따라 총회 보고 등 필요한 절차를 취하여야 한다(신협검사제재규정 27).

Ⅳ. 제재의 병과조치 등

1. 고발 등 조치시의 병과 등

감독이사는 조합 또는 그 임·직원의 위법·부당행위에 대하여 수사당국에 고발 등의 조치를 하는 경우 조합 또는 임·직원에 대한 제재를 병과할 수 있다

(신협검사제재규정28).

2. 변상시의 병과

감독이사가 조합의 임·직원에 대하여 변상요구조치를 하는 경우에는 임직원에 대한 신분상의 제재를 병과할 수 있다(신협검사제재규정29).

V. 제재조치의 이행

1. 징계 및 변상 의결

(1) 이사장의 징계의결기구에 의결요구 등

감독이사로부터 징계 및 변상("징계 등")요구를 받은 이사장은 검사서 접수일로부터 지체없이 징계의결기구에 의결요구(별지 서식 제2호) 등 필요한 조치를 취하여야 한다(신협검사제재규정 시행규칙48① 본문). 다만, 임원의 개선요구를 받은 경우에는 징계의결기구를 거쳐 총회에서 당해 임원을 해임하여야 한다. 이 경우 당해 임원의 위법·부당사실을 구체적으로 기재하여 총회에 보고하여야 한다(신협검사제재규정 시행규칙48① 단서).

(2) 소명 기회 부여

징계 등을 의결할 때에는 징계 등의 대상자를 출석시켜 소명할 기회를 부여하여야 하며, 출석할 수 없을 때에는 서면으로 진술하게 할 수 있다(신협검사제재규정 시행규칙48② 본문). 다만, 징계 등의 대상자가 진술포기를 할 때에는 그러하지 아니한다(신협검사제재규정 시행규칙48② 단서).

(3) 제재조치 전 사임과 조치 생략

위법·부당행위 관련 임·직원이 제재조치 전에 사임(직)한 경우에는 앞의 제1항 및 제2항에 의한 조치를 생략한다(신협검사제재규정 시행규칙48③).

(4) 조합의 양정 하향 결정 금지

조합은 감독이사로부터 징계요구된 양정에 대하여 하향하여 결정할 수 없다

(신협검사제재규정 시행규칙48④).

(5) 제척 · 기피 · 회피

조합 징계의결기구의 위원과 징계 등 대상자 사이에 제척 · 기피 · 회피 사유가 있는 경우 제43조(제척, 기피신청 및 회피)의 규정을 준용한다(신협검사제재규정 시행규칙48⑤).

2. 징계 등의 시행

(1) 시행권자

시행권자는 이사장으로 한다(신협검사제재규정 시행규칙49①).

(2) 징계처분통보서 또는 변상처분통보서의 발송 등

징계의결기구에서 의결된 징계처분사항은 시행권자가 즉시 대상자에게 징계처분통보서(별지 서식 제4호) 또는 변상처분통보서(별지 서식 제5호)를 등기우편으로 발송하거나 본인의 수령인을 받는 방법으로 시행한다(신협검사제재규정 시행규칙49②).

3. 비위사실의 기록 유지

(1) 비위내용 및 징계 등의 조치 내용의 피징계(변상)자명부 기록 등

조합은 비위사실과 관련하여 징계 등을 받은 임 · 직원에 대하여 비위내용 및 징계 등의 조치 내용을 피징계(변상)자명부(별지 서식 제6호)와 인사기록카드에 기록 · 유지하고 이를 인사에 엄정하게 적용하여야 한다(신협검사제재규정 시행규칙50①).

(2) 퇴임(직)한 임직원에 대한 위법 · 부당사실 등의 통보

조합은 이미 퇴임(직)한 임 · 직원의 위법 · 부당사실 등을 통보받거나, 징계 등의 대상에 해당하는 행위를 한 사실이 발견되었을 경우에는 이를 해당 임원 또는 직원에게 통보하고, 피징계(변상)자명부(별지 서식 제6호)와 인사기록카드에 기록 · 유지하여야 한다(신협검사제재규정 시행규칙50②).

4. 징계기록의 말소

(1) 말소 사유

조합 이사장은 정직 이하의 징계를 받은 직원이 ⅰ) 당해 처분의 집행을 한 날 또는 집행이 종료된 날로부터 정직 5년, 감봉 3년, 견책 2년, 경고 1년이 경과한 때(다만, 징계처분을 받고 그 집행이 종료된 날로부터 다음의 기간이 경과하기 전에 다른 징계처분을 받은 때에는 각각의 징계처분에 대한 해당기간을 합산한 기간이 경과하여야 한다)(제1호), ⅱ) 당해 의결기구나 법원에서 징계처분의 무효 또는 취소의 결정이나 판결이 확정된 때(제2호)에는 징계기록을 말소하여야 한다(신협검사제재규정 시행규칙51①).

(2) 말소 방법

징계기록의 말소는 피징계자명부 및 인사기록카드상의 당해 처분기록 위에 말소된 사실을 표기하는 방법에 의한다(신협검사제재규정 시행규칙51②).

(3) 말소 후 불이익 금지

징계기록이 말소된 후에는 당해 징계처분에 따른 불이익을 받지 아니한다(신협검사제재규정 시행규칙51③).

Ⅵ. 변상판정

1. 변상책임의 발생요건

(1) 업무상 고의 또는 과실과 재산상 손해

변상책임은 임·직원이 업무상 고의 또는 과실(비상임임원의 경우에는 고의 또는 중과실)로 인하여 조합에 재산상 손해를 끼쳤을 때에 발생한다(신협검사제재규정 시행규칙52①).

(2) 과실정도의 측정기준

과실정도의 측정기준은 다음 사항을 참작하여야 한다(신협검사제재규정 시행규칙52②). 즉 ⅰ) 위법·부당행위에 대한 인식과 결과에 대한 예방이 용이할수록 과실이 큰 것으로 본다(제1호), ⅱ) 근무년수, 직위, 담당업무를 참작하여 주의능력이 클수록 과실이 큰 것으로 본다(제2호). ⅲ) 기타 주의의무와 준수를 용이하게 기대할 수 있는 때일수록 과실이 큰 것으로 본다(제3호).

2. 변상책임

(1) 단독 변상책임

위법·부당행위가 임·직원의 단독행위로 발생한 때에는 단독으로 변상책임을 진다(신협검사제재규정 시행규칙53①).

(2) 공동 변상책임

위법·부당행위가 수인의 공동행위로 발생한 때에는 수인이 공동으로 변상책임을 진다(신협검사제재규정 시행규칙53② 본문). 다만, 각자의 행위가 손해 발생에 미친 과실의 정도에 따라 변상책임을 분담하며 그 과실의 정도가 분명하지 아니한 때에는 균등한 것으로 본다(신협검사제재규정 시행규칙53② 단서).

(3) 감독자 또는 보조자의 책임

감독자 또는 보조자는 앞의 제2항의 범위에 해당되는 경우에만 공동행위자로서 변상책임을 지는 것이 원칙이다(신협검사제재규정 시행규칙53③).

(4) 현물변상

금전 이외의 현물 사고시는 현물변상을 원칙으로 한다(신협검사제재규정 시행규칙53④ 본문). 다만, 현물변상이 어려운 경우에는 변상 시점의 시가에 의한 금전으로 변상하게 할 수 있다(신협검사제재규정 시행규칙53④ 단서).

(5) 징계시효가 경과된 위규행위와 관련된 변상책임

징계시효가 경과된 위규행위와 관련하여 변상책임을 지는 경우에는 조합 이사회에서 소멸시효를 준수하여 적절한 조치를 취하여야 하고, 이사장은 그 결과를 감사에게 통보하여야 한다(신협검사제재규정 시행규칙53⑤).

3. 변상액의 결정

(1) 횡령 등 손해발생과 전액 변상 등

변상책임이 있는 자의 횡령, 사기행위, 업무상 배임 행위 및 기타 업무상 과실로 인해 손해가 발생한 경우는 그 손해액 전액을 변상 조치하는 것을 원칙으로 한다(신협검사제재규정 시행규칙54① 본문). 다만, 그 관련자에 대하여 고발조치를 하고 배상명령을 신청한 경우와 손해배상청구의 소를 제기하거나 제기된 경우에는 그 결과 확정된 금액을 변상금액으로 한다(신협검사제재규정 시행규칙54① 단서).

(2) 천재지변 등과 변상요구 제한

천재지변 또는 불가항력으로 인한 사고와 책임소재가 불분명한 사고인 경우에는 변상을 요구할 수 없다(신협검사제재규정 시행규칙54②).

(3) 임직원 상호간 직급별 변상책임의 결정

임직원 상호간 직급별 변상책임은 직책, 직무범위 및 책임의 경중을 감안하여 결정하되, 의사결정이나 관리책임이 중요한 사안의 경우에는 상위 직책일수록 변상책임이 더 큰 것으로 하며, 취급상 하자, 절차 또는 서류미비, 사후관리 소홀, 기타 실무적인 사항은 실무담당직원 또는 직상위 감독자(결재자)가 변상책임이 더 큰 것으로 한다(신협검사제재규정 시행규칙54③).

4. 변상판정의 시기 등

(1) 변상판정의 시기

변상판정의 시기는 ⅰ) 임·직원의 위법·부당한 행위로 인하여 조합에 재산상의 손해가 발생한 때(제1호), ⅱ) 감독기관 또는 자체감사의 검사결과 임·직원이 조합에 재산상의 손해를 끼친 사실을 발견한 때(제2호)에 따라 징계의결기구에서 정한다(신협검사제재규정 시행규칙55).

(2) 채권보전 조치

(가) 변상 판정 후 채권 확보가 곤란한 경우

이사장은 변상관련자(신원보증인 등 포함)가 재산도피 등으로 인하여 변상 판정 후에는 채권확보가 곤란하다고 판단될 때에는 지체없이 재산 가압류신청 등 채권보전 조치를 취하여야 한다(신협검사제재규정 시행규칙56①).

(나) 민사상의 청구절차 이행

앞이 제1항의 경우에는 판정절차에 의하지 않고 손해금의 전부 또는 일부 금액에 대하여 변상관련자를 상대로 민사상의 청구절차를 이행할 수 있다(신협검사제재규정 시행규칙56②).

이에 의한 민사상 청구절차를 이행하였을 때에는 따로 변상판정을 행하지 아니할 수 있다(신협검사제재규정 시행규칙56③).

(3) 정상참작

변상판정에 있어서는 ⅰ) 위법·부당행위의 성격, 원인 및 동기(제1호), ⅱ) 행위자의 위법·부당한 행위 관련도 및 정당행위에 대한 기대가능성(제2호), ⅲ) 제도상의 문제점 및 조합 자체의 과실화 정도(제3호)를 참작하여야 한다(신협검사제재규정 시행규칙57).

5. 변상금액의 감경

(1) 감경 사유

이사회에서는 변상책임이 있는 자가 ⅰ) 당해 위법부당행위와 관련하여 개선 또는 징계면직처분을 받은 경우(제1호), ⅱ) 위법부당행위관련 피해금의 회수를 위하여 현저한 노력을 하고 상당한 회수실적이 있거나 채권 보전한 경우(제2호), ⅲ) 신협검사제재규정 시행규칙 제38조의2(직원제재의 감면) 제2항 각 호의 표창 등을 받은 경우(제3호)에는 변상책임이 있는 자별 재산상태 및 생활여건 등 변상능력과 조합수지 기여도 등에 대한 객관적인 증빙자료를 근거로 하여 변상금액을 감경할 수 있다(신협검사제재규정 시행규칙58① 본문). 다만, 횡령, 경비 부당사용 등 위법·부당행위로 인한 사고의 경우 그 이익을 취한 자에 대해서는 변상금액을 감경할 수 없다(신협검사제재규정 시행규칙58① 단서).

(2) 객관적인 증빙자료

변상금액의 감경은 변상책임이 있는 자별 재산상태 및 생활여건 등 변상능력과 조합수지 기여도 등에 대한 객관적인 증빙자료 없이는 할 수 없다(신협검사제재규정 시행규칙58②).

6. 변상 미이행자에 대한 조치

(1) 징계요구와 변상기한 연장

이사장은 변상책임이 있는 자가 변상기한 내에 변상책임을 이행하지 아니한 때는 기한종료일로부터 2주일 이내에 징계의결기구에 징계를 요구하여야 한다(신협검사제재규정 시행규칙59① 본문). 다만, 변상책임 이행을 위하여 최선의 노력을 하였으나 부득이한 사유로 변상이 지연되고 있는 경우에는 6월 이내에서 변상기한을 연장할 수 있다(신협검사제재규정 시행규칙59① 단서).

(2) 채권확보 조치 등의 법적 절차

변상책임이 있는 자가 변상을 이행하지 않거나 이행하지 않을 우려가 있다고 인정될 경우 이사장은 변상금액 회수를 위한 채권확보 조치, 제소, 기타 필요한 법적 절차를 취하여야 한다(신협검사제재규정 시행규칙59②).

Ⅶ. 사후관리 등

1. 검사서 통보 및 조치요구

(1) 조치요구의 종류

감독이사는 조합에 대한 검사결과를 검사서에 의해 당해 조합에 통보하고, 임·직원의 위법·부당행위나 경영상 조치가 필요한 사항에 대해서는 기관제재, 경영유의사항, 문책사항, 변상사항, 개선사항, 시정사항, 또는 주의사항의 조치를 요구할 수 있다(신협검사제재규정 시행규칙62①).

(2) 조치요구 기간

조치요구는 검사종료일로부터 120일 이내에 하여야 하며, 위 기간 내에 조

치요구를 하지 못할 경우에는 연기사유를 해당 조합에 통보하여야 한다(신협검사
제재규정 시행규칙62② 본문). 다만, 사전통지한 경우에는 연기사유 통보를 생략할
수 있다(신협검사제재규정 시행규칙62② 단서).

(3) 신속한 조치와 경영실태평가서의 통보 등

검사서를 통보함에 있어 검사결과 신속한 조치가 필요하다고 감독이사가 인
정하는 때에는 검사서 중 경영실태평가서를 먼저 작성한 후 통보하거나 조치요
구사항 중 일부를 분리하여 통보할 수 있다(신협검사제재규정 시행규칙62③).

(4) 조치요구 기간의 산정

조치요구 기간을 산정함에 있어서 제40조의2(제재심의 유예) 각 호에 해당하
는 기간은 위 처리기간에 산입하지 아니하며, 2회 이상의 검사를 병합심의할 경
우에는 최종검사 종료일로부터 산정한다(신협검사제재규정 시행규칙62④).

(5) 검사서 내용의 공개 또는 유출 제한

조합은 검사서 내용을 외부에 공개하거나 유출하여서는 아니 된다(신협검사
제재규정 시행규칙62② 본문). 다만, 감독이사의 승인을 얻은 경우에는 그러하지 아
니하다(신협검사제재규정 시행규칙62⑤ 단서).

2. 조치요구사항에 대한 정리기한 및 보고

조합은 조치요구사항에 대하여 특별한 사유가 있는 경우를 제외하고는 검사
서를 접수한 날부터 ⅰ) 경영유의사항은 6월 이내, ⅱ) 문책사항은 관련 임직원
에 대한 인사 조치 내용은 2월 이내, 기타 개선·시정 등이 필요한 사항은 3월
이내, ⅲ) 변상·개선·시정사항은 3월 이내에 이를 정리하고 그 결과를 기한종
료일부터 10일 이내에 조치요구사항정리보고서 [별지 서식 제7호]에 의하여 감
독이사에게 보고하여야 한다(신협검사제재규정 시행규칙63①).

3. 소송 등에 대한 보고 및 대응

(1) 징계관련소송과 보고

조합은 중앙회가 소속 임·직원에 대하여 요구한 징계관련소송(노동위원회 구제신청 포함)이 발생한 경우 사유발생일로부터 5일 이내에 감독이사에게 보고하여야 하며, 중앙회의 지도에 따라 적극 대응하여야 한다(신협검사제재규정 시행규칙63의2①).

(2) 중앙회의 보조참가와 공동대리인 선임

중앙회는 징계관련소송에 보조참가를 신청할 수 있고, 이 경우 조합은 중앙회의 지도에 따라 중앙회와 공동으로 대리인을 선임하여야 한다(신협검사제재규정 시행규칙63의2② 본문). 다만, 조합이 별도의 대리인을 선임하고자 하는 경우에는 감독이사의 사전승인을 받아야 한다(신협검사제재규정 시행규칙63의2② 단서).

(3) 조합의 대리인 추가 선임

조합은 징계관련소송에 있어서 중앙회가 요청할 경우에는 제재심의부서장이 지정한 자를 대리인으로 추가 선임하여야 한다(신협검사제재규정 시행규칙63의2③).

(4) 대표감사의 조합 대표 등

소속 임·직원과 동일한 위규행위로 징계를 받은 이사장은 당해 임·직원의 징계관련소송에서는 조합을 대표할 수 없고 대표감사가 조합을 대표한다(신협검사제재규정 시행규칙63의2④ 본문). 다만, 대표감사도 조합을 대표하지 못하는 경우에는 이사회에서 정하는 자가 대표한다(신협검사제재규정 시행규칙63의2④ 단서).

(5) 자료 제출의 사전 협의 등

조합이 답변서 등 자료를 제출하는 경우에는 반드시 중앙회와 사전 협의하여야 하고, 소송상대방으로부터 관련 소송 자료를 송달받은 경우에는 지체없이 중앙회에 보고하여야 한다(신협검사제재규정 시행규칙63의2⑤).

(6) 화해 등의 승인

조합이 화해·조정의 수용, 소 취하 또는 상소여부 결정 등을 하고자 하는 경우에는 감독이사의 승인을 받아야 한다(신협검사제재규정 시행규칙63의2⑥).

(7) 수사기관의 수사·조사 또는 기소를 받은 경우 등의 보고

조합의 임·직원은 업무와 관련하여 민·형사 소송, 수사기관의 수사·조사 또는 기소를 받은 경우 이를 지체없이 이사장(이사장이 대상자인 경우에는 대표감사)에게 보고하여야 하며, 이를 보고 받은 이사장 또는 대표감사는 해당 지역본부장에게 즉시 보고하여야 한다(신협검사제재규정 시행규칙63의2⑦ 전단). 이 경우 지역본부장은 관련사항을 확인하고 검사총괄부서장 및 감독이사에게 지체 없이 보고하여야 한다(신협검사제재규정 시행규칙63의2⑦ 후단).

4. 조합 자체 중징계자에 대한 보고 등

(1) 조합 자체 중징계자에 대한 보고

조합은 자체 감사 결과 정직(임원은 직무정지) 이상의 중징계자에 대해서는 징계처분 내역(별지 서식 제9호)을 발생 즉시 해당 지역본부장에게 보고하여야 한다(신협검사제재규정 시행규칙63의3⑦ 전단). 이 경우 지역본부장은 관련사항을 확인하고 검사총괄부서장에게 지체없이 보고하여야 한다(신협검사제재규정 시행규칙 63의3 후단).

(2) 외부감독기관 검사에 대한 보고

(가) 검사실시통보서의 제출

조합은 금융감독원 등 외부감독기관의 검사를 수검하는 경우에는 검사실시통보서를 해당 지역본부장에게 즉시 제출하여야 하며 지역본부장은 통합정보시스템에 이를 등록하여야 한다(신협검사제재규정 시행규칙63의4①).

(나) 의견서, 확인서 및 현지조치서 등 사본의 검사종료 후 제출

조합은 검사기간 중 제출하거나 접수한 의견서, 확인서 및 현지조치서 등 사본을 검사종료 후 즉시 지역본부장에게 제출하고, 지역본부장은 이를 검토한 후 검사총괄부서장에게 제출하여야 한다(신협검사제재규정 시행규칙63의4②).

5. 퇴임 및 퇴직자에 대한 처리 등

(1) 퇴임 및 퇴직자에 대한 처리

(가) 처리 방법

퇴임(직) 임·직원에 대한 직무정지·정직 및 감봉은 제34조(제재의 효과) 제1
항에서 정한 범위 내에서 기간을 정하여 "○○ □월 상당"으로 표시하며, 그 외
의 징계사항은 "○○ 상당"으로 기재한다(신협검사제재규정 시행규칙64①).

(나) 징계관리

징계관리는 인사기록카드 사본, 징계통보문서 사본 등을 징구하여 완결처리
한다(신협검사제재규정 시행규칙64②).

(2) 조치요구사항 정리보고서 처리

(가) 처리 내용

검사실시부서장은 조합이 제출한 조치요구사항 정리보고서를 심사하여 다
음에서 정하는 바에 따라 처리한다(신협검사제재규정 시행규칙65①). 즉 ⅰ) 조치요
구사항의 요구내용대로 정리되었거나 또는 요구내용에 일치되지 않더라도 그 취
지에 맞는 조치를 취함으로써 동일한 효과가 있거나 정상화되었다고 판단되는
경우, 이행의 대상이 되는 사항이 소송에 계류중이거나 가압류 등 재판상 절차가
진행중인 경우, 관련자의 사망, 이민, 소재불명 등의 사유로 조치요구사항의 이
행이 어려운 경우로서 분쟁의 우려가 없다고 판단되는 경우, 또는 조합이 파산되
어 소멸한 경우에는 종결처리한다(제1호). ⅱ) 정리내용이 부적정 또는 미흡하거
나 미정리된 사항에 대하여는 그 사유 및 정리예정일자의 타당성을 심사하고 정
리에 필요한 적절한 기한을 정하여 재시정지시를 한다(제2호).

(나) 부문검사 실시 사유 등

앞의 제1항에 의하여 3회 이상의 재시정지시를 하였음에도 보고가 없거나
정리가 부진한 경우에는 부문검사를 실시하고 그 결과 정당한 사유없이 미시정
하였을 경우에는 관련 임·직원을 문책할 수 있다(신협검사제재규정 시행규칙65②
전단). 이 경우 전번 검사의 미정리사항은 이번 검사의 지적사항으로 검사사후관
리를 이월하고, 전번검사의 지적사항은 "완결간주" 처리한다(신협검사제재규정 시
행규칙65② 후단).

(다) 경영관리 중인 조합과 재시정지시 생략

경영관리 중인 조합에 대하여는 경영관리 종료시까지 조치요구사항(인사조치 제외)의 재시정지시를 생략할 수 있다(신협검사제재규정 시행규칙65③).

(3) 장기 미정리사항의 종결처리

검사실시부서장은 검사서 송부일로부터 2년 이상 경과한 장기 미정리 조치요구사항에 대하여 정리부진 사유를 재검토하여 ⅰ) 정리절차가 진행 중에 있으나 조치요구사항의 취지에 일치되는 조치를 취한 경우로서 완결되기까지는 장기간을 요하고 계속적인 사후관리의 실익이 없는 경우(제1호), ⅱ) 정리 가능한 사항이었으나 추후 불가능한 상태로 된 경우(제2호), ⅲ) 정리의 선행조건으로서 법령의 개정 등 정책적 조치가 필요한 경우(제3호), ⅳ) 기타 제반여건에 비추어 정리가 불가능하거나 정리의 실익이 없다고 인정하는 경우(제4호)에는 종결처리한다(신협검사제재규정 시행규칙66).

(4) 검사자료의 정리

검사원은 검사종료 후 검사자료를 조합별 또는 검사업무별로 정리하여 ⅰ) 검사결과 조치요구 기안문서(제1호), ⅱ) 시행문 사본(제2호), ⅲ) 현지조치요구서(제3호), ⅳ) 재무제표(제4호), ⅴ) 확인서·문답서·질문서(제5호), ⅵ) 검사조서(제6호), ⅶ) 기타 부속서류(제7호), ⅷ) 검사실시 기안문서 및 시행문 사본(제8호)의 순서에 따라 편철·관리한다(신협검사제재규정 시행규칙67).

Ⅷ. 검사통할

1. 월말보고서 제출

검사실시부서장은 월중 회원조합의 검사업무 현황을 다음달 5일까지 검사총괄부서장에게 제출하여야 한다(신협검사제재규정 시행규칙68①).

2. 검사 관련 통계관리

(1) 검사실시 및 조치내역 등의 입력·관리

검사실시부서장은 검사실시 및 조치내역, 검사사후관리사항 등을 통합정보 시스템에 적기에 입력·관리하여야 한다(신협검사제재규정 시행규칙69①).

(2) 조합별 검사실시 상황 등의 통계관리

검사총괄부서장은 조합별 검사실시 상황, 경영실태 평가결과, 검사지적사항, 정보 및 건의사항 등 검사 관련 통계를 관리하여야 한다(신협검사제재규정 시행규칙69②).

(3) 검사업무분석보고서 제출

검사실시부서장은 ⅰ) 검사실시 현황표(제1호), ⅱ) 검사결과 분석보고서(제2호), ⅲ) 지적유형별 분석보고서(제3호), ⅳ) 공동유대별 지적사항 분석현황(제4호)의 서식에 의한 연도말 검사업무분석보고서를 다음연도 1월 15일까지 검사총괄부서장에게 제출하여야 한다(신협검사제재규정 시행규칙69③).

3. 검사기법 연구 검사원 제도의 실시

(1) 검사기법 연구 검사원의 선정

검사총괄부서장은 우수검사기법의 개발, 보급 등 검사업무의 발전을 위하여 필요할 경우 검사기법 연구 검사원을 선정할 수 있다(신협검사제재규정 시행규칙70①).

(2) 검사원의 연구실적의 종합평가

검사총괄부서장은 선정된 검사원의 연구실적을 종합평가하고 우수검사기법은 검사원 연수자료로 활용한다(신협검사제재규정 시행규칙70②).

4. 업무개선 요구

조합에 대한 검사 및 제재 과정에서 동 업무와 관련된 규정보완 또는 업무절차의 개선 등이 필요하다고 판단되는 경우, 검사총괄부서장 또는 제재심의부서장은 동 내용을 감독이사에게 보고하고 소관 부서(팀)에 필요한 조치에 대한 협조를 요청할 수 있다(신협검사제재규정 시행규칙70의2).

5. 조합 자체감사 관리

(1) 자체 감사보고서의 제출

지역본부장은 조합으로 하여금 분기마다 자체감사를 실시하고 분기종료 후 30일 이내에 그 결과를 보고토록 지도하여야 하며, 제출된 보고서(별지 서식 제8호)를 취합하여 정리·분석한 후 적절한 조치를 취하여야 한다(신협검사제재규정 시행규칙71①).

(2) 자체 감사보고서 미제출과 조치

감사보고서가 2회 이상, 3회 이상 제출되지 않은 조합에 대하여는 각각 주의 문서와 경고 문서를 조합 및 감사에게 발송한 후 부문검사 등 별도의 조치를 취하여야 한다(신협검사제재규정 시행규칙71②).

(3) 감사교육 실시

지역본부장은 매년 1회 이상 조합 감사교육을 실시하여 감사기능 제고에 주력하여야 한다(신협검사제재규정 시행규칙71③).

(4) 정직 이상의 징계조치 관리

지역본부장은 조합의 자체징계 내역 중 정직 이상의 징계조치에 대해서는 분기별로 취합(별지 서식 제9호)하여 관리하여야 한다(신협검사제재규정 시행규칙71④).

(5) 회원조합 감사명부의 비치·관리

지역본부장은 회원조합 감사명부(별지 서식 제10호)를 비치·관리하여야 한다(신협검사제재규정 시행규칙71⑤).

6. 부적격 임원관리

(1) 임원 자격기준의 확인 등과 조치

지역본부장은 신협총회지침에 의거 조합이 제출한 임원 선출 보고서를 접수하여 임원 자격기준을 확인하고 당해 임원이 법, 정관 또는 정관부속서임원선거관리규약 등에 의한 자격제한 사유에 해당되거나 이사장이 연임제한에 해당되는 경우에는 당해 조합에 대하여 그 사유를 통보하고 재선출 요구 등 필요한 조치를 하여야 한다(신협검사제재규정 시행규칙73①).

(2) 자격제한 사유의 확인

지역본부장은 정관부속서임원선거규약 제8조 제3호, 제4호, 제8호의 자격제한 사유는 분기별로 확인하여 조치하여야 한다(신협검사제재규정 시행규칙73②).

제5절 내부통제 및 사고 보고

Ⅰ. 내부통제 및 사고 관리

조합은 사고의 예방 등을 위한 내부통제제도를 자체실정에 맞게 수립·운영하여야 하며, 사고예방 및 사고관리는 「신용협동조합 금융사고 예방 및 관리지침」에 따른다(신협검사제재규정30).

Ⅱ. 자체감사 긴급보고

자체감사 중 긴급을 요하거나 중대한 위법·부당행위가 발견된 때에는 지체 없이 그 내용과 처리의견을 감독이사에게 보고하여야 한다(신협검사제재규정31).

Ⅲ. 사고금 보전

조합은 사고자에 대하여 사고금 정리를 위한 대출을 할 수 없다(신협검사제재규정32 본문). 다만, 담보물 제공 등 채권보전에 지장이 없을 경우에는 그러하지 아니한다(신협검사제재규정32 단서).

Ⅳ. 주요 정보사항 보고

조합은 ⅰ) 민사소송에서 패소 확정(패소 금액이 3,000만원 이상)되거나, 소송물 가액이 직전 분기말 현재 자기자본의 100분의 1(자기자본의 100분의 1이 10억원 미만인 경우에는 10억원) 또는 100억원을 초과하는 민사소송에 피소된 경우(제1호), ⅱ) 화재·정전·파업 등이 발생하거나, 수사기관의 수사착수, 유관기관의 조사, 대규모 민원의 발생(예상) 등 경영활동에 중대한 영향을 미칠 수 있는 경우(제2호)의 어느 하나에 해당하는 정보사항을 감독이사에게 보고하여야 한다(신협검사제재규정33).

참고문헌

구정옥(2020), "정부주도 경제개발기(1960~1981) 한국신협모델의 형성과 정착", 한국
협동조합연구 제38권 제2호(2020. 8).

구정옥(2021), "한국 신협의 비즈니스모델과 경영전략 변화 연구", 한국협동조합연구
제39권 제2호(2021. 8).

금융감독원(2021), 「금융감독개론」, 금융감독원(2021. 2).

김규호(2016), "신용협동조합 지배구조의 문제점과 개선방안", 한밭대학교 창업경영대
학원 석사학위논문(2016. 2).

박경환·정래용(2020), "협동조합 과세제도에 관한 연구: 과세특례 규정을 중심으로",
홍익법학 제21권 제2호(2020. 6).

박영재(2015), "협동조합금융기관 중앙회 조직의 지배구조 개선방안", 충남대학교 특
허법무대학원 석사학위논문(2015. 2).

박효근(2019), "행정질서벌의 체계 및 법정책적 개선방안", 법과 정책연구 제19권 제1
호(2019. 3).

백주현(2021), "수산업협동조합 및 어업인 관련 조세특례 제도개선에 관한 연구", 건
국대학교 행정대학원 석사학위논문(2021. 8).

신협중앙연수원(2021), "2021 연수교재 신협법".

신협중앙회(2021a), 「2021 수신업무방법서」(2021. 1).

신협중앙회(2021b), 「2021 여신업무방법서」(2021. 1).

은봉희(2015), "서민금융기관으로서 신용협동조합의 문제점과 발전방안", 전남대학교
행정대학교 석사학위논문(2015. 8).

이승민(2013), "금융기관 및 그 임직원에 대한 제재의 실효성 제고방안", 서울대학교
대학원 석사학위논문(2013. 12).

이영종(2014), "주식회사 외부감사의 법적지위와 직무수행에 관한 고찰: 기관과 기관
담당자의 구별에 기초를 둔 이해를 위한 시론", 증권법연구 제15권 제3호(2014.
12).

이태영(2021), "금융협동조합 규제체계 개편과 법·제도 개선방안 연구", 연세대학교
대학원 박사학위논문(2021. 6).

이태영(2022), "금융협동조합의 업무 범위에 관한 법적 연구", 서강법률논총 제11권

제2호(2022. 6. 15).

전선애(2008), "신용협동조합의 예금보험제도 개선방안", 한국협동조합연구 제26권 제
　　1호(2008. 3).

정영기·조현우·박연희(2008), "자산규모에 의한 외부감사 대상 기준이 적절한가?",
　　회계저널 제17권 제3호(2008. 9).

조은혜(2016), "신용협동조합중앙회 지배구조의 변천과 적정성에 관한 연구", 고려대
　　학교 법무대학원 석사학위논문(2016. 12).

찾아보기

저자소개

이상복

서강대학교 법학전문대학원 교수. 연세대학교 경제학과를 졸업하고, 고려대학교에서 법학 석사와 박사학위를 받았다. 사법연수원 28기로 변호사 일을 하기도 했다. 미국 스탠퍼드 로스쿨 방문학자, 숭실대학교 법과대학 교수를 거쳐 서강대학교에 자리 잡았다. 서강대학교 금융법센터장, 서강대학교 법학부 학장 및 법학전문대학원 원장을 역임하고, 재정경제부 금융발전심의회 위원, 기획재정부 국유재산정책 심의위원, 관세청 정부업무 자체평가위원, 한국공항공사 비상임이사, 금융감독원 분쟁조정위원, 한국거래소 시장감시위원회 비상임위원, 한국증권법학회 부회장, 한국법학교수회 부회장, 금융위원회 증권선물위원회 비상임위원으로 활동했다.

저서로는 〈경제학입문: 돈의 작동원리〉(2023), 〈금융법입문〉(2023), 〈외부감사법〉(2021), 〈상호저축은행법〉(2021), 〈외국환거래법〉(개정판)(2023), 〈금융소비자보호법〉(2021), 〈자본시장법〉(2021), 〈여신전문금융업법〉(2021), 〈금융법강의 1: 금융행정〉(2020), 〈금융법강의 2: 금융상품〉(2020), 〈금융법강의 3: 금융기관〉(2020), 〈금융법강의 4: 금융시장〉(2020), 〈경제민주주의, 책임자본주의〉(2019), 〈기업공시〉(2012), 〈내부자거래〉(2010), 〈헤지펀드와 프라임 브로커: 역서〉(2009), 〈기업범죄와 내부통제〉(2005), 〈증권범죄와 집단소송〉(2004), 〈증권집단소송론〉(2004) 등 법학 관련 저술과 철학에 관심을 갖고 쓴 〈행복을 지키는 法〉(2017), 〈자유·평등·정의〉(2013)가 있다. 연구 논문으로는 '기업의 컴플라이언스와 책임에 관한 미국의 논의와 법적 시사점'(2017), '외국의 공매도규제와 법적시사점'(2009), '기업지배구조와 기관투자자의 역할'(2008) 등이 있다. 문학에도 관심이 많아 장편소설 〈모래무지와 두우쟁이〉(2005), 〈우리는 다시 강에서 만난다〉(2021)와 에세이 〈방황도 힘이 된다〉(2014)를 쓰기도 했다.

신용협동조합법

초판발행	2023년 4월 15일
지은이	이상복
펴낸이	안종만·안상준
편 집	김선민
기획/마케팅	최동인
표지디자인	벤스토리
제 작	우인도·고철민·조영환
펴낸곳	(주) **박영사**
	서울특별시 금천구 가산디지털2로 53, 210호(가산동, 한라시그마밸리)
	등록 1959. 3. 11. 제300-1959-1호(倫)
전 화	02)733-6771
f a x	02)736-4818
e-mail	pys@pybook.co.kr
homepage	www.pybook.co.kr
ISBN	979-11-303-4439-3 93360

정 가   32,000원